书受天津财经大学立法与司法研究中心资助出版
书系陈灿平主持的国家社科基金项目
《检察案例指导制度的理论创新与实务提升研究》之阶段性成果

检察指导性案例的评析比较研究

COMPARATIVE STUDY ON EVALUATION
AND
ANALYSIS OF
PROCURATORIAL GUIDANCE CASES

天津财经大学立法与司法协同研究中心 / 组织编写
陈灿平　等 / 编著

法律出版社
LAW PRESS · CHINA
北京

图书在版编目（CIP）数据

检察指导性案例的评析比较研究 / 天津财经大学立法与司法协同研究中心组织编写；陈灿平等编著. 北京：法律出版社，2024. -- ISBN 978-7-5197-9702-7

Ⅰ. D926.305

中国国家版本馆 CIP 数据核字第 2024RD8867 号

检察指导性案例的评析比较研究
JIANCHA ZHIDAOXING ANLI DE PINGXI BIJIAO YANJIU

天津财经大学立法与司法协同研究中心 组织编写
陈灿平 等 编著

策划编辑 张　颖
责任编辑 张　颖
装帧设计 鲍龙卉

出版发行 法律出版社
编辑统筹 法律应用出版分社
责任校对 王　皓
责任印制 刘晓伟
经　　销 新华书店

开本 710 毫米×1000 毫米　1/16
印张 30　　**字数** 533 千
版本 2024 年 8 月第 1 版
印次 2024 年 8 月第 1 次印刷
印刷 保定市中画美凯印刷有限公司

地址：北京市丰台区莲花池西里 7 号（100073）
网址：www.lawpress.com.cn
投稿邮箱：info@lawpress.com.cn
举报盗版邮箱：jbwq@lawpress.com.cn

销售电话：010-83938349
客服电话：010-83938350
咨询电话：010-63939796

书号：ISBN 978-7-5197-9702-7　　**定价**：135.00 元

凡购买本社图书，如有印装错误，我社负责退换。电话：010-83938349

作 者 简 介

陈灿平：天津财经大学法学教授、法律经济学博士生导师。主要研究刑民实体法关系、司法改革及相关热点的法经济分析。独著3部，主编案例教材9部，在《法学研究》《法学》《当代法学》《法学论坛》《中国刑事法杂志》等期刊发表论文20余篇，主持或主持完成国家社科基金项目及最高人民检察院、司法部等省部级项目多项。

专著及论文获得教育部高等学校科学研究优秀成果奖（人文社会科学）等省部级以上奖励，独作的咨政报告获得天津市优秀调研成果一等奖、天津市教委智库成果一等奖；2016年获全国优秀法律硕士论文指导教师荣誉，2023年获评为10位“天津市优秀中青年法学家”之一。

温新宇、鲁海佳、刘鑫鹏、田逸凡、张莹：天津财经大学法律经济学博士研究生。

撰 写 分 工

序言：陈灿平撰写

上编：陈灿平、鲁海佳编写

下编第一部分第一章：温新宇撰写，陈灿平改定

下编第一部分第二章：鲁海佳撰写，陈灿平改定

下编第一部分第三章：刘鑫鹏撰写，陈灿平改定

下编第二部分第一章：鲁海佳撰写，陈灿平改定

下编第二部分第二章：田逸凡撰写，陈灿平改定

下编第二部分第三章：张　莹撰写，陈灿平改定

法意与民情契合下案例指导的发展进路

（代　序）

中国司法案例指导制度经过多年的发展与完善，法律的原则和精神以案例的形式进行解读和传播，不仅在维护司法公正方面发挥显著作用，在提升同案同判的司法改革效能等方面亦作出巨大贡献。当下，在党和国家高度重视法律监督的背景下，我国检察案例指导制度如何优化提升，已成为理论与实务界关注的一大重点。有必要以最高人民法院案例指导制度为参照，以检察案例指导制度的理论创新与实务提升为主题，探寻法意与民情契合视角下案例指导制度发展提升的更优进路。

一、缘起：从于欢案看案例指导的重要性

作为热点案例的于欢案从其判决生效到被遴选为第93号指导性案例的速度之快，可以看出，其充分体现了最高人民法院与最高人民检察院对该案的高度重视和肯定，同时亦开创了社会热点案件被遴选为指导性案例的先河。① 此案就正当防卫条款的适用问题进行了详尽的阐释，并对正当防卫的合理性进行了有效回应。② 其明确了四个指导性要点：第一，应当认定正在进行的非法拘禁等侵害属于可正当防卫的范畴；第二，明确轻微的侮辱或身体强制，属于非严重危及生命的暴力；第三，对于防卫过当的认定应综合考虑各种因素，对于非严重

---

① 参见孙光宁：《热点案件遴选为指导性案例的意义及其运作》，载《湖北社会科学》2020年第4期。

② 参见李佳欣：《论刑事指导性案例对刑法解释功能的补足》，载《当代法学》2020年第5期。

危及生命的暴力,如果采取过度措施,则属于防卫过当;第四,对于防卫过当的案件,如系被害人实施严重贬损他人人格尊严及亵渎人伦等不法侵害引致,应在量刑方面从轻考虑,以确保案件的裁判结果在禁得起法律检验的同时符合社会公平正义。

此案的发生以及将其上升为指导性案例的意义,首先在于由此唤醒了沉睡的正当防卫制度。然而,法律并非孤立存在,它与社会现实、文化背景和人民的生活息息相关。从更宏观的角度来看,于欢案被选为指导性案例的重要意义还在于,其将社会主义核心价值观融入刑法案件,使指导性案例成为兼具规范法律适用与宣示社会公共价值的司法案例,[①]即在彰显社会主义核心价值观的同时,鼓励人民以法律为武器,捍卫自己的权利。通过这样的案例指导,不仅体现了法律对暴力威胁等违法行为的防卫,更展示了社会主义核心价值体系在保障公民权利方面的力量。应当看到,如何将法律的精神与民众的实际情况有机结合,实现紧急疑难情况下的公正,仍是我们需要深入探讨的重要问题。为了解答这个问题,有必要先行探讨法意与民情契合下案例指导的若干重要问题。通过相关分析,寻找实现法意与民情结合的最佳途径,在保障公民权利的同时,实现社会福利的最大化,实现国家对法益的最优保护。

二、法意与民情:司法之内的法意与司法之外的民情有效契合

以案例指导为背景,如何使法意与民情通过最优的顶层设计与机制管理达到相对最优状态,实现最大的公正,实为司法之本学。笔者曾任职于高级人民法院,作为一名法官一直思考如何在审判过程中将理念与办案结合,将理想主义与现实主义融合。为此,笔者提出了两个关键词,试图从新的角度进行阐释——法意与民情。“法意”对应法治理想或法治理论,这个词源于孟德斯鸠的《论法的精神》。而对于“民情”一词,其比国情更为恰当,国情可能尚存在一定的局限性,而“民情”一词可以涵盖全世界范围内的共同价值观,体现出全人类公认的价值观,因此,“民情”一词或许能够超越某些局限,更为客观地反映出人

① 参见杨知文:《把社会主义核心价值观融入指导性案例的理据与方法》,载《中共中央党校(国家行政学院)学报》2021 年第 6 期。

民的心声。

提及法意与民情二词,不可回避的是司法制度。良好的司法制度能有效地将法意与民情相融合,更好地服务于实践。就实务角度而言,司法可分为三个层级:宏观层面是司法哲学,中观层面是司法本学,微观层面是司法杂学。把握好以上三个层面的学问,司法工作者就能够更好地办理案件。其中,最高人民法院的法官所必需掌握的是司法哲学,司法解释的出台与指导性案例的发布就属于司法哲学的范畴。我国的最高人民法院,首要的功能是在司法哲学、司法政策范畴内工作,形成强大的统一与指导,指引下级法院工作的方向。各省的高级法院以及中级法院,则属于中观层级,其所关注的主要是司法本学。司法本学,是指法官需要熟悉各个领域的规定,从宪法、法律层面的实体法与程序法规定,到行政法规、部门规章、地方性法规,到司法解释、司法政策及指导性案例、公报案例、典型案例均需要熟知。实证分析证明,培养一名优秀的法官或律师至少需要 5 年时间,其需要处理 1000 个左右的案件,才能把司法本学的内涵与规律全面领会,并在实践当中灵活运用。在基层法院工作的法官,则面临更大的挑战:除要掌握司法本学外,还需要了解司法杂学。所谓司法杂学,是指了解法院当地的风俗民情、地方政府工作重心,甚至包括当地企业及当地经济社会发展的情况与特点。如果法官无法全面了解上述情况,很可能无法妥善地审判案件,无法实现"案结事了人和"。因此,可以说,司法学问包含司法杂学、司法本学及司法哲学,其超越了狭义的部门法范畴。

在法意与法治领域,法理学家莫里斯曾强调,一个国家的司法体制,不应简单区分为高与低,只要与民情相契合并能发挥其最大的效用,就是好的司法制度。笔者对于法意的研究,基于国际公约和各国宪法的共性规定以及人的基本权利等方面,通过比较分析方法,归纳出法意在党领导下的几个特性:第一,合目的性,即法律和法治必须以保障人权和维护公共利益为出发点。第二,正当性,法律必须代表人民意志,以民主制度为基础,并得到人民认可的才是良法。第三,深度理性。西塞罗曾说过"法律即理性",我们在其基础上发展,认为法律应当是深度理性。我国民众思维包括古代的司法思维整体上以综合思维为主,缺少深度理性、分析理性与实证理性,而人类未来的发展方向应当是兼具综合思维与分析思维。故而,笔者建议应对司法工作者多进行深度理性之培养。第四,至上性,旨在强调宪法与法律在国家治理过程中的最高地位。其中最为关键的是依宪执政、依法治国，两者共同促成社会稳定与和谐发展。第五，平等性，即法律面前人人平等，任何人或团体在执法与司法中不能享有特权。第六，比例性。除了立法要科学设定阶梯、体现比例性，比例原则在法治实施中也具有重要意义，[①]它最早源于行政法，后推广至刑法、民法等部门法。一切社会矛盾与纠纷在激烈不可调和时，都将上升为法律问题。现代化的国家与社会治理，不仅要注重治理成本的付出，更要注重所产生的效益，二者相互匹配、比例协调时才能达到最优状态。第七，开放性，其强调法律和法治模式不应封闭停滞，而应与时俱进修正并渐进发展。我国《合同法》曾被认为是《民法典》出台前最优秀的法律之一，其在参考大陆法系、英美法系许多先进规则之上而成，缔约过失责任、预先抗辩权和不安抗辩权等参考了日本、德国以及英美法的成果。[②] 综观全球，任何国家的法律法治都不是封闭的。

民情，是人类在利益方面的需求的表现，它像一面镜子，反映出社会现实与各种利益需求的总和。梁治平老师曾追本溯源，围绕着“法意”与“人情”两个主题，以独特的法社会学视角，结合中国古代的社会和文化，探索了中国古代法律的起源、法律观念的萌生、法律制度的演变等问题。[③] 笔者认为，相较于“人情”，使用“民情”这个词更加准确，因为它不仅涵盖了人情，还兼具国情，更显中立，更能代表全人类的共同价值和价值理念。我国提出人类命运共同体、亚太命运共同体以及人与自然和谐共生等理念，相较于美国提出的虚幻抽象的价值理念更具有现实意义，更容易被全世界接受。“只有铭刻在人们心中的法治，才是真正牢不可破的法治”，这句话形象地揭示了国家领导人对法治的深入独到见解。

司法之内的法意与司法之外的民情是否可以有效契合，实际上影响着司法的公信力和生命力。在党的十八大之前，一些司法人员机械地按照法条办案，没有充分考虑风土民情，未能深入体察加害人与受害人、原告方与被告方之间复杂的博弈心理，结果是涉法信访很多。其重要原因之一，就是没有自觉地将法意与民情良好契合。法意与民情契合不佳的另一表现是司法人员在法律文

① 参见蒋红珍：《比例原则适用的范式转型》，载《中国社会科学》2021 年第 4 期。

② 参见刘承韪：《论英美法引入与中国合同法的发展——从清末修律到 2020 年民法典》，载《学术月刊》2022 年第 4 期。

③ 参见梁治平：《法意与人情》，广西师范大学出版社 2021 年版，第 163 页。

书的说理方面过于简单。因此,将法律原则与公众情感契合的说理非常重要,甚至会影响一个国家的司法形象。一个国家的司法制度及其执行,若能更好地将法律原则及公众情感统一,那么司法公信力必定提高,信访数量亦会随之减少。

三、案例指导的挑战与回应

我们应当清醒地看到,中国的案例指导在具体适用领域存在一些长久未解决的问题。

第一,指导性案例在法源效力方面一直存在争议,至今还没有特别权威或操作性很强的一致意见。2010 年出台的《最高人民法院关于案例指导工作的规定》第七条与 2015 年出台的《最高人民法院〈关于案例指导工作的规定〉实施细则》第九条规定了"各级人民法院正在审理的案件,在基本案情和法律适用方面,与最高人民法院发布的指导性案例相类似的,应当参照相关指导性案例的裁判要点作出裁判"。对于规定中的"应当参照"的理解尺度不一。首先,如何判定法官在审判时未参照指导性案例;其次,对未参照指导性案例审判的法官,应采取何种惩戒和规制措施并未明确,[①]特别是在实践中对指导性案例参照适用标准不统一的情况如何进行判断非常关键,这涉及了很多与技术相关的内容。一般而言,法官会依据三个标准对两个不同案件的事实相似度进行审视,三个标准分别为:主要问题是否一致或高度相似;核心事实是否一致或高度相似;争议焦点是否一致或相似。这三个标准中分别涵盖了三个关键词,即主要问题、核心事实和争议焦点。但这些标准在操作上仍然有相当的模糊性和难度,法官在具体操作方面依然存在难度,需要逐个案件进行比对,判断与其他案件是否相同或高度相似、是否应参考适用指导性案例等。其中,区别技术成为关键。

在英美法系中,区别技术是法科类学生需要具备的一项技能。除核心课程外,学生的大部分时间花在案例分析上,此教学方法也促使学生具有了较强的

① 参见宋晓:《判例生成与中国案例指导制度》,载《法学研究》2011 年第 4 期。

区别技术。[①] 区别技术是司法中的普遍技术、共享知识，我国司法也不例外。学习与发展区别技术，除我国司法系统内部的培训教育提升外，社会机构以及法律软件服务机构已经有比较成熟的研究与经验。如我国的北大法意与北大法宝等，已经在法律评注和案例检索方面取得了出色的成就，为进行类案检索提供了很大便利。无论是法科学生、教授还是司法人员，只需利用这些工具，基本上就能够找到相关的类案。区别类案的关键在于案件的基本事实。为此，可以参考德国的鉴定式案例分析法，更好更科学地分析案件。中国目前使用的是三段论思维方式，而德国的鉴定式分析方法则是首先提出一个假设，假设嫌疑人犯了某个罪或者未犯某个罪，通过论证相关情形、刑法要件和构成要素，排除所有的疑点，并推导出该假设的成立与否。实际上，该假设的成立与否就能明确被告有无罪，以及对于民事案件而言是应该支持还是应该驳回。

从实质来看，中国和西方的办案方式是具有相似性的。中国成熟的法官根据多年的经验，初看案件时，就能依据经验法则与实践理性初步判断是应该驳回还是支持或部分支持，是应当判定有罪还是无罪，只是这种初步判断尚在直觉之中，还需要进一步评估。我国的法官办案是预设结论而非提出假设，因此容易遭到诟病。德国的鉴定式案例分析方法，可以将所有的疑点逐一排除；中国法官一般仅将重点挑出来，而不是一一排除。这一点，通过中国裁判文书中说理部分关于证据如何证明事实的分析非常简略，便可得到证明。而德法日或英美等国家的判决书在这些方面会进行实质性的争议分析，并清楚地表明自己的立场。在这一点上，我国法院的判决书与国外的确存在一定差距。我们只是简单地列举了事实，并没有详细说明每组证据与哪个事实相对应，对法律问题的论证和说理相对薄弱与匮乏。[②] 因此，鉴定式的案例分析和写作方法值得我们参考。

第二，关于指导性案例的法源效力，大多数学者认为它具有事实上的约束力。[③] 笔者于2003—2006年就提出了关于事实上约束力的观点，并将其刊发于

---

① 参见德特勒夫·雷讷、黄卉：《鉴定式案例分析法的基础与技术》，载《法律适用》2021年第6期。

② 参见牟绿叶：《论指导性案例的效力》，载《当代法学》2014年第1期。

③ 参见万春：《检察指导案例效力研究》，载《中国法学》2018年第2期；雷磊：《法律论证中的权威与正确性——兼论我国指导性案例的效力》，载《法律科学（西北政法大学学报）》2014年第2期。

《人民法院报》及《法学杂志》[①]。但是现在,在承继之前观点的基础上有所发展,对于案件指导工作,笔者认为可以分为三个层级,即个案性的指导、类案性的指导和普适性的指导。个案性的指导主要体现在法院的独立审级制度,法院与检察院不同,不同层级的法院之间没有直接的领导关系。但是在现实中,有的法院办案需要向上级法院请示并经其同意才能作出结论,这可能削弱了独立审级制度的意义。[②] 因此,笔者主张:个案性的请示制度应仅限于具有较普遍性的法律疑难或法律价值的专业问题,而不应涉及具体案件的处理方案。故此,指导性案例应具类案性的事实拘束力,其相对于司法解释和法律条文来说拘束力要低,即法律条文与司法解释具有法律规范意义上的法律效力,其更具法律意义上的强拘束力,而指导性案例具有类案上的法律实施层面的拘束力。类案性的指导主要是同一类型案件规则、技巧方面的类型性指导;普适性的指导一般指司法解释或司法管理文件等方面的指导。

第三,关于指导性案例、公报案例、典型案例之间的关系问题。广义上的指导性案例的效力最高,其是最高人民法院、最高人民检察院与公安部颁布的,对于全国审判工作、检察工作、刑侦工作与执行工作有指导意义的案例。[③] 公报案例虽然历史更久,但并没有经过最高人民法院审判委员会或最高人民检察院检察委员会的讨论决定。公报案例的效力低于指导性案例的原因在于,其制定程序的欠缺及全国人大文件特别地赋予了"两高"[④]指导性案例至高的地位。如果公报案例和指导性案例发生冲突,应认定指导性案例具有较高权威,其他案例应以指导性案例为准。典型案例,一般由最高人民法院和最高人民检察院根据法治形势需要或法治宣传需要,为贯彻党的政策以及指导某一类重点热点案件的需要而不定期发布。典型案例的效力次于指导性案例,其通常会刊载在最高人民法院或最高人民检察院的刑事审判参考和民事审判参考等刊物中,代表了最高司法机关内设庭、部的意见,与省级法院发布的参考性案例相比,典型案例的效力显然更高。公报案例和典型案例的效力如果发生冲突,有可能会导致

---

① 参见陈灿平:《案例指导制度中操作性难点问题探讨》,载《法学杂志》2006 年第 3 期。

② 参见龙宗智:《论建立以一审庭审为中心的事实认定机制》,载《中国法学》2010 年第 2 期。

③ 参见雷磊:《法的渊源:一种新的分类法及其在中国语境中的运用》,载《河北法学》2021 年第 11 期。

④ 本书指最高人民法院和最高人民检察院。

完全不同的判决结果,此时,可以向最高人民法院和最高人民检察院请示寻求帮助。对于前述请示,最高人民法院的审判委员会和最高人民检察院的检察委员会可以进行解释或裁决,以审判委员会和检察委员会的意见为最终标准,这样做比较稳妥。尽管这种情况目前还不常见,但随着案件的增多和研究的深入,仍有可能发现一些潜在的冲突或问题。

第四,案例指导的评估问题。法治若要成为一项具有充分反思向度的理性事业,必须设置一个评估体系,这是所有国家的法治体系建设的自我监控和自我设限。① 在法治评估和政府法治指数等一系列评估活动中,全国人大和地方各级人大都会参与其中,但是最高人民法院和最高人民检察院对于相关指导性案例或典型案例的评估工作还不够充分。② 实际上,这项工作完全可以通过一些研究机构来进行,比如,各大高校的法学院研究机构,就是从事此类工作的最合适单位。因为法官忙于处理案件并无足够的时间,律师可能为了自身利益作出有倾向性的判断,难以保持中立客观的心态,也无法全面、系统地对案件进行评估,而科研工作者相对而言更能真正地发现值得研究的法律问题。最前沿和最深度的问题往往隐藏在复杂的案件之中,学者们在这些领域扎根研究,必将取得引领性与高实效的成果,使理论与实践真正融合。法治评估对于研究案例指导之作用,亦被国际社会普遍认可。虽然我国现有指导性案例库之范围有过小之嫌,实证研究不容易得出很好的结论,但是如果将指导性案例、公报案例和"两高"发布的典型案例汇集成一个大库,则会在范围方面比较适中,且在权威性、全面性方面,亦经得起检验。

四、案例指导的优化的相关策略

未来要想在案例指导工作中取得突破,不仅需司法人员真正拥有丰富的经验,以高度负责的心态处理好每起案件,撰写出优秀的判决书,而且很有必要通过适当加强对案例及司法解释高水平适用的培训方式来实现。案例指导未来

① 参见魏治勋:《地方法治指数评估的理论取向与技术方法》,载《法学》2023 年第 11 期。

② 参见孙跃:《案例指导制度的改革目标及路径——基于权威与共识的分析》,载《法制与社会发展》2020 年第 6 期。

发展的策略,从实效性分析,可以从以下几点突破:

首先,有必要高度甚至首要性重视"适当控制或减少司法案件的数量"。司法只宜处理世俗社会中涉及人身关系和财产关系方面的纠纷或侵害,对于人的思想、信仰、情感和其他轻微预备行为等,不宜干涉,宜更多以教育、调解、商谈、社会福利或保险等方式进行解决。就家事纠纷与人事争议及物业、供热等案件而言,更应鼓励多元解纷、替代性纠纷解决方法(alternative dispute resolution, ADR)、非诉讼调解及基层自治。如果将所有社会矛盾都压给司法机关,案件不断上涨,可能导致司法机关无力承受。司法人员在面对超量的案件时,很难有足够的时间及精力来研究和审理,必然会导致错误判决或文书纰漏的概率增加。而即使有 99 个成功案例,只要有 1 个明显错误或重大纰漏,在司法责任制的严格要求下,司法人员的职业前途就会出现危机、司法机关的公信力也会受到冲击。

在真正成熟的法治社会下,案件数量应该稳定并逐渐减少:纠纷如得到有效协调解决,某一类难题真正有了成熟的解决方案与对社会的方向性指引,就不需要再耗费巨大的人力、物力、财力,非要到司法机关耗费大量的司法资源与公共资源。同时,也只有在案件量适当的情况下,司法人员才能更有精力来处理案件并写好法律文书,成就经典的案例。

更充分的理由在于:其一,其他机制有效分流案件已经得到验证,而且得到学界与民众的多数认同。通过多元纠纷解决机制的建立,充分发挥人民调解委员会、仲裁委员会以及诉前调解等机制的作用,纠纷解决效果明显。[①] 这些机制在有效解决大多数民事纠纷的同时,已经具备了让司法人员审理更为专业、更为疑难案件之条件。多元解纷及繁简分流案件也符合新综合法学学派的主张:法律的定位应是仅处理世俗社会中涉及人身和财产关系的不可调和的冲突或侵害,宜将其余非专业非疑难的纠纷交给其他机构处理。从法律经济学角度来看,其他的纠纷解决机制也确实能够降低成本、提高效率。其二,我国司法机关的地位决定了其权力与受案范围不能过大。我国司法机关是在党的领导下运行司法权,结合《宪法》与党的二十大报告进行分析,中国司法权的本源地位在

① 参见董储超、舒瑶芝:《诉源治理导向下的纠纷解决:理念澄清与范式革新》,载《交大法学》2023 年第 4 期。

立法权、执法权与监察权之后,因此,应该根据中国的实际情况制定适合的纠纷解决机制、厘定司法机关适当的办案范围。那种认为司法机关无所不能、大包大揽的观点,夸大了司法机关的实际地位与权力,不符合中国的基本政治制度与宪法设定。其三,适当控制或减少案件受理量,与当下司法人员的素质和司法水平也是相适应的。虽然我国法治环境在近 20 年来有了飞速的提升,但司法腐败、司法能力不高、司法责任心不强等情形仍然客观存在。而且,除司法办案工作外,司法人员尤其是基层的办案人员,有时还承担着诸如帮助招商引资、帮助经济发展、帮助处理应急事务与群体性矛盾等庞杂的事务性工作,导致其有时无法仔细阅读卷宗,容易忽略关键证据或重要细节。因此,非常有必要适当控制案件数量并进一步对进入司法机关的案件进行更有效的分流。对于简单的案件,确实可以诉前调解或者由其他机构先行调解,或者进行简易审理,充分运用简易程序或小额诉讼程序;但对于疑难案件、新型案件、重大案件、复杂案件等,必须精审。在精审过程中,更能涌现优秀的指导性案例、公报案例、典型案例及参考案例。

其次,加强司法化审判管理,遵循司法规律进行司法管理,对发展与提升案例指导日益重要。各级司法机关,基本都设立了案件管理办公室以强化对于案件的管理。此举不仅可以提高司法人员的办案效率,还可以强化法官办案的质量意识、责任意识,防止和纠正审判工作存在的偏差,提高司法审判水平。① 通过案件管理系统,可以实时了解案件的进程,也有助于对各类案件进行精确的统计和分析。法院提出的案件管理改革中的阅核制度,值得深入探讨与研究。该制度提出的背景是:司法责任制的改革本意是让法官有更大的自由裁量权并自主承担责任,以落实诉讼法的有关原则及“权责一致”,但实际情况似乎并不太令人满意——统计数据显示在个别领域或某些地区,错误判决和文书错误的情况没有明显改善,甚至在极个别领域及地区反而更加严重。于是,最高人民法院希望通过引入“案件阅核制度”来取代过去的领导审批方式,通过审判管理促进公正与统一。笔者认为,“案件阅核制度”类审判管理的司法改革,在遵循司法办案规律的前提下,经过审慎适当的改造与完善,从内部管理、内部纪律约束角度,充分试点后,并非不可尝试。其能否成功的关键在于其是否属于科学

① 参见董开军:《加强审判管理　提升案件质效》,载《法律适用》2011 年第 12 期。

合法的内部管理程序,是否符合司法的真正需要,是否能够切实促进司法公正,是否“不与宪法、组织法、程序法等强制性规定冲突”。总之,加大对司法管理、案件管理的范畴、性质、界限等研究,已经上升到了提升案例指导之深层法理的高度。

再次,针对司法人员应加大办案方法方面的培训,如将传统的三段论判定式分析方法逐渐过渡到前面所提的鉴定式分析等方法。当前,许多法律工作者仍停留在传统的思维模式中,因时间精力有限,容易忽略或不易接受新的理念与方法。通过法律方法的教育与轮训,掌握鉴定式案例分析法等,将有助于提高法律工作的准确性和效率。相配套的是,应加大对案例进行深度挖掘与研究利用的第三方社会机构之激励,加大对科研院校及法律服务机构智力与智慧之充分运用或借助。法律科学科研工作者可以通过对案例研究、评估,总结出实践中的经验和教训,为法律实践提供更加科学的指导及建议。这种理论与实践相结合的深度融合性研究,不仅可以推动法律理论的发展和创新,还可以扎实提高法律实践的水平与质量。通过透彻地解决一案、几案,达至解决一类法律疑难问题,在不断积累与叠加中提升案例指导与案例适用能力。

最后,有必要加强对案例指导工作的精准监督与公众参与,确保监督与参与到位,避免流于形式。当代文明社会下,没有不受监督的权力,有必要依法给予司法人员办案适当的监督与压力。监督是重要的机制,它可以促进司法的公正性和透明度。加强社会监督是防止司法权腐败,提升司法公信力的一个重要途径。[①] 为了实现真监督和真支持,应建立科学完善的社会监督机制。同时,司法机关自身也应建立良好的沟通机制及反馈机制,积极回应社会各界的关切和疑虑,依法及时公开有关工作进展及相关非涉密信息。对社会各界关于热点争议案件与案例的意见,宜认真分析和处理,适当并适时提供反馈。司法机关的本职及核心是办案,对案件与案例的依法回应是接受监督的重要方面,其与“非法干预案件”是两回事。我们不能一方面四处宣传“司法能动”“司法服务社会”,另一方面又对公众在案件与案例方面的基本而合理的关切或疑问,做过于淡化或淡然之处理。

---

① 参见崔永东:《从系统论视角看司法公信力建设》,载《暨南学报(哲学社会科学版)》2023 年第 3 期。

最高人民法院的“人民法院案例库”于2024年2月27日正式上线并向社会开放，重要文件《人民法院案例库建设运行工作规程》也于2024年5月8日实施。从中不仅可以发现最高人民法院在中国裁判文书网基础上，做了重大创新性、创意性努力，也可以看到其对司法管理、司法方法、公众监督和参与的高度重视和及时回应。最高人民检察院相比最高人民法院而言，有更多的缓冲空间，也有更多的精力与时间，完全可以与最高人民法院一起，从前述的多维度进行系统性高质量推进，实现法意与民情契合下案例指导制度的整体提升，助力在权利义务一致、权力责任一致基础上的中国特色司法案例制度的早日完善。

陈灿平

二〇二四年二月

目 录

上编　检察指导性案例分类集要及简要评析

第一部分　检察指导性案例要旨、指导意义及简析

一、刑事检察案例　/ 003

(一)刑法总则类　/ 003

正当防卫制度案例　/ 003

案例一:陈某正当防卫案(检例第45号)　/ 003

(一)案例要旨与指导意义　/ 003

(二)案例评析　/ 004

案例二:朱某某故意伤害(防卫过当)案(检例第46号)　/ 005

(一)案例要旨与指导意义　/ 005

(二)案例评析　/ 006

案例三:于某某正当防卫案(检例第47号)　/ 007

(一)案例要旨与指导意义　/ 007

(二)案例评析　/ 008

案例四:侯某某正当防卫案(检例第48号)　/ 008

(一)案例要旨与指导意义　/ 008

(二)案例评析　/ 009

核准追诉案件 / 010

案例一:马某某(抢劫)核准追诉案(检例第20号) / 010

(一)案例要旨与指导意义 / 010

(二)案例评析 / 010

案例二:丁某某等(故意伤害)核准追诉案(检例第21号) / 011

(一)案例要旨与指导意义 / 011

(二)案例评析 / 011

案例三:杨某某(故意杀人)不核准追诉案(检例第22号) / 012

(一)案例要旨与指导意义 / 012

(二)案例评析 / 012

案例四:蔡某某、陈某某等(抢劫)不核准追诉案(检例第23号) / 013

(一)案例要旨与指导意义 / 013

(二)案例评析 / 014

(二)刑法分则类 / 014

危害公共安全罪 / 014

案例一:余某某等人重大劳动安全事故重大责任事故案(检例第94号) / 014

(一)案例要旨与指导意义 / 014

(二)案例评析 / 016

案例二:宋某某等人重大责任事故案(检例第95号) / 016

(一)案例要旨与指导意义 / 016

(二)案例评析 / 017

案例三:黄某某等人重大责任事故、谎报安全事故案(检例第96号) / 018

(一)案例要旨与指导意义 / 018

(二)案例评析 / 019

案例四:夏某某等人重大责任事故案(检例第97号) / 020

(一)案例要旨与指导意义 / 020

(二)案例评析 / 021

破坏社会主义市场经济秩序罪 / 022
案例一:柳某1等人生产、销售有毒、有害食品,生产、销售伪劣产品案(检例第12号) / 022
(一)案例要旨与指导意义 / 022
(二)案例评析 / 022
案例二:徐某1等人生产、销售有害食品案(检例第13号) / 023
(一)案例要旨与指导意义 / 023
(二)案例评析 / 023
案例三:孙某某等人生产、销售有毒、有害食品案(检例第14号) / 024
(一)案例要旨与指导意义 / 024
(二)案例评析 / 024
案例四:胡某某等人生产、销售有毒、有害食品,行贿;骆某、刘某某销售伪劣产品;朱某某、曾某某生产、销售伪劣产品;黎某某等人受贿,食品监管渎职案(检例第15号) / 025
(一)案例要旨与指导意义 / 025
(二)案例评析 / 025
案例五:朱某某操纵证券市场案(检例第39号) / 026
(一)案例要旨与指导意义 / 026
(二)案例评析 / 027
案例六:周某集资诈骗案(检例第40号) / 027
(一)案例要旨与指导意义 / 027
(二)案例评析 / 028
案例七:叶某某等组织、领导传销活动案(检例第41号) / 028
(一)案例要旨与指导意义 / 028
(二)案例评析 / 029
案例八:王某生产、销售伪劣种子案(检例第61号) / 030
(一)案例要旨与指导意义 / 030
(二)案例评析 / 030
案例九:南京某公司等生产、销售伪劣农药案(检例第62号) / 031
(一)案例要旨与指导意义 / 031

（二）案例评析 / 032
案例十：杨某某等人非法吸收公众存款案（检例第 64 号） / 033
（一）案例要旨与指导意义 / 033
（二）案例评析 / 034
案例十一：王某等人利用未公开信息交易案（检例第 65 号） / 035
（一）案例要旨与指导意义 / 035
（二）案例评析 / 036
案例十二：某投资股份有限公司、余某某等人违规披露、不披露重要信息案（检例第 66 号） / 037
（一）案例要旨与指导意义 / 037
（二）案例评析 / 038
案例十三：邓某某、某食品（厦门）有限公司等销售假冒注册商标的商品案（检例第 98 号） / 038
（一）案例要旨与指导意义 / 038
（二）案例评析 / 039
案例十四：陈某等 8 人侵犯著作权案（检例第 100 号） / 040
（一）案例要旨与指导意义 / 040
（二）案例评析 / 041
案例十五：姚某等 5 人假冒注册商标案（检例第 101 号） / 042
（一）案例要旨与指导意义 / 042
（二）案例评析 / 042
案例十六：金某某侵犯商业秘密案（检例第 102 号） / 043
（一）案例要旨与指导意义 / 043
（二）案例评析 / 045
案例十七：张某某等人非法集资案（检例第 175 号） / 045
（一）案例要旨与指导意义 / 045
（二）案例评析 / 047
案例十八：郭某某、徐某某等人伪造货币案（检例第 176 号） / 047
（一）案例要旨与指导意义 / 047
（二）案例评析 / 048

案例十九:孙某某非法经营案(检例第177号) / 048
(一)案例要旨与指导意义 / 048
(二)案例评析 / 049
案例二十:梁某某、王某某等15人侵犯著作权案
(检例第193号) / 050
(一)案例要旨与指导意义 / 050
(二)案例评析 / 051
案例二十一:上海某公司、许某、陶某侵犯著作权案
(检例第194号) / 051
(一)案例要旨与指导意义 / 051
(二)案例评析 / 053
侵犯公民人身权利、民主权利罪 / 053
案例一:齐某强奸、猥亵儿童案(检例第42号) / 053
(一)案例要旨与指导意义 / 053
(二)案例评析 / 055
案例二:骆某猥亵儿童案(检例第43号) / 055
(一)案例要旨与指导意义 / 055
(二)案例评析 / 056
案例三:隋某某利用网络猥亵儿童,强奸,敲诈勒索,制作、贩卖、传播淫秽物品牟利案(检例第200号) / 056
(一)案例要旨与指导意义 / 056
(二)案例评析 / 057
案例四:于某虐待案(检例第44号) / 058
(一)案例要旨与指导意义 / 058
(二)案例评析 / 059
案例五:郎某、何某诽谤案(检例第137号) / 059
(一)案例要旨与指导意义 / 059
(二)案例评析 / 060
案例六:岳某侮辱案(检例第138号) / 061
(一)案例要旨与指导意义 / 061

(二)案例评析 / 062
案例七:柯某侵犯公民个人信息案(检例第140号) / 062
(一)案例要旨与指导意义 / 062
(二)案例评析 / 063
案例八:康某某利用网络侵犯公民个人信息案(检例第202号) / 064
(一)案例要旨与指导意义 / 064
(二)案例评析 / 064
侵犯财产罪 / 065
案例一:张某某盗窃案(检例第37号) / 065
(一)案例要旨与指导意义 / 065
(二)案例评析 / 065
案例二:董某等4人诈骗案(检例第38号) / 066
(一)案例要旨与指导意义 / 066
(二)案例评析 / 066
案例三:张某某等52人电信网络诈骗案(检例第67号) / 066
(一)案例要旨与指导意义 / 066
(二)案例评析 / 068
案例四:姚某某网络诈骗案(检例第201号) / 069
(一)案例要旨与指导意义 / 069
(二)案例评析 / 070
妨害社会管理秩序罪 / 070
案例一:李某某编造、故意传播虚假恐怖信息案(检例第9号) / 070
(一)案例要旨与指导意义 / 070
(二)案例评析 / 071
案例二:卫某某编造虚假恐怖信息案(检例第10号) / 071
(一)案例要旨与指导意义 / 071
(二)案例评析 / 072
案例三:袁某某编造虚假恐怖信息案(检例第11号) / 072
(一)案例要旨与指导意义 / 072
(二)案例评析 / 073

案例四:李某某破坏计算机信息系统案(检例第33号) / 073
(一)案例要旨与指导意义 / 073
(二)案例评析 / 074
案例五:李某某等人破坏计算机信息系统案(检例第34号) / 074
(一)案例要旨与指导意义 / 074
(二)案例评析 / 074
案例六:曾某某、王某某破坏计算机信息系统案(检例第35号) / 075
(一)案例要旨与指导意义 / 075
(二)案例评析 / 075
案例七:卫某某、龚某、薛某某非法获取计算机信息系统数据案(检例第36号) / 076
(一)案例要旨与指导意义 / 076
(二)案例评析 / 076
案例八:刘某非法占用农用地案(检例第60号) / 077
(一)案例要旨与指导意义 / 077
(二)案例评析 / 077
案例九:叶某某、张某某提供侵入计算机信息系统程序、谭某某非法获取计算机信息系统数据案(检例第68号) / 078
(一)案例要旨与指导意义 / 078
(二)案例评析 / 079
案例十:姚某某等11人破坏计算机信息系统案(检例第69号) / 079
(一)案例要旨与指导意义 / 079
(二)案例评析 / 081
案例十一:李某某帮助信息网络犯罪活动案(检例第203号) / 081
(一)案例要旨与指导意义 / 081
(二)案例评析 / 082
案例十二:仇某侵害英雄烈士名誉、荣誉案(检例第136号) / 083
(一)案例要旨与指导意义 / 083
(二)案例评析 / 084

案例十三：钱某制作、贩卖、传播淫秽物品牟利案(检例第139号) / 085
(一)案例要旨与指导意义 / 085
(二)案例评析 / 086
案例十四：王某贩卖、制造毒品案(检例第150号) / 086
(一)案例要旨与指导意义 / 086
(二)案例评析 / 087
案例十五：马某某走私、贩卖毒品案(检例第151号) / 088
(一)案例要旨与指导意义 / 088
(二)案例评析 / 089
案例十六：郭某某欺骗他人吸毒案(检例第152号) / 089
(一)案例要旨与指导意义 / 089
(二)案例评析 / 090
案例十七：何某贩卖、制造毒品案(检例第153号) / 090
(一)案例要旨与指导意义 / 090
(二)案例评析 / 091
贪污贿赂犯罪 / 092
案例一：浙江省某县图书馆及赵某、徐某某单位受贿、私分国有资产、贪污案(检例第73号) / 092
(一)案例要旨与指导意义 / 092
(二)案例评析 / 092
案例二：李某某贪污案(检例第74号) / 093
(一)案例要旨与指导意义 / 093
(二)案例评析 / 094
案例三：金某某受贿案(检例第75号) / 094
(一)案例要旨与指导意义 / 094
(二)案例评析 / 095
案例四：张某受贿，郭某行贿、职务侵占、诈骗案(检例第76号) / 096
(一)案例要旨与指导意义 / 096
(二)案例评析 / 097

案例五:沈某某、郑某某贪污案(检例第187号) / 97
(一)案例要旨与指导意义 / 97
(二)案例评析 / 98
案例六:桑某受贿、国有公司人员滥用职权、利用未公开信息交易案(检例第188号) / 98
(一)案例要旨与指导意义 / 98
(二)案例评析 / 99
案例七:李某等人挪用公款案(检例第189号) / 100
(一)案例要旨与指导意义 / 100
(二)案例评析 / 101
案例八:宋某某违规出具金融票证、违法发放贷款、非国家工作人员受贿案(检例第190号) / 101
(一)案例要旨与指导意义 / 101
(二)案例评析 / 102
渎职类犯罪 / 102
案例一:林某某徇私舞弊暂予监外执行案(检例第3号) / 102
(一)案例要旨与指导意义 / 102
(二)案例评析 / 103
案例二:崔某某环境监管失职案(检例第4号) / 103
(一)案例要旨与指导意义 / 103
(二)案例评析 / 104
案例三:陈某某、林某某、李某某滥用职权案(检例第5号) / 104
(一)案例要旨与指导意义 / 104
(二)案例评析 / 105
案例四:罗某1、罗某2、朱某某、罗某3滥用职权案(检例第6号) / 105
(一)案例要旨与指导意义 / 105
(二)案例评析 / 106
案例五:胡某某、郑某徇私舞弊不移交刑事案件案(检例第7号) / 106
(一)案例要旨与指导意义 / 106
(二)案例评析 / 106

案例六:杨某某玩忽职守、徇私枉法、受贿案(检例第8号) / 107
(一)案例要旨与指导意义 / 107
(二)案例评析 / 107
案例七:赛某、韩某某受贿、食品监管渎职案(检例第16号) / 108
(一)案例要旨与指导意义 / 108
(二)案例评析 / 108
(三)刑事程序类 / 109
不诉案例 / 109
案例一:施某某等17人聚众斗殴案(检例第1号) / 109
(一)案例要旨与指导意义 / 109
(二)案例评析 / 109
案例二:刘某某涉嫌生产、销售"伪劣产品"(不起诉)案
(检例第85号) / 110
(一)案例要旨与指导意义 / 110
(二)案例评析 / 111
案例三:胡某某抢劫案(检例第103号) / 111
(一)案例要旨与指导意义 / 111
(二)案例评析 / 112
案例四:庄某等人敲诈勒索案(检例第104号) / 113
(一)案例要旨与指导意义 / 113
(二)案例评析 / 113
案例五:李某诈骗、传授犯罪方法牛某等人诈骗案
(检例第105号) / 114
(一)案例要旨与指导意义 / 114
(二)案例评析 / 115
案例六:牛某非法拘禁案(检例第106号) / 115
(一)案例要旨与指导意义 / 115
(二)案例评析 / 117
案例七:唐某等人聚众斗殴案(检例第107号) / 117
(一)案例要旨与指导意义 / 117

(二)案例评析　/ 118
案例八:防止未成年人滥用药物综合司法保护案(检例第171号)　/ 118
(一)案例要旨与指导意义　/ 118
(二)案例评析　/ 119
刑事抗诉、申诉案例　/ 119
案例一:忻某某绑架案(检例第2号)　/ 119
(一)案例要旨与指导意义　/ 119
(二)案例评析　/ 120
案例二:陈某某抢劫、盗窃,付某某盗窃案(检例第17号)　/ 120
(一)案例要旨与指导意义　/ 120
(二)案例评析　/ 121
案例三:郭某某参加黑社会性质组织、故意杀人、故意伤害案(检例第18号)　/ 122
(一)案例要旨与指导意义　/ 122
(二)案例评析　/ 122
案例四:张某、沈某某等7人抢劫案(检例第19号)　/ 122
(一)案例要旨与指导意义　/ 122
(二)案例评析　/ 123
案例五:马某利用未公开信息交易案(检例第24号)　/ 123
(一)案例要旨与指导意义　/ 123
(二)案例评析　/ 124
案例六:于某某申诉案(检例第25号)　/ 125
(一)案例要旨与指导意义　/ 125
(二)案例评析　/ 126
案例七:陈某申诉案(检例第26号)　/ 126
(一)案例要旨与指导意义　/ 126
(二)案例评析　/ 127
案例八:陈某某刑事申诉公开听证案(检例第158号)　/ 127
(一)案例要旨与指导意义　/ 127
(二)案例评析　/ 128

案例九:吴某某、杨某某刑事申诉公开听证案(检例第159号) / 129
(一)案例要旨与指导意义 / 129
(二)案例评析 / 130
案例十:董某某刑事申诉公开听证案(检例第160号) / 130
(一)案例要旨与指导意义 / 130
(二)案例评析 / 131
案例十一:董某某刑事申诉简易公开听证案(检例第161号) / 132
(一)案例要旨与指导意义 / 132
(二)案例评析 / 132
案例十二:王某等人故意伤害等犯罪二审抗诉案(检例第178号) / 133
(一)案例要旨与指导意义 / 133
(二)案例评析 / 134
案例十三:刘某某贩卖毒品二审抗诉案(检例第179号) / 134
(一)案例要旨与指导意义 / 134
(二)案例评析 / 136
案例十四:李某抢劫、强奸、强制猥亵二审抗诉案(检例第180号) / 136
(一)案例要旨与指导意义 / 136
(二)案例评析 / 137
案例十五:孟某某等人组织、领导、参加黑社会性质组织、寻衅滋事等犯罪再审抗诉案(检例第181号) / 137
(一)案例要旨与指导意义 / 137
(二)案例评析 / 139
案例十六:宋某某危险驾驶二审、再审抗诉案(检例第182号) / 139
(一)案例要旨与指导意义 / 139
(二)案例评析 / 140
刑事检察监督案例 / 140
案例一:王某某不批准逮捕案(检例第27号) / 140
(一)案例要旨与指导意义 / 140
(二)案例评析 / 141

案例二:宣告缓刑罪犯蔡某等12人减刑监督案(检例第70号) / 142
(一)案例要旨与指导意义 / 142
(二)案例评析 / 143
案例三:康某假释监督案(检例第71号) / 143
(一)案例要旨与指导意义 / 143
(二)案例评析 / 144
案例四:王某某暂予监外执行监督案(检例第72号) / 145
(一)案例要旨与指导意义 / 145
(二)案例评析 / 146
案例五:许某某、包某某串通投标立案监督案(检例第90号) / 146
(一)案例要旨与指导意义 / 146
(二)案例评析 / 147
案例六:温某某合同诈骗立案监督案(检例第91号) / 148
(一)案例要旨与指导意义 / 148
(二)案例评析 / 149
案例七:上海某建筑装饰有限公司、吕某拒不执行判决立案监督案(检例第92号) / 149
(一)案例要旨与指导意义 / 149
(二)案例评析 / 150
案例八:丁某某、林某某等人假冒注册商标立案监督案(检例第93号) / 151
(一)案例要旨与指导意义 / 151
(二)案例评析 / 152
案例九:广州某有限公司涉嫌销售假冒注册商标的商品立案监督案(检例第99号) / 152
(一)案例要旨与指导意义 / 152
(二)案例评析 / 153
案例十:社区矫正对象孙某某撤销缓刑监督案(检例第131号) / 154
(一)案例要旨与指导意义 / 154
(二)案例评析 / 155

案例十一:社区矫正对象崔某某暂予监外执行收监执行监督案(检例第132号) / 156
(一)案例要旨与指导意义 / 156
(二)案例评析 / 157
案例十二:社区矫正对象王某减刑监督案(检例第133号) / 158
(一)案例要旨与指导意义 / 158
(二)案例评析 / 158
案例十三:社区矫正对象管某某申请外出监督案(检例第134号) / 159
(一)案例要旨与指导意义 / 159
(二)案例评析 / 160
案例十四:社区矫正对象贾某某申请经常性跨市县活动监督案(检例第135号) / 160
(一)案例要旨与指导意义 / 160
(二)案例评析 / 161
案例十五:惩治组织未成年人进行违反治安管理活动犯罪综合司法保护案(检例第173号) / 161
(一)案例要旨与指导意义 / 161
(二)案例评析 / 162
案例十六:向某假释监督案(检例第195号) / 162
(一)案例要旨与指导意义 / 162
(二)案例评析 / 163
案例十七:杨某某假释监督案(检例第196号) / 164
(一)案例要旨与指导意义 / 164
(二)案例评析 / 165
案例十八:刘某某假释监督案(检例第197号) / 165
(一)案例要旨与指导意义 / 165
(二)案例评析 / 166
案例十九:邹某某假释监督案(检例第198号) / 166
(一)案例要旨与指导意义 / 166
(二)案例评析 / 167

案例二十:唐某假释监督案(检例第199号) / 167
(一)案例要旨与指导意义 / 167
(二)案例评析 / 168
案例二十一:禁止向未成年人租售网络游戏账号检察监督案(检例第204号) / 168
(一)案例要旨与指导意义 / 168
(二)案例评析 / 169
认罪认罚从宽案例 / 170
案例一:无锡某警用器材公司虚开增值税专用发票案(检例第81号) / 170
(一)案例要旨与指导意义 / 170
(二)案例评析 / 171
案例二:钱某故意伤害案(检例第82号) / 171
(一)案例要旨与指导意义 / 171
(二)案例评析 / 172
案例三:琚某某盗窃案(检例第83号) / 172
(一)案例要旨与指导意义 / 172
(二)案例评析 / 172
案例四:林某某等人组织、领导、参加黑社会性质组织案(检例第84号) / 173
(一)案例要旨与指导意义 / 173
(二)案例评析 / 174
案例五:阻断性侵犯罪未成年被害人感染艾滋病风险综合司法保护案(检例第172号) / 174
(一)案例要旨与指导意义 / 174
(二)案例评析 / 175
没收违法所得程序案例 / 176
案例一:白某贪污违法所得没收案(检例第127号) / 176
(一)案例要旨与指导意义 / 176
(二)案例评析 / 176

案例二：彭某某受贿，贾某某受贿、洗钱违法所得没收案（检例第128号） / 177
（一）案例要旨与指导意义 / 177
（二）案例评析 / 178
案例三：黄某某贪污违法所得没收案（检例第129号） / 178
（一）案例要旨与指导意义 / 178
（二）案例评析 / 179
案例四：任某某受贿、巨额财产来源不明违法所得没收案（检例第130号） / 179
（一）案例要旨与指导意义 / 179
（二）案例评析 / 180

二、民事检察案例 / 180

（一）民事公益诉讼案例 / 180

案例一：许某1、许某2民事公益诉讼案（检例第28号） / 180
（一）案例要旨与指导意义 / 180
（二）案例评析 / 182
案例二：白山市某区卫生和计划生育局及该区中医院行政附带民事公益诉讼案（检例第29号） / 182
（一）案例要旨与指导意义 / 182
（二）案例评析 / 184
案例三：曾某侵害英烈名誉案（检例第51号） / 185
（一）案例要旨与指导意义 / 185
（二）案例评析 / 185
案例四：某水务公司污染环境刑事附带民事公益诉讼案（检例第86号） / 186
（一）案例要旨与指导意义 / 186
（二）案例评析 / 187
案例五：海南省某市人民检察院诉海南某公司等3被告非法向海洋倾倒建筑垃圾民事公益诉讼案（检例第111号） / 188
（一）案例要旨与指导意义 / 188

(二)案例评析 / 189

案例六:江西省某市人民检察院诉张某某等3人故意损毁三清山巨蟒峰民事公益诉讼案(检例第114号) / 189

(一)案例要旨与指导意义 / 189

(二)案例评析 / 190

案例七:浙江省杭州市某区人民检察院对北京某公司侵犯儿童个人信息权益提起民事公益诉讼、北京市人民检察院督促保护儿童个人信息权益行政公益诉讼案(检例第141号) / 191

(一)案例要旨与指导意义 / 191

(二)案例评析 / 192

案例八:江苏省某市人民检察院对章某为未成年人文身提起民事公益诉讼案(检例第142号) / 193

(一)案例要旨与指导意义 / 193

(二)案例评析 / 194

案例九:江西省某县人民检察院诉某化工集团有限公司污染环境民事公益诉讼案(检例第164号) / 194

(一)案例要旨与指导意义 / 194

(二)案例评析 / 196

(二)民事检察监督案例 / 196

案例一:广州某置业公司等骗取支付令执行虚假诉讼监督案(检例第52号) / 196

(一)案例要旨与指导意义 / 196

(二)案例评析 / 197

案例二:武汉某投资公司等骗取调解书虚假诉讼监督案(检例第53号) / 198

(一)案例要旨与指导意义 / 198

(二)案例评析 / 198

案例三:陕西某实业公司等公证执行虚假诉讼监督案(检例第54号) / 199

(一)案例要旨与指导意义 / 199

(二)案例评析 /199
案例四:福建王某某等人劳动仲裁执行虚假诉讼监督案(检例第55号) /200
(一)案例要旨与指导意义 /200
(二)案例评析 /201
案例五:江西熊某等交通事故保险理赔虚假诉讼监督案(检例第56号) /201
(一)案例要旨与指导意义 /201
(二)案例评析 /202
案例六:深圳市某投资企业(有限合伙)被诉股东损害赔偿责任纠纷抗诉案(检例第77号) /202
(一)案例要旨与指导意义 /202
(二)案例评析 /203
案例七:某牧业公司被错列失信被执行人名单执行监督案(检例第78号) /203
(一)案例要旨与指导意义 /203
(二)案例评析 /204
案例八:南漳县某房地产开发有限责任公司被明显超标的额查封执行监督案(检例第79号) /205
(一)案例要旨与指导意义 /205
(二)案例评析 /205
案例九:福建某光电公司、福建某科技公司与福建某物业公司物业服务合同纠纷和解案(检例第80号) /206
(一)案例要旨与指导意义 /206
(二)案例评析 /207
案例十:李某某等“套路贷”虚假诉讼案(检例第87号) /207
(一)案例要旨与指导意义 /207
(二)案例评析 /208
案例十一:江苏某银行申请执行监督案(检例第108号) /208
(一)案例要旨与指导意义 /208
(二)案例评析 /210

案例十二:湖北某房地产公司申请执行监督案(检例第109号) / 211
(一)案例要旨与指导意义 / 211
(二)案例评析 / 212
案例十三:黑龙江何某申请执行监督案(检例第110号) / 212
(一)案例要旨与指导意义 / 212
(二)案例评析 / 213
案例十四:李某1等7人与李某2民间借贷纠纷抗诉案
(检例第154号) / 213
(一)案例要旨与指导意义 / 213
(二)案例评析 / 214
案例十五:某小额贷款公司与某置业公司借款合同纠纷抗诉案
(检例第155号) / 215
(一)案例要旨与指导意义 / 215
(二)案例评析 / 216
案例十六:郑某某与某物业发展公司商品房买卖合同纠纷再审检察建议案(检例第156号) / 216
(一)案例要旨与指导意义 / 216
(二)案例评析 / 217
案例十七:陈某与向某某房屋租赁合同纠纷抗诉案
(检例第157号) / 218
(一)案例要旨与指导意义 / 218
(二)案例评析 / 219
案例十八:周某某与项某某、李某某著作权权属、侵权纠纷等系列虚假诉讼监督案(检例第192号) / 220
(一)案例要旨与指导意义 / 220
(二)案例评析 / 221
案例十九:山东省某市人民检察院对某发展基金会诉某石油化工有限公司、某化工有限公司民事公益诉讼检察监督案
(检例第165号) / 221
(一)案例要旨与指导意义 / 221
(二)案例评析 / 222

(三)民事支持起诉案例 / 222
案例一:李某1与李某2财产损害赔偿纠纷支持起诉案
(检例第122号) / 222
(一)案例要旨与指导意义 / 222
(二)案例评析 / 223
案例二:胡某1、万某某与胡某2赡养纠纷支持起诉案
(检例第123号) / 224
(一)案例要旨与指导意义 / 224
(二)案例评析 / 225
案例三:孙某某等78人与某农业公司追索劳动报酬纠纷支持起诉案
(检例第124号) / 225
(一)案例要旨与指导意义 / 225
(二)案例评析 / 226
案例四:安某某等80人与某环境公司确认劳动关系纠纷支持起诉案
(检例第125号) / 227
(一)案例要旨与指导意义 / 227
(二)案例评析 / 228
案例五:张某1与张某2离婚纠纷支持起诉案(检例第126号) / 228
(一)案例要旨与指导意义 / 228
(二)案例评析 / 229

三、行政检察案例 / 229

(一)行政公益诉讼案例 / 229
案例一:某区林业局行政公益诉讼案(检例第30号) / 229
(一)案例要旨与指导意义 / 229
(二)案例评析 / 230
案例二:某县环保局行政公益诉讼案(检例第31号) / 230
(一)案例要旨与指导意义 / 230
(二)案例评析 / 231
案例三:某县环保局行政公益诉讼案(检例第32号) / 232

(一)案例要旨与指导意义　/232
(二)案例评析　/232
案例四:陕西省某市环境保护局某分局不全面履职案
(检例第49号)　/233
(一)案例要旨与指导意义　/233
(二)案例评析　/233
案例五:湖南省某县城乡规划建设局等不依法履职案
(检例第50号)　/234
(一)案例要旨与指导意义　/234
(二)案例评析　/234
案例六:湖北省某市人民检察院诉某镇政府不依法履行职责行政公益诉讼案(检例第63号)　/234
(一)案例要旨与指导意义　/234
(二)案例评析　/235
案例七:北京市某区人民检察院督促落实未成年人禁烟保护案
(检例第88号)　/236
(一)案例要旨与指导意义　/236
(二)案例评析　/237
案例八:黑龙江省检察机关督促治理二次供水安全公益诉讼案
(检例第89号)　/237
(一)案例要旨与指导意义　/237
(二)案例评析　/238
案例九:江苏省某县人民检察院督促处置危险废物行政公益诉讼案
(检例第112号)　/239
(一)案例要旨与指导意义　/239
(二)案例评析　/240
案例十:河南省人民检察院某铁路运输分院督促整治违建塘坝危害高铁运营安全行政公益诉讼案(检例第113号)　/240
(一)案例要旨与指导意义　/240
(二)案例评析　/242

案例十一：贵州省某县人民检察院督促保护传统村落行政公益诉讼案（检例第115号） / 242
（一）案例要旨与指导意义 / 242
（二）案例评析 / 243
案例十二：福建省某市人民检察院督促消除幼儿园安全隐患行政公益诉讼案（检例第143号） / 243
（一）案例要旨与指导意义 / 243
（二）案例评析 / 244
案例十三：贵州省某自治县人民检察院督促履行食品安全监管职责行政公益诉讼案（检例第144号） / 245
（一）案例要旨与指导意义 / 245
（二）案例评析 / 245
案例十四：江苏省某市人民检察院督促整治网吧违规接纳未成年人行政公益诉讼案（检例第145号） / 246
（一）案例要旨与指导意义 / 246
（二）案例评析 / 247
案例十五：吉林省检察机关督促履行环境保护监管职责行政公益诉讼案（检例第162号） / 248
（一）案例要旨与指导意义 / 248
（二）案例评析 / 249
案例十六：山西省检察机关督促整治某矿企非法开采行政公益诉讼案（检例第163号） / 249
（一）案例要旨与指导意义 / 249
（二）案例评析 / 250
案例十七：最高人民检察院督促整治万峰湖流域生态环境受损公益诉讼案（检例第166号） / 251
（一）案例要旨与指导意义 / 251
（二）案例评析 / 253

案例十八：未成年人网络民事权益综合司法保护案（检例第174号） / 253
（一）案例要旨与指导意义 / 253
（二）案例评析 / 254
案例十九：浙江省某市人民检察院督促规范成品油领域税收监管秩序行政公益诉讼案（检例第183号） / 255
（一）案例要旨与指导意义 / 255
（二）案例评析 / 255
案例二十：江苏省某经济技术开发区人民检察院督促整治闲置国有土地行政公益诉讼案（检例第184号） / 256
（一）案例要旨与指导意义 / 256
（二）案例评析 / 257
案例二十一：湖南省某市检察机关督促追回违法支出国有土地使用权出让收入行政公益诉讼案（检例第185号） / 257
（一）案例要旨与指导意义 / 257
（二）案例评析 / 258
案例二十二：浙江省杭州市某区人民检察院督促落实电价优惠政策行政公益诉讼案（检例第186号） / 258
（一）案例要旨与指导意义 / 258
（二）案例评析 / 259
（二）行政检察监督案件 / 259
案例一：某实业公司诉某市住房和城乡建设局征收补偿认定纠纷抗诉案（检例第57号） / 259
（一）案例要旨与指导意义 / 259
（二）案例评析 / 261
案例二：浙江省某市国土资源局申请强制执行杜某非法占地处罚决定监督案（检例第58号） / 261
（一）案例要旨与指导意义 / 261
（二）案例评析 / 262

案例三：湖北省某县水利局申请强制执行肖某河道违法建设处罚决定监督案（检例第59号） / 263
（一）案例要旨与指导意义 / 263
（二）案例评析 / 264
案例四：某材料公司诉重庆市某区安监局、市安监局行政处罚及行政复议检察监督案（检例第116号） / 264
（一）案例要旨与指导意义 / 264
（二）案例评析 / 265
案例五：陈某诉江苏省某市某区人民政府强制拆迁及行政赔偿检察监督案（检例第117号） / 265
（一）案例要旨与指导意义 / 265
（二）案例评析 / 266
案例六：魏某等19人诉山西省某市发展和改革局不履行法定职责检察监督案（检例第118号） / 266
（一）案例要旨与指导意义 / 266
（二）案例评析 / 267
案例七：山东省某包装公司及魏某安全生产违法行政非诉执行检察监督案（检例第119号） / 267
（一）案例要旨与指导意义 / 267
（二）案例评析 / 268
案例八：王某某等45人诉北京市某区某镇政府强制拆除和行政赔偿检察监督系列案（检例第120号） / 268
（一）案例要旨与指导意义 / 268
（二）案例评析 / 269
案例九：姚某诉福建省某县民政局撤销婚姻登记检察监督案（检例第121号） / 269
（一）案例要旨与指导意义 / 269
（二）案例评析 / 271

案例十：卢某诉福建省某市公安局交警支队道路交通行政处罚检察监督案（检例第146号） / 271
（一）案例要旨与指导意义 / 271
（二）案例评析 / 272
案例十一：湖南省某市人民检察院对市人民法院行政诉讼执行活动检察监督案（检例第147号） / 272
（一）案例要旨与指导意义 / 272
（二）案例评析 / 273
案例十二：安徽省某县自然资源和规划局申请执行强制拆除违法占用土地上的建筑物行政处罚决定检察监督案（检例第148号） / 274
（一）案例要旨与指导意义 / 274
（二）案例评析 / 275
案例十三：糜某诉浙江省某市住房和城乡建设局、某市人民政府信息公开及行政复议检察监督案（检例第149号） / 275
（一）案例要旨与指导意义 / 275
（二）案例评析 / 276
案例十四：陈某诉江苏省某市人社局撤销退休审批检察监督案（检例第167号） / 277
（一）案例要旨与指导意义 / 277
（二）案例评析 / 278
案例十五：志某诉湖南省甲县公安局确认执法信息录入行政行为违法检察监督案（检例第168号） / 278
（一）案例要旨与指导意义 / 278
（二）案例评析 / 279
案例十六：浙江省杭州市某区人民检察院督促治理虚假登记市场主体检察监督案（检例第169号） / 279
（一）案例要旨与指导意义 / 279
（二）案例评析 / 280

案例十七:广东省某市人民检察院督促住房和城乡建设行政主管部门依法履行监管职责检察监督案(检例第170号) / 280
(一)案例要旨与指导意义 / 280
(二)案例评析 / 281
案例十八:广州某建材有限公司、广州某洁具有限公司与国家知识产权局商标争议行政纠纷诉讼监督案(检例第191号) / 281
(一)案例要旨与指导意义 / 281
(二)案例评析 / 282

第二部分 检察指导性案例研究方面的文献综述

一、检察指导性案例发展中的主要问题 / 284
二、检察指导性案例完善与提升路径之综述概括 / 288

下编 检察案例指导制度的基础理论与发展提升

第一部分 检察指导性案例的基础理论

一、检察案例指导制度的发展历程 / 293
(一)商代至元代的案例 / 293
1. 西周至秦判例制度 / 293
2. 魏晋至唐判例制度 / 296
3. 宋代判例制度 / 298
4. 元代判例制度 / 300
(二)明清及民国时期的案例 / 301
1. 明代判例制度 / 301

2. 清代判例制度 / 302

3. 明清判例制度的主要特点 / 304

4. 民国时期的判例制度 / 306

5. 民国时期判例制度的运用价值 / 308

(三)新中国成立初期至2010年的检察案例指导 / 310

1. 检察案例指导制度的发展历程 / 310

2. 指导性案例的产生机理与功能价值 / 313

(四)2010年至今的检察案例指导 / 315

1. 2010年至今检察案例指导制度的深化 / 315

2. 检察案例指导制度建立的意义 / 315

3. 案例指导制度的创新与挑战 / 317

二、检察指导性案例的基本理论 / 318

(一)检察指导性案例的含义与概念比较 / 318

1. 案件、案例与检察指导性案例 / 319

2. 检察指导性案例与检察案例指导制度 / 320

3. 检察指导性案例与司法解释 / 321

4. 检察指导性案例与其他指导性案例 / 322

5. 检察指导性案例与判例 / 323

(二)检察指导性案例的性质、形式、内容及体例特征 / 324

1. 检察指导性案例的性质 / 324

2. 检察指导性案例的形式 / 325

3. 检察指导性案例的内容 / 329

4. 检察指导性案例的体例特征 / 332

(三)检察指导性案例的功能定位 / 334

1. 内在功能:统一司法办案技术参考尺度 / 335

2. 社会功能:提供高质量普法强基的教材 / 336

(四)检察指导性案例的价值追求 / 337

1. 高质效应用检察指导性案例 / 338

2. 强化统一司法办案标准以落实司法责任制 / 339
3. 加强检察指导性案例的理论研究与实际应用 / 340
4. 发挥检察指导性案例普法教育的效能 / 342

三、指导性案例效力的比较分析 / 343

(一)英美法系判例的效力 / 344
1. 英美法系判例的效力源起 / 344
2. 英美法系判例的效力分析 / 346
(二)大陆法系判例的效力 / 349
1. 大陆法系判例的效力源起 / 349
2. 大陆法系判例的效力分析 / 351
(三)我国法院指导性案例的效力 / 354
1. 最高人民法院指导性案例的效力变迁 / 355
2. 最高人民法院指导性案例的效力分析 / 357
(四)我国检察指导性案例效力的理论分析 / 360
1. 检察指导性案例效力定位的演变发展 / 361
2. 最高人民法院、最高人民检察院指导性案例效力的对比分析 / 363
3. 最高人民检察院指导性案例的效力分析 / 364
4. 检察指导性案例的效力证成 / 366

第二部分　检察案例指导的应用及提升

一、检察指导性案例库的构建 / 369

(一)检察指导性案例的确定程序与发布 / 370
1. 检察指导性案例的确定程序 / 371
2. 检察指导性案例的发布 / 375
(二)检察指导性案例编撰的具体要求 / 376
1. 检察指导性案例编撰的总体要求 / 377
2. 检察指导性案例编撰的个性化要求 / 379

(三)检察指导性案例中规则与要旨的提炼 / 382
1.检察指导性案例中规则的提炼 / 382
2.检察指导性案例中要旨的提炼 / 387
二、检察案例指导的技术与方法 / 389
(一)类案检索 / 389
1.“类似案件”之概念界定 / 389
2.检索引擎之基础思路 / 390
3.信息平台之智能选择 / 393
(二)案例识别与区分技术 / 394
1.识别标准之三维度 / 395
2.类比逻辑之三步骤 / 397
(三)类案适用规则与方法 / 399
1.指导性案例的适用规则 / 400
2.指导性案例的适用方法 / 402
(四)“应当参照”研究 / 405
1.参照案例的嵌入价值 / 405
2.明示援引的思路修正 / 406
3.参照适用的机制建设 / 408
(五)有关统计类及辅助的新技术、新方案 / 410
1.人工智能赋能案例之机遇 / 410
2.Law GPT-zh:中文法律大模型构想的检察案例运用 / 412
3.ChatLaw:法律智能助手的检察案例运用 / 412
4.其他技术与方法 / 413
三、检察指导性案例的评估、管理、应用和监督 / 414
(一)检察指导性案例的自身质量评估 / 414
1.检察指导性案例的体例质量评价 / 414
2.检察指导性案例的内容质量评价 / 416

3. 检察指导性案例的质量提升路径 / 419
(二) 检察指导性案例的更新与动态管理机制 / 421
1. 完善检察指导性案例的更新机制 / 421
2. 健全检察指导性案例的动态管理机制 / 423
(三) 检察指导性案例的应用情况评估 / 426
1. 检察指导性案例的应用情况考察 / 426
2. 检察指导性案例应用中的不足 / 428
(四) 检察指导性案例的应用与监督机制 / 430
1. 优化检察指导性案例的应用机制 / 431
2. 细化检察指导性案例的监督机制 / 433

上 编

检察指导性案例分类集要及简要评析

第一部分　检察指导性案例要旨、指导意义及简析

一、刑事检察案例

(一)刑法总则类

正当防卫制度案例

案例一 陈某正当防卫案(检例第45号)

(一)案例要旨与指导意义

1. 案例要旨:在被人殴打、人身权利受到不法侵害的情况下,防卫行为虽然造成了重大损害的客观后果,但是防卫措施并未明显超过必要限度的,不属于防卫过当,依法不负刑事责任。

2. 指导意义:《刑法》第二十条第一款规定,“为了使国家、公共利益、本人或者他人的人身、财产和其他权利免受正在进行的不法侵害,而采取的制止不法侵害的行为,对不法侵害人造成损害的,属于正当防卫,不负刑事责任”。司法实践通常称这种正当防卫为“一般防卫”。一般防卫有限度要求,超过限度的属于防卫过当,需要负刑事责任。《刑法》规定的限度条件是“明显超过必要限度造成重大损害”,具体而言,行为人的防卫措施虽明显超过必要限度但防卫结果客观上并未造成重大损害,或者防卫结果虽客观上造成重大损害但防卫措施并未明显超过必要限度,均不能认定为防卫过当。本案中,陈某为了保护自己的人身安全而持刀反击,就所要保护的权利性质以及与侵害方的手段强度比较来

看,不能认为陈某的防卫措施明显超过了必要限度,所以即使防卫结果在客观上造成了重大损害,也不属于防卫过当。正当防卫既可以是为了保护自己的合法权益,也可以是为了保护他人的合法权益。2012 年《未成年人保护法》第六条第二款也规定,“对侵犯未成年人合法权益的行为,任何组织和个人都有权予以劝阻、制止或者向有关部门提出检举或者控告”。对于正在遭受侵害的未成年人,任何人都有权介入保护,成年人更有责任予以救助。但是,冲突双方均为未成年人的,成年人介入时,应当优先选择劝阻、制止的方式;劝阻、制止无效的,在隔离、控制或制服侵害人时,应当注意手段和行为强度的适度。检察机关办理正当防卫案件遇到争议时,应当根据《最高人民检察院关于实行检察官以案释法制度的规定》,适时、主动进行释法说理工作,对事实认定、法律适用和办案程序等问题进行答疑解惑,开展法治宣传教育,保障当事人和其他诉讼参与人的合法权利,努力做到案结事了。人民检察院审查逮捕时,应当严把事实关、证据关和法律适用关,根据查明的事实,犯罪嫌疑人的行为属于正当防卫,不负刑事责任的,应当依法作出不批准逮捕的决定,保障无罪的人不受刑事追究。

(二)案例评析

案例价值:本案除释明一般防卫限度与防卫过当的认定界限以及防卫行为与防卫结果之间出现偏差时如何准确适用正当防卫制度之外,还释明在认定涉及未成年人防卫案件是否成立正当防卫时应综合考虑未成年人所遭受的侵害手段、是否有其他成年人介入保护,而不能简单将双方所持工具以及侵害结果与防卫结果的严重大小进行机械式比较。具体而言:一是明确了“一般防卫”的限度把握。行为人的防卫措施虽明显超过必要限度但防卫结果客观上并未造成重大损害,或者防卫结果虽客观上造成重大损害但防卫措施并未明显超过必要限度,均不能认定为防卫过当。二是明确了正当防卫既可以是为了保护自己的合法权益,也可以是为了保护他人的合法权益。三是明确了检察机关办理正当防卫案件的审查逮捕工作要求。

可进一步研究之处:有学者指出,本案的“指导意义”部分,着重强调对社会公众的释法,可能忽略了不同办案机关判断正当防卫存在分歧,需要进行释明和统一司法适用,对司法实践中“唯结果论”的处理方法的纠正未能在案例的撰写中很好地体现。[①] 本案在检察机关与公安机关结果互认上可进一步加强。实践中检察机关认定成立正当防卫的结果，有时容易面临公安机关的复议申请，由此说明公诉机关与侦查机关在对“明显超过必要限度”与“造成重大损害”的认定上还需进一步统一认识，究竟采取“双重条件说”还是“单一条件说”可以进一步解释、说明，从而凝练为统一的办案观点和案件处理方法。

案例二　朱某某故意伤害(防卫过当)案(检例第46号)

(一)案例要旨与指导意义

1. 案例要旨：在民间矛盾激化过程中，对正在进行的非法侵入住宅、轻微人身侵害行为，可以进行正当防卫，但防卫行为的强度不具有必要性并致不法侵害人重伤、死亡的，属于明显超过必要限度造成重大损害，应当负刑事责任，但是应当减轻或者免除处罚。

2. 指导意义：《刑法》第二十条第二款规定，“正当防卫明显超过必要限度造成重大损害的，应当负刑事责任，但是应当减轻或者免除处罚”。司法实践通常称本款规定的情况为“防卫过当”。防卫过当中，重大损害是指造成不法侵害人死亡、重伤的后果，造成轻伤及以下损伤的不属于重大损害；明显超过必要限度，是指根据所保护的权利性质、不法侵害的强度和紧迫程度等综合衡量，防卫措施缺乏必要性，防卫强度与侵害程度也相差悬殊。司法实践中，重大损害的认定比较好把握，但明显超过必要限度的认定相对复杂，对此应当根据不法侵害的性质、手段、强度和危害程度，以及防卫行为的性质、手段、强度、时机和所处环境等因素，进行综合判断。本案中，朱某某为保护住宅安宁和免受可能的人身侵害，而致侵害人丧失生命，就防卫与侵害的性质、手段、强度和结果等因素的对比来看，其防卫行为既不必要也与侵害程度相差悬殊，属于明显超过必要限度造成重大损害。民间矛盾引发的案件极其复杂，涉及防卫性质争议的，应当坚持依法、审慎的原则，准确作出判断和认定，从而引导公民理性平和解决争端，避免在争议纠纷中不必要地使用武力。针对实践当中的常见情形，可注

---

① 参见司伟攀：《正当防卫认定有关问题探究——以最高人民检察院“第十二批指导性案例”为例》，载《法律适用》2019年第10期。

意把握以下几点:一是应作整体判断,即分清前因后果和是非曲直,根据查明的事实,当事人的行为具有防卫性质的,应当依法作出认定,不能唯结果论,也不能因矛盾暂时没有化解等因素而不去认定或不敢认定;二是对于近亲属之间发生的不法侵害,对防卫强度必须结合具体案情作出更为严格的限制;三是对于被害人有无过错与是否有正在进行的不法侵害,应当通过细节的审查、补查,作出准确的区分和认定。人民检察院办理刑事案件,必须高度重视犯罪嫌疑人、被告人及其辩护人所提的正当防卫或防卫过当的意见,所提意见成立的,应当及时予以采纳或支持,依法保障当事人的合法权利。

(二)案例评析

案例价值:第一,本案围绕"重大损害"与"明显超过必要限度"两个要件厘清了司法实践中在认定行为人是否构成"防卫过当"时应当考虑的情节因素,并明确当将防卫人所采取的手段及其强度、所处环境等因素与侵害行为进行比较时,要进行综合考量,而不是单一因素的简单相加或对比。当防卫行为与侵害行为不存在较大差距时,若防卫结果超过必要限度且造成重大损害则该防卫行为属于防卫过当。第二,本案为办理民间纠纷引发的防卫案件提供了较为清晰、成熟的思路。民间纠纷引发的刑事案件往往较为复杂,本案在办理时对案件进行全盘思考和把握,既有事实根据和证据,认真分析引发刑事矛盾的前因后果,审查防卫人与侵害人是否存在过错以及过错大小,对案件作出了准确定性;又积极能动履职发挥化解纠纷的检察职能,调处矛盾。[①] 第三,本案在案件办理过程中高度重视犯罪嫌疑人、被告人及其辩护人的意见,针对辩护人在一审提出的"防卫过当"意见开展分析和研讨,并在二审阶段对一审阶段提出的公诉意见予以纠正,既体现了公正司法,又充分尊重和保障了犯罪嫌疑人、被告人的合法权益。

可进一步研究之处:在本案一审时,检察机关提出的公诉意见是认为被告人的行为构成故意伤害,而不具备防卫性质,因此本案的标题在撰写时加入了"故意伤害"这几个字,这与本案的主题"正当防卫"制度可能有一点偏离,案件的最初认定结果可以在"检察机关履职过程"中体现,而不必放在标题之中。

---

① 参见周颖:《〈最高人民检察院第十二批指导性案例〉解读》,载《人民检察》2019 年第 2 期。

案例三　于某某正当防卫案(检例第47号)

(一)案例要旨与指导意义

1. 案例要旨:对于虽然犯罪故意的具体内容不确定,但足以严重危及人身安全的暴力侵害行为,应当认定为《刑法》第二十条第三款规定的“行凶”。行凶已经造成严重危及人身安全的紧迫危险,即使没有发生严重的实害后果,也不影响正当防卫的成立。

2. 指导意义:《刑法》第二十条第三款规定,“对正在进行行凶、杀人、抢劫、强奸、绑架以及其他严重危及人身安全的暴力犯罪,采取防卫行为,造成不法侵害人伤亡的,不属于防卫过当,不负刑事责任”。司法实践通常称这种正当防卫为“特殊防卫”。《刑法》作出特殊防卫的规定,目的在于进一步体现“法不能向不法让步”的秩序理念,同时肯定防卫人以对等或超过的强度予以反击的行为,即使造成不法侵害人伤亡,也不必顾虑可能成立防卫过当因而构成犯罪的问题。司法实践中,如果面对不法侵害人“行凶”性质的侵害行为,仍对防卫人限制过苛,不仅有违立法本意,也难以取得制止犯罪,保护公民人身权利不受侵害的效果。适用本款规定,“行凶”是认定的难点,对此应当把握以下两点:一是必须是暴力犯罪,对于非暴力犯罪或一般暴力行为,不能认定为行凶;二是必须严重危及人身安全,即对人的生命、健康构成严重危险。在具体案件中,有些暴力行为的主观故意尚未通过客观行为明确表现出来,或者行为人本身就是持概括故意实施该暴力行为,这类行为的故意内容虽不确定,但已表现出多种可能,其中只要有造成他人重伤或死亡的现实可能,均应当认定为“行凶”。正当防卫以不法侵害正在进行为前提。所谓正在进行,是指不法侵害已经开始但尚未结束。不法侵害行为多种多样、性质各异,判断其是否正在进行,应就具体行为和现场情境作具体分析。认定判断标准时不能机械地对刑法上的着手与既遂作出理解、判断,因为着手与既遂侧重的是侵害人可罚性的行为阶段问题,而侵害行为正在进行,侧重的是防卫人的利益保护问题,所以,不能要求不法侵害行为已经施加到被害人身上,只要不法侵害的现实危险已经迫在眼前,或者已达既遂状态但侵害行为没有实施终了的,就应当认定为不法侵害正在进行。需要强调的是,特殊防卫不存在防卫过当的问题,因此不能作宽泛的认定。对于因民间矛盾引发、不法与合法对立不明显以及夹杂泄愤报复成分的案件,在认定特殊防卫时应当十分慎重。

（二）案例评析

案例价值：本案的要旨和指导意义既为检察机关办理类案提供了新颖、具有价值性的参考，又有效引导了民众和办案机关对类案的认识，向社会释明了“法不能向不法让步”的法治精神。特别是：只要有造成他人重伤或死亡的现实可能，均应当认定为“行凶”；特殊防卫不存在防卫过当的问题，不能作宽泛的认定。

可进一步研究之处：有学者提出，本案遗憾之处在于未对民意、舆论与办案实际的有机结合进行释明。[①] 对于本案的认定从刑法学视角来看，应警惕民意的“非理性”因素，以案件的基本事实为基础。本案发生后，关于侵害人刘某生前为涉黑人员、多次受到刑事处罚等的信息也被搜索和公开，进而使办案人员在案件认定时容易加入主观和情绪化的因素，也容易受到大众舆情的影响，因此，如何排除上述非理性的因素，值得在办案中进一步探讨或完善。

案例四 侯某某正当防卫案（检例第48号）

（一）案例要旨与指导意义

1. 案例要旨：单方聚众斗殴的，属于不法侵害，没有斗殴故意的一方可以进行正当防卫。单方持械聚众斗殴，对他人的人身安全造成严重危险的，应当认定为《刑法》第二十条第三款规定的“其他严重危及人身安全的暴力犯罪”。

2. 指导意义：对于《刑法》第二十条第三款规定的“其他严重危及人身安全的暴力犯罪”的认定，除在方法上，以本款列举的4种罪行为参照，通过比较暴力程度、危险程度和刑法给予惩罚的力度作出判断以外，还应当注意把握以下几点：一是不法行为侵害的对象是人身安全，即人的生命权、健康权、自由权和性权利。人身安全之外的财产权利、民主权利等其他合法权利不在其内，这也是特殊防卫区别于一般防卫的一个重要特征。二是不法侵害行为具有暴力性，且应达到犯罪的程度。对本款列举的杀人、抢劫、强奸、绑架应作广义的理解，

---

① 参见周铭川：《概念法学与利益法学对正当防卫认定的影响——以昆山于海明正当防卫案为例》，载赵秉志主编：《刑事法判解研究》第38辑，人民法院出版社2019年版。

即它们不仅指这4种具体犯罪行为,也包括以此种暴力行为为手段,而触犯其他罪名的犯罪行为,如以抢劫为手段的抢劫枪支、弹药、爆炸物的行为,以绑架为手段的拐卖妇女、儿童的行为,以及针对人的生命、健康而采取的放火、爆炸、决水等行为。三是不法侵害行为应当达到一定的严重程度,即有可能造成他人重伤或死亡的后果。需要强调的是,不法侵害行为是否已经造成实际伤害后果,不必然影响特殊防卫的成立。此外,针对对他人人身安全造成严重危险的不法侵害行为,可以实施特殊防卫。在共同不法侵害案件中,"行凶"与"其他严重危及人身安全的暴力犯罪",在认定上可以有一定交叉,具体可结合全案行为特征和各侵害人的具体行为特征作综合判定。另外,对于寻衅滋事行为,不宜直接认定为"其他严重危及人身安全的暴力犯罪",寻衅滋事行为暴力程度较高、严重危及他人人身安全的,可分别认定为《刑法》第二十条第三款规定中的行凶、杀人或抢劫。需要说明的是,侵害行为最终成立何种罪名,对防卫人正当防卫的认定没有影响。人民检察院审查起诉时,应当严把事实关、证据关和法律适用关。根据查明的事实,犯罪嫌疑人的行为属于正当防卫,不负刑事责任的,人民检察院应当依法作出不起诉的决定,保障无罪的人不受刑事追究。

(二)案例评析

案例价值:本案通过解释"人身安全",从不法侵害的对象这一角度区分了特殊防卫与一般防卫,也从侧面说明特殊防卫中的不法侵害行为所具有的暴力性和构成犯罪的条件不应当局限于法条所列明的行为,而是要对其作广义解释,即实施特殊防卫所面对的不法侵害应当包括暴力行为和犯罪行为。[①]因此,本案对上述问题作出的释明具有新颖性,也符合暴力犯罪的治理要求,能够被检察机关较好地复制推广。本案具体而言:第一,明确了"防卫过当"中重大损害和明显超过必要限度的认定;第二,明确了民间矛盾引发的具有防卫性质的案件办理中需要注意的问题;第三,高度重视了犯罪嫌疑人、被告人及其辩护人的意见。

可进一步研究之处:有学者指出,本案相对缺乏对单方聚众斗殴观点的论证性以及对与公安机关意见不一致时的处理方法的说明,进而此类型的案件在

① 周颖:《〈最高人民检察院第十二批指导性案例〉解读》,载《人民检察》2019年第2期。

参照适用时,本案的指导性可能会有所降低。① 本案公安机关与检察机关的意见分歧在于案件当事人是单方聚众斗殴还是双方聚众斗殴。检察机关始终坚持认为本案是单方聚众斗殴,并在“案例要旨”中予以了点睛,该结论是正确的;如果能进行更加充分而详细的说明,则更利于实务中的区分操作。

核准追诉案件

案例一 马某某(抢劫)核准追诉案(检例第20号)

(一)案例要旨与指导意义

1. 案例要旨:故意杀人、抢劫、强奸、绑架、爆炸等严重危害社会治安的犯罪,经过20年追诉期限,仍然严重影响人民群众安全感,被害方、案发地群众、基层组织等强烈要求追究犯罪嫌疑人刑事责任,不追诉可能影响社会稳定或者产生其他严重后果的,对犯罪嫌疑人应当追诉。

2. 指导意义:犯罪嫌疑人马某某伙同他人入室抢劫,造成一人死亡的严重后果,依据《刑法》第十二条、1979年《刑法》第一百五十条的规定,对该行为应当适用的法定量刑幅度的最高刑为死刑。本案对被害人家庭和亲属造成严重伤害,在案发当地造成恶劣影响,虽然经过20年追诉期限,但被害方以及案发地群众反映强烈,社会影响没有消失,不追诉可能严重影响社会稳定或者产生其他严重后果。综合上述情况,依据1979年《刑法》第七十六条第四项的规定,决定对犯罪嫌疑人马某某核准追诉。

(二)案例评析

案例价值:本案以全局思维和整体视角考量了核准追诉被告人的因素和情节,尤其是案件对当地社会和被害人造成的后果,集中体现了追诉制度与宽严相济的刑事司法政策之间的有机协调,有机实现了“三个效果”的统一。案件综合考虑了犯罪的性质、后果与社会危害性,犯罪人的人身危险性,犯罪造成的社会影响以及社会秩序恢复情况等多种因素,比较准确地体现了刑法关于追诉时

---

① 参见揭萍、余怡:《正当防卫指导性案例的司法价值——基于最高人民检察院第十二批指导性案例的分析》,“检察指导性案例应用”研讨会会议论文,2021年6月于郑州。

效制度的立法精神以及宽严相济刑事政策的要求，产生了良好的法律效果与社会效果。

可进一步研究之处：本案予以追诉的原因之一是案件在当地影响巨大，被害方，案发地群众、基层组织等强烈要求追究犯罪嫌疑人刑事责任，这与本案已过追诉时效存在价值选择冲突，对于检察机关作出予以核准追诉的决定的原因可进一步充分论证说明。例如，本案被告人的手段极为残忍、主观恶性强、社会影响难以消除等内容，可在案例中详细阐释，从而更充分体现我国追诉制度符合罪责刑相适应的原则及案例的指导作用。

案例二　丁某某等（故意伤害）核准追诉案（检例第21号）

（一）案例要旨与指导意义

1. 案例要旨：涉嫌犯罪情节恶劣、后果严重，并且犯罪后故意逃避侦查，超过20年追诉期限，犯罪嫌疑人没有明显悔罪表现，也未通过赔礼道歉、赔偿损失等方式获得被害方谅解，犯罪造成的社会影响没有消失，不追诉可能影响社会稳定或者产生其他严重后果的，对犯罪嫌疑人应当追诉。

2. 指导意义：犯罪嫌疑人丁某1、丁某2、常某某、闫某某涉嫌故意伤害罪，并造成一人死亡的严重后果，依据《刑法》第十二条、1979年《刑法》第一百三十四条、《全国人民代表大会常务委员会关于严惩严重危害社会治安的犯罪分子的决定》（已废止）第一条规定，对其应当适用的法定量刑幅度的最高刑为死刑。本案情节恶劣、后果严重，虽然已过20年追诉期限，但社会影响没有消失，不追诉可能严重影响社会稳定或者产生其他严重后果。本案系共同犯罪，4名犯罪嫌疑人具有共同犯罪故意，共同实施了故意伤害行为，应当对犯罪结果共同承担责任。综合上述情况，依据1979年《刑法》第七十六条第四项的规定，决定对犯罪嫌疑人丁某1、丁某2、常某某、闫某某核准追诉。

（二）案例评析

案例价值：本案的亮点在于被追诉人对于自己的犯罪行为无悔过表现，且也未采取积极的赔偿态度，最高人民检察院对本案未改过自新的被告人进行追诉，从一个较为独特的视角阐明了最高人民检察院作为行使核准追诉权的唯一机关的权威性，也向公众释明追诉权不仅是为了打击犯罪，更注重对犯罪分子的改造以及预防犯罪。本案由最高人民检察院行使核准追诉权,体现了其对已过追诉时效犯罪进行追诉的审慎态度,也有利于保证核准追诉结果的统一性和权威性。

可进一步研究之处:本案被告人的犯罪行为最高可判处死刑,本案公诉机关认为犯罪行为的社会影响没有消失,不追诉可能严重影响社会稳定或者产生其他严重后果。上述两个问题作为检察机关予以核准追诉的重要原因,可在案例中进行更详细、全面的分析和说明,以免判断核准追诉的理由表述过于单一。另外,从核准追诉案件程序来看,公安机关的处理意见如何也可作为一个参考的依据,适当在案件中提及。

案例三 杨某某(故意杀人)不核准追诉案(检例第22号)

(一)案例要旨与指导意义

1. 案例要旨:(1)因婚姻家庭等民间矛盾激化引发的犯罪,经过20年追诉期限,犯罪嫌疑人没有再犯罪危险,被害人及其家属对犯罪嫌疑人表示谅解,不追诉有利于化解社会矛盾、恢复正常社会秩序,同时不会影响社会稳定或者产生其他严重后果的,对犯罪嫌疑人可以不再追诉。(2)须报请最高人民检察院核准追诉的案件,侦查机关在核准之前可以依法对犯罪嫌疑人采取强制措施。侦查机关报请核准追诉并提请逮捕犯罪嫌疑人,人民检察院经审查认为必须追诉而且符合法定逮捕条件的,可以依法批准逮捕。

2. 指导意义:犯罪嫌疑人杨某某故意非法剥夺他人生命,依据《刑法》第十二条、1979年《刑法》第一百三十二条的规定,应当适用的法定量刑幅度的最高刑为死刑。本案虽然情节、后果严重,但属于因家庭矛盾引发的刑事案件,且多数被害人家属已经表示原谅杨某某,被害人与犯罪嫌疑人杨某某之子吴某也要求不追究杨某某刑事责任。案发地群众反映案件造成的社会影响已经消失。综合上述情况,本案不属于必须追诉的情形,依据1979年《刑法》第七十六条第四项的规定,决定对杨某某不予核准追诉。

(二)案例评析

案例价值:本案与检例第21号丁某案形成对比,为具有改过自新且无新的犯罪的情形提供了不予追诉的样本。本案中,检察机关还着重考量了本案的社会影响力和案发后犯罪嫌疑人修复社会关系的结果,从维护现有社会稳定的视角很好地运用了宽严相济的刑事司法政策。

可进一步研究之处:本案与前面两个案例的不同之处还在于本案对当地的社会影响已经消除,对此的判断依据是对当地群众的走访调查。类型化指导还可抓住以下几点:刑事案件对社会的影响有哪些判断的因素、途径?判断依据作为何种刑事诉讼证据进行使用?这些研究,可以为核准追诉案件中社会影响力这一因素的界定提供更清晰的指导。

案例四 蔡某某、陈某某等(抢劫)不核准追诉案(检例第23号)

(一)案例要旨与指导意义

1. 案例要旨:(1)涉嫌犯罪已过20年追诉期限,犯罪嫌疑人没有再犯罪危险性,并且通过赔礼道歉、赔偿损失等方式积极消除犯罪影响,被害方对犯罪嫌疑人表示谅解,犯罪破坏的社会秩序明显恢复,不追诉不会影响社会稳定或者产生其他严重后果的,对犯罪嫌疑人可以不再追诉。(2)1997年9月30日以前实施的共同犯罪,已被司法机关采取强制措施的犯罪嫌疑人逃避侦查或者审判的,不受追诉期限限制。司法机关在追诉期限内未发现或者未采取强制措施的犯罪嫌疑人,应当受追诉期限限制;涉嫌犯罪应当适用的法定量刑幅度的最高刑为无期徒刑、死刑,犯罪行为发生20年以后认为必须追诉的,须报请最高人民检察院核准。

2. 指导意义:犯罪嫌疑人蔡某某、陈某某伙同他人入户抢劫14万余元,依据《刑法》第十二条、1979年《刑法》第一百五十条的规定,应当适用的法定量刑幅度的最高刑为死刑。本案发生在1991年3月12日,案发后公安机关只发现了犯罪嫌疑人李某某、蔡某某、陈某某,在追诉期限内未抓获犯罪嫌疑人蔡某某、陈某某,2人在案发后也没有再犯罪,因此已超过20年追诉期限。本案虽然犯罪数额巨大,但未造成被害人人身伤害等其他严重后果。犯罪嫌疑人与被害人达成和解协议,并实际赔偿了被害人损失,被害人不再要求追究其刑事责任。综合上述情况,本案不属于必须追诉的情形,依据1979年《刑法》第七十六条第四项的规定,决定对蔡某某、陈某某不予核准追诉。

（二）案例评析

案例价值：本案中，最高人民检察院通过审查犯罪行为的现有危害程度，认为案件中所涉及的犯罪行为已经不具社会危害性和人身危险性，从而对其不予追诉，有效化解了社会矛盾，并促进了犯罪分子改过自新和维护了社会的稳定。最高人民检察院对不再具有社会危害性和人身危险性的犯罪分子决定不再追诉，以促使其改过自新、回归社会，充分发挥了核准追诉制度在落实宽严相济刑事政策、化解社会矛盾以及督促司法机关及时追究犯罪方面的重要功能。

可进一步研究之处：本案要旨一方面认为对犯罪嫌疑人采取强制措施的不受追诉时效的限制，未采取强制措施的受追诉时效的限制；另一方面又认为未发现犯罪嫌疑人的案件受追诉时效的限制，也就是说发现犯罪嫌疑人的就不受追诉时效的限制。① 由此，对于是否采取强制措施的认定有可能存在矛盾，故在厘清受追诉时效限制的考虑因素等方面可以更加严谨细致。

（二）刑法分则类

危害公共安全罪

案例一 余某某等人重大劳动安全事故重大责任事故案（检例第94号）

（一）案例要旨与指导意义

1. 案例要旨：办理危害生产安全刑事案件，要根据案发原因及涉案人员的职责和行为，准确适用重大责任事故罪和重大劳动安全事故罪。要全面审查案件事实证据，依法追诉漏罪漏犯，准确认定责任主体和相关人员责任，并及时移交职务违法犯罪线索。针对事故中暴露出的相关单位安全管理漏洞和监管问题，要及时制发检察建议，督促落实整改。

2. 指导意义：（1）准确适用重大责任事故罪与重大劳动安全事故罪。两罪主体均为生产经营活动的从业者，法定最高刑均为7年以下有期徒刑。两罪的

① 参见苏云、魏再金：《论检察指导性案例激励型适用路径的构建——基于学术规范化发展的启示》，“检察指导性案例应用”研讨会会议论文，2021年6月于郑州。

差异主要在于行为特征不同,重大责任事故罪是行为人“在生产、作业中违反有关安全管理的规定”;重大劳动安全事故罪是生产经营单位的“安全生产设施或者安全生产条件不符合国家规定”。实践中,安全生产事故发生的原因如果仅为生产、作业中违反有关安全管理的规定,或者仅为提供的安全生产设施或条件不符合国家规定,罪名较易确定;如果事故发生系上述两方面因素混合所致,两罪则会出现竞合,此时,应当根据相关涉案人员的工作职责和具体行为来认定其罪名。具体而言,对企业安全生产负有责任的人员,在生产、作业过程中违反安全管理规定的,应认定为重大责任事故罪;对企业安全生产设施或者安全生产条件不符合国家规定负有责任的人员,应认定为重大劳动安全事故罪;如果行为人的行为同时包括在生产、作业中违反有关安全管理的规定和提供的安全生产设施或条件不符合国家规定,为全面评价其行为,应认定为重大责任事故罪。

(2)准确界定不同责任人员和责任单位的罪名,依法追诉漏罪漏犯,向相关部门移交职务违法犯罪线索。安全生产刑事案件,有的涉案人员较多,既有一线的直接责任人员,也有管理层的实际控制人,还有负责审批监管的国家工作人员;有的涉及罪名较广,包括生产、销售不符合安全标准的产品罪,玩忽职守罪,受贿罪,帮助毁灭证据罪等;除了自然人犯罪,还包括单位犯罪。检察机关办案时,要注重深挖线索,准确界定相关人员责任,发现漏罪漏犯要及时追诉。对上述行为负有监管职责的国家工作人员,涉嫌渎职犯罪或者违纪违法的,应及时将其犯罪线索移交相关部门处理。

(3)充分发挥检察建议作用,以办案促安全生产治理。安全生产事关企业健康发展,人民群众人身财产安全,社会和谐稳定。党的十九大报告指出,要“树立安全发展理念,弘扬生命至上、安全第一的思想,健全公共安全体系,完善安全生产责任制,坚决遏制重特大安全事故,提升防灾减灾救灾能力”。检察机关要充分履行检察职能,在依法严厉打击危害企业安全生产犯罪的同时,针对办案中发现的安全生产方面的监管漏洞或怠于履行职责等问题,要积极主动作为,在充分了解有关部门职能范围的基础上,有针对性地制发检察建议,并持续跟踪落实情况,引导企业树牢安全发展理念,督促政府相关部门加强安全生产监管,实现以办案促进治理,为安全生产保驾护航。

（二）案例评析

案例价值：本案为区分重大责任事故罪与重大劳动安全事故罪提供了指导思路。本案事故是多因一果造成的，因而检察机关依据犯罪嫌疑人在案件中发挥的不同作用和所处的地位进行分别定罪量刑，具体区分了两罪的犯罪主体、犯罪行为的不同点，从而协同行政部门积极治理生产安全领域存在的刑事风险，由司法推动执法，强化了联合治理在检察工作中的适用。[①] 本案中除有漏罪遗漏被告人的情况外，还存在行政部门失职渎职的情况，这进一步凸显了本案行刑交叉、行刑衔接程序的重要性。

可进一步研究之处：可以对本案中行刑衔接如何适用的问题、对于行政部门失职渎职的行为在发出检察建议后如何进一步调查、跟踪、监督的问题进行更明确的说明，以增强检察建议在本案中或类似案件中的示范作用。

案例二 宋某某等人重大责任事故案（检例第 95 号）

（一）案例要旨与指导意义

1. 案例要旨：对相关部门出具的安全生产事故调查报告，要综合全案证据进行审查，准确认定案件事实和相关人员责任。正确区分相关涉案人员的责任和追责方式，发现漏犯及时追诉，对不符合起诉条件的，依法作出不起诉决定。

2. 指导意义：（1）安全生产事故发生后，相关部门作出的事故调查报告与收集调取的物证、书证、视听资料、电子数据等相关证据材料一并移送给司法机关，调查报告和这些证据材料在刑事诉讼中可以作为证据使用。调查报告对事故原因、事故性质、责任认定、责任者处理等提出的具体意见和建议，是检察机关办案时决定是否追究相关人员刑事责任的重要参考，但不应直接作为定案的依据，检察机关应结合全案证据对其进行审查，准确认定案件事实和涉案人员责任。对于调查报告中未建议移送司法机关处理，侦查（调查）机关也未移送起诉的人员，检察机关审查后认为应当追究刑事责任的，要依法追诉。对于调查报告建议移送司法机关处理，侦查（调查）机关移送起诉的涉案人员，检察机关

---

① 参见元明、黄卫平等：《最高人民检察院第二十五批指导性案例解读》，载《人民检察》2021 年第 8 期。

审查后认为证据不足或者不应当追究刑事责任的，应依法作出不起诉决定。

(2)通过补充侦查完善证据体系，查清涉案人员的具体行为和责任大小。危害生产安全刑事案件往往涉案人员较多，案发原因复杂，检察机关应当根据案件特点，从案发直接原因和间接原因，主要原因和次要原因，涉案人员岗位职责、履职过程、违反有关管理规定的具体表现和事故发生后的施救经过，违规行为与结果之间的因果关系等方面进行审查，证据有欠缺的，应当通过自行侦查或退回补充侦查，补充完善证据，准确区分和认定各涉案人员的责任，做到不枉不纵。

(3)准确区分责任，注重多层次、多手段惩治相关涉案人员。对涉案人员身份多样的案件，要按照各涉案人员在事故中有无主观过错、违反了哪方面职责和规定、具体行为表现及对事故发生所起的作用等，确定其是否需要承担刑事责任。对于不予追究刑事责任相关部门也未进行处理的涉案人员，发现需要追究其党纪政纪责任，禁止其从事相关行业，或者应对其作出行政处罚的，要及时向有关部门移送线索，提出意见和建议。确保多层次的追责方式能起到惩戒犯罪、预防再犯罪、促进安全生产的作用。

(二)案例评析

案例价值：在本案办理的过程中，检察机关积极会同有关部门，在事故调查报告的形成、定性、审查，认定规则的提炼等层面融入检察参与，为司法实践中事故调查报告的有效认定提炼了规则，进而为审查报告是否能作为刑事证据提供了判断指南，有利于进一步对犯罪嫌疑人、被告人准确定罪量刑。因此，本案为安全生产事故类刑事案件围绕事故调查报告开展案件侦查及责任审查提供了模板。

可进一步研究之处：本案的亮点是检察机关对于事故调查报告的展开和认定，案例把很多关注点放在了事故调查报告的结论形成过程上，也即证明本案存在重大责任事故的过程上。就办案操作层面而言，可能还有必要释明事故调查报告的构成、展开方式、履行程序等内容。

案例三 黄某某等人重大责任事故、谎报安全事故案(检例第96号)

(一)案例要旨与指导意义

1. 案例要旨:检察机关要充分运用行政执法和刑事司法衔接工作机制,通过积极履职,加强对线索移送和立案的法律监督。认定谎报安全事故罪,要重点审查谎报行为与贻误事故抢救结果之间的因果关系。对同时构成重大责任事故罪和谎报安全事故罪的,应当数罪并罚。应注重督促涉事单位或有关部门及时赔偿被害人损失,有效化解社会矛盾。安全生产事故涉及生态环境污染等公益损害的,刑事检察部门要和公益诉讼检察部门加强协作配合,督促协同行政监管部门,统筹运用法律、行政、经济等手段严格落实企业主体责任,修复受损公益,防控安全风险。

2. 指导意义:(1)准确认定谎报安全事故罪。一是本罪主体为特殊主体,即对安全事故负有报告职责的人员,一般为发生安全事故的单位中负有组织、指挥或者管理职责的负责人、管理人员、实际控制人、投资人以及其他负有报告职责的人员,不包括没有法定或者职务要求的报告义务的普通工人。二是认定本罪,应重点审查谎报事故的行为与贻误事故的抢救结果之间是否存在刑法上的因果关系。只有谎报事故的行为造成贻误事故抢救的后果,即造成事故后果扩大或致使不能及时有效开展事故抢救,才可能构成本罪。如果事故已经完成抢救,或者没有抢救时机(危害结果不可能加重或扩大),则不构成本罪。构成重大责任事故罪,同时又构成谎报安全事故罪的,应当数罪并罚。

(2)健全完善行政执法与刑事司法衔接工作机制,提升法律监督实效。检察机关要认真贯彻落实《行政执法机关移送涉嫌犯罪案件的规定》和《中共中央办公厅、国务院办公厅转发的国务院法制办等部门〈关于加强行政执法与刑事司法衔接工作的意见〉的通知》以及应急管理部、公安部、最高人民法院、最高人民检察院联合制定的《安全生产行政执法与刑事司法衔接工作办法》,依照当地有关细化规定,加强相关执法司法信息交流、规范案件移送、法律监督。重大安全生产事故发生后,检察机关可通过查阅案件资料、参与案件会商等方式及时了解案情,从案件定性、证据收集、法律适用等方面提出意见建议,发现涉嫌犯罪的要及时建议相关行政执法部门向公安机关或者监察机关移送线索,着力解决安全生产事故有案不移、以罚代刑、有案不立等问题,形成查处和治理重大安全生产事故的合力。

(3)重视被害人权益保障,化解社会矛盾。一些重大安全生产事故影响范围广泛,被害人人数众多,人身损害和财产损失交织。检察机关办案时应高度重视维护被害人合法权益,注重听取被害人意见,全面掌握被害人诉求。要加强与相关职能部门的沟通配合,督促事故单位尽早赔偿被害人损失,及时回应社会关切,有效化解社会矛盾,确保实现办案政治效果、法律效果和社会效果的统一。

(4)安全生产事故涉及生态环境污染的,刑事检察部门要和公益诉讼检察部门加强协作配合,减少公共利益损害。化工等领域的安全生产事故,造成生态环境污染破坏的,刑事检察部门和公益诉讼检察部门要加强沟通,探索"一案双查"机制,提高效率,及时通报情况、移送线索,需要进行公益损害鉴定的,及时引导公安机关在侦查过程中进行鉴定。要积极与行政机关磋商,协同追究事故企业刑事、民事、生态损害赔偿责任。推动建立健全刑事制裁、民事赔偿和生态补偿有机衔接的生态环境修复责任制度。依托办理安全生产领域刑事案件,同步办好所涉及的生态环境和资源保护等领域公益诉讼案件,积极稳妥推进安全生产等新领域公益诉讼检察工作。

(二)案例评析

案例价值:一方面,本案涉及《刑法修正案(六)》新增的罪名"不报、谎报安全事故罪",该罪名的认定在本案中的争议在于被告人的谎报行为是否贻误了抢救时机。对此问题,辩护人与公诉人产生的意见分歧在于谎报、瞒报行为导致采取的相应措施不同,进而是否会加重事故危害。由此,检察机关围绕事故严重程度、对应的响应级别、实际采取的响应级别措施进行分析比对,最终归纳出"谎报行为导致采取救援措施的响应级别被降低,并贻误事故救援,扩大事故危害的构成不报、谎报安全事故罪"的规则,为该新罪名在实践中的认定提炼出了具体的规则。另一方面,本案属于化工领域的案件,也属于刑事与公益诉讼交叉的典型案例,检察机关依法履职,开展"一案双查",进一步强化了刑事制裁、民事赔偿和生态补偿三者的有机衔接,用实践推动了生态环境修复责任制度的完善。[①]

---

① 参见元明、黄卫平等:《最高人民检察院第二十五批指导性案例解读》,载《人民检察》2021 年第 8 期。

可进一步研究之处:本案对检察机关促进刑事制裁、民事赔偿和生态补偿三者的有机衔接的履职过程表述较为简略,可能尚未充分体现其价值和指导作用。本案还体现了司法机关对于被害人合法权益的保障,保障过程和程序可以在案例中更进一步地体现或更充分地论述。

案例四 夏某某等人重大责任事故案(检例第97号)

(一)案例要旨与指导意义

1. 案例要旨:内河运输中发生的船舶交通事故,相关责任人员可能同时涉嫌交通肇事罪和重大责任事故罪,要根据运输活动是否具有营运性质以及相关人员的具体职责和行为,准确适用罪名。重大责任事故往往涉案人员较多,因果关系复杂,要准确认定涉案单位投资人、管理人员及相关国家工作人员等涉案人员的刑事责任。

2. 指导意义:(1)准确适用交通肇事罪与重大责任事故罪。两罪均属危害公共安全犯罪,前罪违反的是“交通运输管理法规”,后罪违反的是“有关安全管理的规定”。一般情况下,在航道、公路等公共交通领域,违反交通运输管理法规驾驶机动车辆或者其他交通工具,致人伤亡或者造成其他重大财产损失,构成犯罪的,应认定为交通肇事罪;在停车场、修理厂、进行农耕生产的田地等非公共交通领域,驾驶机动车辆或者其他交通工具,造成人员伤亡或者财产损失,构成犯罪的,应区分情况,分别认定为重大责任事故罪、重大劳动安全事故罪、过失致人死亡罪等罪名。需要指出的是,对于从事营运活动的交通运输组织来说,航道、公路既是公共交通领域,也是其生产经营场所,“交通运输管理法规”同时亦属交通运输组织的“安全管理的规定”,交通运输活动的负责人、投资人、驾驶人员等违反有关规定导致在航道、公路上发生交通事故,造成人员伤亡或者财产损失的,可能同时触犯交通肇事罪与重大责任事故罪。鉴于两罪前两档法定刑均为7年以下有期徒刑(交通肇事罪有因逃逸致人死亡判处7年以上有期徒刑的第三档法定刑),要综合考虑行为人对交通运输活动是否负有安全管理职责、对事故发生是否负有直接责任、所实施行为违反的主要是交通运输管理法规还是其他安全管理的法规等,准确选择适用罪名。具有营运性质的交通运输活动中,行为人既违反交通运输管理法规,也违反其他安全管理规定(如未取得安全许可证、经营资质,不配备安全设施等),发生重大事故的,由于该类运输活动主要是一种生产经营活动,并非单纯的交通运输行为,为全面准确评价行为人的行为,一般可按照重大责任事故罪认定。交通运输活动的负责人、投资人等负有安全监管职责的人员违反有关安全管理规定,造成重大事故,应认定为重大责任事故罪;驾驶人员等一线运输人员违反交通运输管理法规造成事故的,应认定为交通肇事罪。

(2)准确界定因果关系,依法认定投资人、实际控制人等涉案人员及相关行政监管人员的刑事责任。危害生产安全案件往往多因一果,涉案人员较多,既有直接从事生产、作业的人员,又有投资人、实际控制人等,还可能涉及相关负有监管职责的国家工作人员。投资人、实际控制人等一般并非现场作业人员,确定其行为与事故后果之间是否存在刑法意义上的因果关系是一个难点。如果投资人、实际控制人等实施了未取得经营资质和安全生产许可证、未制定安全生产管理规定或规章制度、不提供安全生产条件和必要设施等不履行安全监管职责的行为,在此情况下进行生产、作业,导致发生重大伤亡事故或者造成其他严重后果的,不论事故发生是否介入了第三人违规行为或者其他因素,均不影响认定其行为与事故后果之间存在刑法上的因果关系,应当依法追究其刑事责任。对发案单位的生产、作业负有安全监管、查处等职责的国家工作人员,不履行或者不正确履行工作职责,致使发案单位违规生产、作业或者在危险状态下生产、作业,发生重大安全事故的,其行为也是造成危害结果的重要原因,应以渎职犯罪追究其刑事责任。

(二)案例评析

案例价值:本案对交通肇事罪与重大责任事故罪难以区分和适用的问题进行了释明,并且为交通肇事罪与重大责任事故罪中存在多因一果的情况时如何确定各被告人责任提供了参考价值。本案中涉及船只运营的股东较多,检察机关对涉案股东的责任认定主要依据其经营、管理的范围及程度而进行,因而没有追求"平均式"或全部一致的认定方式,而是以审慎、全面的思维追究相关责任人的刑事责任,纠正了实践中一些一味追求形式平等的错误做法,凸显了司法为民与司法责任心。

可进一步研究之处:首先,根据股东责任大小确定各被告人刑事追责范围的依据是什么、在此认定过程中需要把握哪些要点,宜在指导性案例编写中予以更充分释明。其次,本案属于行刑衔接的案件,其中需要重点把握的就是交通肇事罪与重大责任事故罪的区分,可能需要进一步阐释两罪是法条竞合还是想象竞合,司法实践中应当如何界分与处置,对此宜更充分地从刑法的独立性及从属性关系角度对涉及行政法规等内容进行解释。

破坏社会主义市场经济秩序罪

案例一 柳某1等人生产、销售有毒、有害食品,生产、销售伪劣产品案(检例第12号)

(一)案例要旨与指导意义

1. 案例要旨:明知对方是食用油经销者,仍将用餐厨废弃油(俗称“地沟油”)加工而成的劣质油脂销售给对方,导致劣质油脂流入食用油市场供人食用的,构成生产、销售有毒、有害食品罪;明知油脂经销者向饲料生产企业和药品生产企业等单位销售豆油等食用油,仍将用餐厨废弃油加工而成的劣质油脂销售给对方,导致劣质油脂流向饲料生产企业和药品生产企业等单位的,构成生产、销售伪劣产品罪。

2. 指导意义:被告人柳某1、鲁某、李某某、柳某2、于某某、刘某某、王某违反国家食品管理法规,结伙将餐厨废弃油等非食品原料进行生产、加工,并将加工提炼而成且仍含有有毒、有害物质的非食用油冒充食用油予以销售,并供人食用,严重危害了人民群众的身体健康和生命安全,其行为均触犯了《刑法》第一百四十四条,犯罪事实清楚,证据确实充分,应当以生产、销售有毒、有害食品罪追究其刑事责任。

(二)案例评析

案例价值:对生产、销售有毒、有害食品罪被告人主观故意的认定,应结合被告人的生产、销售、进货渠道以及销售价格等方面。被告人仅以不知道销售方向或者不了解进货商品的性质为由进行抗辩不能成立。对被告人的量刑,应考虑被告人的生产、销售数量,获利情况,影响范围等情节予以认定。本案中被告人生产和销售“地沟油”的行为对食品安全造成了严重损害,并且数额巨大，严重扰乱社会秩序的同时对公共安全造成了严重的损害后果。本案中，检察机关对被告人提出了较高的量刑建议，在法定刑幅度内体现严惩源头犯罪、严惩直接获利罪犯的精神，符合刑法罪刑法定的原则，以检察力量守护了公共安全。

可进一步研究之处：本案是查处"地沟油"事件的典型案例。对于"地沟油"的认定，一般有纯正与勾兑（不纯正）之分，两者的区分对于认定主观恶性、损害后果、销售金额存在影响，本案或可作更明确区分和解释，以便提供一个更加清晰的司法标准。

案例二　徐某1等人生产、销售有害食品案（检例第13号）

（一）案例要旨与指导意义

1. 案例要旨：在食品加工过程中，使用有毒、有害的非食品原料加工食品并出售的，应当认定为生产、销售有毒、有害食品罪；明知是他人使用有毒、有害的非食品原料加工出的食品仍然购买并出售的，应当认定为销售有毒、有害食品罪。

2. 指导意义：被告人徐某1、贾某某在生产、销售的食品中掺杂有害物质，被告人徐某2、叶某某、杨某某销售明知掺杂有害物质的食品，其中被告人徐某1、贾某某有其他特别严重情节，其行为均已触犯《刑法》第一百四十四条之规定，犯罪事实清楚、证据确实充分，应当以生产、销售有害食品罪追究被告人徐某1、贾某某的刑事责任；以销售有害食品罪追究被告人徐某2、叶某某、杨某某的刑事责任。

（二）案例评析

案例价值：本案认定为生产、销售有毒有害食品罪，是对本罪中的"掺入"进行了扩大解释的结果。也即将"使用工业松香加热的方式对生猪头进行脱毛"，解释为在"食品中掺入有毒、有害的非食品原料"，这样的解释并不会超越公众理解的范围，因为松香脱毛会导致松香渗透到猪肉里，这并不难理解。

可进一步研究之处：当被告人的行为同时构成选择性罪名中的所有犯罪时，对是否数罪并罚以及是否存在竞合、牵连的问题，检察机关有必要作更充分解释。同时，虽然被告人有主动交代的情节，但是本案犯罪行为持续时间长，危害具有持续性，影响恶劣，因此，是否可以或应当“从轻或减轻”要作更充分论证。

案例三 孙某某等人生产、销售有毒、有害食品案（检例第14号）

（一）案例要旨与指导意义

1. 案例要旨：明知盐酸克伦特罗（俗称“瘦肉精”）是国家禁止在饲料和动物饮用水中使用的药品，而用以养殖供人食用的动物并出售的，应当认定为生产、销售有毒、有害食品罪。明知盐酸克伦特罗是国家禁止在饲料和动物饮用水中使用的药品，而买卖和代买盐酸克伦特罗，供他人用以养殖供人食用的动物的，应当认定为生产、销售有毒、有害食品罪的共犯。

2. 指导意义：1997年《刑法》将其纳入中国《刑法》分则罪名体系。生产、销售有毒、有害食品罪是指在生产、销售的食品中掺入有毒、有害的非食品原料，或者销售明知掺有有毒、有害的非食品原料的食品的行为。该罪名的设置与实施对维护食品安全起到了重要作用。本案主要从“明知”的角度认定生产、销售有毒、有害食品罪的主观方面为故意，包括直接故意和间接故意。本罪要求行为人对食品中掺有有毒、有害的非食品原料必须明知，《最高人民法院、最高人民检察院关于办理危害食品安全刑事案件适用法律若干问题的解释》第十条规定：“刑法第一百四十四条规定的‘明知’，应当综合行为人的认知能力、食品质量、进货或者销售的渠道及价格等主、客观因素进行认定。具有下列情形之一的，可以认定为刑法第一百四十四条规定的‘明知’，但存在相反证据并经查证属实的除外：（一）长期从事相关食品、食用农产品生产、种植、养殖、销售、运输、贮存行业，不依法履行保障食品安全义务的；（二）没有合法有效的购货凭证，且不能提供或者拒不提供销售的相关食品来源的；（三）以明显低于市场价格进货或者销售且无合理原因的；（四）在有关部门发出禁令或者食品安全预警的情况下继续销售的；（五）因实施危害食品安全行为受过行政处罚或者刑事处罚，又实施同种行为的；（六）其他足以认定行为人明知的情形。”

（二）案例评析

案例价值：本案涉及的争议问题是对本罪中“食品”的理解，也即养殖的供人食用的动物能否直接认定为“食品”？检察机关将“养殖的供人食用的动物”

解释为“食品”，说明司法机关在解释“食品”的含义时，并不要求形式上遵循《食品安全法》的规定。此案体现了刑法解释意义上的相对独立性。

可进一步研究之处：本案中涉案的盐酸克伦特罗总数量为 100 袋 ×1000 片，从一般理性人视角看该数量可能会被认定为数额较大，甚至巨大。因此本案有必要对该数量的价值进行阐释，结合已查实的从轻、减轻情节，提供更加明确的处理思路。

案例四　胡某某等人生产、销售有毒、有害食品，行贿；骆某、刘某某销售伪劣产品；朱某某、曾某某生产、销售伪劣产品；黎某某等人受贿，食品监管渎职案（检例第 15 号）

（一）案例要旨与指导意义

1. 案例要旨：实施生产、销售有毒、有害食品犯罪，为逃避查处向负有食品安全监管职责的国家工作人员行贿的，应当以生产、销售有毒、有害食品罪和行贿罪实行数罪并罚。负有食品安全监督管理职责的国家机关工作人员，滥用职权，向生产、销售有毒、有害食品的犯罪分子通风报信，帮助其逃避处罚的，应当认定为食品监管渎职罪①；在渎职过程中受贿的，应当以食品监管渎职罪和受贿罪数罪并罚。

2. 指导意义：近年来我国食品安全问题频发，人民的生命健康受到严重威胁，刑法作为打击犯罪、保障社会公共利益最严厉的武器将食品监管置于其调整范围之内势在必行。从某种意义上讲，打击食品监管领域的渎职犯罪比打击直接生产、销售不符合食品安全的食品或者有毒、有害食品犯罪更加重要、更加紧迫。本案涉及的人员范围广、涉嫌犯罪罪名多，并且紧扣《刑法修正案（八）》的内容，对于打击食品安全和与之有关的渎职、贿赂犯罪具有指导意义。

（二）案例评析

案例价值：第一，本案检察机关监督行政机关移送，切实防止和纠正以罚代刑，有案不移，放纵犯罪行为。第二，本案准确界定了食品监管渎职罪的主体，负有食品安全监督管理职责的国家机关工作人员，符合食品监管渎职罪主体要件。第三，本案明确了负有食品安全监督管理职责的国家机关工作人员在渎职

① 该罪名已取消，现为食品、药品监管渎职罪。

过程中受贿的,以食品监管渎职罪和受贿罪数罪并罚,从处理结果上体现了从严惩处的精神。

可进一步研究之处:本案背后的犯罪利益链条极长,持续时间长,是一个典型的窝案、要案。可见,检察机关对于重点领域犯罪行为的打击以及对行政执法部门的监督仍有提高和完善的空间。

案例五 朱某某操纵证券市场案(检例第39号)

(一)案例要旨与指导意义

1. 案例要旨:证券公司、证券咨询机构、专业中介机构及其工作人员违反从业禁止规定,买卖或者持有证券,并在对相关证券作出公开评价、预测或者提出投资建议后,通过预期的市场波动反向操作、谋取利益,情节严重的,以操纵证券市场罪追究其刑事责任。

2. 指导意义:证券公司、证券咨询机构、专业中介机构及其工作人员违反规定,买卖或者持有相关证券,在对该证券或者其发行人、上市公司作出公开评价、预测或者提出投资建议后,通过期待的市场波动谋取利益的,构成"抢帽子"交易操纵行为。发布投资咨询意见的机构或者证券从业人员往往具有一定的社会知名度,他们借助影响力较大的传播平台发布诱导性信息,这些信息容易对普通投资者交易决策产生影响。其在发布信息后,又利用证券价格波动实施与投资者反向交易的行为获利,破坏了证券市场管理秩序,违反了证券市场公开、公平、公正原则,具有较大的社会危害性,情节严重的,构成操纵证券市场罪。证券犯罪具有专业性、隐蔽性、间接性等特征,检察机关办理该类案件时,应当根据证券犯罪案件特点,引导公安机关从证券交易记录、资金流向等问题切入,全面收集涉及犯罪的书证、电子数据、证人证言等证据,并结合案件特点开展证据审查。对书证,要重点审查涉及证券交易记录的凭据,有关交易数量、交易额、成交价格、资金走向等证据。对电子数据,要重点审查收集程序是否合法,是否采取必要的保全措施,是否经过篡改,是否感染病毒等。对证人证言,要重点审查证人与犯罪嫌疑人的关系,证言能否与客观证据相印证等。办案中,犯罪嫌疑人或被告人及其辩护人经常会提出涉案账户实际控制人及操作人非其本人的辩解。对此,检察机关可以从行为人资金往来记录,MAC地址(硬件设备地址)、IP地址与互联网访问轨迹的重合度与连贯性,身份关系和资金关系的紧密度,涉案股票买卖与公开荐股在时间及资金比例上的高度关联性,相关证人证言在细节上是否吻合等入手,构建严密证据体系,确定被告人与涉案账户的实际控制关系。非法证券活动涉嫌犯罪的案件,往往由证券监管部门向公安机关移送。审查案件过程中,人民检察院可以与证券监管部门加强联系和沟通。证券监管部门在行政执法和查办案件中收集的物证、书证、视听资料、电子数据等证据材料,在刑事诉讼中可以作为证据使用。检察机关通过办理证券犯罪案件,可以建议证券监管部门针对案件反映出的问题,加强资本市场监管和相关制度建设。

(二)案例评析

案例价值:本案的办理属于检察机关与证监会协调配合的典范,为类案在行刑证据转化、程序衔接等层面提供了可推广的工作经验。[①] 本案将证券交易中"抢帽子"交易的行为认定为操纵证券市场的行为具有时代性,该规则的明确不仅紧密结合了案件中的认定函、司法会计鉴定意见、证监会查处过程等证据,形成了完整的证据链,还弥补了法律和司法解释的空白。

可进一步研究之处:从目前的监管实践来看,证监会已经探索出了一套对信息型操纵的监管思路,基本能够覆盖绝大多数的违法行为,但在处罚的依据以及处罚的证明及说理上仍存在某些欠缺。检察院办理涉证券类犯罪案件,有必要与立法及执法部门紧密配合,厘清各部法律法规相关条文之间的关系和界限,消除理解和适用上的模糊或错误。

案例六　周某集资诈骗案(检例第40号)

(一)案例要旨与指导意义

1.案例要旨:网络借贷信息中介机构或其控制人,利用网络借贷平台发布虚假信息,非法建立资金池募集资金,所得资金大部分未用于生产经营活动,主要用于借新还旧和个人挥霍,无法归还的所募资金数额巨大,应认定为具有非法占有目的,以集资诈骗罪追究刑事责任。

① 参见万春、缐杰、张杰:《〈最高人民检察院第十批指导性案例〉解读》,载《人民检察》2018年第14期。

2. 指导意义：集资诈骗罪是近年来检察机关重点打击的金融犯罪之一。对该类犯罪，检察机关应着重从以下几个方面开展工作：一是要强化证据审查。非法集资类案件由于参与人数多、涉及面广，受主客观因素影响，取证工作易出现瑕疵和问题。检察机关对重大复杂案件要及时介入侦查、引导取证，在审查案件中要强化对证据的审查，需要退回补充侦查或者自行补充侦查的，要及时退查或补查，建立起完整、牢固的证据锁链，夯实认定案件事实的证据基础。二是在法庭审理中要突出指控和证明犯罪的重点。要紧紧围绕集资诈骗罪构成要件，以及行为人主观上具有非法占有目的、客观上以欺骗手段非法集资的事实梳理组合证据，运用完整的证据体系对认定犯罪的关键事实予以清晰证明。三是要将办理案件与追赃挽损结合。检察机关办理相关案件，要积极配合公安机关、人民法院依法开展追赃挽损、资产处置等工作，最大限度减少人民群众的实际损失。四是要结合办案开展以案释法，增强社会公众的法治观念和风险防范意识，有效预防相关犯罪的发生。

（二）案例评析

案例价值：是否具有非法占有目的，是正确区分非法吸收公众存款罪和集资诈骗罪的关键。对非法占有目的的认定，应当围绕融资项目真实性、资金去向、归还能力等事实、证据进行综合判断。行为人将所吸收资金大部分未用于生产经营活动，或名义上投入生产经营，但又通过各种方式抽逃转移资金，或供其个人肆意挥霍，归还本息主要通过借新还旧来实现，造成数额巨大的募集资金无法归还的，可以认定具有非法占有的目的。

可进一步研究之处：本案的关键点与难点在于认定被告人是否具有“非法占有”的目的。除未将集资款用于生产经营这一角度外，可能有必要从其他角度予以更充分论证。在客观事实与主观意图的冲突中，如何充分证明被告人具有“非法占有目的”，尚有待于通过更多的案例总结经验。

案例七 叶某某等组织、领导传销活动案（检例第41号）

（一）案例要旨与指导意义

1. 案例要旨：组织者或者经营者利用网络发展会员，要求被发展人员以缴纳或者变相缴纳“入门费”为条件，获得提成和发展下线的资格，通过发展人员组成层级关系,并以直接或者间接发展的人员数量作为计酬或者返利的依据,引诱被发展人员继续发展他人参加,骗取财物,扰乱经济社会秩序的,以组织、领导传销活动罪追究刑事责任。

2. 指导意义:随着互联网技术的广泛应用,微信、语音视频聊天室等社交平台作为新的营销方式被广泛运用。传销组织借助互联网不断翻新手段,打着“金融创新”的旗号,以“资本运作”“消费投资”“网络理财”“众筹”“慈善互助”等为名从事传销活动。常见的表现形式有:组织者、经营者注册成立电子商务企业,以此名义建立电子商务网站;以网络营销、网络直销等名义,变相收取入门费,设置各种返利机制,激励会员发展下线,上线从直接或者间接发展的下线的销售业绩中计酬,或以直接或者间接发展的人员数量为依据计酬或者返利。这类行为,不管其手段如何翻新,只要符合传销组织骗取财物、扰乱市场经济秩序本质特征的,应以组织、领导传销活动罪论处。

(二)案例评析

案例价值:本案为检察机关办理人员较多、组织层级复杂的传销类犯罪厘清了审查思路和涉案网络证据的收集、调取、运用方式。网络新型金融犯罪和利用公司企业犯罪所展现的问题是本案上升为指导性案例的主要原因。检察机关办理组织、领导传销活动犯罪案件时,应紧扣传销犯罪骗取财物的特征和构成要件,收集、审查、运用证据,特别应注意传销网站与其他合法经营网站的区别,重点收集涉及入门费、设层级、拉人头等传销基本特征的证据及企业资金投入、人员组成、资金来源去向、网站功能等方面的证据,揭示传销犯罪没有创造价值,只是把后加入者的财物支付给前加入者,通过发展下线牟利骗取财物的本质。

可进一步研究之处:撰写案例的指导意义时可以着重从“金融犯罪影响面广、处置难度大;犯罪手段呈现网络化、专业化发展趋势;犯罪多层级集团化作案,欺骗性较强;内外勾连作案,追赃难度大,被害人往往损失惨重”等角度予以重点说明。

案例八 王某生产、销售伪劣种子案(检例第61号)

(一)案例要旨与指导意义

1. 案例要旨:以同一科属的此品种种子冒充彼品种种子,此品种种子属于刑法上的“假种子”。行为人对假种子进行小包装分装销售,使农业生产遭受较大损失的,应当以生产、销售伪劣种子罪追究刑事责任。

2. 指导意义:生产、销售伪劣种子的行为严重危害国家农业生产安全,损害农民合法利益,及时、准确打击该类犯罪是检察机关保护农民权益,维护农村稳定的职责。检察机关办理该类案件,应注意把握两方面问题:

(1)冒充彼种子的此种子应认定为假种子。《刑法》第一百四十七条规定,生产、销售假种子,使生产遭受较大损失的,应认定为生产、销售伪劣种子罪。假种子有不符型假种子(种类、名称、产地与标注不符)和冒充型假种子(以甲冒充乙、非种子冒充种子)。现实生活中,完全以非种子冒充种子的,比较少见。犯罪嫌疑人往往抓住种子专业性强、农户识别能力弱的弱点,以此种子冒充彼种子或者以不合格种子冒充合格种子进行销售。因农作物生产周期较长,案发较为隐蔽,冒充型假种子往往造成农民得不到应有收成回报,严重影响农业生产,应当依据《刑法》予以追诉。

(2)对伪劣种子造成的损失应予综合认定。伪劣种子造成的损失是涉假种子类案件办理时的疑难问题。实践中,可由专业人员根据现场勘查情况,对农业生产产量及其损失进行综合计算。具体可考察以下几方面:一是根据现场实地勘察,邀请农业、气象、土壤等方面专家,分析鉴定农作物生育期异常的原因,能否正常结实,是减产还是绝收等,分析减产或者绝收面积、产量。二是通过审定的农作物区试平均产量与现场调查的往年产量,结合当年可能影响产量的气候、土肥等因素,综合评估平均产量。三是根据农作物市场行情及平均单价等,确定直接经济损失。

(二)案例评析

案例价值:对没有生产经营资质,未尽到质量注意义务,或者明知是不合格产品,而采用明示标明方式予以销售,造成农业生产遭受重大损失的行为,应依法以生产、销售伪劣种子罪或生产、销售伪劣农药罪追究相关人员刑事责任。本案的亮点在于检察机关如何认定种子品质与被害人损失之间具有因果关系。

检察机关结合全案证据,在客观上排除了土壤、阳光等自然因素的影响,主观上排除了行为人不明知等因素的干扰。检察机关采用实质认定标准的方式并认真吸纳田间调查与现场勘验意见,从而为认定涉案种子是假种子且与被害人损失构成刑法上的因果关系提供了准确、全面的依据。

可进一步研究之处:对于假种子与被害人损失之间如何构成刑法上的因果关系的问题可能还需要更充分详细的论证和说明。另外,准确认定伪劣种子造成的损失数额也是涉种案件办理的一大疑难问题。本案对于采用何种计算标准、计算方式、计算过程未予以详细说明,这使案例发挥的指导作用有所降低。[①]可能由于案件量大(其他醉驾、帮信等案件冲击)影响了办理此类案件的时间,但只有专业的操作性标准,才能为未来案件的办理节省精力与时间。

案例九　南京某公司等生产、销售伪劣农药案(检例第 62 号)

(一)案例要旨与指导意义

1. 案例要旨:(1)未取得农药登记证的企业或者个人,借用他人农药登记证、生产许可证、质量标准证等许可证明文件生产、销售农药,使生产遭受较大损失的,以生产、销售伪劣农药罪追究刑事责任。(2)对于使用伪劣农药造成的农业生产损失,可采取田间试验的方法确定受损原因,并以农作物绝收折损面积、受害地区前 3 年该类农作物的平均亩产量和平均销售价格为基准,综合计算损失金额。

2. 指导意义:(1)借用或通过非法转让获得他人"农药三证"生产农药,并经检验鉴定其农药含有药害成分,使生产遭受较大损失的,应予追诉。根据我国《农药管理条例》的规定,农药生产销售应具备"农药三证"。一些企业通过非法转让或者购买等手段非法获取"农药三证"生产不合格农药,扰乱农药市场,往往造成农业生产重大损失,危害农民利益。借用或者通过非法转让获得"农药三证"生产不符合资质农药,经检验鉴定其农药含有药害成分,致使农业生产遭受损失 2 万元以上的,应当依据《刑法》予以追诉。农药生产企业将"农

① 参见李娜:《涉种案件因果关系、损失认定难点及办理特点——以王某某生产、销售伪劣种子案为例》,载《中国检察官》2023 年第 12 期。

药三证”出借给未取得生产资质的企业或者个人,且明知借用方生产、销售伪劣农药的,构成生产、销售伪劣农药罪共同犯罪。其中,使农业生产遭受损失 50 万元以上,销售金额不满 200 万元的,依据《刑法》第一百四十七条生产、销售伪劣农药罪追诉;销售金额 200 万元以上的,依据《刑法》第一百四十九条从重处罚,以生产、销售伪劣产品罪予以追诉。

(2)生产损失认定方法。生产、销售伪劣农药罪为结果犯,需以“使生产遭受较大损失”为前提。办理此类案件,可以采用以下方法认定生产损失:一是运用田间试验确定涉案农药与生产损失的因果关系。可在公证部门见证下,依据农业生产专家指导,根据农户对受损作物实际使用的农药种类,合理确定试验方法和试验所需样本田块数量,综合认定农药使用与生产损失的因果关系。二是及时引导侦查机关收集、固定受损作物折损情况证据。检察机关应结合农业生产具有时令性的特点,引导侦查机关走访受损农户了解情况,实地考察受损农田,及时收集证据,防止作物收割、复播影响生产损失的认定。三是综合评估损害数额。农业生产和粮食作物价格具有一定的波动性,办案中对损害具体数额的评估,应以绝收折损面积为基准,综合考察受损地区前 3 年农作物平均亩产量和平均销售价格,计算损害后果。

(二)案例评析

案例价值:本案中科学认定损失是办案关键。首先,检察机关运用田间试验确定犯罪行为与生产损失的因果关系。在公证部门见证下,依据农业生产专家指导,根据农户对受损作物实际使用的农药种类,科学确定试验方法和试验所需样本田块数量,综合认定农药使用与生产损失的因果关系。其次,认定损失一般要由专业人员现场勘查,并结合现场调查情况,对农作物产量及其损失进行综合计算。在本案中,鉴于农业生产和粮食作物价格具有一定的波动性,对损害具体数额的评估,综合考察了受损地区前 3 年农作物平均亩产量和平均销售价格,科学计算损害后果。检察机关正确评估损失,并采取实际行动帮助受害农户全部挽回了实际损失,得到了受害农户与人民群众的真心认可。

案例十　杨某某等人非法吸收公众存款案(检例第64号)

(一)案例要旨与指导意义

1. 案例要旨:单位或个人假借开展网络借贷信息中介业务之名,未经依法批准,归集不特定公众的资金设立资金池,控制、支配资金池中的资金,并承诺还本付息的,构成非法吸收公众存款罪。

2. 指导意义:(1)向不特定社会公众吸收存款是商业银行专属金融业务,任何单位和个人未经批准不得实施。《商业银行法》第十一条规定,未经国务院银行业监督管理机构批准,任何单位和个人不得从事吸收公众存款等商业银行业务。这是判断吸收公众存款行为合法与非法的基本法律依据。任何单位或个人,包括非银行金融机构,未经国务院银行业监督管理机构批准,面向社会吸收公众存款或者变相吸收公众存款的行为均属非法。国务院《非法金融机构和非法金融业务活动取缔办法》(已废止)进一步明确规定,未经依法批准,非法吸收公众存款、变相吸收公众存款、以任何名义向社会不特定对象进行的非法集资都属于非法金融活动,必须予以取缔。为了解决传统金融机构覆盖不了、满足不好的社会资金需求,缓解个体经营者、小微企业经营当中的小额资金困难,国务院金融监管机构于2016年发布了《网络借贷信息中介机构业务活动管理暂行办法》等“一个办法、三个指引”,允许单位或个人在规定的借款余额范围内通过网络借贷信息中介机构进行小额借贷,并且对单一组织、单一个人在单一平台、多个平台的借款余额上限作了明确限定。检察机关在办案中要准确把握法律法规、金融管理规定确定的界限、标准和原则精神,准确区分融资借款活动的性质,对于违反规定达到追诉标准的,依法追究刑事责任。

(2)金融创新必须遵守金融管理法律规定,不得触犯《刑法》规定。金融是现代经济的核心和血脉,金融活动引发的风险具有较强的传导性、扩张性、潜在性和不确定性。为了发挥金融服务经济社会发展的作用,有效防控金融风险,国家制定了完善的法律法规,对商业银行、保险、证券等金融业务进行严格的规制和监管。金融也需要发展和创新,但金融创新必须有效地防控可能产生的风险,必须遵守金融管理法律法规,尤其是依法须经许可才能从事的金融业务,不允许未经许可而以创新的名义擅自开展。检察机关办理涉金融案件,要深入分析、清楚认识各类新金融现象,准确把握金融的本质,透过复杂多样的表现形式，准确区分是真的金融创新还是披着创新外衣的伪创新，是合法金融活动还是以金融创新为名实施金融违法犯罪活动，为防范化解金融风险提供及时、有力的司法保障。

（3）网络借贷中介机构非法控制、支配资金，构成非法吸收公众存款罪。网络借贷信息中介机构依法只能从事信息中介业务，为借款人与出借人实现直接借贷提供信息搜集、信息公布、资信评估、信息交互、借贷撮合等服务。信息中介机构不得提供增信服务，不得直接或间接归集资金，包括设立资金池控制、支配资金或者为自己控制的公司融资。网络借贷信息中介机构利用互联网发布信息归集资金，不仅超出了信息中介业务范围，同时也触犯了《刑法》第一百七十六条的规定。检察机关在办案中要通过对网络借贷平台的股权结构、实际控制关系、资金来源、资金流向、中间环节和最终投向的分析，综合全流程信息，分析判断是规范的信息中介，还是假借信息中介名义从事信用中介活动的机构；是否存在违法设立资金池、自融、变相自融等违法归集、控制、支配、使用资金的行为。

（二）案例评析

案例价值：本案在办理的过程中准确识别了新型金融犯罪，对于利用网络平台开展非法吸收公共存款的行为起到了精准治理的效果。检察机关围绕平台获取的资金审查其来源、性质以及用途，揭开了涉案企业 P2P 业务背后的面纱，以“穿透式”的办案方法精准分析了网络金融犯罪的本质，厘清非法吸收公共存款的资金流转程序并对证据进行综合、实质性审查与判断，实现了对涉及 P2P 犯罪案件的有效指导。[①] 本案对于准确认识新金融现象，区分非法金融活动与合法金融创新，以及精准指控涉网贷平台非法吸收公众存款犯罪具有重要的指导意义：首先，本案明确了网络借贷中介机构非法归集、控制、支配资金行为的定性问题；其次，检察机关通过履行刑事诉讼主导责任，将具体案件的指控思路、证明思路落实到侦查取证和对犯罪的证明上，不局限于网贷平台的资金交易记录、第三方银行存管等表面证据，同时对案件涉及的各方主体、各个流程进行实质判断与审查，做到了证据确实充分。

---

① 参见聂建华、贝金欣：《最高人民检察院第十七批指导性案例解读》，载《人民检察》2020 年第 8 期。

案例十一　王某等人利用未公开信息交易案(检例第65号)

(一)案例要旨与指导意义

1. 案例要旨:具有获取未公开信息职务便利条件的金融机构从业人员及其近亲属从事相关证券交易行为明显异常,且与未公开信息相关交易高度趋同,即使其拒不供述未公开信息传递过程等犯罪事实,但其他证据能够相互印证,能够形成证明其利用未公开信息犯罪的完整证明体系,足以排除其他可能的,可以依法认定犯罪事实。

2. 指导意义:经济金融犯罪大多属于精心准备、组织实施的故意犯罪,犯罪嫌疑人、被告人熟悉法律规定和相关行业规则,犯罪隐蔽性强、专业程度高,证据容易被隐匿、毁灭,证明犯罪难度大。特别是在犯罪嫌疑人、被告人不供认犯罪事实、缺乏直接证据的情形下,要加强对间接证据的审查判断,拓宽证明思路和证明方法,通过对间接证据的组织运用,构建证明体系,准确认定案件事实。

(1)明确指控的思路和方法,全面客观补充完善证据。检察机关办案人员应当准确把握犯罪的主要特征和证明的基本要求,明确指控思路和方法,构建清晰明确的证明体系。对于证明体系中证明环节有缺陷的以及关键节点需要补强证据的,要充分发挥检察机关主导作用,通过引导侦查取证、退回补充侦查,准确引导侦查取证方向,明确侦查取证的目的和要求,及时补充完善证据。必要时检察机关要与侦查人员直接沟通,说明案件的证明思路、证明方法以及需要补充完善的证据在证明体系中的证明价值、证明方向和证明作用。在涉嫌利用未公开信息交易的犯罪嫌疑人、被告人不供认犯罪事实,缺乏证明犯意联络、信息传递和利用的直接证据的情形下,应当根据指控思路,围绕犯罪嫌疑人、被告人获取信息的便利条件、时间吻合程度、交易异常程度、利益关联程度、行为人专业背景等关键要素,通过引导侦查取证、退回补充侦查或者自行侦查,全面收集相关证据。

(2)加强对间接证据的审查,根据证据反映的客观事实判断案件事实。在缺乏直接证据的情形下,通过对间接证据证明的客观事实的综合判断,运用经验法则和逻辑规则,依法认定案件事实,建立从间接证据证明客观事实,再从客观事实判断案件事实的完整证明体系。本案中,办案人员通过对3名被告人被指控犯罪时段和其他时段证券交易数据、未公开信息等证据,证明3名被告人交易与未公开信息的关联性、趋同度及与其平常交易习惯的差异性;通过身份关系、资金往来等证据,证明双方具备传递信息的动机和条件;通过专业背景、职业经历、接触人员等证据,证明交易行为不符合其个人能力经验;然后借助证券市场的基本规律和一般人的经验常识,对上述客观事实进行综合判断,认定了案件事实。

(3)合理排除证据矛盾,确保证明结论唯一。运用间接证据证明案件事实,构成证明体系的间接证据应当相互衔接、相互支撑、相互印证,证据链条完整、证明结论唯一。基于经验和逻辑作出的判断结论并不必然具有唯一性,还要通过审查证据,进一步分析是否存在与指控方向相反的信息,排除其他可能性。既要审查证明体系中单一证据所包含的信息之间以及不同证据之间是否存在矛盾,又要注重审查证明体系之外的其他证据中是否存在相反信息。在犯罪嫌疑人、被告人不供述、不认罪案件中,要高度重视犯罪嫌疑人、被告人的辩解和其他相反证据,综合判断上述证据中的相反信息是否会实质性阻断由各项客观事实到案件事实的判断过程、是否会削弱整个证据链条的证明效力。与证明体系存在实质矛盾并且不能排除其他可能性的,不能认定案件事实。但不能因为犯罪嫌疑人、被告人不供述或者提出辩解,就认为无法排除其他可能性。犯罪嫌疑人、被告人的辩解不具有合理性、正当性,可以认定证明结论唯一。

(二)案例评析

案例价值:在本案中,被告人拒不供述犯罪事实,检察机关通过运用间接证据构建了指控犯罪的思路和认定方式,在无直接证据的情况下,依靠间接证据准确定罪,为一些只有间接证据的案件的办理提供了示范。[①] 正确的指控犯罪思路,是构建证明体系的指引,也是引导侦查取证,提出继续侦查、补充侦查要求的基础。本案以信息传递、利用为证明核心,在 3 名被告人拒不供认犯罪事实的情形下,检察机关根据此类犯罪的主要特征,首先把信息便利条件、时间吻合程度、交易异常程度等客观事实作为重点证明对象,而后以这些客观事实为基础判断案件事实,构建证明体系。

① 参见王永强、贺英豪:《当前新型非法吸收公众存款犯罪之特征及其检察应对——基于 100 份 P2P 案件判决书的样本分析》,载邓云、郑新俭、王轶主编:《做优刑事检察之网络犯罪治理的理论与实践——第十六届国家高级检察官论坛文集》,中国检察出版社 2020 年版。

案例十二　某投资股份有限公司、余某某等人违规披露、不披露重要信息案（检例第66号）

（一）案例要旨与指导意义

1. 案例要旨：《刑法》规定违规披露、不披露重要信息罪只处罚单位直接负责的主管人员和其他直接责任人员，不处罚单位。公安机关以本罪将单位移送起诉的，检察机关应当对单位直接负责的主管人员及其他直接责任人员提起公诉，对单位依法作出不起诉决定。对单位需要给予行政处罚的，检察机关应当提出检察意见，移送证券监督管理部门依法处理。

2. 指导意义：（1）违规披露、不披露重要信息犯罪不追究单位的刑事责任。上市公司依法负有信息披露义务，违反相关义务的，《刑法》规定了相应的处罚。由于上市公司所涉利益群体的多元性，为避免中小股东利益遭受双重损害，《刑法》规定对违规披露、不披露重要信息罪只追究直接负责的主管人员和其他直接责任人员的刑事责任，不追究单位的刑事责任。《刑法》第一百六十二条妨害清算罪、第一百六十二条之二虚假破产罪、第一百八十五条之一违法运用资金罪等也属于此种情形。对于此类犯罪案件，检察机关应当注意审查公安机关移送起诉的内容，区分刑事责任边界，准确把握追诉的对象和范围。

（2）《刑法》没有规定追究单位刑事责任的，应当对单位作出不起诉决定。对公安机关将单位一并移送起诉的案件，如果《刑法》没有规定对单位判处刑罚，检察机关应当对构成犯罪的直接负责的主管人员和其他直接责任人员依法提起公诉，对单位应当不起诉。鉴于《刑事诉讼法》没有规定与之对应的不起诉情形，检察机关可以根据与《刑事诉讼法》规定的最相近的不起诉情形，对单位作出不起诉决定。

（3）对不追究刑事责任的单位，人民检察院应当依法提出检察意见督促有关机关追究行政责任。不追究单位的刑事责任并不表示单位不需要承担任何法律责任。检察机关不追究单位刑事责任，容易使当事人、社会公众产生单位对违规披露、不披露重要信息没有任何法律责任的误解。由于违规披露、不披露重要信息行为，还可能产生上市公司强制退市等后果，这种误解还会进一步引起当事人、社会公众对证券监督管理部门、证券交易所采取措施的怀疑，影响证券市场秩序。检察机关在审查起诉时，应当充分考虑办案效果，根据《证券法》等法律规定认真审查是否需要对单位给予行政处罚;需要给予行政处罚的,应当及时向证券监督管理部门提出检察意见,并进行充分的释法说理,消除当事人、社会公众因检察机关不追究可能产生的单位无任何责任的误解,避免对证券市场秩序造成负面影响。

(二)案例评析

案例价值:本案涉及的罪名在《刑法》中并未被列为单位犯罪,进而基于罪刑法定原则不能追究单位的刑事责任。但在本案中,检察机关对未追究刑事责任的单位通过制发检察意见,督促有关部门追究其行政责任,体现了新时代检察机关能动履职的特点,也融入了对涉案单位行为的法律评价和处理结果,具有重要的参考价值。同时,本案涉及的犯罪行为手段极其隐蔽和复杂,检察机关对涉案审计报告、财务报表、资金流动情况以及被告人供述及辩解进行全盘审查,对案件中被告人虚假更改资金用途、性质和不知情的辩解进行了有效回应。判断某一罪名是否属于单位犯罪,应当根据《刑法》分则规定的犯罪主体来确定,《刑法》分则未对单位规定刑罚的,属于《刑法》第三十一条中的“另有规定”,只是根据《刑法》的精神和刑事责任与刑罚的理论,对单位不作犯罪评价。

案例十三 邓某某、某食品(厦门)有限公司等销售假冒注册商标的商品案(检例第98号)

(一)案例要旨与指导意义

1. 案例要旨:办理侵犯注册商标类犯罪案件,应注意结合被告人销售假冒商品数量、扩散范围、非法获利数额及在上下游犯罪中的地位、作用等因素,综合判断犯罪行为的社会危害性,确保罪责刑相适应。当认定犯罪的主观方面为明知时,不仅要考虑被告人供述,还应综合考虑交易场所、交易时间、交易价格等客观方面,坚持主客观相一致。对侵害众多消费者利益的情形,可以建议相关社会组织或自行提起公益诉讼。

2. 指导意义:(1)依法严惩假冒注册商标类犯罪,切实维护权利人和消费者合法权益。依法严厉惩治侵犯注册商标犯罪行为,保护权利人对注册商标的合法权益是检察机关贯彻国家知识产权战略,营造良好知识产权法治环境的重要方面。在办理侵犯注册商标犯罪案件中,检察机关应当全面强化职责担当。对于可能涉及危害食品药品安全、社会公共安全的商品,应当引导公安机关通过鉴定检验等方式就产品质量进行调查取证,查明假冒商品是否符合国家产品安全标准,是否涉嫌构成生产、销售有毒有害食品罪等罪名。如果一行为同时触犯数个罪名,则应当按照法定刑较重的犯罪进行追诉。制假售假犯罪链条中由于层层加价销售情况的存在,往往出现上游制售假冒商品数量大但销售金额小、下游销售数量小而销售金额大的现象。检察机关在提出量刑建议时,不能仅考虑犯罪金额,还要综合考虑被告人在上下游犯罪中的地位与作用、所处的制假售假环节、销售数量、扩散范围、非法获利数额、社会影响等多种因素,客观评价其社会危害性,体现重点打击制假售假源头的政策导向,做到罪刑相适应,有效惩治犯罪行为。

(2)对销售假冒注册商标的商品犯罪的上下游人员,应注意结合相关证据准确认定不同环节被告人的主观明知。司法实践中,对于主观方面的认定,应注意审查被告人在上下游犯罪中的客观行为。对售假源头者,可以通过审查其是否伪造授权文件等进行认定;对批发环节的经营者,可以通过审查其进出货价格是否明显低于市场价格,以及交易场所与交易方式是否合乎常理等因素进行甄别;对终端销售人员,可以通过客户反馈是否异常等情况进行判断;对确受伪造变造文件蒙蔽或认定主观明知证据不足的人员,应坚持主客观相一致原则,依法不予追诉。

(3)一体发挥刑事检察和公益诉讼检察职能,维护社会公共利益。检察机关依法履职的同时,要善于发挥刑事检察和公益诉讼检察职能合力,用好检察建议等法律监督措施,以此推动解决刑事案件涉及的公共利益保护和社会治理问题。对于侵害众多消费者利益,涉案金额大,侵权行为严重的违法犯罪行为,检察机关可以建议有关社会组织提起民事公益诉讼,也可以自行提起民事公益诉讼,以维护社会公众合法权益。

(二)案例评析

案例价值:本案的争议焦点是被告人主观上是否明知。从被告人的供述及辩解来看,被告人认为自己不知道涉案咖啡属于假冒产品。针对该问题,检察机关与公安机关联合展开调查,通过对系列证据的调取与收集准确证明了被告人属于明知,且为故意。本案的被告人只是涉案公司的发货员,其对于假冒产品的明知属于"间接故意",对此问题,检察机关明确了"间接故意应当纳入明知范畴”的认定规则，对被告人做到了罪责刑相适应；综合运用多种证明方法认定主观明知。“明知”是犯罪行为人在主观上对自己所实施行为的性质和后果的明确认识。司法实践中犯罪嫌疑人往往辩称其不知道购买、销售的商品系假冒注册商标的商品，本案中检察机关注意审查犯罪嫌疑人在不同犯罪环节的客观行为，形成证据锁链推导出其主观明知状态。此外，检察机关在提出量刑建议时，不仅考虑了犯罪金额，还综合考虑被告人在犯罪中的地位与作用、所处的销售环节、销售数量、扩散范围、非法获利数额等多种因素，客观评价其社会危害性，体现了重点打击制假售假源头的政策导向。

案例十四　陈某等8人侵犯著作权案（检例第100号）

（一）案例要旨与指导意义

1. 案例要旨：办理网络侵犯视听作品著作权犯罪案件，应注意及时提取、固定和保全相关电子数据，并围绕客观性、合法性、关联性要求对电子数据进行全面审查。对涉及众多作品的案件，在认定“未经著作权人许可”时，应围绕涉案复制品是否系非法出版、复制发行且被告人能否提供获得著作权人许可的相关证明材料进行审查。

2. 指导意义：（1）充分发挥检察职能，依法惩治网络侵犯视听作品著作权犯罪，切实维护权利人合法权益。依法保护著作权是国家知识产权战略的重要内容。检察机关坚决依法惩治侵犯著作权犯罪，尤其是注重惩治网络信息环境下的侵犯著作权犯罪。网络环境下侵犯视听作品著作权犯罪具有手段隐蔽、组织分工严密、地域跨度大、证据易毁损和隐匿等特点，且日益呈现高发多发态势，严重破坏网络安全与秩序，应予严惩。为准确指控和证明犯罪，检察机关在介入侦查、引导取证时，应注意以下方面：一是提取、固定和保全涉案网站视频链接及链接所指向的视频文件、涉案网站影视作品目录、涉案网站视频播放界面；二是固定、保全涉案网站对应的云转码服务器后台及该后台中的视频链接；三是比对确定云转码后台形成的链接与涉案网站播放的视频链接是否具有同一性；四是对犯罪过程中涉及的多个版本盗版影片，技术性地针对片头片中片尾分别进行作品的同一性对比。

（2）检察机关办理网络侵犯著作权犯罪案件，应围绕电子数据的客观性、合法性和关联性进行全面审查,依法适用认罪认罚从宽制度,提高办案质效。网络环境下侵犯著作权犯罪呈现出跨国境、跨区域以及智能化、产业化特征,证据多表现为电子数据且难以获取。在办理此类案件时,一方面,要着重围绕电子数据的客观性、合法性和关联性进行全面审查,区分不同类别的电子数据,采取有针对性的审查方法,特别要注意审查电子数据与案件事实之间的多元关联,综合运用电子数据与其他证据,准确认定案件事实。另一方面,面对网络犯罪的复杂性,检察机关要注意结合不同被告人的地位与作用,充分运用认罪认罚从宽制度,推动查明犯罪手段、共犯分工、人员关系、违法所得分配等案件事实,提高办案效率。

(3)准确把握"未经著作权人许可"的证明方法。对于涉案作品种类众多且权利人分散的案件,在认定"未经著作权人许可"时,应围绕涉案复制品是否系非法出版、复制发行,被告人能否提供获得著作权人许可的相关证明材料综合判断。为证明涉案网站系非法提供网络视听服务的网站,可以收集"信息网络传播视听节目许可证"持证机构名单等证据,补强对涉案复制品系非法出版、复制发行的证明。涉案侵权作品数量众多时,可进行抽样取证,但应注意审查所抽取的样本是否具有代表性、抽样范围与其他在案证据是否相符、抽样是否具备随机性等影响抽样客观性的因素。在侵权数量达到追诉标准的基础上,对抽样作品提交著作权人进行权属认证,以确认涉案作品是否均系侵权作品。

(二)案例评析

案例价值:本案作为涉及网络著作权犯罪的典型案例,检察机关在证据的调取、收集与综合运用上积极配合公安机关,准确、客观还原了被告人犯罪的过程并形成录音录像,实现了电子证据在著作权犯罪中的有效运用。而对于网络侵权中涉及的一些代码等专业问题,检察机关充分利用鉴定人和专家辅助人对专业问题进行的分析、解释说明,增强了指控犯罪的可信度。本案的另一亮点是适用了认罪认罚从宽制度,撤销对涉案企业追诉的同时减少了企业的损失。

可进一步研究之处:此指导性案例中,检察机关可进一步说明如何平衡适用认罪认罚从宽制度和撤销涉案公司犯罪案件、不当追诉三者之间的具体审查程序、案件办理思路,从而体现更深入的指导性。

案例十五 姚某等5人假冒注册商标案(检例第101号)

(一)案例要旨与指导意义

1.案例要旨:凡在我国合法注册且在有效期内的商标,商标所有人享有的商标专用权依法受我国法律保护。未经商标所有人许可,假冒在我国注册的商标的商品无论是否销往境外,情节严重构成犯罪的,依法应予追诉。判断侵犯注册商标犯罪案件是否构成共同犯罪,应围绕假冒商品生产者和销售者之间的意思联络情况、对假冒违法性的认知程度、对销售价格与正品价格差价的认知情况等因素综合判断。

2.指导意义:(1)将假冒在我国取得注册商标的商品销往境外,情节严重构成犯罪的,依法应予追诉。凡在我国合法注册且在有效期内的商标,商标所有权人享有的商标专用权依法受我国法律保护。未经注册商标所有人许可,假冒在我国注册的商标的商品,无论是由境内生产销往境外,还是由境外生产销往境内,均属违反我国商标管理法律法规,侵害商标专用权,损害商品信誉的行为,情节严重的,构成犯罪。司法实践中,要加强对跨境侵犯注册商标类犯罪的惩治,营造良好营商环境。

(2)假冒注册商标犯罪中的上下游被告人是否构成共同犯罪,应结合假冒商品生产者和销售者之间的意思联络、对违法性的认知程度、对销售价格与正品价格差价认知情况等因素综合判断。侵犯注册商标犯罪案件往往涉案人数较多,呈现团伙作案、分工有序实施犯罪的特点。实践中,对被告人客观行为表现为生产、销售等分工负责情形的,检察机关应结合假冒商品生产者和销售者之间的意思联络情况,销售者对商品生产、商标标识制作等违法性的认知程度,对销售价格与正品价格差价的认知情况,销售中对客户是否刻意隐瞒、回避商品系假冒,以及销售者的从业经历等因素,综合判断其是否构成共同犯罪。对于部分被告人在假冒注册商标行为持续过程中产生主观明知,形成分工负责的共同意思联络,并继续维持或者实施帮助销售行为的,应认定构成共同犯罪。

(二)案例评析

案例价值:第一,本案注意审查涉案商标是否在我国合法注册,是否受我国《刑法》保护。本案释明了我国仅对注册商标予以刑事保护,侵犯未注册商标权利人权利的行为,不构成犯罪。对于没有在我国注册的商标,即使其在国外获得注册，在我国也不享有注册商标专用权。第二，本案准确区分了假冒注册商标罪与涉外定牌加工行为。本案不属于涉外定牌加工，不能因为假冒商品均出口国外或购买假冒商品的人系境外人员就将其认定为涉外定牌加工。第三，本案准确认定了事前无通谋的共同犯罪。对于部分被告人在假冒注册商标行为持续过程中产生主观明知，形成分工负责的共同意思联络，并继续维持或者实施帮助销售行为的，认定构成共同犯罪，此举有效打击了犯罪。

案例十六　金某某侵犯商业秘密案（检例第 102 号）

（一）案例要旨与指导意义

1. 案例要旨：办理侵犯商业秘密犯罪案件，被告人作无罪辩解的，既要注意审查商业秘密的成立及侵犯商业秘密的证据，又要依法排除被告人取得商业秘密的合法来源，形成指控犯罪的证据链。对鉴定意见的审查，必要时可聘请或指派有专门知识的人辅助办案。

2. 指导意义：（1）依法惩治侵犯商业秘密犯罪，首先要准确把握商业秘密的含义。商业秘密作为企业的核心竞争力，凝聚了企业在社会活动中创造的智力成果，关系到企业生存与发展。依法保护商业秘密是国家知识产权战略的重要组成部分。检察机关依法严惩侵害商业秘密犯罪，对保护企业合法权益、营造良好营商环境、推进科技强国均有十分重要的意义。商业秘密是否成立，是认定是否构成侵犯商业秘密罪的前提条件。检察机关应着重审查以下方面：第一，涉案信息是否不为公众所知悉。注意审查涉案商业秘密是否不为其所属领域的相关人员普遍知悉或容易获得，是否属于《最高人民法院关于审理侵犯商业秘密民事案件适用法律若干问题的规定》第四条规定的已为公众所知悉的情形。第二，涉案信息是否具有商业价值。注意审查证明商业秘密形成过程中权利人投入研发成本，支付商业秘密许可费、转让费的证据；审查反映权利人实施该商业秘密获取的收益、利润、市场占有率等会计账簿、财务分析报告及其他体现商业秘密市场价值的证据。第三，权利人是否采取了相应的保密措施。注意审查权利人是否采取了《最高人民法院关于审理侵犯商业秘密民事案件适用法律若干问题的规定》第六条规定的保密措施，并注意审查该保密措施与商业秘密的商业价值、重要程度是否相适应、是否得到实际执行。

（2）对于被告人不认罪的情形，要善于运用证据规则，排除被告人合法取得商业秘密的可能性，形成指控犯罪的证据链。由于商业秘密的非公开性和犯罪手段的隐蔽性，认定被告人是否实施了侵犯商业秘密的行为往往面临证明困境。在被告人不作有罪供述时，为查明犯罪事实，检察机关应注意引导公安机关从被告人使用的信息与权利人的商业秘密是否实质上相同、是否具有知悉和掌握权利人商业秘密的条件、有无取得和使用商业秘密的合法来源等方面，全面客观收集证据。特别是要着重审查被告人是否存在合法取得商业秘密的情形，应注意围绕辩方提出的商业秘密系经许可、承继、自行研发、受让、反向工程等合法方式获得的辩解，引导公安机关收集被告人会计账目、支出凭证等能够证明其是否有研发费用、资金投入、研发人员工资等研发成本支出的证据；收集被告人所在单位研发人员名单、研发资质能力、实施研发行为、研发过程的证据；收集有关商业秘密的转让合同，许可合同，支付转让费、许可费的证据；收集被告人是否通过公开渠道取得产品并实施反向工程对产品进行拆卸、测绘、分析的证据，以及被告人传承、承继商业秘密的书证等证据。通过证据之间的相互印证，排除被告人获取、使用商业秘密来源合法的可能性的，进而证实其实施侵犯商业秘密的犯罪行为。

（3）应注重对鉴定意见的审查，必要时引入有专门知识的人参与案件办理。办理侵犯商业秘密犯罪案件，由于商业秘密的认定，以及是否构成对商业秘密的侵犯的认定，往往具有较强专业性，通常需要由鉴定机构出具专门的鉴定意见。检察机关对鉴定意见应予全面细致的审查，以决定是否采信。对鉴定意见的审查应注意围绕以下方面：一是审查鉴定主体的合法性，包括鉴定机构、鉴定人员是否具有鉴定资质，委托鉴定事项是否符合鉴定机构的业务范围，鉴定人员是否存在应予回避的情形等；二是审查鉴定材料的客观性，包括鉴定材料是否真实、完整、充分，取得方式是否合法，是否与原始材料一致等；三是审查鉴定方法的科学性，包括鉴定方法是否符合国家标准、行业标准，方法和标准的选用是否符合相关规定。同时，要注意审查鉴定意见与其他在案证据能否相互印证，证据之间的矛盾能否得到合理解释。必要时，可聘请或指派有专门知识的人辅助审查案件，出庭公诉时可申请鉴定人及其他有专门知识的人出庭，对鉴定意见的科学依据以及合理性、客观性发表意见，通过对技术性问题的充分质证，准确认定案件事实，加强指控和证明犯罪。

(二)案例评析

案例价值:本案在庭审中控辩双方都申请鉴定人、有专门知识的人对案件中涉及的技术性问题进行论证,是"以庭审为中心"改革的有效实践,也为知识产权类刑事案件的办理提供了借助外力的办案思路。本案高度重视审查商业秘密是否成立。检察机关围绕商业秘密的"三性"展开深入细致的审查。在审查时,不能因为商业秘密的组成部分是公知信息就一律认为不构成商业秘密,仍需要进行整体的、实质的判断,审查涉案信息在被犯罪侵害时是否仍具备非公知性,然后从现实的和潜在的市场价值两方面判断,注意审查证明商业秘密形成过程中权利人投入研发成本,支付商业秘密许可费、转让费的证据等潜在价值的证据。

可进一步研究之处:在阐释本案时,相关主体未对专家辅助人在刑事诉讼中所处的地位、发表的看法属于何种证据进行说明。目前,专家辅助人在我国刑事诉讼中的地位尚不明确,对于其所发表的观点看法属于何种证据也未作出非常明确的规定。因此,本案中引入专家辅助人确有创新之处,作为一种填补立法空白的司法指导案例,可以对其进行更具体说明。

案例十七　张某某等人非法集资案(检例第175号)

(一)案例要旨与指导意义

1. 案例要旨:违反私募基金管理有关规定,以发行销售私募基金形式公开宣传,向社会公众吸收资金,并承诺还本付息的,属于变相非法集资。向私募基金投资者隐瞒未将募集资金用于约定项目的事实,虚构投资项目经营情况,应当认定为使用诈骗方法。非法集资人虽然将部分集资款投入生产经营活动,但投资随意,明知经营活动盈利能力不具有支付本息的现实可能性,仍然向社会公众大规模吸收资金,还本付息主要通过募新还旧实现,致使集资款不能返还的,应当认定其具有非法占有目的。在共同犯罪或者单位犯罪中,应当根据非法集资人是否具有非法占有目的,认定其构成集资诈骗罪或是非法吸收公众存款罪。检察机关应当围绕私募基金宣传推介方式、收益分配规则、投资人信息、资金实际去向等重点判断非法集资人是否具有非法占有目的,有针对性地开展指控证明工作。

2. 指导意义：(1)打着发行销售私募基金的幌子，进行公开宣传，向社会公众吸收资金，并承诺还本付息的，属于变相非法集资。私募基金是我国多层次资本市场的有机组成部分，在资本市场中发挥着重要作用。与公募基金不同，私募基金只须备案、无须审批，但不能以私募为名公开募集资金。检察机关办理以私募基金为名非法集资的案件，应当结合《证券投资基金法》《私募投资基金监督管理暂行办法》等有关私募基金宣传推介途径、收益分配、募集对象等方面的具体规定，对涉案私募基金是否符合非法集资特征作出判断。违反私募基金有关管理规定，通过公众媒体或者讲座、报告会、分析会等方式向不特定对象宣传，属于向社会公开宣传；通过签订回购协议等方式向投资者承诺投资本金不受损失或者承诺最低收益，属于变相承诺还本付息；通过"拼单""代持"等方式向合格投资者之外的单位和个人募集资金或者投资者累计数量超过规定人数，属于向社会公众吸收资金。在发行销售私募基金过程中同时具有上述情形的，本质上系假借私募之名变相非法集资，应当依法追究刑事责任。

(2)以发行销售私募基金名义，使用诈骗的方法非法集资，对集资款具有非法占有目的的，应当认定为集资诈骗罪。非法集资人是否使用诈骗方法、是否具有非法占有目的，应当根据涉案私募基金信息披露情况、募集资金实际用途、非法集资人归还能力等要素综合判断。

(3)围绕私募基金宣传推介方式、收益分配规则、投资人信息、资金实际去向等重点，有针对性地开展引导取证、指控证明工作。检察机关指控证明犯罪时，不能局限于备案材料、正式合同等表面合乎规定的材料，必须穿透表象查清涉案私募基金实际运作全过程，提出引导取证意见，构建指控证明体系。①注重收集私募基金宣传推介方式、合格投资者确认过程、投资资金实际来源、实际投资人信息、实际利益分配方案等与募集过程相关的客观证据，查清资金募集过程及其具体违法违规情形。②注重收集募集资金投资项目、募集资金流向等与项目投资决策过程、经营管理状况、实际盈亏情况等相关客观性证据，在全面收集财务资料等证据的基础上，要求审计机构尽可能对资金流向进行全面审计，以查清募集资金全部流转过程和最终实际用途。③注重对犯罪嫌疑人、被告人的针对性讯问和对有关人员的针对性询问，结合客观证据共同证明募集资金方式、资金去向、项目公司经营情况等关键性事实。

(二)案例评析

案例价值:本案从私募基金转变为非法集资的重要表现是被告人采取了微信、电话、发放宣传手册等方式进行推广,实质上突破了私募基金的私密性,已经具有非法集资的"公开性"要件。检察机关对此综合全案中被告人的宣传招揽资金方式,并根据募集的私募基金未备案等事实认定被告人具有非法占有的目的和私募基金的非法性,解决了实践中类案、以 P2P 为合法外衣的非法集资案件的认定难题。本案准确认识了私募基金备案的性质,检察机关穿透涉案私募基金的伪装了解募集资金的实际过程,精准判断私募基金是否存在违法违规问题,而不是仅从形式上看是否备案。

案例十八　郭某某、徐某某等人伪造货币案(检例第 176 号)

(一)案例要旨与指导意义

1. 案例要旨:行为人为直接实施伪造货币人员提供专门用于伪造货币的技术或者物资的,应当认定其具有伪造货币的共同犯罪故意。通过网络积极宣传、主动为直接实施伪造货币人员提供伪造货币的关键技术、物资,或者明知他人有伪造货币意图,仍积极提供专门从事伪造货币相关技术、物资等的,应当认定其在共同伪造货币犯罪中起主要作用,系主犯,对其实际参与的伪造货币犯罪总额负责。对于通过网络联络、分工负责、共同实施伪造货币行为的犯罪案件,检察机关应当注重对伪造货币犯罪全链条依法追诉。

2. 指导意义:(1)明知他人意图伪造货币,通过网络提供伪造货币技术或者设备、材料的人员,与直接实施伪造货币的人员构成伪造货币共同犯罪。为直接实施伪造货币人员提供专门用于伪造货币的技术或者设备、材料的,应当认定其具有伪造货币的共同犯罪故意。

(2)对于提供伪造货币的技术或者设备、材料但未直接实施伪造货币行为的人员,应当根据其具体行为判断其在共同伪造货币中的地位和作用。

(3)注重依法能动履职,对伪造货币犯罪全链条追诉。对于通过网络联络、分工负责、共同实施伪造货币犯罪案件,检察机关在审查逮捕、审查起诉时要注重审查伪造货币全链条行为人的犯罪事实是否全部查清,是否遗漏了共同犯罪事实。办理利用网络共同伪造货币案件,要注重引导公安机关及时查封、扣押犯罪嫌疑人的计算机、手机、U 盘等电子设备,全面提取社交通信工具中留存的通信记录、交易信息、制造假币应用程序等相关电子数据,以此为基础查清共同犯罪事实。

(二)案例评析

案例价值:本案属于跨区域性犯罪,各被告人将网络作为联络平台,对实施伪造货币犯罪进行明确分工。因此,如何认定各被告人的刑事责任、在共同犯罪中所处的地位是本案重点。检察机关通过被告人网络联络信息以及各被告人实际实施的行为,综合认定了各被告人的刑事责任;明确了虽未直接实施伪造货币的行为,但在犯罪中为伪造货币提供了技术、设备等网络支持且具有主导地位,发挥了重要作用的被告人应当以主犯论处的规则,此规则对惩治新型网络金融犯罪具有指导作用;关于共同故意的认定方面,明确了向直接实施伪造货币人员提供专门用于伪造货币的技术或者设备、材料的,应当认定有共同犯罪故意。在网络伪造货币共同犯罪中,有的通过网络积极宣传、主动为直接实施伪造货币人员提供伪造货币的关键技术、物资,有的明知他人有伪造货币意图,仍积极提供专门从事伪造货币的相关技术、物资等,这些人员虽然未直接实施伪造货币行为,但在共同犯罪中的地位、作用十分重要,可以认定为主犯,对参与的全部犯罪数额负责。

案例十九 孙某某非法经营案(检例第 177 号)

(一)案例要旨与指导意义

1. 案例要旨:对于帮助恶意透支的信用卡持卡人非法套现的行为人,应当根据其与信用卡持卡人有无犯意联络、是否具有非法占有目的等,区分其构成非法经营罪或信用卡诈骗罪。经二次退回补充侦查仍未达到起诉条件,但根据已查清的事实认为犯罪嫌疑人仍然有遗漏犯罪重大嫌疑的,检察机关依法可以自行侦查。应当结合相关类型犯罪的特点,对在案证据、需要补充的证据和可能的侦查方向进行分析研判,明确自行侦查的可行性和路径。检察机关在办理信用卡诈骗案件时发现涉及上下游非法经营金融业务等犯罪线索的,应当通过履行立案监督等职责,依法追诉遗漏犯罪嫌疑人和遗漏犯罪事实。

2. 指导意义:(1)使用销售点终端机具(POS 机)等,以虚构交易等方式向信用卡持卡人支付货币资金的行为，违反了《商业银行法》第三条、第十一条和2021年实施的《防范和处置非法集资条例》第三十九条等的规定，系非法从事资金支付结算业务，构成非法经营罪。与恶意透支的信用卡持卡人通谋，或者明知信用卡持卡人意图恶意透支信用卡，仍然使用销售点终端机具（POS机）等帮助其非法套现的，构成信用卡诈骗罪的共同犯罪。虽然信用卡持卡人通过非法套现恶意透支，但证明从事非法套现的行为人构成信用卡诈骗罪共同犯罪证据不足的，对其非法经营POS机套现的行为依法以非法经营罪定罪处罚。

（2）对二次退回公安机关补充侦查，仍未达到起诉条件的，检察机关应当结合在案证据和案件情况充分研判自行侦查的必要性和可行性。经二次退回补充侦查的案件，虽然证明犯罪事实的证据仍有缺失，但根据已查清的事实认为犯罪嫌疑人仍然有遗漏犯罪重大嫌疑的，具有自行侦查的必要性。检察机关应当结合相关类型金融业务的特点、在案证据、需要补充的证据和可能的侦查方向进行分析研判，明确自行侦查是否具有可行性，决定自行侦查的具体措施，依照法定程序进行自行侦查。

（3）检察机关办理信用卡诈骗案件时发现涉及非法从事金融活动等犯罪线索的，应当依法追诉遗漏犯罪嫌疑人和遗漏犯罪事实。信用卡诈骗案件中，恶意透支与非法套现相互勾结的问题较为突出，检察机关办理此类案件时发现涉及POS机套现等非法经营金融业务犯罪线索的，应当对相关线索进行核查，积极运用立案监督、引导取证、退回补充侦查、自行侦查等措施，对犯罪进行全链条惩治。

（二）案例评析

案例价值：本案采用“以点为面”的侦查方式，逐步发现被告人的犯罪线索并及时开展立案监督和侦查。对于发现的犯罪线索证据难以收集调取的，检察机关采用退回补充侦查和自行侦查结合的方式，敏锐发现相关事实和证据，此举值得借鉴。本案经过两次退回补充侦查和自行侦查多个环节，最终通过检察官的自行侦查找到了关键证据，巧妙结合相关类型金融业务的特点、在案证据、需要补充的证据并对可能的侦查方向进行分析研判，重点对开展自行侦查工作的规则进行了阐释。

案例二十　梁某某、王某某等15人侵犯著作权案(检例第193号)

(一)案例要旨与指导意义

1. 案例要旨:办理网络侵犯著作权刑事案件,应当准确理解把握"避风港规则"的适用条件,通过审查网络服务提供者是否明知侵权,认定其无罪辩解是否成立。涉案侵权视听作品数量较大的,可通过鉴定机构抽样鉴定的方式,结合权利人鉴别意见,综合认定作品是否构成实质性相似。对于涉案人员众多的网络知识产权案件,应根据涉案人员在案件中的地位、作用、参与程度以及主观恶性等因素,按照宽严相济刑事政策分层分类处理。

2. 指导意义:(1)准确把握"避风港规则"的适用条件,通过审查侵权作品来源、网络服务提供者是否明知侵权等因素,认定其无罪辩解是否成立。"避风港规则"通常是指权利人发现网络用户利用网络服务侵害其合法权益、向网络服务提供者发出通知后,网络服务提供者及时采取必要措施的,不承担侵权责任。司法实践中,部分网络服务提供者依据该规则主张其不具有侵犯著作权的主观故意,进而提出其不构成犯罪的辩解。对此,检察机关应准确把握"避风港规则"适用条件,重点从以下两个方面审查判断其无罪辩解是否成立:一是审查侵权作品来源。网络服务提供者组织上传侵权作品的,属于直接实施侵犯信息网络传播权的行为,不适用"避风港规则"。二是在网络用户上传侵权作品的情形下,审查网络服务提供者是否明知侵权。如有证据证实网络服务提供者主观上明知作品侵权仍放任网络用户上传,或者未采取必要措施,应认定具有主观故意,其无罪辩解不成立。

(2)涉案侵权视听作品数量较大的,可通过鉴定机构抽样鉴定的方式,结合权利人鉴别意见,综合认定作品是否构成实质性相似。基于视听作品创作特性,侵权人大量改编难度较大,且为迎合用户需求,其一般采取完整复制作品的手段。检察机关办理涉及作品数量众多的侵犯视听作品著作权案件,可由鉴定机构抽取一定比例的作品开展实质性相似鉴定,同时,组织权利人鉴别。具体操作中,可按照一定标准,如影视作品特点、种类、来源、作案手法等,将涉案作品整体划分为多个互不重复的类别,再分别在每一类别中随机抽样。在此基础上,将抽样方法、鉴定和鉴别方法以及认定意见告知在案犯罪嫌疑人,听取其意见。经审查,鉴别意见符合法定要求的,可作为证据使用。

(3)对于涉案人员众多的网络侵犯知识产权犯罪,应根据宽严相济刑事政策对涉案人员分层分类处理。近年来,通过信息网络侵犯知识产权案件呈现出组织化、链条化特征,分工精细、人员结构复杂。检察机关办理涉案人员众多的网络侵犯著作权案件,应严格落实宽严相济刑事政策,依据涉案人员在共同犯罪中的地位、作用、参与程度、主观恶性等因素,对涉案人员分层分类处理。对于具有提起犯意、主导利益分配、组织管理平台等行为的,或者在共同犯罪中起主要作用的主犯,要重点打击,从严追究;对于在共同犯罪中参与程度较低、受雇实施犯罪的其他涉案人员可认定为从犯,酌情从宽处理;对于临时招募人员,共犯意思联络较弱、情节轻微、危害不大的,综合考量处理效果,可不予追究刑事责任。

(二)案例评析

案例价值:本案在办理过程中,一是准确认定了犯罪情节和社会危害性。经审查确认非法经营数额、会员数量,认定本案属于"有其他特别严重情节"的情形。二是及时变更了强制措施。审查起诉阶段在犯罪事实基本审定后,虹口区检察院综合考量各犯罪嫌疑人在共同犯罪中的地位和作用、退出违法所得情节、认罪认罚具结情况,对其中 14 名犯罪情节较轻的犯罪嫌疑人变更强制措施为取保候审。检察机关通过依法办理本案,进一步明确了网络侵犯知识产权犯罪案件中"避风港规则"的适用条件,要通过审查侵权作品来源、网络服务提供者是否明知侵权等因素,准确予以认定。对于涉案侵权视听作品数量较大的,可通过鉴定机构抽样鉴定的方式,结合权利人鉴别意见,综合认定作品是否构成实质性相似。对于涉案人员众多的网络侵犯知识产权犯罪,检察机关要坚持落实宽严相济刑事政策,对涉案人员分层分类处理。

案例二十一　上海某公司、许某、陶某侵犯著作权案(检例第 194 号)

(一)案例要旨与指导意义

1. 案例要旨:通过反向工程获取芯片中二进制代码后,未经许可以复制二进制代码方式制售权利人芯片的,应认定为复制发行计算机软件行为,违法所得数额较大或有其他严重情节的,以侵犯著作权罪追究刑事责任。对于以复制二进制代码方式制售权利人芯片的,应以二进制代码作为比对客体,综合全案证据认定计算机软件是否构成实质性相似。办案中应完善涉商业秘密证据的取证、鉴定、审查、质证方法，避免知识产权遭受“二次侵害”。

2. 指导意义：（1）注重把握不同罪名认定标准，准确定性涉计算机软件类刑事案件。侵犯计算机软件的知识产权犯罪行为，可能触犯侵犯商标权犯罪、侵犯著作权犯罪和侵犯商业秘密犯罪。检察机关办理此类案件，需要结合案件事实和证据，依据不同罪名的构成要件准确定性，精准打击犯罪行为。司法实践中，通过反向工程获取芯片中二进制代码后，未经许可以复制二进制代码方式制售权利人芯片的，应认定为复制发行计算机软件行为，违法所得数额较大或有其他严重情节的，以侵犯著作权罪追究刑事责任。行为人制售的芯片上附着有与他人注册商标相同的标识，但该标识封闭于产品内部，未用于区分商品来源，不构成侵犯商标权犯罪。行为人从公开渠道购买芯片并从中提取二进制代码的，应注重审查其反向工程的辩解是否成立，综合认定其是否构成侵犯商业秘密罪。

（2）对于以复制二进制代码方式制售权利人芯片的，应以二进制代码作为比对客体，综合全案证据认定计算机软件是否构成实质性相似。计算机软件实质性相似的认定，是办理侵犯著作权刑事案件的难点，在司法实践中多通过源代码比对的形式进行。在行为人通过复制芯片中的固化二进制代码复制发行计算机软件的情形下，无法通过计算机软件源代码比对的方式开展实质性相似鉴定。因同一计算机程序的源程序和目标程序为同一作品，可通过对芯片中二进制代码进行比对的方式，解决计算机软件实质性相似认定问题。对于查获侵权产品数量较大、采用抽样鉴定方式的案件，应确保样品具有代表性、随机性，规范样品提取、保存、送检流程。

（3）完善涉商业秘密证据的取证、鉴定、审查、质证方法，避免权利人遭受“二次侵害”。商业秘密是高新技术型企业创新发展的核心竞争力，具有重大商业价值。检察机关在办理涉计算机软件类案件时，如接触到软件源代码等企业核心技术信息，相关信息可能属于商业秘密的，应充分考虑权利人保护知识产权和经营成果的现实需求，会同相关部门，兼顾办案要求与企业实际诉求，根据取证对象特性及时调整固证和审查思路，创新涉软件源代码的电子数据取证、审查、封存、质证方法，避免权利人遭受“二次侵害”，并确保收集固定的案件证据具备合法性、真实性和关联性。检察机关可依据当事人、辩护人、诉讼代理人或者案外人书面申请,或根据办案需要,采取组织诉讼参与人签署保密承诺书等必要保密措施。

(二)案例评析

案例价值:本案首先体现了检察机关立足服务大局,突出保护重点的办案理念。检察机关在知识产权检察办案中,立足于促进优化营商环境,服务高水平科技自立自强和经济社会高质量发展,着力加强知识产权法治保障。案件涉及芯片制造高新技术领域,精准惩治犯罪行为,旨在引导各级检察机关加大对信息技术、智能制造、生物医药等高新技术领域知识产权案件办理力度,以有力办案来保障公平竞争、激励守护创新,服务知识产权强国和质量强国建设。其次,随着知识产权保护司法政策密集出台与新旧法律衔接交织叠加,司法实践中也面临一些新情况新问题,亟须实现司法标准和尺度的统一。对于本案被告人未经许可通过复制二进制代码方式制售权利人芯片的行为,检察机关综合全案证据认定计算机软件构成实质性相似,在法律适用、证据审查、办案理念等方面,对办理同类案件能够发挥指导作用。

侵犯公民人身权利、民主权利罪

案例一　齐某强奸、猥亵儿童案(检例第42号)

(一)案例要旨与指导意义

1. 案例要旨:(1)性侵未成年人犯罪案件中,被害人陈述稳定自然,对于细节的描述符合正常记忆认知、表达能力,被告人辩解没有证据支持,结合生活经验对全案证据进行审查,能够形成完整证明体系的,可以认定案件事实。(2)奸淫幼女具有《最高人民法院、最高人民检察院、公安部、司法部关于依法惩治性侵害未成年人犯罪的意见》(已废止)[①]规定的从严处罚情节,社会危害性与《刑法》第二百三十六条第三款第二项至第四项规定的情形相当的,可以认定为该款第一项规定的“情节恶劣”。(3)行为人在教室、集体宿舍等场所实施猥亵行

① 相关规定参见《最高人民法院、最高人民检察院、公安部、司法部关于印发〈关于办理性侵害未成年人刑事案件的意见〉的通知》,后文不再赘述。

为,只要当时有多人在场,即使在场人员未实际看到,也应当认定犯罪行为是在“公共场所当众”实施。

2. 指导意义:(1)准确把握性侵未成人犯罪案件证据审查判断标准。对性侵未成年人犯罪案件证据的审查,要根据未成年人的身心特点,按照有别于成年人的标准予以判断。审查言词证据,要结合全案情况。根据经验和常识,未成年人的陈述合乎情理、逻辑,对细节的描述符合其认知和表达能力,且有其他证据予以印证,被告人的辩解没有证据支持,结合双方关系不存在诬告可能的,应当采纳未成年人的陈述。

(2)准确适用奸淫幼女“情节恶劣”的规定。《刑法》第二百三十六条第三款第一项规定,奸淫幼女“情节恶劣”的,处 10 年以上有期徒刑、无期徒刑或者死刑。《最高人民法院、最高人民检察院、公安部、司法部关于依法惩治性侵害未成年人犯罪的意见》(已废止)第二十五条规定了针对未成年人实施强奸、猥亵犯罪“更要依法从严惩处”的七种情形。实践中,奸淫幼女具有从严惩处情形,社会危害性与《刑法》第二百三十六条第三款第二项至第四项相当的,可以认为属于该款第一项规定的“情节恶劣”。例如,该款第二项规定的“奸淫幼女多人”,一般是指奸淫幼女 3 人以上。本案中,被告人具备教师的特殊身份,奸淫 2 名幼女,且分别奸淫多次,其危害性并不低于奸淫幼女 3 人的行为,据此可以认定符合“情节恶劣”的规定。

(3)准确适用“公共场所当众”实施强奸、猥亵未成年人犯罪的规定。《刑法》对“公共场所当众”实施强奸、猥亵未成年人犯罪,作出了从重处罚的规定。《最高人民法院、最高人民检察院、公安部、司法部关于依法惩治性侵害未成年人犯罪的意见》(已废止)第二十三条规定了在“校园、游泳馆、儿童游乐场等公共场所”对未成年人实施强奸、猥亵犯罪,可以认定为在“公共场所当众”实施犯罪。适用这一规定,是否属于“当众”实施犯罪至为关键。对在规定列举之外的场所实施强奸、猥亵未成年人犯罪的,只要场所具有相对公开性,且有其他多人在场,有被他人感知可能的,就可以认定为在“公共场所当众”犯罪。最高人民法院对本案的判决表明:学校中的教室、集体宿舍、公共厕所、集体洗澡间等,是不特定未成年人活动的场所,在这些场所实施强奸、猥亵未成年人犯罪的,应当认定为在“公共场所当众”实施犯罪。

(二)案例评析

案例价值:最高人民检察院抗诉书认定的齐某犯罪事实、情节符合客观实际。性侵害未成年人案件具有客观证据、直接证据少,被告人往往不认罪等特点。本案中,被害人家长与原审被告人之前不存在矛盾,案发过程自然。被害人陈述及同学证言符合案发实际和儿童心理,证明力强。综合全案证据,足以排除合理怀疑,能够认定原审被告人强奸、猥亵儿童的犯罪事实。原审被告人在女生宿舍猥亵儿童的犯罪行为属于在"公共场所当众"猥亵。考虑本案具体情节,原审被告人猥亵儿童的犯罪行为应当判处10年有期徒刑以上刑罚。

女生宿舍是否属于猥亵犯罪中所要求的"公共场所"是本案的关键所在。本案将"女生宿舍"解释为"公共场所"既扩张了"当众",又扩张了"感知"。也即,对于猥亵、强奸未成年人的犯罪,不局限于视觉,也可通过听觉被人知晓。[①]此种扩展对于打击侵害未成年人犯罪具有重要意义,也实现了保护未成年人的检察职能。当然,扩张"公共场所"和"当众"在类案中又具有差异性,因而两个概念的外延扩展还需结合具体个案并通过定罪量刑体现。

案例二　骆某猥亵儿童案(检例第43号)

(一)案例要旨与指导意义

1. 案例要旨:行为人以满足性刺激为目的,以诱骗、强迫或者其他方法要求儿童拍摄裸体、敏感部位照片、视频等供其观看,严重侵害儿童人格尊严和心理健康的,构成猥亵儿童罪。

2. 指导意义:猥亵儿童罪是指以淫秽下流的手段猥亵不满14周岁儿童的行为。《刑法》没有对猥亵儿童的具体方式作出列举,需要根据实际情况对其进行判断和认定。实践中,只要行为人主观上以满足性刺激为目的,客观上实施了猥亵儿童的行为,侵害了特定儿童人格尊严和身心健康的,就应当认定构成猥亵儿童罪。网络环境下,以满足性刺激为目的,虽未直接与被害儿童进行身体接触,但是通过QQ、微信等网络软件,以诱骗、强迫或者其他方法要求儿童拍

---

① 参见段卫利:《猥亵儿童罪的扩张解释与量刑均衡——以猥亵儿童的典型案例为切入点》,载《法律适用》2020年第16期。

摄、传送暴露身体的不雅照片、视频,行为人通过画面看到被害儿童裸体、敏感部位的,是对儿童人格尊严和心理健康的严重侵害,与实际接触儿童身体的猥亵行为具有相同的社会危害性,应当认定构成猥亵儿童罪。检察机关办理利用网络对儿童实施猥亵行为的案件,要及时固定电子数据,证明行为人出于满足性刺激的目的,利用网络,采取诱骗、强迫或者其他方法要求被害人拍摄、传送暴露身体的不雅照片、视频供其观看的事实。要准确把握猥亵儿童罪的本质特征,全面收集客观证据,证明行为人通过网络不接触被害儿童身体的猥亵行为,具有与直接接触被害儿童身体的猥亵行为相同的性质和社会危害性。

(二)案例评析

案例价值:首先,本案的指导意义是为利用微信、QQ 等网络平台实施隔空猥亵行为的查处和定罪量刑提供了示范。网络猥亵虽然未直接触摸未成年人身体部位,但对未成年人的人格和心理造成了严重伤害,以猥亵儿童罪论处有利于打击互联网色情犯罪。其次,本案适用禁止令措施和检察机关支持变更抚养权凸显了对涉未成年人案件的检察治理,为检察机关办理类案提供了化解后续矛盾纠纷的示范做法,切实保障了未成年人的合法权益。最后,网络猥亵也涉及网络平台是否属于"公共场所"的解释论证,并且由于网络猥亵与直接接触猥亵相比,其并未直接接触被害人身体部位,因而网络猥亵的量刑一般应当低于接触式猥亵。

案例三 隋某某利用网络猥亵儿童,强奸,敲诈勒索,制作、贩卖、传播淫秽物品牟利案(检例第 200 号)

(一)案例要旨与指导意义

1. 案例要旨:对性侵害未成年人犯罪要依法从严惩处。行为人实施线上猥亵犯罪行为后,又以散布私密照片、视频相要挟,强迫未成年被害人与其发生性关系的,构成两个独立的犯罪行为,应分别认定为猥亵儿童罪和强奸罪。办案中发现未成年被害人私密照片、视频在互联网传播扩散的,检察机关应当及时协调有关部门删除信息、阻断传播。检察机关要能动发挥法律监督职能,积极推动各方协同发力,共同加强未成年人网络保护。

2. 指导意义：(1)实施线上猥亵犯罪行为后，又利用线上猥亵获得的私密照片、视频要挟被害人，实施线下强奸犯罪行为的，应当认定构成猥亵儿童和强奸两个独立犯罪，实行数罪并罚。要依法从严惩处性侵害未成年人犯罪。行为人以满足性刺激为目的，利用网络胁迫、诱骗儿童拍摄裸体、敏感部位照片、视频等供其观看，其行为构成猥亵儿童罪。对儿童实施“隔空猥亵”后，行为人又以传播线上猥亵所获得私密照片、视频相要挟强迫被害人与其发生性关系的，线上猥亵行为与线下强奸行为在时空上相对独立，分别给被害人的人格尊严、身心健康造成不同程度的伤害。

(2)办理利用网络性侵害未成年人案件，检察机关应及时督促职能部门阻断私密信息传播，从线下到线上全方位保护未成年人免受次生伤害。互联网具有传播速度快、影响范围广的特点，涉案私密照片、视频的网络传播将进一步对未成年被害人身心造成严重伤害，不利于被害人创伤修复。检察机关在从严打击利用网络性侵害未成年人犯罪的同时，应注重审查被害人私密照片、视频是否被传播，发现其在网络空间传播扩散的，应当及时督促职能部门快速、精准阻断，从线下到线上、从直接接触被害人的群体到网络空间的传播路径，尽量避免被害人遭受次生伤害。

(3)针对未成年人网络保护的复杂性，检察机关应主动发挥法律监督职能，综合履职助推各方形成保护合力。针对未成年人网络风险认知不足、易受侵害的问题，精准开展法治教育，普及辨别、防范、应对网络侵害的知识；针对监护人监护不足的问题，开展家庭教育指导，提升网络安全监护意识和能力；针对职能部门履职不充分的问题，制发社会治理检察建议；召开部门联席会议，推动建立涉未成年人网络侵害线索移送机制，以检察综合履职积极助推家庭、学校、社会协同发力，为未成年人营造健康安全的网络环境，提升未成年人综合保护效果。

(二)案例评析

案例价值：猥亵的常见情形是在同一物理空间的身体接触，具有肢体接触性。由于猥亵儿童罪保护的法益是儿童的性自主权，利用网络胁迫、诱骗儿童拍摄裸体、敏感部位照片、视频等供行为人观看的行为当然侵犯了这一保护法益，构成猥亵儿童罪。面对网络时代的新环境，只有合理解释“猥亵”的概念，才能避免造成刑法处罚漏洞，通过严惩性侵未成年人的犯罪行为，保护未成年人的身心健康。本案中“线上猥亵”和“线下强奸”并罚规则的确立，是司法机关保护未成年人免受网络侵害的一次重大进步。本案犯罪嫌疑人利用网络对未成年人实施猥亵行为后,又进一步实施了强奸行为。两种行为之间具有明显的递进性,如果仅把猥亵行为当作强奸行为的手段而不予惩处,就会纵容犯罪分子实施更严重的线下犯罪行为,这显然不利于对未成年人的司法保护。“线上猥亵”和“线下强奸”并罚规则的确立,通过数罪并罚,加大了对类案的处罚力度,能够更加有效地阻止线上犯罪向线下犯罪延伸。

案例四 于某虐待案(检例第44号)

(一)案例要旨与指导意义

1. 案例要旨:(1)被虐待的未成年人,因年幼无法行使告诉权利的,属于《刑法》第二百六十条第三款规定的“被害人没有能力告诉”的情形,应当按照公诉案件处理,由检察机关提起公诉,并可以依法提出适用禁止令的建议。(2)抚养人对未成年人未尽抚养义务,实施虐待或者其他严重侵害未成年人合法权益的行为,不适宜继续担任抚养人的,检察机关可以支持未成年人或者其他监护人向人民法院提起变更抚养权诉讼。

2. 指导意义:《刑法》第二百六十条规定,虐待家庭成员,情节恶劣的,告诉的才处理,但被害人没有能力告诉,或者因受到强制、威吓无法告诉的除外。虐待未成年人犯罪案件中,未成年人往往没有能力告诉,应按照公诉案件处理,由检察机关提起公诉,维护未成年被害人的合法权利。根据《最高人民法院、最高人民检察院、公安部、司法部关于对判处管制、宣告缓刑的犯罪分子适用禁止令有关问题的规定(试行)》第七条并结合该规定第一条的规定,人民检察院在提起公诉时,对可能宣告缓刑的被告人,可以建议禁止其从事特定活动,进入特定区域、场所,接触特定的人。对未成年人遭受家庭成员虐待的案件,结合犯罪情节,检察机关可以在提出量刑建议的同时,有针对性地向人民法院提出适用禁止令的建议,禁止被告人再次对被害人实施家庭暴力,依法保障未成年人合法权益,督促被告人在缓刑考验期内认真改造。夫妻离婚后,与未成年子女共同生活的一方不尽抚养义务,对未成年人实施虐待或者其他严重侵害未成年人合法权益的行为,不适宜继续担任抚养人的,根据《民事诉讼法》第十五条的规定,检察机关可以支持未成年人或者其他监护人向人民法院提起变更抚养权诉讼,切实维护未成年人合法权益。

(二)案例评析

案例价值:检察机关通过网络信息依法调查发现,被害人继母(被告人)存在长期、多次殴打被害人的行为,涉嫌虐待罪。本案被害人系未成年人,没有向法院告诉的能力,也没有近亲属代为告诉。检察机关决定提起公诉。法庭审理中,针对被告人存在可能再次暴力殴打被害人的情况,检察机关及时提出适用禁止令,禁止被告人再次对被害人实施家庭暴力的建议。案件办结后,检察机关继续关注被害人的状况,通过支持起诉的方式帮助本案被害人变更抚养人,检察机关作用发挥得比较充分,检察特色比较明显,有利于倡导各级检察机关积极发挥作用加强未成年人司法保护。

可进一步研究之处:本案涉及抚养权变更的问题,检察机关在案件中的特色做法更多侧重于对未成年人合法权益提供全面综合有效的司法保护,与本案涉嫌的刑事犯罪可能有所脱离,因而本案的标题、关键词与指导意义在一定程度上有必要修正。

案例五　郎某、何某诽谤案(检例第137号)

(一)案例要旨与指导意义

1. 案例要旨:利用信息网络诽谤他人,破坏公众安全感,严重扰乱网络社会秩序,符合《刑法》第二百四十六条第二款“严重危害社会秩序”情形的,检察机关应当依法履行追诉职责,将其作为公诉案件办理。对公安机关未立案侦查,被害人已提出自诉的,检察机关应当处理好由自诉向公诉程序的转换。

2. 指导意义:(1)准确把握网络诽谤犯罪“严重危害社会秩序”的认定条件。网络信息涉及面广、浏览量大,诽谤信息一旦扩散,往往造成较大社会影响。与传统的发生在熟人之间、社区传播形式的诽谤案件不同,通过网络诽谤他人,诽谤信息经由网络广泛传播,严重损害被害人人格权,如果破坏了公序良俗和公众安全感,严重扰乱网络社会公共秩序,应当认定为《最高人民法院、最高人民检察院关于办理利用信息网络实施诽谤等刑事案件适用法律若干问题的解释》第三条规定的“其他严重危害社会秩序和国家利益的情形”。对此,可以根据犯罪方式、对象、内容、主观目的、传播范围和造成后果等,综合全案事实、性质、情节和危害程度等予以评价。

(2)坚持能动司法,依法惩治网络诽谤犯罪。网络诽谤传播广、危害大、影响难消除,被害人往往举证难、维权难,通过自诉很难实现权利救济,更无法通过自诉有效追究犯罪嫌疑人刑事责任。网络诽谤犯罪如果侵害了社会公共利益,就应当适用公诉程序。检察机关要适应新时代人民群众对人格尊严保护的更高需求,针对网络诽谤犯罪的特点,积极主动履职,加强与其他执法、司法机关沟通协调,依法启动公诉程序,及时有效打击犯罪,加强对公民人格权的刑法保护,维护网络社会秩序,营造清朗网络空间。

(3)被害人已提起自诉的网络诽谤犯罪案件,因同时侵害公共利益需要适用公诉程序办理的,应当依法处理好程序转换。对自诉人已经提起自诉的网络诽谤犯罪案件,检察机关审查认为属于"严重危害社会秩序",应当适用公诉程序的,应当履行法律监督职责,建议公安机关立案侦查。在公安机关立案后,对自诉人提起的自诉案件,人民法院尚未受理的,检察机关可以征求自诉人意见,由其撤回起诉。人民法院对自诉人的自诉案件受理以后,公安机关又立案的,检察机关可以征求自诉人意见,由其撤回起诉,或者建议人民法院依法裁定终止自诉案件的审理,以公诉案件审理。

(二)案例评析

案例价值:本案是典型的由自诉转为公诉的诽谤罪案件,体现了检察机关作为国家公诉机关对侵害法秩序和公共利益行为的惩治以及对个人基本权益的保障。本案中利用网络对他人实施诽谤所造成的侵害重于一般诽谤案件,检察机关启动公诉程序可降低危害,也及时避免了网暴等恶性事件的发生。另外,由于网络诽谤的取证难度较大,成本较高,被害人自诉面临很多困难,检察机关依法采取公诉程序为治理一批网络犯罪奠定了实践基础,也从案例层面加强了对公民人格尊严的刑法保护。本案释明了自诉转公诉的法理依据在于实体、程序两方面。实体上,犯罪行为本质上是对国家和社会利益的侵害,即使直接受到侵害的是个人,体现的也是犯罪人对法秩序、对公共利益的漠视与侵犯,所以,要由国家对犯罪人进行追诉、施以刑罚。程序上,国家主导追诉犯罪的同时,将部分案件的追诉权赋予被害人行使,其理论基础主要是诉权的合理让渡。

案例六　岳某侮辱案（检例第138号）

（一）案例要旨与指导意义

1. 案例要旨：利用信息网络散布被害人的裸体视频、照片及带有侮辱性的文字，公然侮辱他人，贬损他人人格、破坏他人名誉，导致被害人自杀等后果，严重危害社会秩序的，应当按照公诉程序，以侮辱罪依法追究刑事责任。

2. 指导意义：（1）侮辱他人行为恶劣或者造成被害人精神失常、自残、自杀等严重后果的，可以认定为"情节严重"。行为人以破坏他人名誉、贬低他人人格为目的，故意在网络上对他人实施侮辱行为，如散布被害人的个人隐私、生理缺陷等，情节严重的，应当认定为侮辱罪。侮辱罪"情节严重"，包括行为恶劣、后果严重等情形，如当众撕光妇女衣服，当众向被害人泼洒粪便、污物，造成被害人或者其近亲属精神失常、自残、自杀，2年内曾因侮辱受过行政处罚又侮辱他人，在网络上散布被害人隐私导致被广泛传播，以及其他情节严重情形。

（2）侮辱罪"严重危害社会秩序"可以结合行为方式、社会影响等综合认定。侮辱罪属于告诉才处理的犯罪，但严重危害社会秩序和国家利益的除外。在行为人利用信息网络侮辱他人犯罪案件中，其行为是否属于"严重危害社会秩序"的情形，可以根据《最高人民法院、最高人民检察院关于办理利用信息网络实施诽谤等刑事案件适用法律若干问题的解释》的相关规定予以认定。行为人在网络上散布被害人裸照、视频等严重侵犯他人隐私的信息，造成恶劣社会影响的，或者在网络上散布侮辱他人的信息，对被害人产生大量负面评价，造成恶劣社会影响，不仅侵害被害人人格权，而且严重扰乱社会秩序的，可以认定为"其他严重危害社会秩序的情形"，按照公诉程序依法追诉。

（3）准确认定利用网络散布他人裸照、视频等隐私的行为性质。行为人在与被害人交往期间，获得了被害人的裸照、视频等，无论其获取行为是否合法，是否得到被害人授权，只要恶意对外散布，均应当承担相应法律责任，情节严重的，要依法追究刑事责任。对上述行为认定为侮辱罪还是强制侮辱罪，要结合行为人的主客观方面综合判断。如果行为人以破坏特定人名誉、贬低特定人人格为目的，故意在网络上对特定对象实施侮辱行为，情节严重的，应当认定为侮辱罪。如果行为人出于寻求精神刺激等动机，以暴力、胁迫或者其他方式，对妇女进行身体或者精神强制，使之不能反抗或者不敢反抗，进而实施侮辱行为，应当认定为强制侮辱罪。

(二)案例评析

案例价值:本案的发布弥补了法律和司法解释对侮辱罪中“情节严重”的认定的空白。[①] 关于本案被告人的行为存在两种观点,一种认为被告人构成强制侮辱罪,另一种认为被告人构成侮辱罪。[②] 从案件最终结果来看,采取后者意见的理由是本案情节较为严重,已经达到对国家和社会利益造成严重损害的标准,因而以侮辱罪定罪既实现了对行为人恶意散布他人裸体照片并造成被害人自杀后果的严惩,又明确了侮辱罪“情节严重”的判断标准,具有较高的指导意义和较强的释法作用。发布此指导性案例有利于明确侮辱罪“情节严重”的入罪标准和把握“严重危害社会秩序和国家利益”的公诉标准。行为人与被害人交往期间,获得了被害人的裸照、视频等,无论其获取行为是否合法,是否得到被害人授权,只要恶意对外散布,均应承担相应法律责任,情节严重,构成犯罪的,要依法追究刑事责任。

案例七 柯某侵犯公民个人信息案(检例第140号)

(一)案例要旨与指导意义

1. 案例要旨:业主房源信息是房产交易信息和身份识别信息的组合,包含姓名、通信方式、住址、交易价格等内容,属于法律保护的公民个人信息。未经信息主体另行授权,非法获取、出售限定使用范围的业主房源信息,系侵犯公民个人信息的行为,情节严重、构成犯罪的,应当依法追究刑事责任。检察机关办理案件时应当对涉案公民个人信息具体甄别,筛除模糊、无效及重复信息,准确认定侵犯公民个人信息数量。

2. 指导意义:(1)包含房产信息和身份识别信息的业主房源信息属于公民个人信息。公民个人信息,是指以电子或者其他方式记录的能够单独或者与其他信息结合识别特定自然人身份或者反映特定自然人活动情况的各种信息,包

---

① 参见苗生明、罗庆东、纪丙学:《与时俱进 加强网络时代人格权刑事保护——最高人民检察院第三十四批指导性案例解读》,载《人民检察》2022年第10期。

② 参见陈国庆:《利用信息网络侵犯公民人格权行为的刑法规制——最高人民检察院第34批指导性案例述评》,载《中国刑事法杂志》2022年第2期。

括姓名、身份证件号码、通信方式、住址、账号密码、财产状况、行踪轨迹等。业主房源信息包括房产坐落区域、面积、租售价格等描述房产特征的信息，也包含门牌号码、业主电话、姓名等具有身份识别性的信息，上述信息组合，使业主房源信息符合公民个人信息能够“识别特定自然人”的规定。上述信息非法流入公共领域存在较大风险。现实生活中，信息泄露往往使被害人面临频繁滋扰，更有大量信息进入黑灰产业链，被用于电信网络诈骗、敲诈勒索等犯罪活动，严重威胁公民人身财产安全、社会公共利益，甚至危及国家信息安全，应当依法惩处。

（2）获取限定使用范围的信息需信息主体同意、授权。对生物识别、宗教信仰、特定身份、医疗健康、金融账户、行踪轨迹等敏感个人信息进行信息处理须得到信息主体明确同意、授权。对非敏感个人信息，如上述业主电话、姓名等，应当根据具体情况作出不同处理。信息主体自愿、主动向社会完全公开的信息，可以认定信息主体同意他人获取，在不侵犯其合法利益的情况下可以合法、合理利用。但限定用途、范围的信息，如仅提供给中介供服务使用，他人在未经另行授权的情况下，非法获取、出售，情节严重的，应当以侵犯公民个人信息罪追究刑事责任。

（3）认定公民个人信息数量，应当在全面固定数据基础上有效甄别。侵犯公民个人信息案件中，信息一般以电子数据形式存储，往往数据庞杂、真伪交织、形式多样。检察机关应当把握公民个人信息“可识别特定自然人身份或者反映特定自然人活动情况”的标准，准确提炼出关键性的识别要素，如家庭住址、电话号码、姓名等，对信息数据进行有效甄别。对包含上述信息的认定为有效的公民个人信息，以准确认定信息数量。

（二）案例评析

案例价值：本案对个人信息获取的来源、手段、途径进行了明确并为审查、认定海量公民个人信息提供了重要参考。检察机关办案中，应牢牢把握公民个人信息“可识别特定自然人身份或者反映特定自然人活动情况”的标准，准确简化、提炼出关键性的识别要素，如家庭住址、电话号码、姓名等，并对信息数据进行有效甄别。

案例八 康某某利用网络侵犯公民个人信息案(检例第202号)

(一)案例要旨与指导意义

1. 案例要旨:检察机关办理涉未成年人电信网络犯罪案件,发现未成年人异常办卡情况,可以积极运用数字检察监督手段,通过构建大数据模型,提前预防未成年人涉电信网络犯罪。针对类案反映出的未成年人一人办多卡等问题,可以运用联席磋商、检察建议等方式,联动相关部门完善长效机制,规范未成年人入网用网,保障未成年人用网环境健康安全。

2. 指导意义:(1)利用数字检察监督手段,对办理的未成年人涉电信网络犯罪案件进行延伸审查,通过法律监督切实保护未成年人权益。电信网络犯罪的非接触性、涉众性、传播广域性导致其存在隐蔽化、查证难等问题,检察机关可以通过建构相关大数据法律监督模型,将办理案件中涉及的有关数据资源进行碰撞比对,把未成年人异常电话卡办理情况等信息与电信网络犯罪发案数据进行串联,准确锁定潜在高风险和已经涉罪未成年人,并从中分析研判未成年人涉电信网络犯罪的关系网,审查发现相关犯罪线索的,依法移送公安机关立案查处。

(2)会同有关部门跟进处置,实现对未成年人涉电信网络犯罪早期预防。未成年人心智尚未成熟、从众心理强,易受到欺骗引诱,及早发现,有效拦截、阻断未成年人违法犯罪尤为重要。检察机关应当充分发挥大数据筛查的优势,精准发现未成年人办理电话卡的异常情况,及时敦促工信等职能部门,跟进处置注销异常电话卡,真正达到犯罪预防和保护未成年人的目的。

(3)推动完善未成年人入网规范,加强未成年人网络保护。未成年人涉嫌的电信网络犯罪行为,往往以办理多张电话卡为发端,这暴露出未成年人办理电话卡存在的机制问题和监管漏洞。检察机关可以联合相关部门完善未成年人入网规范机制,推动跨部门数据互联互通,督促行业主管部门重视异常账户的跟踪与监管,及早发现未成年人异常办卡情况,保障未成年人用网环境健康安全。

(二)案例评析

案例价值:检察机关针对办案中发现的在校学生涉嫌电信网络犯罪的实际情况和突出问题,形成了专题报告报送地方党委、政府,并与区工信和科技局、教育体育局等相关部门联动,建立信息交换机制,加强对批量开卡以及短期内反复开卡、注销、补卡等高风险情形的有效管理;推动该地区的工信和科技部门出台电话卡办理程序规范指引,明确低龄未成年人须在监护人在场并同意的情况下申请入网。未成年人涉网违法犯罪存在手段隐蔽、信息不畅、职能耦合不够等防治难题。检察机关依托大数据赋能未成年人检察,提升未成年人网络犯罪数据分析研判能力,加强与公安、教育、民政等部门的数据共享,推动建立未成年人违法犯罪预警、早期干预、线索移送、跟踪帮教、权益保障等相互联结的数据模型,此举值得肯定与推广。

侵犯财产罪

案例一　张某某盗窃案(检例第37号)

(一)案例要旨与指导意义

1. 案例要旨:网络域名具备法律意义上的财产属性,盗窃网络域名可以认定为盗窃行为。

2. 指导意义:网络域名是网络用户进入门户网站的一种便捷途径,是吸引网络用户进入其网站的窗口。网络域名注册人注册了某域名后,该域名将不能再被其他人申请注册并使用,因此网络域名具有专属性和唯一性。网络域名属稀缺资源,其所有人可以对域名行使出售、变更、注销、抛弃等处分权利。网络域名具有市场交换价值,所有人可以以货币形式对其进行交易。通过合法途径获得的网络域名,其注册人利益受法律承认和保护。本案中,行为人利用技术手段,通过变更网络域名绑定邮箱及注册ID,实现了对域名的非法占有,并使原所有人丧失了对网络域名的合法占有和控制,其目的是非法获取网络域名的财产价值,其行为给网络域名的所有人带来直接的经济损失。该行为符合以非法占有为目的窃取他人财产利益的盗窃罪本质属性,应以盗窃罪论处。对于网络域名的价值,当前可综合考虑网络域名的购入价、销赃价、域名升值潜力、市场热度等进行认定。

(二)案例评析

案例价值:本案对盗窃罪的对象进行了扩展,明确了网络领域盗窃财产或具有财产属性案件的处理规则。① 本案盗窃的对象是网络域名，将域名视为财产不仅是保护网络知识产权的体现，更顺应了时代发展的需求。本案明确了域名的财产属性，网络域名与网络空间游戏装备、游戏币之类的虚拟财产并不等同，网络域名是一种类似知识产权的新型民事权利。

案例二 董某等4人诈骗案(检例第38号)

(一)案例要旨与指导意义

1. 案例要旨:以非法占有为目的，采用自我交易方式，虚构提供服务事实，骗取互联网公司垫付费用及订单补贴，数额较大的行为，应认定为诈骗罪。

2. 指导意义:当前，网络约车、网络订餐等互联网经济新形态发展迅速。一些互联网公司为抢占市场，以提供订单补贴的形式吸引客户参与。某些不法分子采取违法手段骗取互联网公司给予的补贴，数额较大的，可以构成诈骗罪。

(二)案例评析

案例价值:在网络约车中，行为人以非法占有为目的，通过网约车平台与网约车公司进行交流，发出虚构的用车需求，使网约车公司误认为是符合公司补贴规则的订单，基于错误认识，垫付车费及订单补贴，该行为符合诈骗罪的本质特征，是一种新型诈骗罪的表现形式。本案明确了以牟利为目的，采用自我交易方式，虚构提供服务事实，骗取互联网公司垫付费用及订单补贴数额较大的行为应被认定为诈骗罪。

案例三 张某某等52人电信网络诈骗案(检例第67号)

(一)案例要旨与指导意义

1. 案例要旨:跨境电信网络诈骗犯罪往往涉及大量的境外证据和庞杂的电子数据。对境外获取的证据应着重审查其合法性，对电子数据应着重审查其客观性。主要成员固定、其他人员有一定流动性的电信网络诈骗犯罪组织，可认

① 参见万春、缐杰、张杰:《〈最高人民检察院第九批指导性案例〉解读》，载《人民检察》2017年第23期。

定为犯罪集团。

2. 指导意义：（1）对境外实施犯罪的证据应着重审查其合法性。对在境外获取的实施犯罪的证据，一是要审查其是否符合我国《刑事诉讼法》的相关规定，能够证明案件事实且符合《刑事诉讼法》规定的，可以作为证据使用。二是对基于有关条约、司法互助协定、两岸司法互助协议或通过国际组织委托调取的证据，应注意审查相关办理程序、手续是否完备，取证程序和条件是否符合有关法律文件的规定。对不具有规定规范的，一般应当要求提供所在国公证机关证明，由所在国中央外交主管机关或其授权机关认证，并经我国驻该国使、领馆认证。三是对委托取得的境外证据，在移交过程中应注意审查其过程是否连续、手续是否齐全、交接物品是否完整、双方的交接清单记载的物品信息是否一致、交接清单与交接物品是否一一对应。四是对当事人及其辩护人、诉讼代理人提供的来自境外的证据材料，要审查其是否按照条约等相关规定办理了公证和认证，并经我国驻该国使、领馆认证。

（2）对电子数据应重点审查其客观性。一要审查电子数据存储介质的真实性。通过审查存储介质的扣押、移交等法律手续及清单，核实电子数据存储介质在收集、保管、鉴定、检查等环节中是否保持原始性和同一性。二要审查电子数据本身是否客观、真实、完整。通过审查电子数据的来源和收集过程，核实电子数据是否从原始存储介质中提取，收集的程序和方法是否符合法律和相关技术规范。对从境外起获的存储介质中提取、恢复的电子数据应当进行无污损鉴定，将起获设备的时间作为鉴定的起始基准时间，以保证电子数据的客观、真实、完整。三要审查电子数据内容的真实性。通过审查在案言词证据能否与电子数据相互印证，不同的电子数据间能否相互印证等，核实电子数据包含的案件信息能否与在案的其他证据相互印证。

（3）紧紧围绕电话卡和银行卡审查认定案件事实。办理电信网络诈骗犯罪案件，认定被害人数量及诈骗资金数额的相关证据，应当紧紧围绕电话卡和银行卡等证据的关联性来认定犯罪事实。一是通过电话卡建立被害人与诈骗犯罪组织间的关联。通过审查诈骗犯罪组织使用的网络电话拨打记录清单、被害人接到诈骗电话号码的陈述以及被害人提供的通话记录详单等通信类证据，认定被害人与诈骗犯罪组织间的关联性。二是通过银行卡建立被害人与诈骗犯罪组织间的关联。通过审查被害人提供的银行账户交易明细、银行客户通知书、诈骗犯罪集团指定银行账户信息等书证以及诈骗犯罪组织使用的互联网软件聊天记录,核实聊天记录中是否出现被害人的转账账户,以确定被害人与诈骗犯罪组织间的关联性。三是将电话卡和银行卡结合起来认定被害人及诈骗数额。审查被害人接到诈骗电话的时间、向诈骗犯罪组织指定账户转款的时间,诈骗犯罪组织手机或电脑中储存的聊天记录中出现的被害人的账户信息和转账时间是否印证。相互关联印证的,可以认定为案件被害人,被害人实际转账的金额可以认定为诈骗数额。

(4)有明显首要分子、主要成员固定、其他人员有一定流动性的电信网络诈骗犯罪组织,可以认定为诈骗犯罪集团。实施电信网络诈骗犯罪,大都涉案人员众多、组织严密、层级分明、各环节分工明确。对符合《刑法》关于犯罪集团的规定,有明确首要分子、主要成员固定、其他人员具有一定流动性的电信网络诈骗犯罪组织,依法可以认定为诈骗犯罪集团。对出资筹建诈骗窝点、掌控诈骗所得资金、制定犯罪计划等起组织、指挥管理作用的,依法可以认定为诈骗犯罪集团首要分子,按照集团所犯的全部罪行处罚。对协助首要分子组建窝点、招募培训人员等起积极作用的,或加入时间较长,通过接听拨打电话对受害人进行诱骗,次数较多、诈骗金额较大的,依法可以认定为主犯,按照其参与或组织、指挥的全部犯罪处罚。对诈骗次数较少、诈骗金额较小,在共同犯罪中起次要或者辅助作用的,依法可以认定为从犯,依法从轻、减轻或免除处罚。

(二)案例评析

案例价值:本案在介入侦查引导取证、综合运用证据认定案件事实及相关法律适用等多个方面对办理类似案件具有示范作用,本案系全国首例将台湾籍犯罪嫌疑人押解回大陆进行司法审判的案件,案件办理过程中检察机关充分发挥审前主导作用,积极履行检察职能,取得了良好政治效果、法律效果和社会效果。办案团队从通信联络和资金流向两条路径建立被害人与诈骗犯罪组织的关联性,并在此基础上确定了严格的印证关系,认定犯罪事实的方法得到法院判决的认可。对于首要分子未到案、人员不固定的犯罪组织能否认定为犯罪集团的问题,本案认为需要结合案件办理情况进行明确,以促进检察机关办理跨境电信网络诈骗案件在法律适用上的基本统一。

案例四　姚某某网络诈骗案(检例第201号)

(一)案例要旨与指导意义

1. 案例要旨:检察机关办理涉及众多未成年人的网络诈骗案件,应注重罪错未成年人分级干预,实现分类处理,精准帮教;依托侦查监督与协作配合机制,建议公安机关在全面收集证据、查清事实基础上,充分考量未成年人的涉案情节,综合判定其主观违法性认识,依法分类处置;在审查起诉时,结合社会调查、心理测评、风险评估等情况,对涉罪未成年人进行分类处理并开展精准帮教;针对未成年人涉网违法犯罪防治难题,推动多部门搭建数字平台,实现对未成年人涉网违法犯罪的精准预防。

2. 指导意义:(1)办理涉及众多未成年人的网络犯罪案件,应在全面查清案件事实的基础上,对案件依法分类处理。检察机关办理此类案件,应与公安机关统一执法司法理念,推动公安机关充分考虑网络犯罪手段的特殊性和未成年人的身心特点、认知水平,全面审查涉案未成年人的动机、目的、参与次数、持续时间、涉及金额等情节,综合判断涉案未成年人主观违法性认识。对违法但不构成犯罪的,建议公安机关依法作出相应行政处罚。

(2)审查涉及众多未成年人网络犯罪案件的,应落实帮教精准化、处遇个别化。检察机关要立足未成年人保护和预防再犯的立场,在审查起诉时全面审查涉罪未成年人的犯罪事实、地位作用、悔罪表现、监护帮教条件等,结合社会调查、心理测评和风险评估,依法提起公诉或作出附条件不起诉、不起诉决定,落实分级干预;同时根据涉罪未成年人的成长经历、行为习惯、认知和需求、风险等级等因素,选配司法社工、心理咨询师、家庭教育指导师等专业人员,对涉罪未成年人实施个性化帮教矫治。

(3)打破数据壁垒,利用数字化手段推动涉未成年人网络违法犯罪源头治理。针对履职过程中发现的未成年人涉网络违法人数多、犯罪防治难度大、犯罪手段隐秘等治理难题,检察机关要充分发挥数字技术对检察业务的支撑和推动作用,对实践中多发的涉及未成年人如校园网贷、网络赌博等情形开展风险评估和动态预警,在保障信息安全和维护个人隐私的基础上,及时向职能部门推送保护、救助的预警信息,进而形成部门协作、数据融通、智能分析、精准预警、高效处理的未成年人数字保护新格局。

（二）案例评析

案例价值：检察机关对姚某某等人网络诈骗案介入引导侦查，将庭审标准向前端传导，全面收集证据，从目的、动机等主观方面和参与次数、持续时间、涉及金额等客观方面查清事实。检警双方应充分考量未成年人的涉案情节，综合判定涉案人员主观违法性认识，依法分类处置，对违法但不构成犯罪的，由公安机关依法作出相应行政处罚。检察机关会商公安、民政、卫健、教育等职能部门，打破数据壁垒，形成涵盖酒吧、网吧、旅馆等场所的数据库，通过内嵌于平台的算法和数据模型，发现异常人员和行为后及时向主管部门推送预警，实现未成年人涉网违法犯罪行为早发现、早介入、早阻断，形成部门协作、数据融通、智能分析、精准预警、高效处理的未成年人数字保护新格局。

妨害社会管理秩序罪

案例一 李某某编造、故意传播虚假恐怖信息案（检例第9号）

（一）案例要旨与指导意义

1. 案例要旨：编造、故意传播虚假恐怖信息罪是选择性罪名。编造恐怖信息以后向特定对象散布，严重扰乱社会秩序的，构成编造虚假恐怖信息罪。编造恐怖信息以后向不特定对象散布，严重扰乱社会秩序的，构成编造、故意传播虚假恐怖信息罪。对于实施数个编造、故意传播虚假恐怖信息行为的，不实行数罪并罚，但应当将其作为量刑情节予以考虑。

2. 指导意义：行为人为了发泄心中不满，故意编造虚假恐怖信息，并采取随机编写数个电话号码的方式向不特定多数人发送含有虚假恐怖信息的短信，严重扰乱社会秩序的，依法构成编造、故意传播虚假恐怖信息罪。对于行为人向不特定对象实施数个编造、故意传播虚假恐怖信息的犯罪行为，无须按照数罪并罚原则予以处理，但应当将其作为量刑情节加以考虑。根据《刑法》第二百九十一条之一第一款的规定，行为人编造爆炸威胁、生化威胁、放射威胁等恐怖信息，或者明知是编造的恐怖信息而故意传播，严重扰乱社会秩序的，构成编造、故意传播虚假恐怖信息罪，应当给予刑事处罚。编造、故意传播虚假恐怖信息罪属于选择性罪名:若行为人编造恐怖信息之后向特定对象散布,严重扰乱社会秩序,则构成编造虚假恐怖信息罪;若行为人编造恐怖信息之后,向不特定对象散布,则构成编造、故意传播虚假恐怖信息罪。对于实施数个编造、故意传播虚假恐怖信息行为的犯罪行为人,不应按照数罪并罚原则处理,而应当将其作为量刑情节予以考虑。就本案而言,被告人为泄私愤,故意编造含有虚假恐怖信息的短信,并以向随意编写的手机号码发送短信的方式,向不特定多数人散布虚假恐怖信息,其行为符合编造、故意传播虚假恐怖信息罪的构成要件,应当以此罪对其定罪量刑。由于被告人实施了数个编造、故意传播虚假恐怖信息的行为,故在量刑时应考虑该情节。又因被告人自愿认罪,可对其酌情从轻处罚。

(二)案例评析

案例价值:此类案件的争议焦点在于对"编造行为"和"故意传播行为"的认定。由于编造、故意传播虚假恐怖信息罪是选择性罪名,所以无论是自编自传、还是既编又传,都不构成数罪。与自编自传不同的是,既编又传的次数与后果应当累计计算。

案例二　卫某某编造虚假恐怖信息案(检例第10号)

(一)案例要旨与指导意义

1. 案例要旨:对于编造虚假恐怖信息造成"严重扰乱社会秩序"的认定,应当结合行为对正常的工作、生产、生活、经营、教学、科研等秩序的影响程度,对公众造成的恐慌程度以及处置情况等因素进行综合分析判断。对于编造、故意传播虚假恐怖信息威胁民航安全,引起公众恐慌,或者致使航班无法正常起降的,应当认定为"严重扰乱社会秩序"。

2. 指导意义:严重扰乱社会秩序系构成编造虚假恐怖信息罪的客体要件。行为人故意编造虚假恐怖信息是否严重扰乱社会秩序应当结合其行为对正常生产、生活、工作秩序的影响程度,公众恐慌程度以及处置情况等因素判断。行为人为了拖延航班的起飞时间而编造威胁民航安全的恐怖信息,致使机场采取防恐预案,从而引起公众恐慌、造成航班晚点的,属于严重扰乱社会秩序,依法构成编造虚假恐怖信息罪。根据《刑法》第二百九十一条之一第一款的规定,行为人编造爆炸威胁、生化威胁、放射威胁等恐怖信息,或者明知是编造的恐怖信息而故意传播，严重扰乱社会秩序的，构成编造、故意传播虚假恐怖信息罪，并应当追究刑事责任。编造、故意传播虚假恐怖信息罪所侵害的客体为社会秩序。这里的社会秩序既包括机关、企业、事业单位、人民团体等的工作、生产、营业、教学等秩序，也包括公共场所、交通秩序以及人民群众正常的工作、生活秩序。也就是说，判断行为人故意编造虚假恐怖信息是否构成严重扰乱社会秩序，应当结合犯罪行为对正常工作、生产、生活、经营、教学、科研等秩序的影响程度，造成公众恐慌程度以及处置情况等因素。就本案而言，卫某某为使某航班停留，谎称“飞机上有两名恐怖分子，注意安全”，致使某国际机场启动防恐预案，组织安检，最终导致航班晚点 33 分钟。据此可以认定，卫某某故意编造虚假恐怖信息的行为，已经引起公众恐慌，造成航班晚点，影响了某国际机场的正常工作秩序，故卫某某的行为应当属于造成了严重扰乱社会秩序的后果。综上，卫某某的上述行为符合编造虚假恐怖信息罪的构成要件，应当以编造虚假恐怖信息罪定罪处罚。鉴于卫某某被逮捕之后能够自愿认罪，故可以酌情从轻处罚。

（二）案例评析

案例价值：此类案件涉及编造、故意传播虚假恐怖信息罪的“严重扰乱社会秩序”的认定标准。被告人在编造了虚假恐怖信息以后，打电话告诉机场，机场立即启动防恐预案，并造成航班晚点，属致使航班无法正常起降的情形，构成严重扰乱社会秩序。因此，检察机关以编造虚假恐怖信息罪对被告人起诉、法院以同一罪名对被告人定罪量刑，符合刑事政策的需要。

案例三 袁某某编造虚假恐怖信息案（检例第 11 号）

（一）案例要旨与指导意义

1. 案例要旨：对于编造虚假恐怖信息造成有关部门实施人员疏散，引起公众极度恐慌的，或者致使相关单位无法正常营业，造成重大经济损失的，应当认定为“造成严重后果”。以编造虚假恐怖信息的方式，实施敲诈勒索等其他犯罪的，应当根据案件事实和证据情况，择一重罪处断。

2. 指导意义：本案明确了“造成严重后果”的认定标准。根据《刑法》第二百九十一条之一第一款的规定，编造、故意传播虚假恐怖信息，严重扰乱社会秩序，同时造成严重后果的，应当处5年以上有期徒刑。实践中，对于编造、故意传播虚假恐怖信息"造成严重后果"的认定，应当结合行为对公众造成的恐慌程度，对生产、工作和生活等秩序的影响程度，以及该行为导致相关事件发生造成的人员伤亡、经济损失和社会影响等情况进行综合分析判断。

（二）案例评析

案例价值：对于编造、故意传播虚假恐怖信息"造成严重后果"的认定，本案结合了特定行业与区域，结合了行为对公众造成的恐慌程度，结合了行为对生产、工作和生活等秩序的影响程度，以及该行为导致相关事件发生造成的人员伤亡、经济损失和社会影响等情况，属于综合治理思维在特殊领域——涉恐类犯罪的运用。

可进一步研究之处：本案被告人的犯罪行为既有编造虚假恐怖信息，又有利用该信息实施敲诈勒索犯罪的情形。被告人的两个行为在实质上具有牵连性，因而本案适用了择一重罪处罚的规则。但上述行为究竟是牵连犯还是想象竞合，又或是法条竞合未作出进一步说明。

案例四　李某某破坏计算机信息系统案（检例第33号）

（一）案例要旨与指导意义

1. 案例要旨：以修改域名解析服务器指向的方式劫持域名，造成计算机信息系统不能正常运行，是破坏计算机信息系统的行为。

2. 指导意义：修改域名解析服务器指向，强制用户偏离目标网站或网页进入指定网站或网页，是典型的域名劫持行为。行为人使用恶意代码修改目标网站域名解析服务器，导致目标网站域名被恶意解析到其他IP地址，无法正常发挥网站服务功能，这种行为实质上是对计算机信息系统功能的修改、干扰，符合《刑法》第二百八十六条第一款"对计算机信息系统功能进行删除、修改、增加、干扰"的规定。根据《最高人民法院、最高人民检察院关于办理危害计算机信息系统安全刑事案件应用法律若干问题的解释》第四条的规定，造成为一万以上用户提供服务的计算机信息系统不能正常运行累计一小时以上的，属于"后果严重"，应以破坏计算机信息系统罪论处；造成为5万以上用户提供服务的计算机信息系统不能正常运行累计一小时以上的，属于"后果特别严重"。认定遭受破坏的计算机信息系统服务用户数,可以根据计算机信息系统的功能和使用特点,结合网站注册用户、浏览用户等具体情况,作出客观判断。

(二)案例评析

案例价值:其一,本案明确了修改域名解析服务器指向,强制用户偏离目标网站或网页进入指定网站或网页,造成计算机信息系统不能正常运行的域名劫持行为,属于破坏计算机信息系统的行为。其二,对于域名劫持用户数的认定是一个争议较大的问题。对独立用户数的认定,本案采取了较为谨慎的概括性表述,指出:"认定遭受破坏的计算机信息系统服务用户数,可以根据计算机信息系统的功能和使用特点,结合网站注册用户、浏览用户等具体情况,作出客观判断。"

案例五 李某某等人破坏计算机信息系统案(检例第34号)

(一)案例要旨与指导意义

1. 案例要旨:冒用购物网站买家身份进入网站内部评价系统删改购物评价,属于对计算机信息系统内存储数据进行修改操作,应当认定为破坏计算机信息系统的行为。

2. 指导意义:购物网站评价系统是对店铺销量、买家评价等多方面因素进行综合计算分值的系统,其内部储存的数据直接影响搜索流量分配、推荐排名、营销活动报名资格、同类商品在消费者购买比较时的公平性等。买家在购买商品后,根据用户体验对所购商品分别给出好评、中评、差评3种不同评价。所有的评价都以数据形式存储于买家评价系统之中,成为整个购物网站计算机信息系统整体数据的重要组成部分。行为人因删除、修改某购物网站中差评数据违法所得25,000元以上,构成破坏计算机信息系统罪,属于"后果特别严重"的情形,应当依法判处5年以上有期徒刑。

(二)案例评析

案例价值:对高发且有严重社会危害的新型破坏计算机信息系统的行为有必要纳入刑法规制视野。侵入评价系统删改购物评价,实质是对计算机信息系统内存储的数据进行删除、修改操作的行为。这种行为严重危害计算机信息系统数据采集和流量分配体系的运行,使网站注册商户及其商品、服务的搜索受到影响，导致网站商品、服务评价功能无法正常运作，严重侵害了购物网站所属公司的信息系统安全和消费者的知情权。

案例六　曾某某、王某某破坏计算机信息系统案（检例第35号）

（一）案例要旨与指导意义

1. 案例要旨：智能手机终端，应当认定为《刑法》保护的计算机信息系统。锁定智能手机导致其不能使用的行为，可认定为破坏计算机信息系统。

2. 指导意义：计算机信息系统包括计算机、网络设备、通信设备、自动化控制设备等。智能手机和计算机一样，使用独立的操作系统、独立的运行空间，可以由用户自行安装软件等程序，并可以通过移动通信网络实现无线网络接入，应当认定为刑法上的"计算机信息系统"。行为人通过修改被害人手机的登录密码，远程锁定被害人的智能手机设备，使之成为无法开机的"僵尸机"，属于对计算机信息系统功能进行修改、干扰的行为。造成10台以上智能手机系统不能正常运行，符合《刑法》第二百八十六条第一款破坏计算机信息系统罪构成要件中"对计算机信息系统功能进行删除、修改、增加、干扰""后果严重"的情形，构成破坏计算机信息系统罪。行为人采用非法手段锁定手机后以解锁为条件，索要钱财，在数额较大或多次敲诈的情况下，其目的行为又构成敲诈勒索罪。在这类犯罪案件中，手段行为构成的破坏计算机信息系统罪与目的行为构成的敲诈勒索罪之间成立牵连犯，牵连犯应当从一重罪处断。破坏计算机信息系统罪后果严重的，法定刑为5年以下有期徒刑或者拘役；敲诈勒索罪数额较大的，法定刑为3年以下有期徒刑、拘役或管制，并处或者单处罚金。本案应以重罪即破坏计算机信息系统罪论处。

（二）案例评析

案例价值：第一，本案明确了智能手机终端应当认定为《刑法》保护的计算机信息系统，锁定智能手机致其不能使用的行为，可认定为破坏计算机信息系统的行为。智能手机和计算机一样，使用独立的操作系统、独立的运行空间，可以由用户自行安装软件等程序，并可以通过移动通信网络实现无线网络接入，在刑法用语的语义射程内，应当认定为刑法上的"计算机信息系统"。第二，本案明确了行为人通过修改被害人手机的登录密码，远程锁定被害人的智能手机设备,使之成为无法开机的"僵尸机",属于对计算机信息系统功能进行修改、干扰的行为,构成破坏计算机信息系统罪,其与目的行为构成的敲诈勒索罪之间成立牵连犯,当从一重罪处断。

案例七 卫某某、龚某、薛某某非法获取计算机信息系统数据案(检例第36号)

(一)案例要旨与指导意义

1. 案例要旨:超出授权范围使用账号、密码登录计算机信息系统,属于侵入计算机信息系统的行为;侵入计算机信息系统后下载其储存的数据,可以认定为非法获取计算机信息系统数据罪。

2. 指导意义:行为人违反《计算机信息系统安全保护条例》第七条、《计算机信息网络国际联网安全保护管理办法》第六条第一项等国家规定,实施了非法侵入并下载获取计算机信息系统中存储的数据的行为,构成非法获取计算机信息系统数据罪。按照2011年《最高人民法院、最高人民检察院关于办理危害计算机信息系统安全刑事案件应用法律若干问题的解释》的规定,构成犯罪,违法所得2.5万元以上,应当认定为"情节特别严重",处3年以上7年以下有期徒刑,并处罚金。

(二)案例评析

案例价值:本案明确了超出授权范围使用账号、密码登录计算机信息系统属于侵入计算机信息系统的行为;侵入计算机信息系统后下载其储存的数据可以认定为非法获取计算机信息系统数据的行为。非法获取计算机信息系统数据罪中的"侵入",是指违背被害人意愿、非法进入计算机信息系统的行为,其表现形式既包括采用技术手段破坏系统防护进入计算机信息系统,也包括未取得被害人授权擅自进入计算机信息系统,还包括超出被害人授权范围进入计算机信息系统。被告人虽不属于通过技术手段侵入计算机信息系统,但内外勾结擅自登录公司内部管理开发系统下载数据,明显超出正常授权范围。超出授权范围使用账号、密码、Token令牌登录系统,也属于侵入计算机信息系统的行为。

案例八　刘某非法占用农用地案(检例第60号)

(一)案例要旨与指导意义

1.案例要旨:行为人违反土地管理法规,在耕地上建设“大棚房”“生态园”“休闲农庄”等,非法占用耕地数量较大,造成耕地等农用地被大量毁坏的,应当以非法占用农用地罪追究实际建设者、经营者的刑事责任。

2.指导意义:十分珍惜、合理利用土地和切实保护耕地是我国的基本国策。近年来,随着传统农业向产业化、规模化的现代农业转变,以温室大棚为代表的设施农业快速发展。一些地区出现了假借发展设施农业之名,擅自或者变相改变农业用途,在耕地甚至永久基本农田上建设“大棚房”“生态园”“休闲农庄”等,造成土地资源被大量非法占用和毁坏,严重侵害农民权益和农业农村的可持续发展,在社会上造成恶劣影响。2018年,自然资源部和农业农村部在全国开展了“大棚房”问题专项整治行动,推进落实永久基本农田保护制度和最严格的耕地保护政策。在基本农田上建设“大棚房”予以出租出售,违反《土地管理法》,属于破坏耕地或者非法占地的违法行为。非法占用耕地数量较大或者造成耕地大量毁坏的,应当以非法占用农用地罪追究实际建设者、经营者的刑事责任。该类案件中,实际建设者、经营者为逃避法律责任,经常隐藏于幕后。对此,检察机关可以通过引导公安机关查询非农建设项目涉及的相关账户交易信息、资金走向等,辅以相关证人证言,形成严密证据体系,查清证实实际建设者、经营者的法律责任。对于受其操控签订合同或者作假证明包庇,涉嫌共同犯罪或者伪证罪、包庇罪的相关行为人,也要一并查实惩处。对于非法占用农用地面积这一关键问题,可由专业机构出具测量技术报告,必要时可申请测量人员出庭作证。

(二)案例评析

案例价值:本案所明确的规则和对农用地使用性质的区分与我国近年来的农业建设工作目标高度契合。检察机关通过查处私自变更农用地的犯罪行为,有效治理了用基本农田建设“休闲山庄”等问题。本案严格准确地区分了改变用途的农田是否经过批准、改变农田用途和性质是否有利于农业发展建设,从而为罪与非罪的把握增加了考量因素。[1] 同时,本案中非法占用的认定存在复

---

① 参见高景峰、张杰:《最高人民检察院第十六批指导性案例解读》,载《人民检察》2020年第5期。

杂疑难问题,对于案件中利用农田建设大棚并对外租售获取利润的行为既要对建设大棚是否违法、是否属于非法占用农田的问题进行解释,还需要对获利的行为进行解释与数量认定。检察机关对该问题运用了多种解释方法,全案证据和专家出示的报告佐证了行为人的行为具有非法性,形成了逻辑闭环,维护了司法权威和统一。

案例九 叶某某、张某某提供侵入计算机信息系统程序、谭某某非法获取计算机信息系统数据案(检例第68号)

(一)案例要旨与指导意义

1. 案例要旨:对有证据证明用途单一,只能用于侵入计算机信息系统的程序,司法机关可依法认定为"专门用于侵入计算机信息系统的程序";难以确定的,应当委托专门部门或司法鉴定机构作出检验或鉴定。

2. 指导意义:审查认定"专门用于侵入计算机信息系统的程序",一般应要求公安机关提供以下证据:一是从被扣押、封存的涉案电脑、U盘等原始存储介质中收集、提取的相关电子数据;二是对涉案程序、被侵入的计算机信息系统及电子数据进行勘验、检查后制作的笔录;三是能够证实涉案程序的技术原理、制作目的、功能用途和运行效果的书证材料;四是涉案程序的制作人、提供人、使用人对该程序的技术原理、制作目的、功能用途和运行效果进行阐述的言词证据,或能够展示涉案程序功能的视听资料;五是能够证实被侵入计算机信息系统安全保护措施的技术原理、功能以及被侵入后果的专业人员的证言等证据;六是对有运行条件的,应要求公安机关进行侦查实验。

对有充分证据证明涉案程序是专门设计用于侵入计算机信息系统、非法获取计算机信息系统数据的,可直接认定为"专门用于侵入计算机信息系统的程序"。证据审查中,可从以下方面对涉案程序是否属于"专门用于侵入计算机信息系统的程序"进行判断:一是结合被侵入的计算机信息系统的安全保护措施,分析涉案程序是否具有侵入的目的,是否具有避开或者突破计算机信息系统安全保护措施的功能;二是结合计算机信息系统被侵入的具体情形,查明涉案程序是否在未经授权或超越授权的情况下,获取计算机信息系统数据;三是分析涉案程序是否属于"专门"用于侵入计算机信息系统的程序。根据《最高人民法院、最高人民检察院关于办理危害计算机信息系统安全刑事案件应用法律若干问题的解释》第十条和《最高人民法院、最高人民检察院、公安部关于办理刑事案件收集提取和审查判断电子数据若干问题的规定》第十七条的规定，对是否属于"专门用于侵入计算机信息系统的程序"难以确定的，一般应当委托省级以上负责计算机信息系统安全保护管理工作的部门检验，也可由司法鉴定机构出具鉴定意见，或者由公安部指定的机构出具报告。实践中，应重点审查检验报告、鉴定意见对程序运行过程和运行结果的判断，结合案件具体情况，认定涉案程序是否具有突破或避开计算机信息系统安全保护措施，未经授权或超越授权获取计算机信息系统数据的功能。

（二）案例评析

案例价值：本案对于审查计算机犯罪的程序与证据具有示范意义。本案明确了司法人员对"专门用于侵入计算机信息系统的程序"作认定时需要审查的证据，为类案办理过程中证据的收集、调取、审查和证据链的形成提供了具体的指导方法。同时，本案还明确了审查认定"专门用于侵入计算机信息系统的程序"应当注意围绕计算机信息系统的安全保护措施进行案件的程序分析和实质性审查，查明案件侵入情形与数据获取情况的非法性与危害性。

案例十　姚某某等 11 人破坏计算机信息系统案（检例第 69 号）

（一）案例要旨与指导意义

1. 案例要旨：为有效打击网络攻击犯罪，检察机关应加强与公安机关的配合，及时介入侦查引导取证，结合案件特点提出明确具体的补充侦查意见。对被害互联网企业提供的证据和技术支持意见，应当结合其他证据进行审查认定，客观全面准确认定破坏计算机信息系统罪的危害后果。

2. 指导意义：（1）立足网络攻击犯罪案件特点引导公安机关收集调取证据。对重大、疑难、复杂的网络攻击类犯罪案件，检察机关可以适时介入侦查引导取证，会同公安机关研究侦查方向，在收集、固定证据等方面提出法律意见。一是引导公安机关及时调取证明网络攻击犯罪发生、证明危害后果达到追诉标准的证据。委托专业技术人员对收集提取到的电子数据等进行检验、鉴定，结合在案其他证据，明确网络攻击类型、攻击特点和攻击后果。二是引导公安机关调取证明网络攻击由犯罪嫌疑人实施的证据。借助专门技术对攻击源进行分析，溯源网络犯罪路径。审查认定犯罪嫌疑人网络身份与现实身份的同一性时，可通过核查IP地址、网络活动记录、上网终端归属，以及证实犯罪嫌疑人与网络终端、存储介质间的关联性综合判断。犯罪嫌疑人在实施网络攻击后，威胁被害人的证据可作为认定攻击事实和因果关系的证据。有证据证明犯罪嫌疑人实施了攻击行为，网络攻击类型和特点与犯罪嫌疑人实施的攻击一致，攻击时间和被攻击时间吻合的，可以认定网络攻击系犯罪嫌疑人实施。三是网络攻击类犯罪多为共同犯罪，应重点审查各犯罪嫌疑人的供述和辩解、手机通信记录等，通过审查自供和互证的情况以及与其他证据间的印证情况，查明各犯罪嫌疑人间的犯意联络、分工和作用，准确认定主、从犯。四是对需要通过退回补充侦查进一步完善上述证据的，在提出补充侦查意见时，明确列出每一项证据的补侦目的，以及为了达到目的需要开展的工作。在补充侦查过程中，要适时与公安机关面对面会商，了解和掌握补充侦查工作的进展，共同研究分析补充到的证据是否符合起诉和审判的标准和要求，为补充侦查工作提供必要的引导和指导。

(2)对被害单位提供的证据和技术支持意见需结合其他在案证据作出准确认定。网络攻击类犯罪案件的被害人多为大型互联网企业。在打击该类犯罪的过程中，司法机关往往会借助被攻击的互联网企业在网络技术、网络资源和大数据等方面的优势，进行溯源分析或对攻击造成的危害进行评估。由于互联网企业既是受害方，有时也是技术支持协助方，为确保被害单位提供的证据客观真实，必须特别注意审查取证过程的规范性；有条件的，应当聘请专门机构对证据的完整性进行鉴定。如条件不具备，应当要求提供证据的被害单位对证据作出说明。同时要充分运用印证分析审查思路，将被害单位提供的证据与在案其他证据，如从犯罪嫌疑人处提取的电子数据、社交软件聊天记录、银行流水，第三方机构出具的鉴定意见，证人证言，犯罪嫌疑人供述等证据作对照分析，确保不存在人为改变案件事实或改变案件危害后果的情形。

(3)对破坏计算机信息系统的危害后果应作客观全面准确认定。实践中，司法机关往往倾向于依据犯罪违法所得数额或造成的经济损失认定破坏计算机信息系统罪的危害后果。但是在一些案件中，违法所得或经济损失并不能全面、准确反映出犯罪行为所造成的危害。有的案件违法所得或者经济损失的数额并不大，但网络攻击行为导致受影响的用户数量特别大，有的导致用户满意度降低或用户流失，有的造成了恶劣社会影响。对这类案件，如果仅根据违法所得或经济损失数额来评估危害后果，可能会导致罪刑不相适应。因此，在办理破坏计算机信息系统犯罪案件时，检察机关应发挥好介入侦查引导取证的作用，及时引导公安机关按照法律规定，从扰乱公共秩序的角度，收集、固定能够证实受影响的计算机信息系统数量或用户数量、受影响或被攻击的计算机信息系统不能正常运行的累计时间、对被害企业造成的影响等证据，对危害后果作出客观、全面、准确认定，做到罪责相当、罚当其罪，使被告人受到应有惩处。

（二）案例评析

案例价值：本案办理中，检察机关充分发挥诉前引导作用，最大限度向侦查靠近，就证据收集、事实认定、法律适用等问题提出意见，引导公安机关全面、客观、合法收集证据；[①]同时，借助互联网公司以技术对抗手段，为案件证据的审查运用厘清了思路，也使当初拒不认罪的被告人最终认罪服法。本案揭示了信息化、网络化、高科技化社会下，检察机关需要以技术迭代创新对抗高技术犯罪；也揭示了电子证据认定与运用等方面的重要性。

案例十一　李某某帮助信息网络犯罪活动案（检例第203号）

（一）案例要旨与指导意义

1. 案例要旨：办理未成年人涉嫌使用本人银行卡帮助信息网络犯罪活动罪案件，应当结合涉案未成年人身心特点，重点审查是否明知他人利用信息网络实施上游犯罪并提供帮助。对于主观恶性不大、社会危害较小且自愿认罪认罚的未成年人，坚持以教育、挽救为主，符合附条件不起诉的，依法适用附条件不起诉。对于未成年人银行账户管理存在漏洞，有异常交易风险的，检察机关应通过向金融监管机关、商业银行制发检察建议，强化账户源头管理，推动诉源治理。

2. 指导意义：（1）检察机关办理未成年人帮助他人利用网络实施犯罪的案件，要坚持主客观相一致原则，重点审查行为人主观方面是否对上游犯罪明知，

---

① 参见张晓津、余岚：《最高人民检察院第十八批指导性案例解读》，载《人民检察》2020年第8期。

并提供了客观帮助行为。要综合全案证据和社会调查情况，认为涉罪未成年人知道或者应当知道上游系犯罪活动，自己的行为具有帮助作用，可能共同造成危害结果的，应当认定其主观明知。未成年人客观上实施“供卡”等帮助支付结算的行为，符合帮助信息网络犯罪客观要件规定的，应按照主客观相一致原则，认定构成帮助信息网络犯罪活动罪。但如果经全案证据审查，认定未成年犯罪嫌疑人不明知上游系犯罪活动，以及对犯罪的危害程度缺乏明确认识，即使在客观上对信息网络犯罪活动起到了帮助作用，因此获利，也不能认定为构成该罪。

(2)对未成年人使用本人银行卡实施的帮助他人利用网络犯罪行为，应当落实宽严相济刑事政策，加强教育、挽救，依法准确适用不起诉、附条件不起诉。对于积极主动参与犯罪、犯罪情节严重的，应依法提起公诉。对被利诱参与犯罪，参与时间较短，违法所得、涉案数额较少，情节显著轻微危害不大的涉案未成年人，检察机关可以根据《刑法》第十三条的规定，对其不认定为犯罪。对于犯罪情节轻微，依照刑法规定不需要判处刑罚或者应当免除刑罚的，检察机关应当作出不起诉决定。对于犯罪情节较轻，符合附条件不起诉条件的，检察机关可以依法适用附条件不起诉，同时开展针对性考察、矫治。

(3)检察机关应当注重运用检察建议，推动诉源治理。办理未成年人帮助信息网络犯罪活动案件，发现银行账户监督、管理、使用存在漏洞的，应当依法开展调查核实，以检察建议的方式督促金融监管机构、商业银行完善制度机制，推动形成办卡审核和风险评估相结合、分类管理和异常预警相结合的未成年人银行卡管理保护模式，努力实现对未成年人参与电信网络犯罪的诉源治理。

(二)案例评析

案例价值：本案中李某某的同学已经向其明确提出“需要将网络赌博平台上汇集的充值资金，使用绑定的银行卡转账，如果愿意提供本人银行卡用于转账，就可以分钱”，并给其看了该赌博平台应用程序的截图；李某某也采取了变更转账地点的方式规避调查，在分钱后，也是因“感觉容易出事”而未参与；根据《最高人民法院、最高人民检察院关于办理非法利用信息网络、帮助信息网络犯罪活动等刑事案件适用法律若干问题的解释》第十一条第三项的规定，交易价格或者方式明显异常的，可以认定为“明知”。检察机关据此认为，本案中的转账行为呈现出短时间、高频率、大金额的异常特征，与日常生活开支场景毫无混同的可能。因此,可以认定李某某具备相当的认知能力,主观上明知他人利用信息网络实施犯罪。

案例十二 仇某侵害英雄烈士名誉、荣誉案(检例第136号)

(一)案例要旨与指导意义

1. 案例要旨:侵害英雄烈士名誉、荣誉罪中的“英雄烈士”,是指已经牺牲、逝世的英雄烈士。在同一案件中,行为人所侵害的群体中既有烈士,又有健在的英雄模范人物时,应当整体评价为侵害英雄烈士名誉、荣誉的行为,不宜分别适用侵害英雄烈士名誉、荣誉罪和侮辱罪、诽谤罪。《刑法修正案(十一)》实施后,以侮辱、诽谤或者其他方式侵害英雄烈士名誉、荣誉的行为,情节严重的,构成侵害英雄烈士名誉、荣誉罪。行为人利用信息网络侵害英雄烈士名誉、荣誉,引起广泛传播,造成恶劣社会影响的,应当认定为“情节严重”。英雄烈士没有近亲属或者近亲属不提起民事诉讼的,检察机关在提起公诉时,可以一并提起附带民事公益诉讼。

2. 指导意义:(1)对侵害英雄烈士名誉、荣誉罪中的“英雄烈士”应当依照《刑法修正案(十一)》的本意作适当解释。虽不属于烈士,但事迹、精神被社会普遍公认的已故英雄模范人物的名誉、荣誉被侵害的,因他们为国家、民族和人民作出巨大贡献和牺牲,其名誉、荣誉承载着社会主义核心价值观,应当将其作为侵害英雄烈士名誉、荣誉罪的犯罪对象,与英雄烈士的名誉、荣誉予以《刑法》上的一体保护。

(2)《刑法修正案(十一)》实施后,侮辱、诽谤英雄烈士名誉、荣誉,情节严重的,构成侵害英雄烈士名誉、荣誉罪。《刑法修正案(十一)》实施前,实施侮辱、诽谤英雄烈士名誉、荣誉的行为,构成犯罪的,可以按照寻衅滋事罪追究刑事责任。《刑法修正案(十一)》实施后,对上述行为认定为侵害英雄烈士名誉、荣誉罪,符合立法精神,更具有针对性,更有利于实现对英雄烈士名誉、荣誉的特殊保护。发生在《刑法修正案(十一)》实施前的行为,实施后尚未处理或者正在处理的,应当根据《刑法》第十二条规定的“从旧兼从轻”原则,以侵害英雄烈士名誉、荣誉罪追究刑事责任。

(3)侵害英雄烈士名誉、荣誉罪中“情节严重”的认定,可以参照《最高人民法院、最高人民检察院关于办理利用信息网络实施诽谤等刑事案件适用法律若干问题的解释》的规定，并可以结合案发时间节点、社会影响等综合认定。《最高人民法院、最高人民检察院关于办理利用信息网络实施诽谤等刑事案件适用法律若干问题的解释》第二条规定，同一诽谤信息实际被点击、浏览次数达到5000次以上，或者被转发次数达到500次以上的；造成被害人或者其近亲属精神失常、自残、自杀等严重后果的；二年内曾因诽谤受过行政处罚，又诽谤他人的；具有其他情节严重的情形的，属于“情节严重”。办理利用信息网络侵害英雄烈士名誉、荣誉案件时，可以参照上述标准，或者虽未达到上述数量、情节要求，但在特定时间节点通过具有公共空间属性的网络平台和媒介公然侵害英雄烈士名誉、荣誉，引起广泛传播，造成恶劣社会影响的，也可以认定为“情节严重”。对于只是在相对封闭的网络空间，如在亲友微信群、微信朋友圈等发表不当言论，没有造成大范围传播的，可以不认定为“情节严重”。

(4)刑事检察和公益诉讼检察依法协同履职，共同维护社会公共利益。检察机关办理侵害英雄烈士名誉、荣誉案件，在英雄烈士没有近亲属，或者经征询意见，近亲属不提出民事诉讼时，应当充分履行刑事检察和公益诉讼检察职能，提起公诉的同时，可以向人民法院一并提起附带民事公益诉讼，同步推进刑事责任和民事责任的追究，实现审判阶段刑事诉讼、附带民事公益诉讼由人民法院同一合议庭审理、同步判决，提高诉讼效率、确保庭审效果。

(二)案例评析

案例价值：本案作为实施《刑法修正案(十一)》后，以侵害英雄烈士名誉、荣誉罪论处的第一案，释明了该罪中英雄烈士应作整体评价的规则，并对该罪名“情节严重”的标准予以了准确把握。同时，本案在处理上还发挥了民事检察的职能，检察机关通过提起公益诉讼，妥善处理了刑民交叉的实体问题，实现了刑事定罪量刑与《民法典》等民事法律的适配。[①] 侵害英雄烈士名誉、荣誉罪中“英雄烈士”的界定是适用该罪的关键。对侵害英雄烈士名誉、荣誉罪中“英雄烈士”的内涵界定，应与《民法典》《英雄烈士保护法》等前置法基本对应。

① 参见苗生明、罗庆东、纪丙学：《与时俱进　加强网络时代人格权刑事保护——最高人民检察院第三十四批指导性案例解读》，载《人民检察》2022年第10期。

案例十三　钱某制作、贩卖、传播淫秽物品牟利案(检例第139号)

(一)案例要旨与指导意义

1. 案例要旨:自然人在私密空间的日常生活属于《民法典》保护的隐私。行为人以牟利为目的,偷拍他人性行为并制作成视频文件,以贩卖、传播方式予以公开,不仅侵犯他人隐私,而且该偷拍视频公开后具有描绘性行为、宣扬色情的客观属性,符合《刑法》关于淫秽物品的规定,构成犯罪的,应当以制作、贩卖、传播淫秽物品牟利罪追究刑事责任。以牟利为目的提供互联网链接,使他人可以通过偷拍设备实时观看或者下载视频文件的,属于该罪的"贩卖、传播"行为。检察机关办理涉及偷拍他人隐私的刑事案件时,应当根据犯罪的主客观方面依法适用不同罪名追究刑事责任。

2. 指导意义:(1)准确界定"淫秽物品""贩卖、传播行为",依法严惩网络背景下传播淫秽物品犯罪。自然人的私人生活安宁和不愿受他人干扰的私密空间、私密活动、私密信息,依法不受侵犯。发生在酒店、旅馆、民宿等非公开空间内的性行为,属于隐私保护的范围。行为人偷拍他人性行为并经互联网传播扩散的视频,不仅侵害个人隐私,而且客观上具有描绘性行为的淫秽性,具有宣扬色情的危害性,符合《刑法》对淫秽物品的界定。行为人有偿提供互联网链接,他人付费后可以实时在线观看,与建立并运营"点对面"式互联网直播平台的传播行为性质相同,应当认定为贩卖、传播行为。

(2)行为人偷拍他人隐私,行为方式、目的多样,应当区分不同情形依法惩处。行为人非法使用偷拍设备窥探他人隐私,未贩卖、传播的,如果相关设备经鉴定属于窃听、窃照专用器材,造成严重后果,应当以非法使用窃听、窃照专用器材罪追究刑事责任;如果行为人又将偷拍的内容贩卖、传播,应当按照处罚较重的罪名追究刑事责任。行为人通过远程操控侵入他人自行安装的摄像头后台信息系统,对他人私密空间、行为进行窥探,对摄像头进行遥控并自行观看,情节严重的,应当以非法控制计算机信息系统罪追究刑事责任;如果行为人在侵入上述计算机信息系统以后,又将偷拍的视频贩卖、传播,应当按照处罚较重的罪名追究刑事责任。行为人以非法占有他人财物为目的,通过偷拍获取他人隐私,进而要挟他人、获取财物,构成犯罪的,应当以敲诈勒索罪追究刑事责任。上述行为尚未构成犯罪的,应当依法从严追究其行政违法责任。

(3)通过制发检察建议促进社会治理。个人隐私被非法收集、买卖,成为电信网络诈骗、网络传播淫秽物品等犯罪的源头,并催生出一条灰色产业链,严重侵扰公民生活安宁、财产安全,破坏社会秩序。检察机关办案中要注意剖析案发地区、案发领域管理、制度上的漏洞,研究并提出有针对性、可操作性的检察建议,推动有关部门建章立制、堵塞漏洞、消除隐患,促进完善社会治理。

(二)案例评析

案例价值:本案既涉及色情犯罪行为、侵害个人隐私犯罪,还涉及网络电信诈骗,对国家和社会公共利益危害极为严重。检察机关针对本案暴露出的灰色产业链,提出了区域性治理、司法执法联合治理等具有针对性的检察建议,对案件中存在的犯罪行为既堵又疏,有效维护了社会的稳定。[①] 本案被告人将偷拍他人性行为的视频编辑、贩卖、对外传播,则属于具体描绘性行为或露骨宣扬色情的行为,不仅侵害个人隐私,而且是宣扬色情的行为,符合《刑法》对淫秽物品的界定。实践中,行为人偷拍他人隐私,行为方式和目的各不同,本案在认定时,根据行为人的行为方式和目的等区分不同情形依法惩处,体现了罪责刑统一。

案例十四 王某贩卖、制造毒品案(检例第150号)

(一)案例要旨与指导意义

1. 案例要旨:行为人以未列入国家管制的化学品为原料,生产、销售含有国家管制的麻醉药品、精神药品成分的食品,明知该成分具有毒品属性的,应当认定为贩卖、制造毒品罪。检察机关办理新型毒品犯罪案件,应当审查毒品含量,依法准确适用刑罚。对于毒品犯罪所得的财物及其孳息、收益和供犯罪所用的本人财物,应当依法予以追缴、没收。

2. 指导意义:(1)对于生产、销售含有国家管制的麻醉药品、精神药品成分的食品的行为,应当区分不同情形依法惩处。行为人以未被国家管制的化学品为原料,生产、销售含有国家管制的麻醉药品、精神药品成分的食品,明知该成

① 参见苗生明、罗庆东、纪丙学:《与时俱进 加强网络时代人格权刑事保护——最高人民检察院第三十四批指导性案例解读》,载《人民检察》2022年第10期。

分具有毒品属性的,应当认定为贩卖、制造毒品罪。行为人对化学品可生成毒品的特性或者相关成分的毒品属性不明知,如果化学品系食品原料,超限量、超范围添加足以造成严重食物中毒事故或者其他严重食源性疾病的,依法构成生产、销售不符合安全标准的食品罪;如果化学品系有毒、有害非食品原料,依法构成生产、销售有毒、有害食品罪。行为人犯贩卖、制造毒品罪,同时构成生产、销售不符合安全标准的食品罪或者生产、销售有毒、有害食品罪的,应当按照处罚较重的罪名追究刑事责任。行为人对于相关毒品成分主观上是否明知,不能仅凭其口供,还应当根据其对相关物质的属性认识、从业经历、生产制作工艺、产品标签标注、销售场所及价格等情况综合认定。

(2)办理新型毒品犯罪案件,应当审查涉案毒品含量。根据《刑法》第三百五十七条第二款的规定,毒品数量以查证属实的走私、贩卖、运输、制造、非法持有毒品的数量计算,不以纯度折算。新型毒品混于饮料、食品中,往往含有大量水分或者其他物质,不同于传统毒品。检察机关应当综合考虑涉案新型毒品的纯度和致瘾癖性、社会危害性及非法所得等因素,依法提出量刑建议。

(3)认真审查涉案财物性质及流转情况,依法追缴涉毒资产。追缴涉毒资产是惩治毒品犯罪的重要内容,对于提升惩治毒品犯罪质效具有重要意义。检察机关应当依法引导侦查机关及时对涉案资产进行查封、扣押,全面收集、固定证据。对于侦查机关移送的涉案资产,要着重审查性质、权属及流转,严格区分违法所得与合法财产、本人财产与其家庭成员的财产,并在提起公诉时提出明确的处置意见。对于毒品犯罪所得的财物及其孳息、收益和供犯罪所用的本人财物,应当依法予以追缴、没收。

(二)案例评析

案例价值:第一,本案是借销售饮料等食品来制造、贩卖毒品的典型案例,该类案件在定何罪上存在较大争议。本案的发布准确厘清了贩卖、制造毒品罪与生产、销售有毒、有害食品罪,生产、销售不符合安全标准的食品罪的区别,厘清了涉毒犯罪与食品安全犯罪的界限。[①] 第二,本案还涉及新型毒品数量计算的问题。由于新型毒品的毒品含量较低,并且掺杂了其他成分,因而检察机关

---

① 参见元明、黄卫平、肖先华:《加大对新型毒品犯罪的惩治力度——最高人民检察院第三十七批指导性案例解读》,载《人民检察》2022年第17期。

采取提取含量,按含量计算的方式具有合理性,也为办理新型毒品犯罪案件在认定情节上提供了具体指导。但是,新型毒品作为当前打击毒品犯罪的重中之重,对于案例中涉及的γ-羟丁酸等新型毒品应当对其界定、提取鉴定方式进行详细说明,从而在起到警示教育作用的同时为办理新型毒品犯罪提供确定指引。[①] 第三,本案有效解决了司法机关对于涉毒资产处置工作重视不够、工作未形成合力的问题。

案例十五 马某某走私、贩卖毒品案(检例第151号)

(一)案例要旨与指导意义

1. 案例要旨:行为人明知系国家管制的麻醉药品、精神药品,出于非法用途走私、贩卖的,应当以走私、贩卖毒品罪追究刑事责任。行为人出于非法用途,以贩卖为目的非法购买国家管制的麻醉药品、精神药品的,应当认定为贩卖毒品罪既遂。检察机关应当综合评价新型毒品犯罪的社会危害性,依法提出量刑建议。

2. 指导意义:(1)审查涉案麻醉药品、精神药品的用途和行为人主观认知,依法认定走私、贩卖麻醉药品、精神药品行为的性质。麻醉药品、精神药品既可以在医疗、教学、科研中合法使用,也会被违法犯罪分子作为毒品使用。行为人向走私、贩卖毒品的犯罪分子或者吸毒人员贩卖国家管制的麻醉药品、精神药品,应当以贩卖毒品罪追究刑事责任。行为人出于其他非法用途,走私、贩卖国家管制的麻醉药品、精神药品,应当以走私、贩卖毒品罪追究刑事责任。行为人未核实购买人购买麻醉药品、精神药品具体用途,但知道其不是用于合法用途,为非法获利,基于放任的故意,向用于非法用途的人贩卖的,应当认定为贩卖毒品罪。对于"非法用途",可以从行为人买卖麻醉药品、精神药品是否用于医疗等合法目的等方面予以认定。判断行为人对涉案毒品性质是否明知,除审查其供述外,还应结合其认知能力、学历、从业背景、是否曾有同类药物服用史、是否使用虚假身份交易等证据进行综合认定。

---

① 参见元明、肖先华:《依法惩治新型毒品犯罪 推进毒品问题综合治理——最高人民检察院第三十七批指导性案例解读》,载《中国检察官》2022年第18期。

(2)准确认定非法贩卖国家管制的麻醉药品、精神药品行为的犯罪既遂。根据《最高人民检察院、公安部关于公安机关管辖的刑事案件立案追诉标准的规定(三)》的规定,贩卖毒品是指明知是毒品而非法销售或者以贩卖为目的而非法收买的行为。行为人出于非法用途,以贩卖为目的非法购买国家管制的麻醉药品、精神药品的,应当认定为贩卖毒品罪既遂。

(3)综合评价新型毒品犯罪行为的社会危害性,确保罪责刑相适应。涉案麻醉药品、精神药品往往具有数量小、纯度低等特点,检察机关提出量刑建议时,应当考虑毒品数量、折算比例、效能及浓度、交易价格、犯罪次数、违法所得、危害后果、行为人的主观恶性及人身危险性等各种因素。对于将麻醉药品和精神药品用于实施其他犯罪的,还应当考量其用途、可能作用的人数及后果、其他犯罪的社会危害性等,确保罪责刑相适应。

(二)案例评析

案例价值:当前,利用网络贩卖麻醉药品和精神药品的问题突出,行为人往往对购买者的具体用途不予核实,但知道其不是用于合法用途,为非法获利,基于放任的故意,向用于非法用途的人贩卖的,应当认定为贩卖毒品罪。对于"非法用途",可以从行为人买卖麻醉药品、精神药品是否用于医疗等合法目的等方面予以认定。本案要旨指出对于贩卖毒品罪既遂和未遂,应当结合贩卖毒品行为方式分别予以认定。对于将麻醉药品和精神药品用于实施其他犯罪的,还应当考量其用途、可能作用的人数及后果、其他犯罪的社会危害性等,确保罪责刑相适应。

案例十六　郭某某欺骗他人吸毒案(检例第152号)

(一)案例要旨与指导意义

1.案例要旨:行为人明知系国家管制的麻醉药品、精神药品而向他人的饮料、食物中投放,欺骗他人吸食的,应当以欺骗他人吸毒罪追究刑事责任。对于有证据证明行为人为实施强奸、抢劫等犯罪而欺骗他人吸食麻醉药品、精神药品的,应当按照处罚较重的罪名追究刑事责任。检察机关应当加强自行补充侦查,强化电子数据等客观性证据审查,准确认定犯罪事实。

2.指导意义:(1)当前,一些不法分子给他人投放新型毒品的违法犯罪案件增多,社会危害性大。本案检察机关要准确认定欺骗他人吸食国家管制的麻醉药品、精神药品的行为的性质。

(2)针对不同情形,依法认定涉案麻醉药品、精神药品为毒品。麻醉药品、精神药品的镇静、安眠等药用功效,往往成为行为人抗辩其毒品属性的借口,对此检察机关应当严格审查。对于有证据证明行为人明知系国家管制的麻醉药品、精神药品,仍利用其毒品属性和用途的,应当依法认定相关物品为毒品;行为人对于涉案物品系毒品主观上是否明知,应当根据其年龄、职业、生活阅历、有无吸贩毒史以及对物品的交付、使用方式等证据,运用经验法则和逻辑规则综合分析判断。

(3)办理新型毒品犯罪案件,依法做好补充侦查工作。检察机关应当及时引导侦查机关对新型毒品的成分、来源和用途等事实进行补充侦查,制作具体可行的补查提纲,跟踪落实补查情况。必要时,检察机关应当依法履行自行补充侦查职能,充分发掘客观性证据,尤其要重视电子数据的恢复、勘验、检索和提取,加强对电子数据的审查,全面、公正评价行为人实施的犯罪行为及后果。

(二)案例评析

案例价值:本案准确认定了给他人下"迷药"行为的性质,改变了以往对该问题监管不力的局面。当行为人的目的不是欺骗、引诱他人吸食毒品,而是为了实施强奸、抢劫等犯罪时,本案提出应以较重的罪名定罪的规则,这对于查处类案具有警示作用。检察机关充分考虑行为人下"迷药"犯罪行为的时空等具体情形,对于以实施严重犯罪为目的投放麻醉药品、精神药品的,应当坚决按照严重犯罪罪名进行追诉,而不能按照欺骗他人吸毒罪进行降格处理。新型毒品犯罪手段隐蔽,收集、固定证据难度大,检察机关应强化证据审查,本案检察机关依法履行自行补充侦查职能,充分发掘涉新型毒品犯罪的客观性证据,重视电子数据的恢复、勘验、检索和提取,特别是行为人犯罪时所用的手机、电脑等设备中存储的相关电子数据。

案例十七 何某贩卖、制造毒品案(检例第153号)

(一)案例要旨与指导意义

1. 案例要旨:行为人以原生植物为原料,通过提炼等方法制成含有国家管制的麻醉药品、精神药品的物质,并予以贩卖的,应当认定为贩卖、制造毒品罪。办理新型毒品犯罪案件,检察机关应当依法引导侦查机关开展侦查实验,查明案件事实。

2. 指导意义:(1)准确区分利用原生植物制成的毒品和未管制原生植物。根据《禁毒法》第十九条第一款的规定,禁止非法种植罂粟、古柯植物、大麻植物以及国家规定管制的可以用于提炼加工毒品的其他原植物。以国家未管制但含有国家管制的麻醉药品、精神药品成分的原生植物为原料,通过特定方法,将植物中国家管制的麻醉药品、精神药品成分提炼制成相关物质,相关物质具有使人形成瘾癖的毒品特征,该物质应当认定为毒品。对于未被国家管制的原生植物,以及通过研磨等方式简单改变外在形态的植物载体,虽含有国家管制的麻醉药品、精神药品成分,但一般不认定为毒品。

(2)依法认定从未管制原生植物中提炼麻醉药品、精神药品成分行为的性质。根据《最高人民检察院、公安部关于公安机关管辖的刑事案件立案追诉标准的规定(三)》的规定,制造毒品是指非法利用毒品原植物直接提炼或者用化学方法加工、配制毒品,或者以改变毒品成分和效用为目的,用混合等物理方法加工、配制毒品的行为。行为人明知某类植物系未被国家管制的原生植物,但含有国家管制的麻醉药品、精神药品成分,采取特定方法提炼出植物中国家管制的麻醉药品、精神药品成分,改变了原生植物的物理形态,使其具备毒品效用,应当认定为制造毒品行为。行为人从未管制原生植物中提炼出毒品并予以贩卖的,应当认定为贩卖、制造毒品罪。

(3)办理新型毒品犯罪案件,应当充分运用有效的侦查方法。检察机关应当引导侦查机关采取各项侦查措施,全面收集、固定新型毒品犯罪案件关于主观明知和制造、贩卖行为认定等方面的证据。在制造毒品方法存疑等情形下,根据案件具体情况,引导侦查机关开展侦查实验,列明实验要求和注意事项,依法及时固定证据,以查明案件事实。

(二)案例评析

案例价值:本案明确了从未管制原生植物中提炼麻醉药品、精神药品成分的行为的性质。行为人明知某类植物未被国家管制,但含有国家管制的麻醉药品、精神药品成分,通过采取特定方法从植物中熬制提炼出国家管制的麻醉药品、精神药品成分,改变了原生植物的物理形态,使其具备毒品效用,应当认定为制造毒品行为。对于制造出的粗制毒品或者半成品,应当计入制造毒品的数量。通过研磨等方式将原生植物磨成粉末,系熬制提炼毒品的预备行为,而非制造毒品的实行行为,原生植物粉末不是粗制毒品或者半成品,不计入制造毒品的数量。行为人从未管制原生植物中提炼出毒品并予以贩卖的,应当认定为贩卖、制造毒品罪。

贪污贿赂犯罪

案例一 浙江省某县图书馆及赵某、徐某某单位受贿、私分国有资产、贪污案(检例第73号)

(一)案例要旨与指导意义

1. 案例要旨:人民检察院在对职务犯罪案件审查起诉时,如果认为相关单位亦涉嫌犯罪,且单位犯罪事实清楚、证据确实充分,经与监察机关沟通,可以依法对犯罪单位提起公诉。检察机关在审查起诉中发现遗漏同案犯或犯罪事实的,应当及时与监察机关沟通,依法处理。

2. 指导意义:(1)检察机关对单位犯罪可依法直接追加起诉。人民检察院审查监察机关移送起诉的案件,应当查明有无遗漏罪行和其他应当追究刑事责任的人。对于单位犯罪案件,监察机关只对直接负责的主管人员和其他直接责任人员移送起诉,未移送起诉涉嫌犯罪单位的,如果犯罪事实清楚,证据确实充分,经与监察机关沟通,检察机关对犯罪单位可以依法直接提起公诉。

(2)检察机关在审查起诉中,如果发现监察机关移送起诉的案件遗漏同案职务犯罪人或犯罪事实,应当及时与监察机关沟通,依法处理。如果监察机关在本案审查起诉期限内调查终结移送起诉,且犯罪事实清楚,证据确实充分,可以并案起诉;如果监察机关不能在本案审查起诉期限内调查终结移送起诉,或者虽然移送起诉,但因案情重大复杂等不能及时审结,也可分案起诉。

(二)案例评析

案例价值:本案的指导意义在于检察机关如何提前介入监察调查程序,与监察机关形成合力充分挖掘腐败犯罪线索和收集证据。[①] 本案以单位犯罪为突破口，对涉案人员进行分案处理，利用刑事诉讼程序对腐败窝案进行了繁简分流，并客观全面收集了案件证据，从程序层面为监检衔接提供了范式。检察机关在案件办理过程中积极与监察机关沟通，协同办案，在有效收集审查证据的同时，查明了有无遗漏罪行和其他应当追究刑事责任的人，有效应对和治理了单位犯罪中的疑难问题。同时，本案的指导意义还在于如何在涉嫌人数众多的案件中适用分案处理机制，这对涉嫌单位腐败犯罪和共同犯罪的案件具有较高的指导作用。

案例二　李某某贪污案（检例第 74 号）

（一）案例要旨与指导意义

1. 案例要旨： 对于贪污贿赂等重大职务犯罪案件，犯罪嫌疑人、被告人逃匿，通缉 1 年后不能到案，如果有证据证明有犯罪事实，依照《刑法》规定应当追缴其违法所得及其他涉案财产，应当依法适用违法所得没收程序办理。违法所得没收裁定生效后，在逃的职务犯罪嫌疑人自动投案或者被抓获，监察机关调查终结移送起诉的，检察机关应当依照普通刑事诉讼程序办理，并与原没收裁定程序做好衔接。

2. 指导意义：（1）对于犯罪嫌疑人、被告人逃匿的贪污贿赂等重大职务犯罪案件，符合法定条件的，人民检察院应当依法适用违法所得没收程序办理。对于贪污贿赂等重大职务犯罪案件，犯罪嫌疑人、被告人逃匿，通缉 1 年后不能到案，如果有证据证明有犯罪事实，依照《刑法》规定应当追缴其违法所得及其他涉案财产，人民检察院应当依法向人民法院提出没收违法所得的申请，促进追赃追逃工作开展。

（2）违法所得没收裁定生效后，犯罪嫌疑人、被告人到案的，人民检察院应当依照普通刑事诉讼程序审查起诉。人民检察院依照特别程序提出没收违法所得申请，人民法院作出没收裁定生效后，犯罪嫌疑人、被告人自动投案或者被

---

① 参见韩晓峰、高锋志、尚垚弘：《发挥职能作用　提升职务犯罪案件办理质效——最高人民检察院第二十批指导性案例解读》，载《人民检察》2020 年第 16 期。

抓获的，检察机关应当依照普通刑事诉讼程序进行审查。人民检察院审查后，认为犯罪事实清楚，证据确实充分的，应当向原作出裁定的人民法院提起公诉。

(3)在依照普通刑事诉讼程序办理案件过程中，要与原违法所得没收程序做好衔接。对扣除已裁定没收财产后需要继续追缴违法所得的案件，检察机关应当依法审查提出意见，由人民法院判决后追缴。

(二)案例评析

案例价值：在本案中，检察机关积极推进适用违法所得没收程序，为国家挽回了经济损失，也为国际追赃追逃工作贡献了检察智慧和检察力量。同时，本案的意义还在于有效实现了违法所得没收程序与普通刑事诉讼程序的衔接。检察机关依照特别程序提出没收违法所得申请，法院作出的没收裁定生效后，犯罪嫌疑人、被告人自动投案或者被抓获的，检察机关应当依照普通刑事诉讼程序进行审查；审查后，认为犯罪事实清楚，证据确实充分的，应当向作出裁定的法院提起公诉；对于扣除已裁定没收财产后需要继续追缴违法所得的，应当依法审查并提出意见，由法院判决后追缴。

案例三 金某某受贿案(检例第75号)

(一)案例要旨与指导意义

1. 案例要旨：对于犯罪嫌疑人自愿认罪认罚的职务犯罪案件，应当依法适用认罪认罚从宽制度办理。在适用认罪认罚从宽制度办理职务犯罪案件过程中，检察机关应切实履行主导责任，与监察机关、审判机关互相配合、互相制约，充分保障犯罪嫌疑人、被告人的程序选择权。要坚持罪刑法定和罪责刑相适应原则，对符合有关规定条件的，一般应当就主刑、附加刑、缓刑等提出建议。

2. 指导意义：(1)对于犯罪嫌疑人自愿认罪认罚的职务犯罪案件，检察机关应当依法适用认罪认罚从宽制度办理。依据《刑事诉讼法》第十五条规定，认罪认罚从宽制度贯穿刑事诉讼全过程，没有适用罪名和可能判处刑罚的限定，所有刑事案件都可以适用。职务犯罪案件适用认罪认罚从宽制度，符合宽严相济刑事政策，有利于最大限度实现办理职务犯罪案件效果，有利于推进反腐败工作。职务犯罪案件的犯罪嫌疑人自愿如实供述自己的罪行、真诚悔罪、愿意接受处罚，检察机关应当依法适用认罪认罚从宽制度办理。

(2)适用认罪认罚从宽制度办理职务犯罪案件,检察机关应切实履行主导责任。检察机关通过提前介入监察机关办理职务犯罪案件工作,即可根据案件事实、证据、性质、情节、被调查人态度等基本情况,初步判定能否适用认罪认罚从宽制度。案件移送起诉后,人民检察院应当及时告知犯罪嫌疑人享有的诉讼权利和认罪认罚从宽制度相关法律规定,保障犯罪嫌疑人的程序选择权。犯罪嫌疑人自愿认罪认罚的,人民检察院应当就涉嫌的犯罪事实、罪名及适用的法律规定,从轻、减轻或者免除处罚等从宽处罚的建议,认罪认罚后案件审理适用的程序及其他需要听取意见的情形,听取犯罪嫌疑人、辩护人或者值班律师的意见并记录在案,同时加强与监察机关、审判机关的沟通,听取意见。

(3)依法提出量刑建议,提升职务犯罪案件适用认罪认罚从宽制度效果。检察机关办理认罪认罚职务犯罪案件,应当根据犯罪的事实、性质、情节和对社会的危害程度,结合法定、酌定的量刑情节,综合考虑认罪认罚的具体情况,依法决定是否从宽、如何从宽。对符合有关规定条件的,一般应当就主刑、附加刑、缓刑等提出建议。对于减轻、免除处罚,应当于法有据;不具备减轻处罚情节的,应当在法定幅度以内提出从轻处罚的量刑建议。

(二)案例评析

案例价值:本案不仅是检察机关提前介入职务犯罪案件办理的典型案例,还是在职务犯罪中适用认罪认罚从宽,落实宽严相济刑事政策的代表性案例。[①]本案明确了在职务犯罪案件中,适用认罪认罚从宽制度需要综合考虑犯罪情节、认罪悔罪态度、社会影响力等因素,破除畏惧适用刑事政策的心理,落实刑事实体与程序并重的基本理念。

可进一步研究之处:首先,案件存在退回补充侦查和自行侦查的情节,对于本案适用认罪认罚从宽制度等诉前程序的效力是否会因此受到影响的问题,有必要在案例中予以论述。其次,本案检察机关提前介入监察调查,那么留置措施与刑事诉讼强制措施的衔接、转化如何进行是一个值得细化的问题,也是本案的亮点,有必要在案例要旨或指导意义中解释说明。[②]

---

① 参见韩晓峰、高锋志、尚垚弘:《发挥职能作用　提升职务犯罪案件办理质效——最高人民检察院第二十批指导性案例解读》,载《人民检察》2020年第16期。

② 参见陈逸宁:《职务犯罪案件监检衔接问题的思考——以最高人民检察院第二十批指导性案例为例》,载《北京政法职业学院学报》2022年第3期。

案例四 张某受贿，郭某行贿、职务侵占、诈骗案（检例第76号）

（一）案例要旨与指导意义

1. 案例要旨：检察机关提前介入应认真审查案件事实和证据，准确把握案件定性，依法提出提前介入意见。检察机关在审查起诉阶段仍应严格审查，提出审查起诉意见。审查起诉意见对提前介入意见作出改变的，检察机关应及时与监察机关沟通。对于在审查起诉阶段发现的漏罪，如该罪属于公安机关管辖，但犯罪事实清楚，证据确实充分，符合起诉条件，检察机关在征得相关机关同意后，可以直接追加起诉。

2. 指导意义：（1）提前介入意见不能代替审查起诉意见，审查起诉阶段仍应全面审查，依法提出准确意见。检察机关提前介入监察机关办理的案件，已对证据收集、事实认定、案件定性、法律适用等提出意见，案件进入审查起诉阶段后，检察机关仍应依法严格审查，不得以提前介入意见代替审查起诉意见。因案件已正式进入刑事诉讼程序，审查起诉意见可以改变提前介入意见，改变提前介入意见的，检察机关应当及时与监察机关沟通。

（2）对于监察机关在调查其管辖犯罪时已经查明、但属于公安机关管辖的犯罪，检察机关应根据审查情况及时沟通处理。对于监察机关移送审查起诉的案件，检察机关在审查起诉阶段发现漏罪，如该罪属于公安机关管辖，但犯罪事实清楚，证据确实充分，符合起诉条件的，经征求监察机关、公安机关意见后，没有不同意见的，可以直接追加起诉；提出不同意见，或者事实不清、证据不足的，应当将案件退回监察机关并说明理由，建议其移送有管辖权的机关办理，必要时可以自行补充侦查。

（3）对于国家工作人员收受贿赂后故意不履行监管职责，使非国家工作人员非法占有财物的，如该财物又涉及公款，应根据主客观相统一原则，准确认定案件性质。一要看行为人主观上是否对侵吞公款进行过共谋，二要看行为人客观上是否共同实施侵吞公款行为。如果行为人具有共同侵占公款故意，且共同实施了侵占公款行为，应认定为贪污罪共犯；如果国家工作人员主观上没有侵占公款故意，只是收受贿赂后放弃职守，客观上使非国家工作人员可以任意处理其经手的钱款，应认定为为他人谋取利益，国家工作人员构成受贿罪，非国家工作人员构成行贿罪；如果国家工作人员的行为同时构成玩忽职守罪，以受贿罪和玩忽职守罪数罪并罚。

（二）案例评析

案例价值：本案在同一批次案例都涉及监检协同和衔接的基础上，进一步提炼出检察机关提前介入意见不能代替审查起诉意见的规则。由此说明，在职务犯罪案件的办理中，监检协同查处不能只盯一个环节，需要全面参与，全盘审查。该办案规则的明确，不仅提高了诉前的审查调查标准，还强化了后续程序的监督作用。具体而言：第一，本案明确了提前介入意见不能代替审查起诉意见，审查起诉阶段仍应全面审查，依法提出准确意见。第二，对于国家工作人员收受贿赂后故意不履行监管职责，使非国家工作人员非法占有财物的，如该财物又涉及公款，应根据主客观相统一原则，准确认定案件性质。第三，本案在调查阶段，对张某、郭某构成贪污罪共犯还是行受贿犯罪存在分歧。检察机关分析在案证据后认为，应认定2人构成行受贿犯罪，该认定在做到罪刑相适的基础上切实保障了被告人的权益。

案例五　沈某某、郑某某贪污案（检例第187号）

（一）案例要旨与指导意义

1. 案例要旨：对于国家工作人员利用职务便利，在期货交易中通过增设相互交易环节侵吞公款的行为，可以依法认定为贪污罪。审查时要重点围绕交易行为的异常性、行为人获利与职务便利之间的关联性进行分析论证。对于贪污犯罪数额，可以结合案件具体情况，根据行为人实际获利数额予以认定。庭审中，检察机关采取多媒体示证方式，综合运用动态流程模拟图、思维导图等全面展示证据，揭示犯罪行为和结果，增强庭审指控效果。

2. 指导意义：（1）国家工作人员利用职务便利提前获知国有公司期货交易指令后，先用个人控制账户买入或卖出期货产品，再与国有公司账户进行相互交易，属于在正常期货交易过程中增设相互交易环节的行为，该行为直接造成国有公司交易成本提高，使本应归属国有公司的利益被个人占有，增设交易环节的行为与个人非法获利之间具有刑法上的因果关系，具有侵吞公共财产的性质，可依法认定为贪污罪。

（2）对于利用期货交易手段实施贪污犯罪的数额，可以结合案件具体情况，根据行为人实际获利数额予以认定,不扣除交易中亏损部分。行为人在期货交易中增加相互交易环节提高国有公司支出成本,侵占公共财产获利的,在认定贪污犯罪数额时,可以根据行为人获利手段、公共财产损失以及因果关系等情况,以行为人实际获利数额计算。对于行为人与国有公司交易的亏损部分,如果系行为人交易不当、市场反向变化造成,且国有公司并未因此降低交易成本,可以认定为犯罪成本,不在犯罪数额中扣减。

(3)针对证券期货类犯罪复杂程度高、专业性强等特点,可以借助多媒体方式展示证据,强化举证效果。运用动态流程模拟图、思维导图,全面揭示被告人犯罪过程和行为模式,解析检察机关指控证明犯罪的思维逻辑;运用交易结构模型图、交易对比分析表等,对庞杂的证据进行归纳分析后系统展示,将较为抽象晦涩的专业概念和数据具体化、可视化,切实增强庭审指控效果。

(二)案例评析

案例价值:由于国家加大对银行、证券公司等金融机构改制重组的力度,部分金融机构由国有公司改制成为国有控股或参股公司,投资主体多样、股权结构复杂,内部管理人员的任免程序、招录方式各有不同,给审查认定涉案人员是否属于公职人员、是否履行公务职责、是否具有国家工作人员身份,以及对涉案人员的罪名认定和涉案金额等方面带来困难。本案旨在为各地检察机关准确认定事实、适用法律提供参考借鉴,以切实增强金融领域反腐的精准性,同时也推动各地紧密围绕金融领域职务犯罪的新趋势和新特点,深入研究办案中出现的疑难问题,为更好地打击防范金融领域腐败提供实践样本。

案例六 桑某受贿、国有公司人员滥用职权、利用未公开信息交易案(检例第188号)

(一)案例要旨与指导意义

1. 案例要旨:检察机关在办理投融资领域受贿犯罪案件时,要准确认定利益输送行为的性质,着重审查投融资的背景、投融资方式、融资需求的真实性、行为人是否需要承担风险、风险与所获收益是否相符等证据。在办理国有公司人员滥用职权犯罪案件时,要客观认定行为造成的公共财产损失的范围,对于国有公司应得而未获得的预期收益,可以认定为损失数额。在办理利用未公开信息交易犯罪案件时,对于内幕信息、未公开信息的范围、趋同性交易盈利数额等关键要件的认定,要调取证券监督管理部门、证券交易所等专业机构出具的认定意见,综合全案证据审查判断。

2. 指导意义:(1)办理以投融资方式收受贿赂的职务犯罪案件,要综合审查投融资的背景、方式、真实性、风险性、风险与收益是否相符等证据,判断其是否具备受贿罪权钱交易的本质特征。对于利用股权收益权代持融资等投融资手段进行利益输送的受贿案件,检察机关应当着重审查投融资的背景情况、请托方是否有真实融资需求、投融资的具体方式、受贿人是否支付对价以及是否需要承担投资风险、风险是否与所获收益相符等情况。对于资本运作或相关交易异于正常市场投资,受贿人职务行为和非法获利之间紧密关联,受贿人所支付对价与所获收益明显不对等,具备受贿犯罪权钱交易特征的,依法认定构成受贿罪。

(2)渎职犯罪造成的公共财产损失的范围包括国有单位因错失交易机会、压缩利润空间、让渡应有权益进而造成应得而未得的收益损失。实践中,渎职犯罪造成的公共财产的损失范围一般为国有单位现有财产的实际损失,但在金融领域渎职犯罪案件中,介入交易规则变化、收益分配方式调整等因素,可能导致国有单位压缩利润空间、让渡应有权益,进而导致国有单位预期收益应得而未得。检察机关应当注重审查造成损失的原因是市场因素还是渎职行为,对因渎职行为而不是市场因素造成预期收益损失的部分,一般应当计入公共财产损失范围。

(3)办理证券期货类犯罪案件,对于内幕信息、未公开信息的范围、趋同性交易盈利数额等关键要件的认定,一般应调取证券监督管理部门、证券交易所等专业机构的认定意见,并依法进行审查判断。行为人利用职务便利实施的内幕交易、利用未公开信息交易犯罪,此类犯罪中对内幕信息、未公开信息等关键要件的认定,以及对趋同性交易盈利数额等重要情节的认定,专业性较强,要以证券监督管理部门、证券交易所等专业机构出具的认定意见为依据,如在审查中发现缺少专业认定意见,应及时与监察机关沟通,补充完善相关证据材料。

(二)案例评析

案例价值:本案对于通过股权收益权代持协议等金融投融资方式收受好处的行为,检察机关通过对协议异常性特征的分析,揭示了正常投融资交易与利益输送行为的差别，准确认定了行受贿双方权钱交易的本质属性。对因渎职行为而不是市场因素造成预期收益损失的部分，一般应当计入公共财产损失范围。专业性较强的证据认定，一般要以证券监督管理部门、证券交易所等专业机构出具的认定意见为依据。

案例七 李某等人挪用公款案（检例第189号）

（一）案例要旨与指导意义

1. 案例要旨：办理金融领域挪用公款犯罪案件，应从实质上把握“归个人使用”等要件。对于为个人从事营利活动而违规使用单位公款，给公款安全造成风险的行为，如果公款形式上归单位使用，但是实质上归个人使用，可以认定为挪用公款“归个人使用”。他人因行为人挪用公款犯罪直接获利，虽不构成犯罪或未被追究刑事责任，但主观上对利益违法性有认知的，对他人的直接获利应认定为违法所得，检察机关可以向监察机关提出建议，依法予以追缴或者责令退赔。

2. 指导意义：（1）依法惩治金融领域挪用公款犯罪，应准确把握“个人决定”“归个人使用”的本质特征。检察机关应将打击金融领域职务犯罪与防范化解金融风险紧密结合，针对内外勾结、手段复杂隐蔽的挪用公款犯罪，要从实质上把握犯罪构成要件。对于为下一步个人擅自挪用公款做铺垫准备，相关负责人在集体研究时采取虚构事实、隐瞒真相的方式，引导形成错误决策的，不影响对个人责任的认定。对于为个人从事营利活动而违规使用单位公款的行为，应重点审查使用公款目的、公款流转去向、公款潜在风险、违法所得归属等要素，如公款形式上归单位使用、实质上归个人使用的，可以认定为挪用公款“归个人使用”。

（2）对于挪用公款犯罪中将公款“归个人使用”后进行营利活动取得的财物和孳息，如能排除系善意取得，应依法追缴。对于行为人实施挪用公款犯罪取得的非法获利，应按照犯罪所得依法予以追缴。在特定情况下，其他不构成犯罪或未被追究刑事责任的相关人员也可能因行为人实施挪用公款行为获利，如能够证实该获利系因挪用公款犯罪行为而直接产生，相关人员主观上对收益的违法性有认知，不属于善意取得，检察机关可以建议监察机关根据《刑法》《监察法》《监察法实施条例》等相关法律法规的规定，将该部分获利作为违法所得，依法予以没收、追缴。

（二）案例评析

本案以金融领域腐败为切口，通过查处职务犯罪而深挖金融领域以“归个人使用”为目的而挪用公款的犯罪行为，并对涉案金额、财物予以追缴，有机实现了刑事实体与程序的衔接。[①] 检察机关精准判断涉案款项是否属于违法所得或者应当追缴的情形，对于案件中涉及的不构成犯罪或未被追究刑事责任的相关人员，因犯罪行为获利的，符合追缴违法所得条件的，建议监察机关对其获利部分予以没收、追缴。

案例八 宋某某违规出具金融票证、违法发放贷款、非国家工作人员受贿案（检例第190号）

（一）案例要旨与指导意义

1. 案例要旨：集体经济组织中行使公权力的人员是否属于国家工作人员，应当依据该集体经济组织股权结构、是否从事公务等要素审查判断。银行或其他金融机构工作人员违反规定，不正当履行职权或超越职权出具信用证或者保函、票据、存单、资信证明，情节严重的，构成违规出具金融票证罪。

2. 指导意义：（1）对监察机关移送起诉的集体经济组织中行使公权力的人员所涉犯罪案件，应当重点审查其是否属于国家工作人员。对于集体经济组织注册资本中没有国有资本，所从事工作不具有“从事公务”属性的，相关人员不属于国家工作人员。农村信用合作社受计划经济体制影响和为满足农村经济发展需要，在其改制为农村商业银行或农村合作银行前，系由农民、农村工商户、企业法人和其他经济组织以及本社职工自愿入股组成的农村合作金融机构，性质属于集体经济组织。根据《监察法》第十五条第六项、《监察法实施条例》第四十三条第三项规定，其管理人员是“其他依法履行公职的人员”。检察机关在审查监察机关移送起诉的此类人员涉嫌职务犯罪案件时，应当审查其是

① 参见徐日丹：《依法履行职务犯罪检察职能 助力惩治金融腐败和防范金融风险——最高检第三检察厅负责人就第四十七批指导性案例答记者问》，载《检察日报》2023年8月23日，第3版。

否具有国家工作人员身份，对其行为定性和所涉罪名作出准确认定，一般应当根据其所在信用社的股权结构进行判断。注册资本中没有国有资本，所从事工作不具有“从事公务”属性的，相关人员不属于国家工作人员。

（2）不具备出具保函、票据等金融票证资质的银行或其他金融机构工作人员，违规为他人出具金融票证，情节严重的，应当认定构成违规出具金融票证罪。国家有关金融法律、法规对金融票证出具条件及程序有严格规定，银行及其他金融机构内部也有严格的规章制度和业务规程，有出具金融票证资质的银行、金融机构工作人员违反法定程序、超越职权范围出具金融票证，情节严重的，构成违规出具金融票证罪。对于明知所在金融机构不具备出具金融票证资质，仍为他人出具相关金融票证的行为，属于滥用职权，行为人主观恶性更深、社会危害性更大，对其依法定罪处罚不仅是刑法的应有之义，也符合常情常理和社会大众普遍认知，其中符合违规出具金融票证罪构成要件的，应依法予以认定。

（二）案例评析

集体经济组织以及股权涉嫌职务犯罪的要点是先判断行为人主体身份是否符合罪名构成要件，然后审查在放贷、出具信函等环节是否存在腐败和渎职，从而才能对案件作整体性评价。① 本案检察机关依法对行为人数罪并罚的做法为类案厘清了各行为的特征和所适用的罪名等交织问题，并对涉及的洗钱犯罪开展“一案双查”，加强了对金融领域、集体经济领域容易衍生犯罪环节的检察监督。

渎职类犯罪

案例一　林某某徇私舞弊暂予监外执行案（检例第3号）

（一）案例要旨与指导意义

1. 案例要旨：司法工作人员收受贿赂，对不符合减刑、假释、暂予监外执行

① 参见徐日丹：《依法履行职务犯罪检察职能　助力惩治金融腐败和防范金融风险》，载《检察日报》2023年8月23日，第3版。

条件的罪犯,予以减刑、假释或者暂予监外执行的,应根据案件的具体情况,依法追究刑事责任。

2. 指导意义:本案聚焦于司法工作人员渎职犯罪和刑事执行领域的腐败犯罪,为查处司法领域腐败问题提供了案例范式。另外,本案中涉及实施渎职犯罪并收受贿赂的问题,这是司法实践中关于认定罪数的一大难点,本案将被告人实施渎职犯罪并收受贿赂的行为认定为一罪,以指导性案例的标准回应了司法工作人员对因受贿而进行违法活动构成其他犯罪的情节的处理是否应当并罚的争议。

(二)案例评析

案例价值:在实践中,司法工作人员对因受贿而进行违法活动构成其他犯罪的情节的处理是否应当并罚一直具有争议,该案作出了与审判会议不同的判决,推动了"实施渎职犯罪并收受贿赂"的行为应当如何定罪以及处罚的立法和司法解释的完善。本案认为被告人作为司法工作人员实施渎职犯罪并且收受贿赂的行为只构成徇私舞弊暂予监外执行罪,并不构成徇私舞弊暂予监外执行罪与受贿罪,也就不存在数罪并罚的问题。

可进一步研究之处:对于该案的定性问题,对于被告人的行为是否符合2002年《刑法修正案(四)》对《刑法》第三百九十九条修改后的法律条文规定,有必要在指导性案例中予以更充分论证、说明。

案例二 崔某某环境监管失职案(检例第4号)

(一)案例要旨与指导意义

1. 案例要旨:实践中,一些国有公司、企业和事业单位经合法授权从事具体的管理市场经济和社会生活的工作,拥有一定管理公共事务和社会事务的职权,这些实际行使国家行政管理职权的公司、企业和事业单位工作人员,符合渎职罪主体要求;对其实施渎职行为构成犯罪的,应当依照《刑法》关于渎职罪的规定追究刑事责任。

2. 指导意义:在日常检查、例行检查工作中,环境监管单位的执法人员发现被监管企业有违规排污行为,除了填写现场监察记录,还应当向环境监察支队汇报企业违法排污情况以便正常地履行监管职责。如果不认真履行环境保护监管职责,其若符合渎职罪主体要求,对其渎职行为构成犯罪,应当依照《刑法》关于渎职罪的规定追究刑事责任。经合法授权从事具体的管理市场经济和社会生活工作的一些国有公司、企业和事业单位,由于拥有一定管理公共事务和社会事务的职权,这些实际行使国家行政管理职权的公司、企业和事业的单位工作人员就符合渎职罪的主体要求,有可能需要承担相应的刑事责任。

(二)案例评析

案例价值:该案作为指导性案例,既是对2002年12月28日颁布的《全国人民代表大会常务委员会关于〈中华人民共和国刑法〉第九章渎职罪主体适用问题的解释》的司法实践回应,也是检察机关加强对国有公司、企业和事业单位人员渎职犯罪查处的具体体现。除此之外,本案中涉及的渎职行为属于典型的不作为犯罪,将不作为的渎职犯罪作为指导性案例予以公布,有助于发挥指导性案例的警示教育作用,帮助国家工作人员树立正确的干事创业观。

案例三 陈某某、林某某、李某某滥用职权案(检例第5号)

(一)案例要旨与指导意义

1. 案例要旨:随着我国城镇建设和社会主义新农村建设逐步深入推进,村民委员会、居民委员会等基层组织协助人民政府管理社会发挥越来越重要的作用。实践中,村民委员会、居民委员会等基层组织人员在协助人民政府从事行政管理工作时,滥用职权、玩忽职守构成犯罪的,应当依照《刑法》关于渎职罪的规定追究刑事责任。

2. 指导意义:近年来,随着城乡一体化建设步伐的加快,农村基层组织内职务犯罪现象愈加突出,如何打击预防农村基层组织人员职务犯罪,成为检察机关的一项不容忽视的重要职责和业务工作。然而,由于农村基层组织人员身份的特殊性及相关司法解释的欠缺等,司法实践中对农村基层组织人员职务犯罪的认定混乱不一,一定程度上影响了司法公信力的提升。本案中被告人属于农村基层组织人员,是在受国家机关委托代表国家机关行使职权的组织中从事公务的人员,在负责或经办被征地人员就业和保障工作过程中,故意违反有关规定,共同或单独擅自将不符合镇保条件的人员纳入镇保范围,致使公共财产遭受重大损失,并造成恶劣社会影响,其行为均已触犯《刑法》,构成滥用职权罪,且有为个人私情、私利的徇私舞弊情节。对此,本案的发布契合了时代发展的需求,对基层展开腐败、渎职治理,充分发挥了检察机关反腐和监督的职能效应。

(二)案例评析

案例价值:本案通过查办农村基层组织涉嫌的相关犯罪问题,明确了从事国家公务的农村基层组织工作人员可以构成渎职类、贪污贿赂类犯罪的主体,有效回应了实践中此类问题认定难、认定不一的困境,具有参照适用的指导意义。[①] 案例强调,对村民委员会、居民委员会等基层组织人员协助人民政府从事行政管理工作时,滥用职权、玩忽职守构成犯罪的,应当依照《刑法》关于渎职罪的规定追究刑事责任。

可进一步研究之处:基层组织及其人员实施的行为哪些构成渎职犯罪、应具有哪些特点可作详细说明,以解决拆迁补偿、医疗保险、抢险救灾专项款等领域仍然存在难以认定行为性质的困境。

案例四　罗某1、罗某2、朱某某、罗某3滥用职权案(检例第6号)

(一)案例要旨与指导意义

1. 案例要旨:根据《刑法》规定,滥用职权罪是指国家机关工作人员滥用职权,致使"公共财产、国家和人民利益遭受重大损失"的行为。实践中,对滥用职权"造成恶劣社会影响的",应当依法认定为"致使公共财产、国家和人民利益遭受重大损失"。

2. 指导意义:本案的指导意义主要体现在两个方面。第一,本案的被告人本身不具备滥用职权罪的主体资格。但是,根据《刑法》第三百九十七条和《全国人民代表大会常务委员会关于〈中华人民共和国刑法〉第九章渎职罪主体适用问题的解释》的规定,虽未列入国家机关人员编制但在国家机关中从事公务的人员,在代表国家行使职权时,长期不正确履行职权,并造成严重后果的,构成滥用职权罪的犯罪主体。第二,本案被告人大肆勒索辖区部分无照商贩的钱

① 参见陈旭玲:《村基层组织人员"以国家工作人员论"的司法认定》,载《法学杂志》2012年第6期。

财，造成无照商贩非法占道经营十分严重，暴力抗法事件不断发生，社会影响相当恶劣，应当依法认定为“致使公共财产、国家和人民利益遭受重大损失”，对其应以滥用职权罪论处。

（二）案例评析

案例价值：本案以暴力执法所引发的群体性受伤事件为切入点，深挖背后行政执法缺位、涉案人员滥用行政执法权等违法犯罪线索，正确分析及认识其滥用职权罪的原因并找出相应对策，对推进我国依法行政具有重要意义。而且，本案充分体现了检察机关按照法律规定对行政执法机关积极开展法律监督工作，尤其是在涉及民生安全、经济发展、环境资源保护等重点领域，并强化了在保障依法行政、严格执法等工作中的司法保护和检察监督。

可进一步研究之处：本案在滥用职权的同时存在索贿的行贿，索贿的行为应当如何认定可予以说明，以清晰被告人不构成索贿犯罪是由于身份原因还是犯罪数额等其他原因。

案例五 胡某某、郑某徇私舞弊不移交刑事案件案（检例第7号）

（一）案例要旨与指导意义

1. 案例要旨：诉讼监督，是人民检察院依法履行法律监督的重要内容。实践中，检察机关和办案人员应当坚持办案与监督并重，建立健全行政执法与刑事司法有效衔接的工作机制，善于在办案中发现各种职务犯罪线索；对于行政执法人员徇私舞弊，不移送有关刑事案件构成犯罪的，检察机关应当依法追究刑事责任。

2. 指导意义：依法查办渎职侵权犯罪案件是宪法和法律赋予检察机关的神圣职责，是检察机关法律监督属性的本质体现和法律监督的实现形式，也是检察机关服务和谐社会的重要任务。它既是检察机关加强法律监督、促进依法行政、维护司法公正、惩治和预防司法腐败的一项职责，又与刑事诉讼监督、民事行政监督等各项监督融为一体。

（二）案例评析

案例价值：本案被告人身为工商行政执法人员，在明知查处的非法传销行为涉及经营数额巨大，依法应当移交公安机关追究刑事责任的情况下，为牟取小集体利益,隐瞒不报违法事实涉及的金额,以罚代刑,不移交公安机关处理,致使犯罪嫌疑人在行政处罚期间,继续进行违法犯罪活动,情节严重,其行为已构成徇私舞弊不移交刑事案件罪。本案为行政执法与刑事司法衔接工作提供了积极引导。只有建立健全行政执法与刑事司法衔接工作机制,才能有力遏制违法犯罪活动,避免在行政执法领域,有案不移、有案难移、以罚代刑的问题出现。

案例六 杨某某玩忽职守、徇私枉法、受贿案(检例第8号)

(一)案例要旨与指导意义

1. 案例要旨:本案要旨有两点:一是对渎职犯罪因果关系作出了认定。如果负有监管职责的国家机关工作人员没有认真履行其监管职责,从而未能有效防止危害结果发生,那么,这些对危害结果具有"原因力"的渎职行为,应认定与危害结果之间具有刑法意义上的因果关系。二是明确了渎职犯罪同时受贿的处罚原则。对于国家机关工作人员实施渎职犯罪并收受贿赂,构成受贿罪的,除《刑法》第三百九十九条有特别规定外,以渎职犯罪和受贿罪数罪并罚。

2. 指导意义:首先,本案件的核心是对公职人员的行为进行分析,应该断定为何罪,不判断为渎职罪的原因是,渎职罪本身是过失类犯罪,本案犯罪者本身并不存在过失,所以无法认定为渎职罪。其次,警察是否有权利管和查《消防法》规定的相关行为,在没有发布"百日会战"工作前,这并不属于本案犯罪者的工作,但是当行政命令下达以后未履行职权,则构成了玩忽职守罪。再次,在斗殴事件中没有断定为受贿和索贿的原因是,本案犯罪者不具备可以令他人免受刑事处罚的条件,所以不构成受贿。最后,受贿罪和玩忽职守罪侵犯的法益不同,应当数罪并罚。

(二)案例评析

案例价值:本案的关键是判断被告人的渎职行为与危害后果之间是否存在因果关系。检察机关围绕受惩罚性、可归责性、处罚公正性三个角度论证了渎职行为与危害后果之间具有刑法上的因果关系,解决了事实与规范之间存在的问题。[1] 在实践中，渎职犯罪的争议焦点往往集中在渎职因果关系的判断这一问题上，同时还会延伸出渎职行为引发的危害后果是否能够为一般人所感知、预见。[2] 因此，本案论证的三个维度紧扣事实认定与刑法评价规范，从实质层面统一了认定渎职犯罪的尺度。

可进一步研究之处：本案中被告人存在自首、主动退赃退赔情节，具有从轻处罚的情节，但是本案又造成了严重后果，并且被告人涉嫌多项罪名，对于能否从轻减轻处罚、量刑幅度如何令人信服可进一步说明。

案例七 赛某、韩某某受贿、食品监管渎职案（检例第16号）

（一）案例要旨与指导意义

1. 案例要旨：负有食品安全监督管理职责的国家机关工作人员，滥用职权或玩忽职守，导致发生重大食品安全事故或者造成其他严重后果的，应当认定为食品监管渎职罪。在渎职过程中受贿的，应当以食品监管渎职罪和受贿罪实行数罪并罚。

2. 指导意义：国家机关工作人员在查处企业使用不符合食品安全标准原料进行违法生产行为过程中，未经计量核实即依据企业工作人员的陈述确认不符合食品安全标准的原料数量，并在收受企业工作人员贿款后擅自决定对企业减轻行政处罚，致使被封存的原料未销毁，被企业继续用于生产销售。上述行为属国家机关工作人员利用职务便利，收受贿赂，为企业谋取非法利益。同时，该等国家机关工作人员违背食品安全监督管理职责，滥用职权、玩忽职守，致使企业使用不符合食品安全标准的原料所生产产品进入市场，其行为同时构成受贿罪和食品监管渎职罪，应数罪并罚。

（二）案例评析

案例价值：该案属于国家机关工作人员的食品监管渎职犯罪，处理结果上也体现了从严惩处的精神，为全国检察机关查处和办理食品监管渎职罪提供了业务指导，一定程度上解决了该罪立案标准不明确、入罪门槛较高的司法适用

① 参见任晶晶：《玩忽职守罪因果关系认定之三步拆解法》，载《人民检察》2015年第3期。

② 参见沈志先主编：《职务犯罪审判实务》，法律出版社2013年版，第299页。

困境。勇于对国家机关工作人员行使法律监督职能，有利于促进依法行政、依法治国。

（三）刑事程序类

不诉案例

案例一　施某某等 17 人聚众斗殴案（检例第 1 号）

（一）案例要旨与指导意义

1. 案例要旨：检察机关办理群体性事件引发的犯罪案件，要从促进社会矛盾化解的角度，深入了解案件背后的各种复杂因素，依法慎重处理，积极参与调处矛盾纠纷，以促进社会和谐，实现法律效果与社会效果的有机统一。

2. 指导意义：本案是最高人民检察院发布的第一个指导案例，一方面，体现了面对群体性纠纷引发的刑事案件，检察机关依法履行检察职能，对案件积极展开侦查调查、审查起诉，将损害降到最小的智慧与魄力。另一方面，本案是由公共利益、邻里关系矛盾引发的纠纷，检察机关在依法办案的同时贯彻宽严相济的刑事政策理念，从惩罚与教育相结合的原则出发以及有利于促进社会和谐的角度考虑对涉案人员适用酌定不起诉，为类似案件的处置提供了范式。除此之外，本案中，检察机关积极与乡政府、村民委员会等行政部门协调联动化解纠纷、消除矛盾根源，促进社会的和谐统一。

（二）案例评析

案例价值：本案作为检察指导性案例的第一案，具有创新之处。案件紧扣认定的事实、证据，准确把握宽严相济的刑事司法政策，对案件中的首要分子和积极参加者适用“酌定不起诉”的做法为检察机关能动性适用刑事政策和化解由民间纠纷引发的矛盾提供了实践样本。[①] 检察机关对本案行为人适用酌定不起诉，即体现了对首要分子和积极参加者的“慎重处理”而非“依法严厉打击”。

① 参见邹兵建：《施某某等 17 人聚众斗殴案（检例第 1 号）的三维解读》，载《刑事法判解》2015 年第 1 期。

应当说,这一内容上的细微变化避免了政策的机械性,从而有助于更好地贯彻宽严相济的刑事政策,这是值得肯定的。检察机关在办理群体性事件引发的犯罪案件时,不仅要在最后的处理结果上贯彻宽严相济的刑事政策,而且还要在办案的过程中进行能动性司法,积极参与矛盾纠纷的解决,做到"案结事了",实现司法的政治效果、社会效果和法律效果的统一。

案例二 刘某某涉嫌生产、销售"伪劣产品"(不起诉)案(检例第85号)

(一)案例要旨与指导意义

1. 案例要旨:检察机关办理涉企案件,应当注意保护企业创新发展。对涉及创新的争议案件,可以通过听证方式开展审查。对专业性问题,应当加强与行业主管部门沟通,充分听取行业意见和专家意见,促进完善相关行业领域标准。

2. 指导意义:(1)对创新产品要进行实质性审查判断,不宜简单套用现有产品标准,直接认定为"伪劣产品"。《刑法》规定,以不合格产品冒充合格产品的,构成生产、销售伪劣产品罪。认定"不合格产品",以违反《产品质量法》规定的相关质量要求为前提。《产品质量法》第二十六条第二款第一项要求产品"不存在危及人身、财产安全的不合理的危险,有保障人体健康和人身、财产安全的国家标准、行业标准的,应当符合该标准";同时,产品还应当具备使用性能。根据这些要求,对于已有国家标准、行业标准的传统产品,只有符合标准的才能认定为合格产品;对于尚无国家标准、行业标准的创新产品,应当本着既鼓励创新,又保证人身、财产安全的原则,多方听取意见,进行实质性研判。创新产品在使用性能方面与传统产品存在实质性差别的,不宜简单化套用传统产品的标准认定是否"合格"。创新产品不存在危及人身、财产安全隐患,且具备应有使用性能的,不应当认定为伪劣产品。相关质量检验机构作出鉴定意见的,检察机关应当进行实质审查。

(2)改进办案方式,加强对民营企业的平等保护。办理涉民营企业案件,要有针对性地转变理念,改进方法,严格把握罪与非罪、捕与不捕、诉与不诉的界限标准,把办案与保护企业经营结合起来,通过办案保护企业创新,在办案过程中,注重保障企业正常经营活动。要注重运用听证方式办理涉企疑难案件,善于听取行业意见和专家意见,准确理解法律规定,将法律判断、专业判断与民众的朴素认知结合起来,力争办案"三个效果"的统一。

(3)立足办案积极参与社会治理,促进相关规章制度和行业标准的制定完善。办理涉及企业经营管理和产品技术革新的案件,发现个案反映出的问题带有普遍性、行业性的,应当及时与行业主管部门沟通,并通过提出检察建议等方式促使行业主管部门制定完善相关制度规范和行业标准等,推进相关领域规章制度健全完善,促进提升治理效果。

(二)案例评析

案例价值:本案中的涉案财物"智能平板健走跑步机"属于新型产品,因而在对其合格与否的认定上应区别于传统的类似产品。本案的检察机关以实质性判断为标准,采用听证讨论等程序引入"外脑"对案件的性质、功能等关键问题进行研讨,综合各方意见、案件事实认定产品对人身财产安全不存在"伪劣产品"所要求的危险性和危害性,维护了司法公信力,切实保障了当事人的合法权益,也为涉及认定涉案财物性质的案件提供了论证路径。

案例三　胡某某抢劫案(检例第103号)

(一)案例要旨与指导意义

1. 案例要旨:办理附条件不起诉案件,应当准确把握其与不起诉的界限。对于涉罪未成年在校学生附条件不起诉,应当坚持最有利于未成年人健康成长原则,找准办案、帮教与保障学业的平衡点,灵活掌握办案节奏和考察帮教方式。要阶段性评估帮教成效,根据被附条件不起诉人角色转变和个性需求,动态调整考验期限和帮教内容。

2. 指导意义:(1)办理附条件不起诉案件,应当注意把握附条件不起诉与不起诉之间的界限。根据《刑事诉讼法》第一百七十七条第二款的规定,检察机关对于犯罪情节轻微,依照《刑法》规定不需要判处刑罚或者可以免除刑罚的犯罪嫌疑人,可以作出不起诉决定。而附条件不起诉的适用条件是可能判处1年有期徒刑以下刑罚,符合起诉条件,但有悔罪表现的未成年犯罪嫌疑人,且只限定于涉嫌《刑法》分则第四章、第五章、第六章规定的犯罪。对于犯罪情节轻微符合不起诉条件的未成年犯罪嫌疑人,应依法适用不起诉,不能以附条件不起诉代替不起诉。对于未成年犯罪嫌疑人涉嫌《刑法》分则第四章、第五章、第六章规定的犯罪,根据犯罪情节和悔罪表现,尚未达到不需要判处刑罚或者可以免除刑罚程度,综合考虑可能判处1年有期徒刑以下刑罚,适用附条件不起诉能更好地达到矫正效果,促使其再社会化的,应依法适用附条件不起诉。

(2)对涉罪未成年在校学生适用附条件不起诉,应当最大限度减少对其学习、生活的影响。坚持最有利于未成年人健康成长原则,立足涉罪在校学生教育矫治和回归社会,应尽可能保障其正常学习和生活。在法律规定的办案期限内,检察机关可灵活掌握办案节奏和方式,利用假期和远程方式办案帮教,在心理疏导、隐私保护等方面提供充分保障,达到教育、管束和保护的有机统一。

(3)对于已确定的考验期限和考察帮教措施,经评估后认为不能适应教育矫治需求的,可以适时动态调整。对于在考验期中经历考试、升学、求职等角色转变的被附条件不起诉人,应当及时对考察帮教情况、效果进行评估,根据考察帮教的新情况和新变化,有针对性地调整考验期限和帮教措施,巩固提升帮教成效,促其早日顺利回归社会。考验期限和帮教措施在调整前,应当充分听取各方意见。

(二)案例评析

本案属于典型的涉未成年人犯罪案件,同时未成年人是在校学生,其实施抢劫犯罪,增加了检察机关平衡惩戒与教育的难度。检察机关通过多方走访、了解涉案未成年人的心理、家庭环境,准确掌握行为人犯罪动机,从而论证可改造性和感化的合理正当性,继而对涉案人员适用附条件不起诉,并对其制定个性化方案。远程教育跟踪、定期心理疏导与行为干预等措施的实施,挽救了在校犯罪学生的学业前途,具有良好的办案效果。[①] 在办理附条件不起诉案件中,检察机关应坚持最有利于未成年人健康成长原则,立足涉罪在校学生教育矫治和回归社会,尽可能保障其正常学习和生活。在法律规定的办案期限内,检察机关可灵活掌握办案节奏和方式,利用假期和远程方式办案帮教,在心理疏导、隐私保护等方面提供充分保障,实现教育、管束和保护的有机统一。

---

① 参见李峰、张寒玉等:《最高人民检察院第二十七批指导性案例解读》,载《人民检察》2021年第11期。

案例四　庄某等人敲诈勒索案（检例第 104 号）

（一）案例要旨与指导意义

1. 案例要旨：检察机关对共同犯罪的未成年人适用附条件不起诉时，应当遵循精准帮教的要求对每名涉罪未成年人设置个性化附带条件。监督考察时，检察机关要根据涉罪未成年人回归社会的不同需求，督促制定所附条件执行的具体计划，分阶段评估帮教效果，发现问题及时调整帮教方案，提升精准帮教实效。

2. 指导意义：（1）附条件不起诉设定的附带条件，应根据社会调查情况合理设置，具有个性化，体现针对性。检察机关办理附条件不起诉案件，应当坚持因案而异，根据社会调查情况，针对涉罪未成年人的具体犯罪原因和回归社会的具体需求等设置附带条件。检察机关对共同犯罪未成年人既要针对其共同存在的问题，又要考虑每名涉罪未成年人的实际情况，设定符合个体特点的附带条件并制定合理的帮教计划，做到“对症下药”，确保附条件不起诉制度教育矫治功能的实现。

（2）加强沟通，争取未成年犯罪嫌疑人及其法定代理人、学校的理解、配合和支持。检察机关应当就附带条件、考验期限等与未成年犯罪嫌疑人充分沟通，使其自觉遵守并切实执行。未成年犯罪嫌疑人的法定代理人和其所在学校是参与精准帮教的重要力量，检察机关应当通过释法说理、开展家庭教育指导等工作，与各方达成共识，形成帮教合力。

（3）加强对附带条件执行效果的动态监督，实现精准帮教。检察机关对于附条件不起诉所附带条件的执行要加强全程监督、指导，掌握落实情况，动态评估帮教效果，发现问题及时调整帮教方式和措施。为保证精准帮教目标的实现，检察机关可以联合其他社会机构、组织、爱心企业等共同开展帮教工作，帮助涉罪未成年人顺利回归社会。

（二）案例评析

案例价值：本案的代表性是对于未成年人共同犯罪如何适用附条件不起诉。未成年人结伴需求、互相感染以及容易冲动、从众等特点，这决定了未成年人犯罪以共同犯罪居多。参与共同犯罪的未成年人往往在经历、兴趣、价值偏好、社会需求、心理需求等方面具有高度相似性，因此，办理未成年人共同犯罪案件有独特的规律可循。本案中，检察官与司法社工共同制定了帮教初期、帮教中期和帮教后期的具体帮教计划。在督促执行过程中，检察官和司法社工通过每个阶段结束前的心理测评、自评、他评等方式综合评估帮教效果，发现问题及时进行研判、调整，保证附条件不起诉工作取得实效。①

案例五　李某诈骗、传授犯罪方法牛某等人诈骗案（检例第105号）

（一）案例要旨与指导意义

1. 案例要旨：对于一人犯数罪符合起诉条件，但根据其认罪认罚等情况，可能判处1年有期徒刑以下刑罚的，检察机关可以依法适用附条件不起诉。对于涉罪未成年人存在家庭教育缺位或者不当问题的，应当突出加强家庭教育指导，因案因人进行精准帮教。通过个案办理和法律监督，积极推进社会支持体系建设。

2. 指导意义：（1）办理未成年人犯罪案件，对于涉嫌数罪但认罪认罚，可能判处1年有期徒刑以下刑罚的，也可以适用附条件不起诉。检察机关应当根据涉罪未成年人的犯罪行为性质、情节、后果，并结合犯罪原因、犯罪前后的表现等，综合评估可能判处的刑罚。“一年有期徒刑以下刑罚”是指将犯罪嫌疑人交付审判，法院对其可能判处的刑罚。目前《刑法》规定的量刑幅度均是以成年人犯罪为基准设计，检察机关对涉罪未成年人刑罚的预估要充分考虑“教育、感化、挽救”的需要及其量刑方面的特殊性。对于既可以附条件不起诉也可以起诉的，应当优先适用附条件不起诉。存在数罪情形时，要全面综合考量犯罪事实、性质和情节以及认罪认罚等情况，认为并罚后其刑期仍可能为1年有期徒刑以下刑罚的，可以依法适用附条件不起诉，以充分发挥附条件不起诉制度的特殊功能，促使涉罪未成年人及早摆脱致罪因素，顺利回归社会。

（2）加强家庭教育指导，提升考察帮教效果。未成年人犯罪原因往往关联家庭，预防涉罪未成年人再犯，同样需要家长配合。检察机关办理附条件不起诉案件的，不仅要做好对涉罪未成年人自身的考察帮教，还要通过家庭教育指

① 参见李峰、张寒玉等：《最高人民检察院第二十七批指导性案例解读》，载《人民检察》2021年第11期。

导，争取家长的信任理解，引导家长转变家庭教育方式，自愿配合监督考察，及时解决问题少年背后的家庭问题，让涉罪未成年人知法悔过的同时，在重温亲情中获取自新力量，真正实现矫治教育预期目的。

（3）依托个案办理整合帮教资源，推动未成年人检察工作社会支持体系建设。检察机关办理未成年人犯罪案件，要在社会调查、人格甄别、认罪教育、不公开听证、监督考察、跟踪帮教等各个环节，及时引入司法社工、心理咨询师等专门力量，积极与教育部、民政部、团委、妇女联合会等各方联合，依托党委、政府牵头搭建的多元化协作平台，做到专业化办案与社会化支持相结合，最大限度地实现对涉罪未成年人的教育、感化和挽救。

（二）案例评析

案例价值：本案李某涉嫌的两罪分别属于《刑法》分则第五章、第六章规定的犯罪，未超出附条件不起诉的法定范围，依据有关量刑指导意见，综合刑期应判处 1 年有期徒刑以下刑罚，其又认罪认罚，符合适用附条件不起诉的法定条件。检察机关经不公开听证后，依法对李某作出附条件不起诉决定。本案的 5 名涉罪未成年人均存在家庭监护责任缺位的共性问题，检察官会同司法社工开展家庭教育指导，解决问题少年背后的家庭问题，让涉罪未成年人在亲情中获取自新力量，提升矫治教育的效果，推进社会支持体系建设，在推进社会支持体系建设中促进办案，以密切协作实现优势互补，以资源整合实现多赢共赢，有效推进未成年人保护社会治理。①

案例六　牛某非法拘禁案（检例第 106 号）

（一）案例要旨与指导意义

1. 案例要旨：检察机关对于公安机关移送的社会调查报告应当认真审查，报告内容不能全面反映未成年人成长经历、犯罪原因、监护教育等情况的，可以商请公安机关补充调查，也可以自行或者委托其他有关组织、机构补充调查。对实施犯罪行为时系未成年人但诉讼过程中已满 18 周岁的犯罪嫌疑人，符合

① 参见李峰、张寒玉等：《最高人民检察院第二十七批指导性案例解读》，载《人民检察》2021 年第 11 期。

条件的,可以适用附条件不起诉。对于外地户籍未成年犯罪嫌疑人,办案检察机关可以委托未成年人户籍所在地检察机关开展异地协作考察帮教,两地检察机关要各司其职,密切配合,确保帮教取得实效。

2. 指导意义:(1)办理附条件不起诉案件,应当进行社会调查,社会调查报告内容不完整的,应当补充开展社会调查。社会调查报告是检察机关认定未成年犯罪嫌疑人主观恶性大小、是否适合作附条件不起诉以及附什么样的条件、如何制定具体的帮教方案等的重要参考。社会调查报告的内容主要包括涉罪未成年人个人基本情况、家庭情况、成长经历、社会生活状况、犯罪原因、犯罪前后表现、是否具备有效监护条件、社会帮教条件等,应具有个性化和针对性。公安机关、人民检察院、人民法院办理未成年人刑事案件,根据法律规定和案件情况可以进行社会调查。

(2)对于犯罪时系未成年人但诉讼过程中已满18周岁的犯罪嫌疑人,可以适用附条件不起诉。《刑事诉讼法》第二百八十二条规定,对于涉嫌《刑法》分则第四章、第五章、第六章规定的犯罪,可能判处1年有期徒刑以下刑罚,符合起诉条件,但有悔罪表现的未成年人刑事案件,可以作出附条件不起诉决定。未成年人刑事案件是指犯罪嫌疑人实施犯罪时系未成年人的案件。对于实施犯罪行为时未满18周岁,但诉讼中已经成年的犯罪嫌疑人,符合适用附条件不起诉案件条件的,人民检察院可以作出附条件不起诉决定。

(3)对外地户籍未成年人,可以开展异地协作考察帮教,确保帮教效果。被附条件不起诉人户籍地或经常居住地与办案检察机关属于不同地区,被附条件不起诉人希望返回户籍地或经常居住地生活工作的,办案检察机关可以委托其户籍地或经常居住地检察机关协助进行考察帮教,户籍地或经常居住地检察机关应当予以支持。两地检察机关应当根据被附条件不起诉人的具体情况,共同制定有针对性的帮教方案并积极沟通协作。当地检察机关履行具体考察帮教职责,重点关注未成年人行踪轨迹、人际交往、思想动态等情况,定期走访被附条件不起诉人的法定代理人以及所在社区、单位,并将考察帮教情况及时反馈办案检察机关。办案检察机关应当根据考察帮教需要提供协助。考验期届满前,当地检察机关应当出具被附条件不起诉人考察帮教情况总结报告,作为办案检察机关对被附条件不起诉人是否最终作出不起诉决定的重要依据。

(二)案例评析

案例价值：本案的亮点是针对未成年人附条件不起诉案件有效开展了跨区域考察帮教，有机实现了检察机关之间的异地协作。本案中的涉案人员户籍地与犯罪地不一致，因而检察机关通过与异地公安机关和检察机关对其家庭、社会交往等情况开展调查，能够使调查报告更具客观性、真实性。另外，本案检察机关还积极促进涉罪未成年人与被害人之间的和解，化解案件引发的纠纷，从各方面感化、教育涉罪未成年人，鼓励更多社会力量关注其改造。因此，本案对涉罪未成年人案件的办理提供了可供参考的实践思路。

案例七 唐某等人聚众斗殴案(检例第107号)

(一)案例要旨与指导意义

1. 案例要旨：对于被附条件不起诉人在考验期内多次违反监督管理规定，逃避或脱离矫治和教育，经强化帮教措施后仍无悔改表现，附条件不起诉的挽救功能无法实现，符合"违反考察机关监督管理规定，情节严重"的，检察机关应当依法撤销附条件不起诉决定，提起公诉。

2. 指导意义：(1)针对被附条件不起诉人的实际表现，及时调整监督矫治措施，加大帮教力度。检察机关对干预矫治的情形和再犯风险应当进行动态评估，发现被附条件不起诉人在考验期内违反帮教协议的相关规定的，要及时分析原因，对仍有帮教可能性的，应当调整措施，通过延长帮教期限、心理疏导、司法训诫、家庭教育指导等多种措施加大帮教力度，及时矫正被附条件不起诉未成年人的行为认知偏差。

(2)准确把握"违反考察机关监督管理规定"行为频次、具体情节、有无继续考察帮教必要等因素，依法认定"情节严重"。检察机关经调查核实、动态评估后发现被附条件不起诉人多次故意违反禁止性监督管理规定，或者进入特定场所后违反治安管理规定，或者违反指示性监督管理规定，经检察机关训诫提醒、心理疏导后仍无悔改表现，脱离、拒绝帮教矫治，导致通过附条件不起诉促进涉罪未成年人悔过自新、回归社会的功能无法实现的，应当认定为《刑事诉讼法》第二百八十四条第一款第二项规定的"情节严重"，依法撤销附条件不起诉决定，提起公诉。

（二）案例评析

案例价值：本案旨在释明附条件不起诉案件不是一味强调对未成年人的感化和教育，对于拒不悔罪认罪、在考验期内故意违反规定的，应当依法撤销附条件不起诉，并对其予以严管。除此之外，本案的办理还提炼出了关于认定考验期对象是否具有违反监管规定的故意标准。检察机关不仅要以考验对象为基础，还要对涉及的特定场所、人员是否存在引诱等因素进行审查，从而避免机械判断考验对象的违规行为。

案例八 防止未成年人滥用药物综合司法保护案（检例第171号）

（一）案例要旨与指导意义

1. 案例要旨：检察机关办理涉未成年人案件，应当统筹发挥多种检察职能，通过一体融合履职，加强未成年人综合司法保护。对有滥用药物问题的涉罪未成年人适用附条件不起诉时，检察机关可以细化戒瘾治疗措施，提升精准帮教的效果。针对个案中发现的社会治理问题，检察机关可以充分运用大数据分析，深挖类案线索，推动堵漏建制、源头保护，提升“个案办理—类案监督—系统治理”工作质效。

2. 指导意义：（1）统筹运用多种检察职能，推动完善一体履职、全面保护、统分有序的未检融合履职模式，综合保护未成年人合法权益。检察机关应当充分发挥未检业务集中统一办理优势，强化系统审查意识和综合取证能力，在办理涉未成年人刑事案件过程中，一并审查未成年人相关公共利益等其他权益是否遭受损害。对经审查评估需要同步履行相关法律监督职责的案件，检察机关应当依法融合履职，综合运用法律赋予的监督手段，系统维护未成年人合法权益。

（2）附条件不起诉考验期监督管理规定的设定，应当以最有利于教育挽救未成年人为原则，体现帮教考察的个性化、精准性和有效性。检察机关对未成年人作出附条件不起诉决定的，应当考虑涉罪未成年人发案原因和个性需求，细化矫治教育措施。对共同犯罪的未成年人，检察机关既要考虑其共性问题，又要考虑每名涉罪未成年人的实际情况和个体特点，设置既有共性又有个性的监督管理规定和帮教措施，并督促落实。对存在滥用药物情形的涉罪未成年人，检察机关应当会同未成年人父母或其他监护人，要求其督促未成年人接受心理疏导和戒断治疗,并将相关情况纳入监督考察范围,提升精准帮教效果,落实附条件不起诉制度的教育矫治功能,帮助涉罪未成年人顺利回归社会。

(3)能动运用大数据分析,提升法律监督质效,做实诉源治理。检察机关要综合研判案件背后的风险因素、类案特质,主动运用数字思维,通过数字建模进行数据分析和比对,深挖药品流通过程中的问题,系统梳理类案监督线索,精准发现案发领域治理漏洞,通过开展公益诉讼等方式实现协同治理,促进有关方面依法履职、加强监管执法,从顶层设计上推动制度机制健全,完善相关领域社会治理,实现办案法律效果和社会效果的有机统一。

(二)案例评析

案例价值:本案中检察机关依法主动调查,发现行政公益诉讼的案件线索,把在案证据的转化适用,强化与之关联的行政公益诉讼案件的取证质效,将统筹运用刑事检察和公益诉讼检察职能的理念和工作要求,具化为未成年人行政公益诉讼案件办理的证据规则。检察机关还主动运用数字思维,通过数字建模进行大数据分析和比对,综合研判案件背后的风险因素、类案特质,深挖药品流通过程中存在的问题,系统梳理类案监督线索,精准发现案发领域中的治理漏洞,并通过提起公益诉讼等方式实现协同治理,促进有关单位依法履职、加强监管执法,最终从顶层设计上推动制度机制健全,完善相关领域社会治理。①

刑事抗诉、申诉案例

案例一 忻某某绑架案(检例第2号)

(一)案例要旨与指导意义

1. 案例要旨:对于死刑案件的抗诉,要正确把握适用死刑的条件,严格证明标准,依法履行刑事审判法律监督职责。

2. 指导意义:本案例发布前后,宽严相济的刑事政策是司法机关在刑事审判中所贯彻的主要司法政策。《最高人民检察院关于在检察工作中贯彻宽严相

---

① 参见那艳芳、陈晓、王广聪:《全面加强未成年人综合司法保护——最高人民检察院第四十三批指导性案例解读》,载《人民检察》2023 年第 7 期。

济刑事司法政策的若干意见》第五条明确规定:“……‘严打’是宽严相济刑事司法政策的重要内容和有机组成部分,是贯彻宽严相济刑事司法政策的重要体现,必须坚定不移地坚持。必须依法从重从快打击黑社会性质组织犯罪、恐怖犯罪、毒品犯罪以及杀人、爆炸、抢劫、强奸、绑架、投放危险物质等严重危害社会治安的刑事犯罪……”《最高人民法院关于贯彻宽严相济刑事政策的若干意见》第七条也进行了类似规定:“贯彻宽严相济刑事政策,必须毫不动摇地坚持依法严惩严重刑事犯罪的方针。对于……故意杀人、故意伤害致人死亡、强奸、绑架、拐卖妇女儿童、抢劫、重大抢夺、重大盗窃等严重暴力犯罪和严重影响人民群众安全感的犯罪,走私、贩卖、运输、制造毒品等毒害人民健康的犯罪,要作为严惩的重点,依法从重处罚……”本案被告人实施了绑架行为,并且杀害未成年被害人,在以上刑事政策的指导之下,对被告人判处死刑立即执行是合适的结果。

(二)案例评析

案例价值:首先,办案机关综合全案证据从客观的角度论证了对被告人应当判处死刑的法律依据。被告人以勒索财物为目的,绑架并杀害他人,犯罪手段残忍,情节恶劣,后果严重,所犯罪行极其严重,无法定从轻处罚情节,应当判处死刑立即执行。其次,办案机关还从被告人的主观违法要素、司法舆论、被害人及其家属意见等角度对提出死刑量刑建议以及支持抗诉作出了全面、多元的说明。在舆论及被害人家属申请抗诉的情况下,检察机关依法公正审查案件,并就案件中涉及的证据存疑问题进行客观、真实分析,确保对被告人提出死刑的量刑建议符合“案件事实清楚、证据确实充分”的刑事诉讼证明标准。最后,本案与检例第1号形成了鲜明对比,以司法实践充分说明落实“宽严相济”的刑事政策理念需要对刑事案件进行综合、融贯性考察,尤其是涉及危害国家、公共安全、人身财产等犯罪行为的宽缓需要严格审慎进行,彰显了司法公信力。

案例二 陈某某抢劫、盗窃,付某某盗窃案(检例第17号)

(一)案例要旨与指导意义

1. 案例要旨:(1)对于入户盗窃,因被发现而当场使用暴力或者以暴力相威胁的行为,应当认定为“入户抢劫”。(2)在人民法院宣告判决前,人民检察院发现被告人有遗漏的罪行可以一并起诉和审理的,可以补充起诉。(3)人民检察院认为同级人民法院一审判决重罪轻判，适用刑罚明显不当的，应当提出抗诉。

2. 指导意义：第一，原判决对“入户抢劫”的理解存在偏差。原判决以“暴力行为虽然发生在户内，但是其不以实施抢劫为目的，而是在户内临时起意并以暴力相威胁，且未造成被害人任何损害”为由，未认定被告人陈某某所犯抢劫罪具有“入户”情节。根据2005年6月《最高人民法院关于审理抢劫、抢夺刑事案件适用法律若干问题的意见》关于认定“入户抢劫”的规定，“入户”必须以实施抢劫等犯罪为目的。但是，这里“目的”的非法性不是以抢劫罪为限，还应当包括盗窃等其他犯罪。第二，2000年11月《最高人民法院关于审理抢劫案件具体应用法律若干问题的解释》（以下简称《抢劫案件应用解释》）第一条第二款规定，“对于入户盗窃，因被发现而当场使用暴力或者以暴力相威胁的行为，应当认定为入户抢劫”。依据《刑法》和《抢劫案件应用解释》的有关规定，本案中，被告人陈某某入室盗窃被发现后当场使用暴力相威胁的行为，应当认定为“入户抢劫”。第三，“户”对一般公民而言属于最安全的地方。“入户抢劫”不仅严重侵犯公民的财产所有权，更是危及公民的人身安全。因为被害人处于封闭的场所，通常无法求救，与发生在户外的一般抢劫相比，被害人的身心会受到更为严重的惊吓或者伤害。根据《刑法》第二百六十三条第一项的规定，“入户抢劫”应当判处10年以上有期徒刑、无期徒刑或者死刑，并处罚金或者没收财产。原判决对陈某某抢劫罪判处3年9个月有期徒刑，属于适用法律错误，量刑不当。

（二）案例评析

案例价值：本案明确了“入户盗窃”转化为“入户抢劫”的条件，通过行使刑事抗诉权纠正了一审判决的错误，既为检察机关正确行使抗诉权提供了示范，又为转化型“抢劫”的认定提供了实践导向和案例基础。[①] 检察机关正确行使了第一审程序中检察机关的补充起诉权。本案一审期间，广东省佛山市高明区人民检察院发现被告人有遗漏的入室盗窃转化为抢劫的犯罪事实1起和被告人同他人共同盗窃的犯罪事实2起，遂依法向人民法院补充起诉，保证了起诉的公正性和准确性，也符合准确及时惩罚犯罪及有罪必究的要求。检察机关还

① 参见韩耀元、李清亮、王杰：《〈最高人民检察院第五批指导性案例〉理解与指导》，载《人民检察》2014年第19期。

准确把握了二审程序刑事抗诉的条件。从本案来看,一审判决虽然认定被告人犯抢劫罪,认定罪名正确,但由于未能准确认定其行为属于“入户抢劫”,因此只判处其有期徒刑3年9个月,明显属于量刑畸轻。

案例三 郭某某参加黑社会性质组织、故意杀人、故意伤害案(检例第18号)

(一)案例要旨与指导意义

1. 案例要旨:死刑依法只适用于罪行极其严重的犯罪分子。对故意杀人、故意伤害、绑架、爆炸等涉黑、涉恐、涉暴刑事案件中罪行极其严重,严重危害国家安全和公共安全、严重危害公民生命权,或者严重危害社会秩序的被告人,依法应当判处死刑,人民法院未判处死刑的,人民检察院应当依法提出抗诉。

2. 指导意义:死刑问题不仅在我国,在全世界范围内都是充满争议的话题。这其中,不仅有立法上是否废除死刑之争,也有刑事司法中具体适用死刑政策之争。我国《刑法》明确规定了死刑,但如何正确把握死刑适用条件仍然是一个复杂的问题。

(二)案例评析

案例价值:本案准确把握宽严相济刑事政策和死刑适用条件。《刑法》第四十八条第一款第一句规定,死刑只适用于罪行极其严重的犯罪分子。结合死刑政策与宽严相济刑事政策,需要把握正确的尺度,二者不能偏废。是否适用死刑,应当充分考虑化解矛盾、维护稳定、促进和谐以及保护公众利益的实际需要和社会公众的接受程度,结合犯罪行为性质、犯罪情节、犯罪后果和被告人主观恶性等因素进行综合考量。根据本案被告人的罪行严重程度和主观恶性程度,一审判决明显属于量刑畸轻。检察机关抗诉后,二审法院予以改判,使罪行极其严重、依法应当判处死刑立即执行的犯罪分子受到应有的惩罚,也符合广大人民群众对于刑罚公正的预期。

案例四 张某、沈某某等7人抢劫案(检例第19号)

(一)案例要旨与指导意义

1. 案例要旨:(1)办理未成年人与成年人共同犯罪案件,一般应当将未成年人与成年人分案起诉，但对于未成年人系犯罪集团的组织者或者其他共同犯罪中的主犯，或者具有其他不宜分案起诉情形的，可以不分案起诉。(2)办理未成年人与成年人共同犯罪案件，应当根据未成年人在共同犯罪中的地位、作用，综合考量未成年人实施犯罪行为的动机和目的，犯罪时的年龄，是否属于初犯、偶犯，犯罪后的悔罪表现，个人成长经历和一贯表现等因素，依法从轻或者减轻处罚。(3)未成年人犯罪不构成累犯。

2. 指导意义：本案例系未成年人和成年人共同犯罪案件。我国一贯重视对未成年人的保护，提出对违法犯罪的未成年人要实行"教育、感化、挽救"的方针，坚持"教育为主、惩罚为辅"的原则，并通过一系列具体措施，确保这一方针、原则在刑事立法和刑事诉讼中得以贯彻落实。

(二)案例评析

本案属于未成年人与成年人共同犯罪的案件，检察机关依据案件情况适用分案起诉制度，以针对性和个性化的办案方式体现了对涉罪未成年人的保护，并准确理解和贯彻了宽严相济刑事政策，而此种特殊的诉讼模式在被告人的量刑意见中也得到了体现，实现了检察机关抗诉的目的。① 本案属于抗诉成功的案件，其中涉及未成年人犯罪、累犯及罚金刑适用等问题，属于实体与程序交织的复杂案件，具有重要的指导价值和参考意义。

案例五　马某利用未公开信息交易案(检例第24号)

(一)案例要旨与指导意义

1. 案例要旨：《刑法》第一百八十条第四款规定了利用未公开信息交易罪的情形，应当是对第一款法定刑的全部援引。其中，"情节严重"是入罪标准，在处罚上应当依照第一百八十条第一款内幕交易、泄露内幕信息罪的全部法定刑处罚，即区分不同情形分别依照第一款规定的"情节严重"和"情节特别严重"两个量刑档次处罚。

2. 指导意义：(1)严格坚持非法证据排除规则。根据我国2012年《刑事诉

---

① 参见韩耀元、李清亮、王杰：《〈最高人民检察院第五批指导性案例〉理解与指导》，载《人民检察》2014年第19期。

讼法》第七十九条[①]的规定，逮捕的证据条件是“有证据证明有犯罪事实”，这里的“证据”必须是合法取得的证据，不包括采取刑讯逼供、暴力取证等非法方法取得的证据。检察机关在审查逮捕过程中，要高度重视对证据合法性的审查，如果接到犯罪嫌疑人及其辩护人或者证人、被害人等关于刑讯逼供、暴力取证等非法行为的控告、举报及提供的线索，或者在审查案件材料时发现可能存在非法取证行为，以及刑事执行检察部门反映可能存在违法提讯情况的，应当认真审查，通过当面讯问犯罪嫌疑人、查看犯罪嫌疑人身体状况、识别犯罪嫌疑人供述是否自然可信以及调阅提审登记表、犯罪嫌疑人入所体检记录等途径，及时发现非法证据，坚决排除非法证据。

（2）严格把握作出批准逮捕决定的条件。检察机关要构建以客观证据为核心的案件事实认定体系，高度重视无法排除合理怀疑的矛盾证据，注意利用收集在案的客观证据验证、比对全案证据，守住“犯罪事实不能没有、犯罪嫌疑人不能搞错”的逮捕底线。检察机关要坚持惩罚犯罪与保障人权并重的理念，重视犯罪嫌疑人不在犯罪现场、没有作案时间等方面的无罪证据以及侦查机关可能存在的非法取证行为的线索。综合审查全案证据，不能证明犯罪嫌疑人实施了犯罪行为的，应当依法作出不批准逮捕的决定。检察机关要结合办理审查逮捕案件，注意发挥其侦查监督作用，引导侦查机关及时收集、补充其他证据，促进侦查活动依法规范进行。

（二）案例评析

案例价值：本案最终由最高人民检察院行使审判监督权纠正了案件法律适用的错误，在刑事抗诉案件中具有重要的指导意义。[②] 在案例之间搭建了参照适用的桥梁。本案明确了法律援引的解释规则，即法律关于入罪情节的援引应解释为暗含对其他条款规定的不同法定刑援引，而不能看作仅对入罪单一情节的援引。[③] 根据这一规则，如果在别的法律条文之中，出现类似的问题需要对法律援引的含义进行解释，就可以遵循这一规则。最高人民法院、最高人民检察

---

① 现为《刑事诉讼法》第八十一条。

② 参见刘华英：《论抗诉在刑事审判监督中的职能与完善——基于对最高人民检察院指导性案例的实证分析》，载《中国刑事法杂志》2018 年第 2 期。

③ 参见黄祖帅、王魁：《“选、编、用”指导性案例要有问题意识》，载《检察日报》2021 年 10 月 14 日，第 3 版。

院都将该案作为指导性案例予以发布就说明了此解释规则的准确性。

案例六　于某某申诉案(检例第25号)

(一)案例要旨与指导意义

1. 案例要旨:坚守防止冤假错案底线,是保障社会公平正义的重要方面。检察机关既要依法监督纠正确有错误的生效刑事裁判,又要注意在审查逮捕、审查起诉等环节有效发挥监督制约作用,努力从源头上防止冤假错案发生。在监督纠正冤错案件方面,要严格把握纠错标准,对于被告人供述反复,有罪供述前后矛盾,且有罪供述的关键情节与其他在案证据存在无法排除的重大矛盾,不能排除有其他人作案可能的,应当依法进行监督。

2. 指导意义:(1)对案件事实结论应当坚持"唯一性"证明标准。2012年《刑事诉讼法》第一百九十五条[①]第一项规定:"案件事实清楚,证据确实、充分,依据法律认定被告人有罪的,应当作出有罪判决。"2012年《刑事诉讼法》第五十三条[②]第二款对于认定"证据确实、充分"的条件进行了规定:"证据确实、充分,应当符合以下条件:(一)定罪量刑的事实都有证据证明;(二)据以定案的证据均经法定程序查证属实;(三)综合全案证据,对所认定事实已排除合理怀疑。"排除合理怀疑,要求对于认定的案件事实,从证据角度已经没有符合常理的、有根据的怀疑,特别在是否存在犯罪事实和被告人是否实施了犯罪等关键问题上,确信证据指向的案件结论具有唯一性。只有坚持对案件事实结论的唯一性标准,才能够保证裁判认定的案件事实与客观事实相符,最大限度避免冤假错案的发生。

(2)坚持全面收集证据,严格把握纠错标准。在复查刑事申诉案件过程中,除全面审查原有证据外,还应当注意补充收集、调取能够证实被告人有罪或者无罪、犯罪情节轻重的新证据,通过正向肯定与反向否定,检验原审裁判是否做到案件事实清楚,证据确实、充分。要坚持疑罪从无原则,严格把握纠错标准,对于被告人有罪供述出现反复且前后矛盾,关键情节与其他在案证据存在无法

① 现为《刑事诉讼法》第二百条。

② 现为《刑事诉讼法》第五十五条。

排除的重大矛盾,不能排除有其他人作案可能的,应当认为认定主要案件事实的结论不具有唯一性。人民法院据此判决被告人有罪的,人民检察院应当按照审判监督程序向人民法院提出抗诉,或者向同级人民法院提出再审检察建议。

(二)案例评析

案例价值:本案存在在案发现场提取的物证等实物证据,未经鉴定,且在诉讼过程中丢失或者毁灭,无法在庭审中出示、质证,有罪供述的主要情节又得不到其他证据印证的情况,而原审裁判认定被告人有罪,本案经过多次上诉,人民检察院支持抗诉后终于查清案件事实,充分保障了被告人的权利,体现了刑事诉讼的基本理念、证据证明标准在案例中的准确运用。

案例七 陈某申诉案(检例第26号)

(一)案例要旨与指导意义

1. 案例要旨:证据是刑事诉讼的基石,认定案件事实,必须以证据为根据。证据未经当庭出示、辨认、质证等法庭调查程序查证属实,不能作为定案的根据。对于在案发现场提取的物证等实物证据,未经鉴定,且在诉讼过程中丢失或者毁灭,无法在庭审中出示、质证,有罪供述的主要情节又得不到其他证据印证,而原审裁判认定被告人有罪的,应当依法进行监督。

2. 指导意义:(1)切实强化证据裁判和证据审查意识。证据裁判原则是现代刑事诉讼的一项基本原则,是正确惩治犯罪,防止冤假错案的重要保障。证据裁判原则不仅要求认定案件事实必须以证据为依据,而且所依据的证据必须客观真实、合法有效。我国2012年《刑事诉讼法》第四十八条①第三款规定:“证据必须经过查证属实,才能作为定案的根据。”这是证据使用的根本原则,违背这一原则有可能导致冤假错案,放纵罪犯或者侵犯公民的合法权利。检察机关审查逮捕、审查起诉和复查刑事申诉案件,都必须对证据的客观性、合法性进行审查,及时防止和纠正冤假错案。对于刑事申诉案件,经审查,原审裁判据以定案的有关证据,在原审过程中未经法定程序证明其真实性、合法性,而人民法院据此认定被告人有罪的,人民检察院应当依法进行监督。

① 现为《刑事诉讼法》第五十条。

(2)坚持综合审查判断证据规则。2012年《刑事诉讼法》第一百九十五条[①]第一项规定:"案件事实清楚,证据确实、充分,依据法律认定被告人有罪的,应当作出有罪判决。"证据确实、充分,不仅是对单一证据的要求,也是对审查判断全案证据的要求。只有使各项证据相互印证,合理解释消除证据之间存在的矛盾,才能确保查明案件事实真相,避免出现冤假错案,特别是在将犯罪嫌疑人、被告人有罪供述作为定罪主要证据的案件中,尤其要重视以客观性证据检验补强口供等言词证据。只有口供而没有其他客观性证据,或者口供与其他客观性证据相互矛盾、不能相互印证,对所认定的事实不能排除合理怀疑的,应当坚持疑罪从无原则,不能认定被告人有罪。

(二)案例评析

案例价值:本案的关键问题是对申诉人的定罪量刑缺乏直接的证据,其他证据又无法形成完整证据链证明申诉人有罪,没有达到排除合理怀疑的标准。检察机关通过审查申诉人申诉理由以及案卷卷宗认为案件存在错误,进而支持申诉的行为体现了能动检察的法治要求。本案作为指导性案例强化了检察机关在工作中坚持"以证据为核心、庭审为中心的理念",也为检察机关敢于对存疑案件提出抗诉或支持申诉给予了支持。

案例八　陈某某刑事申诉公开听证案(检例第158号)

(一)案例要旨与指导意义

1.案例要旨:检察机关办理疑难复杂和争议较大的刑事案件应当坚持"应听证尽听证",做到厘清案情、释明法理、化解矛盾、案结事了。刑事申诉案件公开听证,重在释法说理,解开"心结",引导当事人理解、认同人民检察院依法作出的处理决定。主办检察官主持听证,能当场作出决定的,可当场宣布处理决定并阐明理由。当听证员评议时,主办检察官可结合听证情况分别与双方当事人进一步沟通交流,做针对性更强、更为具体的矛盾化解和释法说理工作。听证员评议意见是人民检察院作出决定的重要参考,检察机关要保障听证员独立和充分发表意见。

① 现为《刑事诉讼法》第二百条。

2. 指导意义：(1)办理疑难复杂和争议较大的刑事案件应当坚持“应听证尽听证”，保障司法公正，提升司法公信，促进矛盾化解。检察听证既是深化案件审查、查明案件事实的有效方式，又是做好释法说理、矛盾化解工作的客观需要。检察机关受理、首办疑难复杂、争议较大的刑民交叉案件，应当以听证方式审查，依法准确定性处理。对于拟依法作出不批准逮捕或者不起诉决定的刑事案件，当事人矛盾冲突尖锐或属有影响性案件的，检察机关应当组织召开听证会，就事实认定、证据采信、法律适用和案件处理等听取当事人、听证员及其他参加人的意见。对于诉求强烈、矛盾突出的刑事申诉案件，检察机关也应当通过听证方式当面听取申诉人和其他相关人员意见，充分释法说理，达到消除疑虑、增进理解、化解矛盾、促进案结事了的目的。

(2)各级人民检察院检察长、副检察长应当直接主持重大疑难复杂刑事申诉案件的检察听证。检察长、副检察长主持听证，要在全面阅卷、掌握案情和申诉争议焦点的基础上，结合听证过程，有针对性地做好矛盾化解工作，特别是在听证员进行评议的暂时休会期间，要不失时机地结合听证情况，分别与当事人进一步沟通交流，从人民检察院拟作出决定考虑，做更为具体的矛盾化解和释法说理工作，为当事人理解、接受将要作出的处理决定奠定基础。

(3)要充分尊重听证员的独立评议地位，听证员评议意见是人民检察院作出决定的重要参考。听证员受邀参加听证，其职责主要是听取当事人、案件承办人及其他参加人就案件争议焦点等问题作出陈述和说明，独立进行评议，并发表评议意见。要保障所有听证员独立和充分发表意见。评议完毕，可以推举一名听证员代表全体听证员发表意见。听证员之间有意见分歧的，听证员代表阐述完多数听证员共同意见后，也要对少数听证员的不同意见予以适当表述。听证员的意见应当作为人民检察院依法处理案件的重要参考，拟不采纳听证员多数意见的，应当层报检察长作出决定。

(二)案例评析

案例价值：刑事申诉案件办理过程中举行的听证一般为公开听证，这是最为常见、最能发挥听证价值和作用的方式。为进一步发挥公开听证在刑事申诉案件办理过程中的重要作用，最高人民检察院决定发布以刑事申诉公开听证为主题的指导性案例，以期进一步统一刑事申诉案件公开听证的范围和适用标准，规范听证活动，客观展现检察机关发挥法律监督职能、化解社会矛盾纠纷、促进社会治理的重要过程，让司法办案阳光化、透明化，不断满足人民群众的知情权，积极回应社会关切，为常态化、制度化开展刑事申诉案件公开听证提供更强保障。①

案例九 吴某某、杨某某刑事申诉公开听证案（检例第159号）

（一）案例要旨与指导意义

1. 案例要旨：对于因司法机关依法改变原处理决定，但未对当事人释法说理引起刑事申诉的，检察机关应当充分做好释法说理，必要时组织检察听证，弥补原案办理中的缺陷，促进案结事了。检察机关要认真做好检察听证前的准备工作。出现申诉人不信任、不配合等抵触情形的，检察机关要做好情绪疏导工作，必要时争取当地有关部门支持配合，共同解开"心结"，确保听证顺利举行。办案过程中发现申诉人因案致困，符合司法救助条件的，检察机关应当及时给予救助帮扶。反向审视发现原案办理中履职不到位或者不规范司法等问题，相关检察机关应提出切实可行的整改措施，进一步规范司法行为，提升案件办理质效。

2. 指导意义：（1）人民检察院组织检察听证，应当认真做好各项准备工作。对决定举行检察听证的刑事申诉案件，承办检察官在听证前要全面阅卷，充分了解案件事实、证据及焦点问题，并对相关问题进行调查核实。对于矛盾激化、诉求强烈的申诉案件，人民检察院应当做好申诉人情绪引导和安抚工作，使其理解和自愿参加听证。

（2）人民检察院办理刑事申诉案件，发现申诉人因案致困，符合司法救助条件的，应当及时给予救助帮扶。在办理刑事申诉案件过程中，发现申诉人因案导致生活困难，经调查核实其经济收入、生活状况后，认为其符合司法救助条件的，人民检察院应当主动告知其申请救助的方式，及时按程序提供救助。人民检察院要联合社会各方力量，多渠道、更大力度解决申诉人的实际困难，给予申诉人更多的人文关怀、帮扶救济，让人民群众在司法案件的办理中不仅感受到

① 参见王庆民：《以听证助力检察履职 让公平正义可感可触——最高人民检察院第三十九批指导性案例解读》，载《人民检察》2022年第20期。

公平正义,还感受到司法的温度。

(3)人民检察院办理刑事申诉案件,应当通过反向审视,对原案办理中的问题和瑕疵进行有针对性的整改。办理刑事申诉案件具有检视整个刑事诉讼过程的独特优势。人民检察院要通过全面审查案件和公开听证,反向审视检察环节存在的履职不到位或者司法不规范等问题和瑕疵,促使相关检察机关提出切实可行的整改措施,并认真落实。人民检察院要依法依规依纪追究相关人员司法责任,规范司法行为,严格依法办案,提升案件办理质效,增强司法公信力。

(二)案例评析

案例价值:本案是一起涉及抢劫杀人、在当地有重大社会影响的案件,但因犯罪嫌疑人是否年满14周岁,是否应追究其刑事责任存在争议,曾经撤回起诉后又长期不予处理,导致申诉人生活困难,对司法机关不信任、矛盾激化。检察机关选择这些案件举行公开听证,既可以客观展现检察机关发挥法律监督职能、化解社会矛盾纠纷、促进社会治理的价值作用,还可以通过还原案件真相,满足人民群众的知情权,积极回应社会关切,提高人民群众的法治意识。[①]

案例十　董某某刑事申诉公开听证案(检例第160号)

(一)案例要旨与指导意义

1. 案例要旨:检察机关办理因民间矛盾、邻里纠纷等引发的复杂、疑难刑事申诉案件,应当举行检察听证,消除双方当事人之间的误会和积怨,引导双方当事人和解。对于刑事申诉案件反映出的社会治理不完善的问题,检察机关应当依法能动履职,推动主管部门予以完善,必要时可以邀请相关主管部门负责人参加检察听证,就有效化解矛盾、妥善处理案件等提出意见建议,促进综合治理。

2. 指导意义:(1)人民检察院办理群众之间积怨较深、难解的“小案”,应当通过检察听证消除误会积怨,引导双方和解。因民间矛盾、邻里纠纷等轻伤害案件常见多发,许多是典型的“小案”,但当事人申诉比例很高。究其原因,主要

① 参见王庆民:《以听证助力检察履职　让公平正义可感可触——最高人民检察院第三十九批指导性案例解读》,载《人民检察》2022年第20期。

在于一些案件简单"依法"办理，只是走完诉讼程序，刑事和解、多元化解、释法说理等工作没有做到位，致矛盾激化，甚至存在诱发严重刑事案件的可能。对于此类案件，人民检察院拟作出不起诉决定时，应当举行检察听证，向当事人充分释法说理，将双方当事人的责任，犯罪嫌疑人是否构成犯罪的证据和法律依据、应当承担的损害赔偿等处理意见阐述清楚，引导双方当事人就民事赔偿达成和解，为当事人接受不起诉决定奠定基础。对于因释法说理和矛盾化解不到位导致反复申诉的"小案"，人民检察院也应当通过检察听证搭建沟通化解的平台，让申诉人有理能讲、有怨能诉、有惑得释，在摆事实、讲证据、释法理的基础上积极引导双方达成谅解，从而化解矛盾纠纷。

(2)人民检察院应当结合案件依法能动履职，积极促进社会治理。不少久诉不息的刑事申诉案件背后，都存在社会治理薄弱环节和突出问题。人民检察院在办理刑事申诉案件过程中，要自觉践行新时代"枫桥经验"，立足于法律监督定位，依法能动履职，对申诉案件反映出的社会治理不完善问题，通过制发检察建议推动解决。对于与案件处理有重要关系的问题，人民检察院可以邀请相关主管部门负责人参加听证会，就案件处理和完善治理，就地化解矛盾、防范同类案事件发生等发表意见建议，协助案件的妥善处理。听证会后，人民检察院要督促落实检察建议，积极促进综合治理，实现社会和谐稳定。

(二)案例评析

案例价值：本案系由省检察院领导承办并主持的听证案件，是疑难复杂、有争议、社会影响大的案件，院领导承办并主持公开听证，取得了良好的政治效果、社会效果和法律效果。实践中，院领导要承办的是重大复杂敏感案件、新类型案件和在法律适用方面具有普遍指导意义的案件。本案虽然是一起因广场舞场地争执引发的轻伤害刑事申诉案件，案件很"小"，但由于刑事和解、多元化解、释法说理等工作没有做到位，矛盾激化，变为了当地社会和谐稳定的一大隐患。检察机关通过举行公开听证，引导双方当事人就民事赔偿达成和解，并针对案件反映出的社会治理不完善问题，制发检察建议并督促落实，防范同类案事件发生，促进了社会综合治理。[①]

---

① 参见王庆民：《以听证助力检察履职　让公平正义可感可触——最高人民检察院第三十九批指导性案例解读》，载《人民检察》2022年第20期。

案例十一 董某某刑事申诉简易公开听证案(检例第161号)

(一)案例要旨与指导意义

1. 案例要旨:检察机关办理申诉人申诉的案件,可以在"12309"检察服务中心等申诉案件办理场所举行简易公开听证,由检察官和听证员现场解答申诉人关于案件事实认定、证据采信和法律适用等方面的疑问。心理咨询师可以作为听证员或者辅助人员,参与检察听证,有针对性地给予申诉人专业化的心理疏导,纾解其心结,增强释法说理效果,促进矛盾化解、案结事了。

2. 指导意义:(1)人民检察院对于申诉人申诉的案件,根据案件情况,可以举行简易公开听证。简易公开听证是检察机关办理刑事申诉案件,化解矛盾纠纷的方式创新。承办检察官审查申诉材料、相关法律文书等后,认为司法机关对原案的处理决定并无不当,只是未对申诉人充分释法说理的,可以采取即时或者预约的方式在"12309"检察服务中心等申诉案件办理场所举行简易公开听证,由听证员和检察官向申诉人充分释法说理,消除申诉人对司法机关处理决定的疑惑。简易公开听证是对普通听证程序的简化,一般不需要制定听证方案、发布听证会公告等,通常也无须邀请被申诉人、原案承办人员等参加听证会。出席简易公开听证的主要是办理刑事申诉案件的检察官、申诉人和听证员。听证员可由当天在"12309"检察服务中心值班的律师、心理咨询师等组成,一般为3人。听证过程中,听证员可以休会评议,也可以直接发表意见。

(2)对于因原案办理时释法说理不充分,矛盾没有得到有效化解而导致长年申诉、对立情绪和消极心态比较强烈的申诉人,可以邀请心理咨询师介入,做好申诉人的心理疏导工作。心理咨询师作为听证员参加检察听证,或者作为辅助人员参与听证过程,有针对性地进行专业的心理疏导,可以有效平复申诉人的心态,增强释法说理效果,促进矛盾化解。

(二)案例评析

案例价值:本案充分利用线上平台开展简易听证程序,在案结事了的同时节约了大量司法资源,而这种方式也可突破地域、地方经济等情况因素的影响,能够被大量类案所复制推广。同时,由于线上听证亲历性较低,本案检察机关还引入了心理咨询与帮扶，及时有效化解当事人心结，具有创新性。[①] 考虑到申诉人到检察机关走访申诉时可能情绪激动，内心存有抵触，可邀请心理咨询师作为听证员或者辅助人员，参与到公开听证中来，有针对性地给予申诉人专业化的心理疏导，纾解其心结，消除申诉人的对立情绪和消极心态，增强释法说理效果，促进矛盾化解，这一做法应予复制推广。

案例十二　王某等人故意伤害等犯罪二审抗诉案（检例第178号）

（一）案例要旨与指导意义

1. 案例要旨：检察机关在办案中要加强对未成年人的特殊、优先保护，对于侵害未成年人犯罪手段残忍、情节恶劣、后果严重的，应当依法从严惩处。胁迫未成年人实施毒品犯罪、参加恶势力犯罪集团，采用暴力手段殴打致该未成年人死亡的，属于"罪行极其严重"，应当依法适用死刑。对于人民法院以被告方与被害方达成赔偿谅解协议为由，从轻判处的，人民检察院应当对赔偿谅解协议进行实质性审查，全面、准确分析从宽处罚是否合适。虽达成赔偿谅解但并不足以从宽处罚的，人民检察院应当依法提出抗诉，监督纠正确有错误的判决，贯彻罪责刑相适应原则，维护公平正义。

2. 指导意义：（1）检察机关要对"赔偿谅解协议"作实质性审查，准确提出量刑建议。赔偿谅解是刑事案件常见的酌定从轻处罚情节，是评价被告人认罪悔罪态度和人身危险性的因素之一。审查时应主要考虑：一是赔偿谅解是"可以"从轻处罚，不是"必须"从轻处罚，且适用的前提是被告人认罪、悔罪；二是赔偿谅解要考察被犯罪行为破坏的社会关系是否得到一定程度的修复，在被害人死亡或者无法独立表达意志的情况下，对被害人亲属出具的赔偿谅解协议更要严格审查和全面准确把握；三是对于严重危害社会治安和影响人民群众安全感的犯罪，必须结合犯罪事实、性质及其他情节进行综合衡量，予以适当、准确的评价。在此基础上，检察机关要对赔偿谅解协议进行实质性审查，如审查谅解主体是否适格、谅解意愿是否自愿真实、谅解内容是否合法、是否附有不合理条

① 参见王庆民：《以听证助力检察履职　让公平正义可感可触——最高人民检察院第三十九批指导性案例解读》，载《人民检察》2022年第20期。

件等，综合案件全部量刑情节，准确提出量刑建议。

(2)对于“罪行极其严重”的侵害未成年人犯罪，应当坚决依法适用死刑。死刑只适用于极少数罪行极其严重的犯罪分子。根据《最高人民法院、最高人民检察院、公安部、司法部关于依法严惩利用未成年人实施黑恶势力犯罪的意见》，应当依法严厉打击、从重处罚胁迫未达到刑事责任年龄的未成年人参加恶势力犯罪集团的行为。此类恶势力犯罪集团的首要分子，利用未成年人实施毒品犯罪，强迫未成年人吸毒，并致该未成年人死亡，犯罪手段残忍、情节恶劣、社会危害性极大的，属于“罪行极其严重”，应当坚决依法适用死刑。

(3)加强对未成年人的特殊、优先保护，依法从严惩处侵害未成年人犯罪。关心关爱未成年人的健康成长，是全社会的共同责任。检察机关在办案中，一方面，对于侵害未成年人犯罪手段残忍、情节恶劣、后果严重的，应当依法从严惩处；另一方面，要做好未成年人保护工作，通过开展司法救助、心理辅导、公益诉讼、提出社会治理类检察建议等方式，推进对涉案未成年人的综合帮扶，努力为未成年人健康成长营造良好环境。

(二)案例评析

案例价值：本案被告人系恶势力犯罪集团的首要分子，利用未成年人实施毒品犯罪，强迫未成年人吸毒，为掩盖毒品犯罪而暴力殴打致未成年人死亡，其犯罪动机卑劣，手段残忍、情节恶劣、社会危害性极大，属于罪行极其严重的情形，应当坚决依法适用死刑。即使本案被告方与被害方达成了谅解协议，也不足以从宽处罚。检察机关在办理审判监督案件中，要加强对未成年人的特殊、优先保护，做到既依法从严惩处侵害未成年人犯罪，又关心关爱未成年人，进而推动对涉案未成年人的综合帮扶。[①]

案例十三 刘某某贩卖毒品二审抗诉案(检例第179号)

(一)案例要旨与指导意义

1. 案例要旨：对于人民法院以存在“合理怀疑”为由宣告被告人无罪的案

① 参见元明、张建忠等：《充分发挥刑事抗诉监督作用 有效强化刑事审判监督职能——最高人民检察院第四十五批指导性案例解读》，载《人民检察》2023年第13期。

件,人民检察院认为在案证据能够形成完整的证据链,且被告人的无罪辩解没有证据证实的,应当提出抗诉。同时,对于确有必要的,要补充完善证据,对人民法院认为存在的“合理怀疑”作出解释,以准确排除“合理怀疑”,充分支持抗诉意见和理由。对于查清事实后足以定罪量刑的抗诉案件,如未超出起诉指控范围,人民检察院可以建议人民法院依法直接改判。

2. 指导意义:(1)正确适用排除合理怀疑的证据规则。合理怀疑是指以证据、逻辑和经验法则为根据的怀疑,即案件存在被告人无罪的现实可能性。办理刑事案件要综合审查全案证据,考虑各方面因素,对所认定事实排除合理怀疑并得出唯一性结论。对于不当适用“合理怀疑”作出无罪判决的,人民检察院要根据案件证据情况,认真审查法院判决无罪的理由。对于确有必要的,人民检察院要补充完善证据,以准确排除“合理怀疑”。针对被告人的无罪辩解,人民检察院要注意审查辩解是否具有合理性,与案件事实和证据是否存在矛盾。对于证人改变证言的情形,人民检察院要结合证人改变的理由、证人之前的证言以及与在案其他证据印证情况进行综合判断。经综合审查,如果案件确实存在“合理怀疑”,人民检察院应当坚持疑罪从无原则,依法作出无罪的结论;如果被告人的辩解与全案证据矛盾,或者无客观性证据印证,且与经验法则、逻辑法则不相符,应当认定不属于“合理怀疑”。

(2)对于行为人不认罪的毒品犯罪案件,要根据在案证据,结合案件实际情况综合判断行为人对毒品犯罪的主观“明知”。人民检察院在办理案件中,判断行为人是否“知道或者应当知道行为对象是毒品”,应综合考虑案件中的各种客观实际情况,依据实施毒品犯罪行为的过程、行为方式、毒品被查获时的情形和环境等证据,并结合行为人的年龄、阅历、智力及掌握相关知识情况,进行综合分析判断,且用作推定行为人“知道或者应当知道行为对象是毒品”的前提的事实基础必须有确凿的证据证明。

(3)对于查清事实后足以定罪量刑的抗诉案件,如未超出起诉指控范围,人民检察院可以建议人民法院依法直接改判。根据《刑事诉讼法》第二百三十六条的规定,对于原判决事实不清或者证据不足的,第二审人民法院在查清事实后可以依法改判或者发回重审。司法实践中,对于人民检察院提出抗诉后补充的证据,如果该证据属于补强证据,认定的案件事实没有超出起诉指控的范围,且案件已经多次开庭审理,应当综合考虑诉讼经济原则和人权保障的关系,建议人民法院在查明案件事实后依法改判。

(二)案例评析

案例价值:本案对于查清事实后足以定罪量刑的抗诉案件,如果未超出起诉指控范围,则检察机关提出抗诉后补充的证据属于补强证据,检察机关可以建议法院依法直接改判,这是综合考虑诉讼经济原则和人权保障的结果。而且本案被告人在生效判决作出后,还专门约见承办检察官,不仅认罪悔罪,还指认了自己的毒品上家,充分展示了二审直接改判后取得的良好法律效果和社会效果。①

案例十四 李某抢劫、强奸、强制猥亵二审抗诉案(检例第180号)

(一)案例要旨与指导意义

1. 案例要旨:对于认定事实、适用法律存在争议的抗诉案件,人民检察院要全面收集、审查判断和综合运用证据,充分利用技术手段收集电子数据,注重运用间接证据完善证据链条,确保准确认定犯罪事实和适用法律。在二审抗诉案件办理过程中,发现漏罪线索,应当及时移送公安机关侦查,经查证属实的,建议人民法院发回重审,由人民检察院对新的犯罪事实补充起诉,依法保障被告人的上诉权。人民检察院要加强反向审视,通过办理抗诉案件,发现和改进审查逮捕、审查起诉工作中存在的问题和不足。

2. 指导意义:(1)注重收集电子数据在内的客观性证据,充分运用间接证据,综合其他在案证据形成完整证据链证明案件事实。在收集、固定证据过程中,人民检察院要注意收集和运用电子数据证实犯罪,实现科技强检在完善证据链条,追诉漏罪漏犯,指控证明犯罪等方面的效能。对每一份间接证据,均要确认其真实性、合法性,充分挖掘证据与事实之间、证据与证据之间的关联性,增强间接证据的证明力。

(2)在二审抗诉案件办理过程中,发现新的犯罪事实的,人民检察院应当移送公安机关侦查,查证属实的,建议人民法院发回重审,由人民检察院补充起

---

① 参见元明、张建忠等:《充分发挥刑事抗诉监督作用 有效强化刑事审判监督职能——最高人民检察院第四十五批指导性案例解读》,载《人民检察》2023年第13期。

诉。人民检察院在二审抗诉过程中，如果发现原判决事实不清楚，存在新的犯罪事实，应当要求公安机关侦查并移送起诉。为充分保障被告人对补充起诉的犯罪事实的上诉权，人民检察院应当建议二审法院裁定撤销原判、发回重审，待公安机关侦查终结移送审查起诉后，由人民检察院补充起诉，做到既全面、准确、有力打击犯罪，又保障被告人依法享有的上诉权。

(3)在办理抗诉案件中要加强反向审视，发现和改进捕诉工作中存在的问题和不足。高质效办好每一个案件，事实证据是基础和前提。有的抗诉案件会暴露出审查逮捕、审查起诉环节存在的审查不细、把关不严、举证不力等问题。人民检察院应当通过办理抗诉案件，加强反向审视，及时分析和研究这些问题产生的原因，加以改进、规范和提高，提升办案能力，确保办案质量。

(二)案例评析

案例价值：本案的最大亮点是"零口供"办案，因而对案件证据的调取、收集以及审查运用是案件具有代表性的关键。[①] 检察机关在二审抗诉程序中针对遗漏的罪行积极协同公安机关、审判机关查处，并结合案件所处环节适用较为高效的程序促进案结事了，有效保证案件实体公正、程序正当。本案在抗诉程序、审理程序上与检例第 179 号存在呼应，更加具有指导性和示范引领意义，这种做法是符合法律规定的，并且发回重审的处理方式更加高质高效，有利于实现量刑平衡，保证法律的统一正确实施。

案例十五　孟某某等人组织、领导、参加黑社会性质组织、寻衅滋事等犯罪再审抗诉案(检例第 181 号)

(一)案例要旨与指导意义

1. 案例要旨：被告人不服第一审判决，上诉后又在上诉期满后申请撤回上诉、人民法院裁定准许的，如果人民检察院认为该一审判决确有错误，作出准许撤回上诉裁定的人民法院的同级人民检察院有权依照审判监督程序提出抗诉。抗诉后人民法院指令按照第一审程序审理案件的，人民检察院发现原案遗漏犯

① 参见元明、张建忠等：《充分发挥刑事抗诉监督作用　有效强化刑事审判监督职能——最高人民检察院第四十五批指导性案例解读》，载《人民检察》2023 年第 13 期。

罪事实的,应当补充起诉;发现遗漏同案犯罪嫌疑人的,应当追加起诉,并建议人民法院对指令再审的案件与补充、追加起诉的案件并案审理,数罪并罚。人民检察院在办案中应当强化监督,充分运用自行侦查与侦查机关(部门)补充侦查相结合的方式,加强侦检监衔接,深挖漏罪漏犯,推进诉源治理,把监督办案持续做深做实。

2. 指导意义:(1)法院裁定准许撤回上诉后,生效的第一审裁判确有错误应当提出抗诉的,作出裁定的人民法院的同级人民检察院有权依照审判监督程序提出抗诉;法院指令再审后,人民检察院发现漏罪漏犯的,应当补充追加起诉。依据《最高人民法院关于适用〈中华人民共和国刑事诉讼法〉的解释》,在上诉期满后要求撤回上诉的,二审法院经审查作出准许被告人撤回上诉裁定后,第一审判决、裁定自准许撤回上诉裁定书送达上诉人之日起生效。人民法院对案件作出实体处理并发生法律效力的判决是第一审判决,如果上一级人民检察院认为该判决确有错误,有权依照审判监督程序提出抗诉。抗诉后人民法院指令按照第一审程序再审案件的,人民检察院发现原案遗漏犯罪事实的,应当补充起诉;发现遗漏同案犯罪嫌疑人的,应当追加起诉,并建议人民法院对指令再审的案件与补充、追加起诉的案件并案审理,数罪并罚。

(2)检察机关要强化监督意识,充分发挥监督职能,加强自行侦查,积极引导侦查取证。对同案不同判、漏罪漏犯的审判监督线索,人民检察院应当以必要性、适度性、有效性为原则,开展自行侦查。灵活运用多种取证手段,通过实地勘查、调取书证、走访询问证人等方式,增强办案亲历性,完善指控证据体系;对事实、证据存在问题的案件,检察机关应当及时退回侦查机关开展补充侦查,列明详细的补充侦查提纲,督促及时补充完善证据。强化侦检协作和监检衔接,通报研判案情,准确列明补充侦查提纲,与侦查、调查人员充分沟通查证要点,深挖彻查漏罪漏犯,全面、准确打击犯罪。

(3)人民检察院应当以个案的能动履职、融合履职,助推诉源治理。人民检察院在办案过程中,要全面深入履行法律监督职责,加强立案监督、侦查活动监督和审判监督,深挖漏罪漏犯,监督纠正确有错误的判决,做到罚当其罪;要强化能动履职,将检察办案职能向社会治理延伸,针对个案发现的社会治理问题,通过提出检察建议、开展司法救助、做好普法宣传、开展区域联合、部门协作等方式,促进相关行业、领域健全完善规章制度,推进源头防治;对环境资源领域的犯罪行为，要融合发力，同步提起刑事附带民事公益诉讼，助力生态环境保护，实现“治罪”与“治理”并重，服务经济社会发展大局。

（二）案例评析

案例价值：本案针对司法实践中抗诉与再审交织的案件中存在的难点释明了办案规则，即“对于法院裁定准许撤回上诉后，检察机关认为生效裁判确有错误应当监督纠正的，可以由作出裁定的法院的同级检察机关依照审判监督程序提出抗诉”。[①] 该规则的明确优化了检察机关依照再审程序提出抗诉的方式，具有较强的实践性。但确立该规则也经历了与最高人民法院长期、多次沟通的过程，由此可见该程序问题较为复杂，需要法院的配合，因而在实践中也存在一定难度。

案例十六　宋某某危险驾驶二审、再审抗诉案（检例第182号）

（一）案例要旨与指导意义

1. 案例要旨：人民检察院应当依法规范行使不起诉权，通过备案审查等方式加强对不起诉决定的内部监督制约，着力提高审查起诉工作水平和办案质量。当就同一专门性问题有两份或者两份以上的司法鉴定意见，且结论不一致时，检察人员要注重从鉴定主体的合规性、鉴定程序的合法性、鉴定方法的科学性、鉴定材料的充分性及分析论证的合理性等方面进行实质化审查。对于提出抗诉的案件，为确保抗诉效果，人民检察院可以通过自行侦查进一步补强证据，充分支持抗诉意见和理由，通过接续抗诉、持续监督，全面履行刑事审判监督职责，维护司法公正。

2. 指导意义：（1）人民检察院应当依法规范行使不起诉权，加强对不起诉决定的内部监督制约。依据《人民检察院刑事诉讼规则》的规定，上级检察院对于下级检察院确有错误的不起诉决定，应当予以撤销或者指令下级检察院纠正。对于存在较大争议、具有较大影响的案件，下级检察院经审查决定不起诉的，要及时向上级检察院备案，上级检察院发现存在错误的，应当及时予以纠正。为保证不起诉决定的公正性，各级检察院要充分认识建立健全备案审查工作制度

---

① 参见元明、张建忠等：《充分发挥刑事抗诉监督作用　有效强化刑事审判监督职能——最高人民检察院第四十五批指导性案例解读》，载《人民检察》2023年第13期。

的重要性，及时发现并纠正错误决定，有必要组织听证的，要及时召开不起诉听证会；加强对下业务指导，通过开展定期分析、情况通报、类案总结等，着力提高审查起诉工作水平和办案质量。

(2)人民检察院在办理抗诉案件过程中，要充分履行法律监督职能，坚持接续抗诉、持续监督，确保案件裁判结果公正，以“小案”的客观公正办理体现检察担当。检察机关应当充分履行法律监督职能，上级检察院要加强对下级检察院抗诉工作的指导，紧扣抗诉重点，严把抗诉标准，形成监督合力。对下级检察院正确的抗诉意见，法院不予采纳的，上级检察院应当提供有力支持，与下级检察院接续监督、一抗到底，通过上下级检察院持续监督，确保错误裁判被监督纠正。要用心用情办好每一件“小案”，这是检察机关客观公正义务的基本要求，也展现了检察担当和为民情怀。

(3)强化对司法鉴定意见的实质性审查，确保审查结论的客观性、科学性。人民检察院发现案件就同一专门性问题有两份或者两份以上的鉴定意见，且结论不一致的，确有必要时，可以依法决定补充鉴定或者重新鉴定。对于司法鉴定意见要加强分析比对和判断鉴别，从鉴定主体的合规性、鉴定程序的合法性、鉴定方法的科学性、鉴定材料的充分性及分析论证的合理性等方面进行实质化审查，结合案件其他事实证据，分析得出科学的审查结论。

(二)案例评析

案例价值：本案提出要强化对司法鉴定意见的实质性审查。如果发现案件有两份或者两份以上鉴定意见，且结论不一致，则检察机关对于鉴定意见要加强分析比对和判断鉴别，从鉴定主体的合规性、鉴定程序的合法性、鉴定方法的科学性、鉴定材料的充分性及分析论证的合理性等方面进行实质化审查，认为确有必要时，可以依法决定补充鉴定或者重新鉴定，确保审查结论的客观性、科学性。

刑事检察监督案例

案例一 王某某不批准逮捕案(检例第27号)

(一)案例要旨与指导意义

1. 案例要旨：检察机关办理审查逮捕案件，要严格坚持证据合法性原则，既要善于发现非法证据，又要坚决排除非法证据。非法证据排除后，其他在案证据不能证明犯罪嫌疑人实施犯罪行为的，应当依法对犯罪嫌疑人作出不批准逮捕的决定。要加强对审查逮捕案件的跟踪监督，引导侦查机关全面及时收集证据，促进侦查活动依法规范进行。

2. 指导意义：(1)严格坚持非法证据排除规则。根据我国2012年《刑事诉讼法》第七十九条①的规定，逮捕的证据条件是"有证据证明有犯罪事实"，这里的"证据"必须是依法取得的合法证据，不包括采取刑讯逼供、暴力取证等非法方法取得的证据。检察机关在审查逮捕过程中，要高度重视对证据合法性的审查，如果接到犯罪嫌疑人及其辩护人或者证人、被害人等关于刑讯逼供、暴力取证等非法行为的控告、举报及提供的线索，或者在审查案件材料时发现可能存在非法取证行为，以及刑事执行检察部门反映可能存在违法提讯情况，则应当认真进行审查，通过当面讯问犯罪嫌疑人、查看犯罪嫌疑人身体状况、识别犯罪嫌疑人供述是否自然可信以及调阅提审登记表、犯罪嫌疑人入所体检记录等途径，及时发现非法证据，坚决排除非法证据。

(2)严格把握作出批准逮捕决定的条件。构建以客观证据为核心的案件事实认定体系，高度重视无法排除合理怀疑的矛盾证据，注意利用收集在案的客观证据验证、比对全案证据，守住"犯罪事实不能没有、犯罪嫌疑人不能搞错"的逮捕底线。要坚持惩罚犯罪与保障人权并重的理念，重视犯罪嫌疑人不在犯罪现场、没有作案时间等方面的无罪证据以及侦查机关可能存在的非法取证行为的线索。综合审查全案证据，不能证明犯罪嫌疑人实施了犯罪行为的，应当依法作出不批准逮捕的决定。要结合办理审查逮捕案件，注意发挥检察机关侦查监督作用，引导侦查机关及时收集、补充其他证据，促进侦查活动依法规范进行。

(二)案例评析

案例价值：本案在审查批捕环节客观审查证据，精准判断罪与非罪，从源头上避免了冤假错案的发生。检察机关之所以作出不批准逮捕的决定，是因为通过审查案件卷宗发现案件存在诸多疑点，排除非法证据后认为现有证据不足以认定犯罪嫌疑人有罪后及时作出正确决定，并对立案和侦查开展监督，确保最

① 现为《刑事诉讼法》第八十一条。

终案件办理公正合法。本案得到了最高人民检察院以及社会的高度评价，其充分地体现了“检察机关在审查批捕环节中依法履职，严格把关，坚决排除非法证据，坚守防范冤假错案的底线”。[①]

案例二 宣告缓刑罪犯蔡某等12人减刑监督案(检例第70号)

(一)案例要旨与指导意义

1. 案例要旨：对于判处拘役或者3年以下有期徒刑并宣告缓刑的罪犯，在缓刑考验期内确有悔改表现或者有一般立功表现，一般不适用减刑。在缓刑考验期内有重大立功表现的，可以参照《刑法》第七十八条的规定予以减刑。人民法院对宣告缓刑罪犯裁定减刑适用法律错误的，人民检察院应当依法提出纠正意见。人民法院裁定维持原减刑裁定的，人民检察院应当继续监督。

2. 指导意义：(1)人民法院减刑裁定适用法律错误，人民检察院应当依法监督纠正。人民检察院在办理减刑、假释案件时，应准确把握法院减刑、假释裁定所依据的规范性文件。对于地方人民法院、人民检察院制定的司法解释性文件，应当根据《最高人民法院、最高人民检察院关于地方人民法院、人民检察院不得制定司法解释性质文件的通知》予以清理。人民法院依据地方人民法院、人民检察院制定的司法解释性文件作出裁定的，属于适用法律错误，人民检察院应当依法向人民法院提出书面监督纠正意见，监督人民法院重新组成合议庭进行审理。

(2)人民法院对没有重大立功表现的缓刑罪犯裁定减刑的，人民检察院应当予以监督纠正。减刑、假释是我国重要的刑罚执行制度，不符合法定条件和非经法定程序，不得减刑、假释。根据相关规定，判处拘役或者3年以下有期徒刑并宣告缓刑的罪犯，一般不适用减刑；在缓刑考验期限内有重大立功表现的，可以参照《刑法》第七十八条的规定，予以减刑。因此，对缓刑罪犯适用减刑的法定条件是在缓刑考验期限内有重大立功表现。根据《社区矫正法》的有关规定，人民检察院依法对社区矫正工作实行法律监督，发现社区矫正机构对宣告

① 参见刘译矾：《浅论检察环节的非法证据排除——兼评王玉雷案》，载《河北北方学院学报(社会科学版)》2015年第6期。

缓刑的罪犯向人民法院提出减刑建议不当的，应当依法提出纠正意见；发现人民法院对于确有悔改表现或者有一般立功表现但没有重大立功表现的缓刑罪犯裁定减刑的，应当依法向人民法院发出纠正不当减刑裁定意见书，声明监督理由、依据和意见，监督人民法院重新组成合议庭进行审理并作出最终裁定。

（3）人民检察院发现人民法院已经生效的减刑、假释裁定仍有错误的，应当继续向人民法院提出书面纠正意见。人民检察院对人民法院减刑、假释的裁定提出纠正意见后，应当监督人民法院在收到纠正意见后1个月内重新组成合议庭进行审理，并监督人民法院重新作出的裁定是否符合法律规定。人民法院重新作出的裁定仍不符合法律规定的，人民检察院应当继续向人民法院提出纠正意见，提请人民法院按照审判监督程序依法另行组成合议庭重新审理并作出裁定。对人民法院仍然不采纳纠正意见的，人民检察院应当提请上级人民检察院继续监督。

（二）案例评析

案例价值：法院不采纳检察机关纠正意见的，检察机关应当持续监督纠正。本案体现了检察机关依法行使法律监督权的担当、执着精神，对于违法行为应当持续递进监督，直到纠正到位，保证监督权完整行使和监督效果充分显现。人民法院减刑裁定适用法律错误，人民检察院应当依法监督纠正。人民法院对没有重大立功表现的缓刑罪犯裁定减刑的，人民检察院应当予以监督纠正。

案例三　康某假释监督案（检例第71号）

（一）案例要旨与指导意义

1. 案例要旨：人民检察院办理未成年罪犯减刑、假释监督案件，应当比照成年罪犯依法适当从宽把握假释条件。对既符合法定减刑条件又符合法定假释条件的，可以建议刑罚执行机关优先适用假释。审查未成年罪犯是否符合假释条件时，应当结合犯罪的具体情节、原判刑罚情况、刑罚执行中的表现、家庭帮教能力和条件等因素综合认定。

2. 指导意义：（1）罪犯既符合法定减刑条件又符合法定假释条件的，可以优先适用假释。减刑、假释都是刑罚变更执行的重要方式，与减刑相比，假释更有利于维护裁判的权威和促进罪犯融入社会、预防罪犯再犯罪。目前，世界其他国家多数是实行单一假释制度或者是假释为主、减刑为辅的刑罚变更执行制度。但在我国司法实践中,减刑、假释适用不平衡,罪犯减刑比例一般在20%左右,假释比例只有1%左右,假释适用率低。人民检察院在办理减刑、假释案件时,应当充分发挥减刑、假释制度的不同价值功能,对既符合法定减刑条件又符合法定假释条件的罪犯,可以建议刑罚执行机关提请人民法院优先适用假释。

(2)对犯罪时未满18周岁的罪犯适用假释可以依法从宽掌握,综合各种因素判断罪犯是否符合假释条件。人民检察院办理犯罪时未满18周岁的罪犯假释案件,应当综合罪犯犯罪情节、原判刑罚、服刑表现、身心特点、监管帮教等因素依法从宽掌握,特别是对初犯、偶犯和在校学生等罪犯,假释后其家庭和社区具有帮教能力和条件的,可以建议刑罚执行机关和人民法院依法适用假释。对罪犯"假释后有无再犯罪危险"的审查判断,人民检察院应当根据相关法律和司法解释的规定,结合未成年罪犯犯罪的具体情节、原判刑罚情况,其在刑罚执行中的一贯表现、帮教条件(包括其身体状况、性格特征、被假释后生活来源以及帮教环境等因素)综合考虑。

(3)对犯罪时未满18周岁的罪犯假释案件,人民检察院可以建议罪犯的父母参加假释庭审。将未成年人罪犯父母到庭制度引入假释案件审理中,有助于更好地调查案件相关情况,客观准确地适用法律,保障罪犯的合法权益,督促罪犯假释后社会帮教责任的落实,有利于发挥司法机关、家庭和社会对罪犯改造帮教的合力作用,促进罪犯的权益保护和改造教育,实现办案的政治效果、社会效果和法律效果的有机统一。

(4)人民检察院应当做好罪犯监狱刑罚执行和社区矫正法律监督工作的衔接,继续加强对假释的罪犯社区矫正活动的法律监督。罪犯被裁定假释实行社区矫正后,检察机关应当按照《社区矫正法》的有关规定,监督有关部门做好罪犯的交付、接收等工作,并应当做好对社区矫正机构的监督,督促社区矫正机构对罪犯进行法治、道德等方面的教育,组织其参加公益活动,增强其法治观念,提高其道德素质和社会责任感,帮助其融入社会,预防和减少犯罪。

(二)案例评析

案例价值:第一,本案在办理减刑、假释监督案件时,按照法律和司法解释的有关规定和精神,对既符合法定减刑条件又符合法定假释条件的罪犯,建议刑罚执行机关提请法院优先适用假释,充分释放假释制度的价值功能。第二,本案罪犯康某犯罪时系未成年人,检察机关办理犯罪时未满18周岁的罪犯假释监督案件时,应当综合考量罪犯的犯罪情节、原判刑罚、服刑表现、身心特点、监管帮教等因素,依法从宽掌握假释条件,客观准确地适用法律。第三,检察机关应当做好罪犯监狱刑罚执行和社区矫正法律监督工作的衔接,继续加强对假释罪犯社区矫正活动的法律监督。社区矫正是贯彻党的宽严相济刑事政策,推进国家治理体系和治理能力现代化的一项重要制度。[①]

案例四　王某某暂予监外执行监督案(检例第72号)

(一)案例要旨与指导意义

1. 案例要旨:人民检察院对违法暂予监外执行进行法律监督时,应当注意发现和查办背后的相关司法工作人员职务犯罪。对司法鉴定意见、病情诊断意见的审查,应当注重对其及所依据的原始资料进行重点审查。发现不符合暂予监外执行条件的罪犯通过非法手段暂予监外执行的,应当依法监督纠正。办理暂予监外执行案件时,应当加强对鉴定意见等技术性证据的联合审查。

2. 指导意义:(1)人民检察院对暂予监外执行进行法律监督时,应注重发现和查办违法暂予监外执行背后的相关司法工作人员职务犯罪案件。实践中,违法暂予监外执行案件背后往往隐藏着司法腐败。因此,检察机关在监督纠正违法暂予监外执行的同时,应当注意发现和查办违法监外执行背后存在的相关司法工作人员职务犯罪案件,把刑罚变更执行法律监督与职务犯罪侦查工作结合,以监督促侦查,以侦查促监督,不断提升法律监督质效。在违法暂予监外执行案件中,一些罪犯亲友往往通过贿赂相关司法工作人员等手段,帮助罪犯违法暂予监外执行,这是违法暂予监外执行中较为常见的一种现象,对于情节严重的,应当依法追究其刑事责任。

(2)对司法鉴定意见、病情诊断意见的审查,应当注重对其及所依据的原始资料进行重点审查。检察人员办理暂予监外执行监督案件时,应当在审查鉴定意见、病情诊断的基础上,对鉴定意见、病情诊断所依据的原始资料进行重点审

---

① 参见侯亚辉、刘福谦、向德超:《进一步指导和加强刑罚变更执行法律监督——最高人民检察院第十九批指导性案例解读》,载《人民检察》2020年第13期。

查,包括罪犯以往就医病历资料、病情诊断所依据的体检记录、住院病案、影像学报告、检查报告单等,判明原始资料以及鉴定意见和病情诊断的真伪、资料的证明力、鉴定人员的资质、生产资料的程序等问题,以及是否能够据此得出鉴定意见、病情诊断所阐述的结论性意见,相关鉴定部门及鉴定人的鉴定行为是否合法有效等。经审查发现疑点的应进行调查核实,检察机关可以邀请有专门知识的人参加,同时,也可以视情况要求有关部门重新组织或者自行组织诊断、检查或者鉴别。

(3)办理暂予监外执行案件时,应当加强对鉴定意见等技术性证据的联合审查。司法实践中,负责直接办理暂予监外执行监督案件的刑事执行检察人员一般缺乏专业性的医学知识,为确保检察意见的准确性,刑事执行检察人员在办理暂予监外执行监督案件时,应当委托检察技术人员对鉴定意见等技术性证据进行审查,检察技术人员应当协助刑事执行检察人员审查或者组织审查案件中涉及的鉴定意见等技术性证据。刑事执行检察人员既可以将技术性证据审查意见作为审查判断证据的参考,也可以将其作为决定重新鉴定、补充鉴定或提出检察建议的依据。

(二)案例评析

案例价值:暂予监外执行案件涉及多个鉴定意见、诊断意见,需要以外界专业人士的意见为主要依据,本案的发布为办理暂予监外执行的案件提供了资料审查的专业性和技术性支持。① 检察机关在审查犯罪分子是否符合暂予监外执行的条件时,积极联合相关部门开展审查工作,确保了案件决定的专业性和正确性,也严守住了刑事执行案件发生腐败渎职犯罪的第一关,进一步强化了检察监督在刑事执行领域的监督职能。

案例五 许某某、包某某串通投标立案监督案(检例第90号)

(一)案例要旨与指导意义

1. 案例要旨:《刑法》规定了串通投标罪,但未规定串通拍卖行为构成犯罪。

① 参见侯亚辉、刘福谦、向德超:《进一步指导和加强刑罚变更执行法律监督——最高人民检察院第十九批指导性案例解读》,载《人民检察》2020年第13期。

对于串通拍卖行为，不能以串通投标罪予以追诉。公安机关对串通竞拍国有资产行为以涉嫌串通投标罪刑事立案的，检察机关应当通过立案监督，依法通知公安机关撤销案件。

2. 指导意义：（1）检察机关发现公安机关对串通拍卖行为以涉嫌串通投标罪刑事立案的，应当依法监督撤销案件。严格遵循罪刑法定原则，法律没有明文规定为犯罪行为的，不得予以追诉。拍卖与投标虽然都是竞争性的交易方式，形式上具有一定的相似性，但二者行为性质不同，分别受不同法律规范调整。《刑法》第二百二十三条规定，投标人相互串通投标报价，损害招标人或者其他投标人利益，情节严重的，或者投标人与招标人串通投标，损害国家、集体、公民的合法利益的，以串通投标罪追究刑事责任。《刑法》未规定串通拍卖行为构成犯罪，《拍卖法》亦未规定串通拍卖行为可以追究刑事责任。公安机关将串通拍卖行为类推为串通投标行为予以刑事立案的，检察机关应当通过立案监督，通知公安机关撤销案件。

（2）准确把握法律政策界限，依法保护企业合法权益和正常经济活动。坚持法治思维，贯彻“谦抑、审慎”理念，严格区分案件性质及应承担的责任类型。对企业的经济行为，法律政策界限不明，罪与非罪界限不清的，应充分考虑其行为动机和对于社会有无危害及其危害程度，加强研究分析，慎重妥善处理，不能轻易进行刑事追诉。对于民营企业参与国有资产处置过程中的串通拍卖行为，不应以串通投标罪论处。如果在串通拍卖过程中有其他犯罪行为或者一般违法违规行为，则依照《刑法》《拍卖法》等法律法规追究相应责任。

（二）案例评析

案例价值：本案虽有串通行为，但目的在于防止项目流拍，并未损害拍卖人和其他人利益，不足以认定为恶意串通，且“尾矿坝”项目后期开发运行良好，解决了长期存在的重大安全隐患，盘活了国有不良资产，总体看不具有《刑法》规定的社会危害性，而且，许某某、包某某在拍卖过程中未实施其他犯罪行为。综合以上情况，本案不应对二人启动刑事追诉程序。检察机关办理涉非公经济案件，应当坚持法治思维，贯彻“谦抑、审慎”理念，充分考虑涉案企业的行为动机和对社会有无危害及其危害程度，加强研究分析，依法确定案件性质及应承担的责任类型。①

案例六 温某某合同诈骗立案监督案(检例第91号)

(一)案例要旨与指导意义

1. 案例要旨:检察机关办理涉企业合同诈骗犯罪案件,应当严格区分合同诈骗与民事违约行为的界限,注意审查涉案企业在签订、履行合同过程中是否具有非法占有目的和虚构事实、隐瞒真相的行为,准确认定是否具有诈骗故意。发现公安机关对企业之间的合同纠纷以合同诈骗进行刑事立案的,检察机关应当依法监督撤销案件。对于立案后久侦不结的“挂案”,检察机关应当向公安机关提出纠正意见。

2. 指导意义:(1)检察机关对公安机关不应当立案而立案的,应当依法监督撤销案件。检察机关负有立案监督职责,有权监督纠正公安机关不应当立案而立案的行为。涉案企业认为公安机关对企业之间的合同纠纷以合同诈骗进行刑事立案,向检察机关提出监督申请的,检察机关应当受理并进行审查。检察机关认为需要公安机关说明立案理由的,应当书面通知公安机关。检察机关认为公安机关立案理由不能成立的,应当制作通知撤销案件书,通知公安机关撤销案件。

(2)严格区分合同诈骗与民事违约行为的界限。注意审查涉案企业在签订、履行合同过程中是否具有虚构事实、隐瞒真相的行为,是否有《刑法》第二百二十四条规定的五种情形之一。注重从合同项目真实性、标的物用途、有无实际履约行为、是否有逃匿和转移资产的行为、资金去向、违约原因等方面,综合认定是否具有诈骗的故意,避免片面关注行为结果而忽略主观上是否具有非法占有的目的。对于签订合同时具有部分履约能力,其后完善履约能力并积极履约的,不能以合同诈骗罪追究刑事责任。

(3)对于公安机关立案后久侦未结形成的“挂案”,检察机关应当提出监督意见。由于立案标准、工作程序和认识分歧等,有些涉民营企业刑事案件逾期

① 参见徐向春、杜亚起、赵景川:《最高人民检察院第二十四批指导性案例解读》,载《人民检察》2021年第7期。

滞留在侦查环节,既未被撤销,又未被移送审查起诉,形成“挂案”,导致民营企业及企业相关人员长期处于被追诉状态,严重影响企业的正常生产经营,既破坏当地营商环境,也损害了司法机关的公信力。检察机关发现侦查环节“挂案”的,应当对公安机关的立案行为进行监督,同时也要对公安机关侦查过程中的违法行为依法提出纠正意见。

(二)案例评析

案例价值:本案严格区分了合同诈骗与民事欺诈、合同违约行为的界限,在此基础上检察机关依法监督纠正了侦查环节的“挂案”。在当前司法实践中,由于立案标准、工作程序和认识分歧等,有相当数量的涉非公经济刑事案件逾期滞留在侦查环节,既未结案又未被移送审查起诉,形成侦查环节的“挂案”。对于侦查环节的“挂案”,检察机关要坚持罪刑法定、疑罪从无原则,对于确无侦查必要或者不构成犯罪的,依法监督公安机关撤销案件;对于具备进一步侦查条件和价值的,督促公安机关尽快侦查终结;对于公安机关侦查终结移送审查起诉的案件,及时作出处理决定。①

案例七　上海某建筑装饰有限公司、吕某拒不执行判决立案监督案(检例第92号)

(一)案例要旨与指导意义

1. 案例要旨:负有执行义务的单位和个人以更换企业名称、隐瞒到期收入等方式妨害执行,致使已经发生法律效力的判决、裁定无法执行,情节严重的,应当以拒不执行判决、裁定罪予以追诉。申请执行人认为公安机关对拒不执行判决、裁定的行为应当立案侦查而不立案侦查,向检察机关提出监督申请的,检察机关应当要求公安机关说明不立案的理由。经调查核实,认为公安机关不立案理由不能成立的,应当通知公安机关立案。对于通知立案的涉企业犯罪案件,应当依法适用认罪认罚从宽制度。

2. 指导意义:(1)检察机关发现公安机关对拒不执行判决、裁定的行为应当

---

① 参见徐向春、杜亚起、赵景川:《最高人民检察院第二十四批指导性案例解读》,载《人民检察》2021年第7期。

立案侦查而不立案侦查的，应当依法监督公安机关立案。执行人民法院依法作出并已发生法律效力的判决、裁定，是被执行人的法定义务。负有执行义务的单位和个人有能力执行而故意以更改企业名称、隐瞒到期收入等方式，隐藏、转移财产，致使判决、裁定无法执行的，应当认定为《刑法》第三百一十三条规定的“有能力执行而拒不执行，情节严重”的情形，以拒不执行判决、裁定罪予以追诉。申请执行人认为公安机关对拒不执行判决、裁定的行为应当立案侦查而不立案侦查，向检察机关提出监督申请的，检察机关应当要求公安机关说明不立案的理由，认为公安机关不立案理由不能成立的，应当制作通知立案书，通知公安机关立案。

（2）检察机关进行立案监督，应当开展调查核实。检察机关受理立案监督申请后，应当根据事实、法律进行审查，并依法开展调查核实。对于拒不执行判决、裁定案件，检察机关可以调阅公安机关相关材料、人民法院执行卷宗和相关法律文书，询问公安机关办案人员、法院执行人员和有关当事人，并可以调取涉案企业、人员往来账目、合同、银行票据等书证，综合研判是否属于“有能力执行而拒不执行，情节严重”的情形。决定监督立案的，应当同时将调查收集的证据材料送达公安机关。

（3）办理涉企业犯罪案件，应当依法适用认罪认罚从宽制度。检察机关应当坚持惩治犯罪与保护市场主体合法权益、引导企业守法经营并重。对于拒不执行判决、裁定案件，应当积极促使涉案企业执行判决、裁定，向被害方履行赔偿义务、赔礼道歉。涉案企业及其直接负责的主管人员和其他直接责任人员自愿如实供述自己的罪行，承认指控的犯罪事实，愿意接受处罚的，对涉案企业和个人可以提出依法从宽处理的确定刑量刑建议。

（二）案例评析

案例价值：本案中被执行人的行为属于有能力执行而“隐藏、转移财产，致使判决、裁定无法执行的”的情形，已经符合《刑法》第三百一十三条规定的拒不执行判决、裁定罪的构成要件，应当予以刑事追诉。检察机关积极依法进行刑事立案监督，开展必要的调查核实，为检察机关依法提出立案监督意见夯实了基础。同时，本案积极适用认罪认罚从宽制度办理涉企业犯罪案件，要把让市场主体“活下来”“办下去”“发展好”作为司法办案的价值取向，根据案件的具体情况，贯彻宽严相济刑事政策，落实认罪认罚从宽制度。检察院监督公安机关立案后，在审查起诉期间，依法适用认罪认罚从宽制度，并为法院全部采纳，实现了良好办案效果。[①]

案例八　丁某某、林某某等人假冒注册商标立案监督案（检例第93号）

（一）案例要旨与指导意义

1. 案例要旨：检察机关在办理售假犯罪案件时，应当注意审查发现制假犯罪事实，强化对人民群众切身利益和企业知识产权的保护力度。对于公安机关未立案侦查的制假犯罪与已立案侦查的售假犯罪不属于共同犯罪的，应当按照立案监督程序，监督公安机关立案侦查。对于跨地域实施的关联制假售假犯罪，检察机关可以建议公安机关并案管辖。

2. 指导意义：（1）检察机关审查批准逮捕售假犯罪嫌疑人时，发现公安机关对制假犯罪未立案侦查的，应当履行监督职责。制假售假犯罪严重损害国家和人民利益，危及广大人民群众的生命和财产安全，侵害企业的合法权益，破坏社会主义市场经济秩序，应当依法惩治。检察机关办理售假犯罪案件时，应当注意全面审查、追根溯源，防止遗漏对制假犯罪的打击。公安机关未立案侦查的制假犯罪与已立案侦查的售假犯罪不属于共同犯罪的，应按照立案监督程序办理；属于共同犯罪的，应按照纠正漏捕漏诉程序办理。

（2）加强对企业知识产权的保护，依法惩治侵犯商标专用权犯罪。保护知识产权就是保护创新，检察机关应当依法追诉破坏企业创新发展的侵犯商标专用权、专利权、著作权、商业秘密等知识产权犯罪，营造公平竞争、诚信有序的市场环境。对于实施《刑法》第二百一十三条规定的假冒注册商标行为，又销售该假冒注册商标的商品，构成犯罪的，以假冒注册商标罪予以追诉。如果同时构成《刑法》分则第三章第一节生产、销售伪劣商品罪各条规定之罪，应当依照处罚较重的罪名予以追诉。

（3）对于跨地域实施的关联制假售假案件，检察机关可以建议公安机关并案管辖。根据《最高人民法院、最高人民检察院、公安部、国家安全部、司法部、

---

① 参见徐向春、杜亚起、赵景川：《最高人民检察院第二十四批指导性案例解读》，载《人民检察》2021年第7期。

全国人大常委会法制工作委员会关于实施刑事诉讼法若干问题的规定》第三条第四项和《最高人民法院、最高人民检察院、公安部关于办理侵犯知识产权刑事案件适用法律若干问题的意见》第一条的规定，对于跨地域实施的关联制假售假犯罪，并案处理有利于查明案件事实、及时打击制假售假犯罪的，检察机关可以建议公安机关并案管辖。

（二）案例评析

案例价值：第一，本案检察机关依职权启动刑事立案监督程序，针对在审查批捕过程中发现案件的线索，对被告人是否构成共同犯罪进行监督，确保案件后续的捕诉程序正确。第二，检察机关通过此案依法处理假冒注册商标罪和相邻犯罪的关系，为类案办理起到了指引作用。第三，通过建议公安机关并案管辖，全面打击制假售假犯罪行为，提升了惩治效果。[①]

案例九 广州某有限公司涉嫌销售假冒注册商标的商品立案监督案（检例第99号）

（一）案例要旨与指导意义

1. 案例要旨：在办理注册商标类犯罪的立案监督案件时，对符合《商标法》规定的正当合理使用情形而未侵犯注册商标专用权的，应依法监督公安机关撤销案件，以保护涉案企业合法权益。必要时可组织听证，增强办案透明度和监督公信力。

2. 指导意义：（1）检察机关办理侵犯知识产权犯罪案件，应注意审查是否存在法定的正当合理使用情形。办理侵犯知识产权犯罪案件，检察机关在依法惩治侵犯知识产权犯罪的同时，还应注意保护权利人的正当权益免遭损害。其中一个重要方面是要审查是否存在不构成知识产权侵权的法定情形。如《商标法》第五十九条规定的商标描述性使用、在先使用，《著作权法》第二十四条规定的合理使用，第二十五条、第三十五条第二款、第四十二条第二款、第四十六条第二款规定的法定许可，《专利法》第六十七条规定的现有技术、第七十五条规

① 参见徐向春、杜亚起、赵景川：《最高人民检察院第二十四批指导性案例解读》，载《人民检察》2021年第7期。

定的专利先用权等正当合理使用的情形,防止不当启动刑事追诉。对于当事人提出的立案监督申请,检察机关经过审查和调查核实,认定有在先使用等正当合理使用情形,侵权事由不成立的,应依法通知公安机关撤销案件。

(2)正确把握商标在先使用的抗辩事由。商标注册人申请商标注册前,他人已经在同一种商品或者类似商品上先于商标注册人使用与注册商标相同或者近似并有一定影响的商标的,注册商标专用权人无权禁止该使用人在原使用范围内继续使用该商标,注册商标所有人仅可以要求其附加适当区别标识。判断是否存在在先使用抗辩事由,需重点审查以下方面:一是在先使用人是否在商标注册人申请注册前先于商标注册人使用该商标。二是在先使用商标是否已产生一定影响。三是在先商标使用人主观上是否善意。只有在全面审查案件证据事实的基础上综合判断商标使用的情况,确保立案监督依据充分、意见正确,才能说服参与诉讼的各方接受监督结果,做到案结事了。

(3)开展立案监督工作必要时可组织听证,增强办案透明度和监督公信力。听证是检察机关贯彻以人民为中心,充分尊重和保障当事人的知情权、参与权、监督权,健全完善涉检矛盾纠纷排查化解机制的有效举措。检察机关组织听证应当提前通知各方做好听证准备,整理好争议点,选取合适的听证员。听证应围绕涉案当事人对刑事立案所持异议的理由和依据、公安机关立案的证据和理由、行政执法部门及听证员的意见展开,重点就侵权抗辩事由是否成立、是否具有犯罪的主观故意等焦点问题进行询问,全面审查在案证据,以准确认定公安机关立案的理由是否成立。通过听证开展立案监督工作,有助于解决在事实认定、法律适用问题上的分歧,化解矛盾纠纷,既推动规范执法,又增强检察监督公信力。

(二)案例评析

案例价值:第一,本案准确把握了罪与非罪的界限。检察机关应当注意根据《著作权法》判断是否构成合理使用以及判断是否属于《著作权法》规定的法定许可情形,防止不当启动刑事追诉程序。第二,全面审查了商标在先使用抗辩是否成立。检察机关判断是否存在在先使用抗辩事由时,应重点审查以下方面:一是在先使用人是否在商标注册人申请注册前先于商标注册人使用该商标。二是在先使用商标是否已产生一定影响。"有一定影响的商标"的认定,应当综合考虑该商标的持续使用时间、销售量、经营额、广告宣传等因素。三是商标在先使用人主观上是否善意。第三，在检察工作中要用好听证手段，保障当事人的知情权、参与权和监督权，助力查明案件事实、增强司法公信力、取得良好办案效果。①

案例十 社区矫正对象孙某某撤销缓刑监督案(检例第131号)

(一)案例要旨与指导意义

1. 案例要旨：人民检察院应当加强对社区矫正机构和教育帮扶社区矫正对象等的法律监督，保证社区矫正活动依法进行。人民检察院开展社区矫正法律监督，应当综合运用查阅档案、调查询问、信息核查等多种方式，查明社区矫正中是否存在违法情形，精准提出监督意见。对于宣告缓刑的社区矫正对象违反法律、行政法规和监督管理规定的，应当结合违法违规的客观事实和主观情节，准确认定是否属于“情节严重”应予撤销缓刑情形。对于符合撤销缓刑情形但社区矫正机构未依法向人民法院提出撤销缓刑建议的，人民检察院应当向社区矫正机构提出纠正意见；对于社区矫正工作中存在普遍性、倾向性违法问题或者有重大隐患的，人民检察院应当提出检察建议。

2. 指导意义：(1)人民检察院开展社区矫正法律监督工作，应依法全面履行法律监督职责，确保社区矫正法的正确实施。《社区矫正法》第二条第一款规定，对被判处管制、宣告缓刑、假释和暂予监外执行的罪犯，依法实行社区矫正，第八条第二款第二句规定人民检察院依法对社区矫正工作实行法律监督。人民检察院应当加强对社区矫正机构和教育帮扶社区矫正对象等的法律监督，保证社区矫正工作依法进行，促进社区矫正对象顺利融入社会，预防社区矫正对象再次违法犯罪。在开展社区矫正监督工作时，应当加强对社区矫正档案和信息管理平台中社区矫正对象的日常监管教育、请假外出审批、考核奖惩等有关情况的审查。对于发现的违法违规监督线索，要及时开展调查核实，查清违法违规事实，准确适用法律，精准提出监督意见，更好地满足人民群众对司法公正和社会和谐稳定的需求。

① 参见郑新俭、李薇薇：《最高人民检察院第二十六批指导性案例解读》，载《人民检察》2021年第9期。

(2)人民检察院办理撤销缓刑监督案件时,应当全面考量行为人主客观情形,依法判断是否符合"其他违反有关法律、行政法规和监督管理规定,情节严重"的撤销缓刑情形。2020年《社区矫正法实施办法》第四十六条第一款第五项沿用了2012年《社区矫正实施办法》(已废止)第二十五条第一款第五项的规定,对社区矫正对象撤销缓刑情形规定了兜底性条款,即有"其他违反有关法律、行政法规和监督管理规定,情节严重的情形",应当提出撤销缓刑建议。人民检察院认定是否达到"情节严重"应当全面考量社区矫正对象违反有关法律、行政法规和监督管理规定行为的性质、次数、频率、手段、事由、后果等客观事实,并在准确把握其主观恶性大小的基础上作出综合认定。具有撤销缓刑情形而社区矫正机构未依法提出撤销缓刑建议的,人民检察院应当向社区矫正机构提出纠正意见,监督社区矫正机构向人民法院提出撤销缓刑建议。

(3)人民检察院应当依法监督社区矫正机构加强对社区矫正对象的监督管理,完善与公安机关等的沟通协作机制,防止社区矫正对象非法出境。社区矫正对象在社区矫正期间应当遵守外出、报告、会客等监管规定。依据《出境入境管理法》的规定,被判处刑罚尚未执行完毕的罪犯,不准出境。人民检察院应当监督社区矫正机构加强对社区矫正对象遵守禁止出境等规定情况的监督管理,督促社区矫正机构会同公安机关等部门完善沟通协作和信息互通机制,防止社区矫正对象非法出境。

(4)对社区矫正工作中存在的普遍性、倾向性违法问题和重大隐患,人民检察院应当充分运用检察建议等提升监督效果。检察建议是检察机关履行法律监督职责的重要方式。人民检察院办理社区矫正监督案件时,发现社区矫正机构存在的普遍性问题和管理漏洞,应充分运用检察建议,依法依规提出有针对性的建议,督促执行机关整改落实、规范管理、堵塞漏洞,最大限度地发挥法律监督促进社会治理的效果,实现法律监督工作和社区矫正工作的双促进、双提升。

(二)案例评析

案例价值:对符合撤销缓刑情形但社区矫正机构未依法向法院提出撤销缓刑建议的,检察机关应当向社区矫正机构提出纠正意见。本案涉及的重点问题有以下几点:第一,在社区矫正监督工作中,检察机关应充分运用调查核实权,精准提出监督意见。第二,准确把握撤销缓刑的情形。对于具有撤销缓刑情形而社区矫正机构未依法提出撤销缓刑建议的,检察机关应当提出监督意见。第三,检察机关依法监督社区矫正机构加强对社区矫正对象的监督管理,防止社区矫正对象非法出境。第四,社区矫正领域可以充分运用检察建议等方式,不断提升监督质效。①

案例十一 社区矫正对象崔某某暂予监外执行收监执行监督案(检例第132号)

(一)案例要旨与指导意义

1. 案例要旨:人民检察院开展社区矫正法律监督工作,应当加强对因患严重疾病被暂予监外执行以及变更执行地等社区矫正对象的监督管理。人民检察院在监督工作中应当准确把握暂予监外执行适用条件,必要时聘请有专门知识的人辅助审查。发现社区矫正对象暂予监外执行情形消失且刑期未满的,应当依法提出收监执行的检察建议,维护刑罚执行公平公正。

2. 指导意义:(1)人民检察院开展社区矫正监督工作,对于保外就医的社区矫正对象是否符合暂予监外执行条件应当加强审查。对于交付社区矫正、变更执行地的保外就医社区矫正对象,检察机关应及时审查是否符合暂予监外执行条件。对于保外就医的职务犯罪、破坏金融管理秩序和金融诈骗犯罪、黑社会性质组织犯罪等社区矫正对象,特别是在监内服刑时间较短、剩余刑期较长的人员,检察机关应当予以重点审查。社区矫正期间,人民检察院应监督社区矫正机构及时掌握暂予监外执行社区矫正对象身体状况及疾病治疗等情况,每3个月审查保外就医社区矫正对象病情复查情况。必要时,人民检察院可以自行组织或者要求社区矫正机构对社区矫正对象重新组织诊断、检查或者鉴别。为保证相关结果客观公正,诊断、检查的医疗机构应当与暂予监外执行社区矫正对象日常就诊的医疗机构不同且不存在利益相关。对于暂予监外执行情形消失的,人民检察院应当及时提出收监执行的检察建议,防止"一保到底",切实维护刑罚执行公平公正。

(2)人民检察院开展社区矫正监督工作,可充分结合专家意见,综合判断社

① 参见侯亚辉、刘福谦、谢佳:《最高人民检察院第三十三批指导性案例解读》,载《人民检察》2022年第9期。

区矫正对象是否符合继续保外就医条件。人民检察院在对保外就医社区矫正对象的监督管理活动开展法律监督时,要重点关注社区矫正对象的身体健康状况,依法判断是否仍属于《保外就医严重疾病范围》规定的严重疾病情形。人民检察院在甄别病情是否发生重大变化、保外就医情形是否消失时,可以邀请有专门知识的人参与,辅助对病情复查诊断书及相关化验单、影像学资料、病历、鉴定意见等材料进行审查,并充分考虑专家意见后进行综合判断。

(3)人民检察院应加强对变更社区矫正执行地的监督,切实防止通过变更执行地逃避刑罚执行问题的发生。为促进社区矫正对象顺利融入社会,因工作变动、居所变化、生活需要等正当理由,社区矫正对象可以申请变更社区矫正执行地。人民检察院应当加强对变更社区矫正执行地等情形的法律监督,重点审查变更理由是否合理,相关证明材料是否充分,变更审批手续、交付接收程序等是否合法规范,同时应当监督变更执行地后的社区矫正机构加强对社区矫正对象的监督管理。

(二)案例评析

案例价值:本案为检察机关开展社区矫正监督工作提供了指导思路。第一,检察机关开展社区矫正监督工作,应加强对暂予监外执行社区矫正对象是否符合暂予监外执行条件的检察,对在监内服刑时间较短、剩余刑期较长的人员,应当重点审查。第二,检察机关应重点监督社区矫正机构及时掌握暂予监外执行社区矫正对象身体状况及疾病治疗情况,为保证相关结果客观公正,诊断、检查的医疗机构应当与暂予监外执行社区矫正对象日常就诊的医疗机构不同,且不存在利益相关性。第三,检察机关应加强对变更社区矫正执行地的监督,切实防止通过变更执行地逃避刑罚执行问题的发生。检察机关应重点审查变更理由是否合理,相关证明材料是否充分,变更审批手续、交付接收程序等是否合法规范时,应当同时监督变更执行地后的社区矫正机构。[①]

① 参见侯亚辉、刘福谦、谢佳:《最高人民检察院第三十三批指导性案例解读》,载《人民检察》2022年第9期。

案例十二 社区矫正对象王某减刑监督案(检例第133号)

(一)案例要旨与指导意义

1. 案例要旨:人民检察院开展社区矫正法律监督工作,应当坚持客观公正立场,既监督纠正社区矫正中的违法行为,又依法维护社区矫正对象合法权益。发现宣告缓刑的社区矫正对象有见义勇为、抢险救灾等突出表现的,应当监督相关部门审查确定是否属于重大立功情形,是否符合减刑条件。对有重大社会影响的减刑监督案件,人民检察院可以召开听证会,围绕社区矫正对象是否符合重大立功等重点内容进行听证,结合原判罪名情节、社区矫正期间表现等依法提出检察建议。

2. 指导意义:(1)人民检察院开展社区矫正法律监督工作,发现宣告缓刑社区矫正对象有重大立功线索的,应当监督社区矫正机构进行调查核实,依法维护社区矫正对象合法权益。根据有关法律和司法解释的规定,宣告缓刑的罪犯,一般不适用减刑;在缓刑考验期内有重大立功表现的,可以参照《刑法》第七十八条的规定,予以减刑。因此,人民检察院在监督工作中发现社区矫正对象有见义勇为等突出表现,可能构成重大立功的,应当监督社区矫正机构及时进行调查,依法予以确认。必要时,人民检察院可以自行开展调查核实。

(2)人民检察院在办理减刑监督案件时,可以通过公开听证方式听取各方意见,最大程度凝聚共识,确保案件办理质效。人民检察院办理有重大社会影响的社区矫正对象减刑监督案件,可以运用公开听证方式开展案件审查工作,广泛听取意见,并通过以案释法,弘扬社会主义核心价值观。在听证过程中,应重点围绕社区矫正对象的行为是否符合《刑法》第七十八条规定的重大立功情形听取意见。人民检察院综合听证员意见,结合社区矫正对象见义勇为的具体表现,有效避免或阻止发生的危害后果,以及原判罪名情节、社会危害程度和社区矫正期间表现等因素,经审慎研究,依法认定符合减刑条件的,应当向刑罚执行机关提出提请减刑的检察建议。

(二)案例评析

案例价值:第一,准确把握社区矫正对象适用减刑的实体条件和程序要求,必要时,检察机关可以自行开展调查核实。第二,检察机关办理有重大社会影响的社区矫正对象减刑监督案件时,可以运用公开听证方式开展案件审查,广泛听取意见,并通过以案释法,弘扬社会主义核心价值观。此类案件的听证过程,应重点围绕社区矫正对象的行为是否符合《刑法》第七十八条规定的重大立功情形。对于可能构成重大立功的,检察机关应当监督社区矫正机构及时进行调查,依法予以确认。

案例十三　社区矫正对象管某某申请外出监督案(检例第134号)

(一)案例要旨与指导意义

1. 案例要旨:人民检察院开展社区矫正法律监督工作,应当监督社区矫正机构依法履行社区矫正对象申请外出的审批职责。社区矫正对象因生产经营需要等正当理由申请外出,社区矫正机构未予批准,社区矫正对象申请人民检察院监督的,人民检察院应当在调查核实后依法监督社区矫正机构批准。社区矫正机构批准外出的,人民检察院应当监督社区矫正机构加强对社区矫正对象外出期间的动态监督管理,确保社区矫正对象"放得出""管得住"。

2. 指导意义:(1)人民检察院开展社区矫正法律监督工作,应当监督社区矫正机构依法开展社区矫正对象外出申请审批工作。人民检察院开展社区矫正法律监督,应当自觉服务保障经济社会发展大局,依法维护社区矫正对象合法权益,保障正常生产经营活动的开展。对于社区矫正对象因生产经营需要等有正当理由的外出申请,社区矫正机构未批准,社区矫正对象申请人民检察院监督的,人民检察院可综合社区矫正对象所在企业经营状况、个人在企业经营中的职责地位、外出理由的合理性紧迫性、原犯罪性质和情节、社区矫正期间表现等情况,判断申请外出的必要性和可能发生的社会危险性,准确提出监督意见。对于社区矫正对象确因生产经营、就医、就学等正当理由申请外出且无社会危险性的,人民检察院应当认定为符合《社区矫正法》第二十七条第一款规定,建议社区矫正机构依法予以批准。

(2)对于社区矫正机构批准社区矫正对象外出的,人民检察院应当监督社区矫正机构加强对外出社区矫正对象的动态监管。社区矫正对象经批准外出,仍应接受社区矫正机构的监督管理。人民检察院应当监督社区矫正机构将批准外出社区矫正对象列为重点监管对象,按照《社区矫正法》和相关法律法规规定,采取电话联络、实时视频或者信息化大数据等高科技手段加强动态管理。

必要时，人民检察院可以建议外出目的地社区矫正机构协助进行监督管理，确保社区矫正对象“放得出”“管得住”。

（二）案例评析

案例价值：本案办理除精准把握和适用社区矫正对象外出规定和程序外，关键性亮点是利用大数据实现对外出对象的动态监管、实时跟踪，解决了实践中担忧批准外出后监管不力的问题。本案为检察机关监督社区矫正对象外出工作提供了数字化监督的路径，有效实现了智能监督。

可进一步研究之处：在实施数字化监管的过程中，不可避免地会存在社区矫正对象外出后躲避监管、社区矫正对象信息被泄露等问题，对于此类问题在本案中虽未涉及，但此安全隐患的防范也需加强。

案例十四 社区矫正对象贾某某申请经常性跨市县活动监督案（检例第135号）

（一）案例要旨与指导意义

1. 案例要旨：人民检察院开展社区矫正法律监督工作，应当切实加强社区矫正对象合法权益保障，着力解决人民群众“急难愁盼”问题。对于社区矫正对象因正常工作、生活需要申请经常性跨市县（包含跨不同省份之间的市、县）活动的，人民检察院应当监督社区矫正机构依法予以批准，并简化批准程序和方式。

2. 指导意义：（1）人民检察院开展社区矫正法律监督工作，应当切实加强社区矫正对象合法权益保障，着力解决人民群众“急难愁盼”问题。回应新时代人民群众新要求，着力解决人民群众“急难愁盼”问题，是检察机关落实“司法为民”要求的重要体现。人民检察院履行社区矫正法律监督职责，要立足于厚植党的执政根基、维护社会秩序稳定，办理好事关社区矫正对象等人民群众切身利益的每一起“小案”，努力解决人民群众操心事、烦心事、揪心事，不断提升人民群众的获得感、幸福感、安全感。

（2）准确把握立法精神，厘清“经常性跨市县活动”界限。人民检察院对社区矫正对象因正常工作和生活需要提出经常性跨市县活动申请进行审批时，应当将经常性跨市县活动所指的“市县”理解为，既包括本省域内的市县，也包括不同省份之间的市县。对因正常工作和生活需要，以相对固定时间、频次经常性跨市县活动的长途货运司机、物流押送员、销售员等特定社区矫正对象，人民检察院应当监督社区矫正机构依法履职，简化批准程序和方式，批准社区矫正对象经常性跨市县活动的申请。

（二）案例评析

案例价值：第一，开展社区矫正监督，要切实加强社区矫正对象合法权益保障。第二，准确把握立法精神，厘清“经常性跨市县活动”界限。对申请经常性跨省外出的长途货运司机、物流押送员、销售员等特定社区矫正对象，检察机关应当从时间的连续性、工作的稳定性、往返目的地、路线的固定性把握是否有合理的申请外出理由。[①]

案例十五　惩治组织未成年人进行违反治安管理活动犯罪综合司法保护案（检例第173号）

（一）案例要旨与指导意义

1. 案例要旨：对组织未成年人在KTV等娱乐场所进行有偿陪侍的，检察机关应当以组织未成年人进行违反治安管理活动罪进行追诉，并可以从被组织人数、持续时间、组织手段、陪侍情节、危害后果等方面综合认定本罪的“情节严重”。检察机关应当针对案件背后的家庭监护缺失、监护不力等问题开展督促监护工作，综合评估监护履责中存在的具体问题，制发个性化督促监护令，并跟踪落实。检察机关应当坚持未成年人保护治罪与治理并重，针对个案发生的原因开展诉源治理。

2. 指导意义：（1）准确把握组织未成年人有偿陪侍行为的定罪处罚，从严惩处侵害未成年人犯罪。《刑法修正案（七）》增设组织未成年人进行违反治安管理活动罪，旨在加强保护未成年人，维护社会治安秩序。《娱乐场所管理条例》将以营利为目的的陪侍与卖淫嫖娼、赌博等行为并列，一并予以禁止，并规定了相应的处罚措施，明确了该行为具有妨害社会治安管理的行政违法性。处于人生成长阶段的未成年人被组织从事有偿陪侍服务，不仅败坏社会风气，危害社

① 参见侯亚辉、刘福谦、谢佳：《最高人民检察院第三十三批指导性案例解读》，载《人民检察》2022年第9期。

会治安秩序,更严重侵害了未成年人的人格尊严和身心健康,构成组织未成年人进行违反治安管理活动罪。检察机关办理此类案件,可以围绕被组织人数众多,犯罪行为持续时间长,采用控制手段的强制程度等情形,综合认定为"情节严重"。

(2)聚焦案件背后的问题,统筹使用督促监护令、检察建议等方式,以检察司法保护促进家庭、社会、政府等保护责任落实。在办理涉未成年人案件过程中,检察机关应当注重分析案件暴露出的家庭、社会等方面的问题,结合案件对未成年人的生活环境、家庭教育、监护人监护履责状况等进行调查评估,制定个性化督促监护方案,并跟踪落实,指导、帮助和监督监护人履行监护职责。检察机关应当依法能动履行法律监督职能,督促相关职能部门加强管理、落实责任。检察机关还可以加强与相关部门的协作联动,形成整体合力,积极促进区域未成年人保护制度完善和社会综合治理,更好保护未成年人合法权益和公共利益。

(二)案例评析

案例价值:本案检察机关围绕加强未成年人保护这一工作主题,对案例中涉及行刑交叉的问题开展行政、刑事双重检察监督,用活了行刑案件衔接程序,以个案推动 KTV 涉嫌未成年人有偿陪侍等痛点问题的综合治理,通过检察监督推动未成年人保护多方力量共同发力。本案的一大亮点是检察机关督促监护令的规范适用。检察机关对涉案未成年人的生活环境、家庭教育、监护人监护履责状况等进行综合调查和系统评估,做实制发督促监护令的基础工作,并通过针对不同的家庭问题制发个性化督促监护令开展精准督促。此外,本案还积极推动了基层未成年人保护机制。

案例十六 向某假释监督案(检例第 195 号)

(一)案例要旨与指导意义

1. 案例要旨:人民检察院办理假释监督案件可以充分运用大数据等手段进行审查,对既符合减刑又符合假释条件的案件,监狱未优先提请假释的,应依法监督监狱优先提请假释。人民检察院可以对"再犯罪的危险"进行指标量化评估,增强判断的客观性、科学性。人民检察院对罪犯再犯罪危险的量化评估应以证据为中心,提升假释监督案件的实质化审查水平。人民检察院要注重发挥“派驻+巡回”的检察机制优势,充分运用巡回检察成果,以“巡回切入、派驻跟进”的方式,依法推进假释制度适用。

2. 指导意义:(1)根据相关司法解释的精神,对既符合减刑又符合假释条件的罪犯,人民检察院应当监督刑罚执行机关依法优先提请假释。假释制度能够更好实现刑罚特殊预防功能,促进罪犯更好更快融入社会。司法解释规定,对同时符合法定减刑条件和法定假释条件的罪犯,可以优先适用假释。在办理假释案件过程中,人民检察院可以将罪犯执行的刑期、服刑期间表现、财产性判项履行等情况作为基本要素,运用大数据监督模型,通过数据比对分析,发现可能既符合减刑又符合假释条件的案件线索。人民检察院应当注重发挥减刑、假释制度的不同价值功能,通过调查核实,认定罪犯既符合减刑条件又符合假释条件,刑罚执行机关未优先提请的,应当建议其优先提请假释,依法推进假释制度适用。

(2)人民检察院在办理假释监督案件时,可以进行指标量化评估,科学客观认定罪犯是否有“再犯罪的危险”。人民检察院要依据相关法律法规及司法解释,综合考量假释适用实体条件中的各项要素。在认定罪犯是否有“再犯罪的危险”时,人民检察院可以将认定标准细化为“原罪基本情况、服刑期间表现情况、罪犯主体情况、假释后生活及监管情况”等方面的具体指标,并进行定性定量评估,参考量化分值后得出结论,增强假释制度适用的客观性、科学性。人民检察院要秉持客观公正立场,全面收集、依法审查原审卷宗、自书材料、服刑期间现实表现等主客观证据材料,提升假释案件实质化审查水平。

(3)人民检察院应当充分发挥“派驻+巡回”检察机制优势,依法推进假释制度适用。对假释案件数量少、监狱适用主动性不高等问题,人民检察院可以通过开展机动巡回检察等方式监督监狱予以纠正。人民检察院可以通过派驻检察方式监督掌握的涉减刑、假释相关监管信息,使巡回检察与派驻检察的相互协同、相互促进,提升假释案件检察监督质效。

(二)案例评析

案例价值:通过对相关文献的梳理,可以得知,本案借助大数据监督模型,对以往难以准确、客观说明的再犯罪危险进行量化处理。本案的指导意义在于有效将大数据赋能的方式引入假释制度中,结合检察机关的“派驻+巡回”方式，推动我国假释制度适用的进一步完善，实现多部门的协作办案，数据共享。

案例十七 杨某某假释监督案（检例第196号）

（一）案例要旨与指导意义

1. 案例要旨：人民检察院在日常监督履职中发现罪犯符合假释法定条件而未被提请假释的，应当依法建议刑罚执行机关启动假释提请程序。人民检察院要准确把握禁止适用假释的罪犯范围，对于故意杀人罪等严重暴力犯罪罪犯，没有被判处10年以上有期徒刑、无期徒刑且不是累犯的，不属于禁止适用假释的情形，可在综合判断其主观恶性、服刑期间现实表现等基础上，对符合假释条件的，依法提出适用假释意见。注重贯彻宽严相济刑事政策，对有未成年子女确需本人抚养且配偶正在服刑等特殊情况的罪犯，人民检察院可以依法提出从宽适用假释的建议。

2. 指导意义：（1）人民检察院不仅应对提请假释案件的程序、条件是否符合法律规定进行监督，还应当在日常检察履职过程中，注重通过与罪犯谈话、列席假释评审委员会、查阅会议记录等方式发现监督线索，对符合假释条件而未被提请假释的罪犯，应当建议刑罚执行机关提请假释，依法推进假释制度适用。

（2）人民检察院应准确把握《刑法》第八十一条第二款禁止适用假释的案件范围，结合罪犯的主观恶性、服刑期间的表现等综合判断“再犯罪的危险”。我国《刑法》第八十一条第二款规定，“对累犯以及因故意杀人、强奸、抢劫、绑架、放火、爆炸、投放危险物质或者有组织的暴力性犯罪被判处十年以上有期徒刑、无期徒刑的犯罪分子，不得假释”。人民检察院在办理假释监督案件时，应准确把握禁止假释的条件和范围。对于故意杀人罪等严重暴力犯罪，没有被判处10年以上有期徒刑、无期徒刑，且不是累犯的，人民检察院要结合罪犯的主观恶性、犯罪行为的危害程度、在共同犯罪中的作用、服刑期间现实表现、社区监管条件等综合判断有无再犯罪危险，符合假释条件的，可以依法提出适用假释的建议。

（3）对有未成年子女确需本人抚养等特殊情形的罪犯，符合法定假释条件的，人民检察院要充分考虑案件办理的社会效果，提出依法从宽适用假释的建议。人民检察院对假释案件开展监督时，既要严格按照法律规定的条件、程序规范办理,又要贯彻落实宽严相济刑事政策,对符合假释条件,因配偶正在服刑有未成年子女确需本人抚养,或者父母等因患病、残疾、长期生活不能自理确需本人照顾等特殊情形的罪犯,可以提出依法从宽适用假释的建议。人民检察院依法积极适用假释,既感化罪犯,促使其真诚悔改,又维护家庭、社会和谐稳定,实现假释案件办理政治效果、社会效果和法律效果的有机统一。

(二)案例评析

案例价值:能动司法在充分发挥检察监督职能方面起到重要作用,积极推动了检察官在日常履职过程中,发现线索,履行职能。此外,人民检察院还需充分了解假释对象各方面状态,综合评价其"再犯罪的危险性",在宽严相济刑事政策的指导下,尽可能使法律效果与社会效果、政治效果相一致。对于故意杀人罪等严重暴力犯罪,没有被判处10年以上有期徒刑、无期徒刑,且不是累犯的,综合判断无再犯罪危险,符合假释条件的,人民检察院可以依法提出适用假释的建议。对符合假释条件,因配偶正在服刑有未成年子女确需本人抚养,或父母等因患病、残疾、长期生活不能自理确需本人照顾等特殊情形的罪犯,人民检察院可以提出依法从宽适用假释的建议。

案例十八　刘某某假释监督案(检例第197号)

(一)案例要旨与指导意义

1. 案例要旨:人民检察院办理涉及单位犯罪罪犯的假释监督案件,应分别审查罪犯个人和涉罪单位的财产性判项履行情况。对于罪犯个人财产性判项全部履行,涉罪单位财产性判项虽未履行或未全部履行,但不能归责于罪犯个人原因的,一般不影响对罪犯的假释。人民检察院除实质化审查单位犯罪的罪犯原判刑罚、犯罪情节、刑罚执行中的表现等因素外,还应重点调查核实罪犯假释后对单位财产性判项履行的实际影响,实现假释案件办理"三个效果"的有机统一。

2. 指导意义:(1)单位犯罪生效裁判中有财产性判项未履行或未全部履行的,非归责于罪犯个人的原因,一般不影响对罪犯个人适用假释。人民检察院办理涉及单位犯罪罪犯的假释监督案件,应分别审查罪犯个人和涉罪单位的财产性判项履行情况。如果罪犯已经履行个人财产性判项,其主观恶性不大、取得被害人谅解且积极协助履行单位财产性判项,不宜将单位犯罪财产性判项履行情况作为限制对罪犯个人适用假释的考量因素。如确有证据证实该罪犯滥用对公司支配地位或公司法人独立地位,隐藏、转移、故意毁损财产或者无偿转让财产、以明显不合理的低价转让财产等,妨害单位履行财产性判项,则不应认定该罪犯确有悔改表现,不能适用假释。

(2)人民检察院办理涉及单位犯罪罪犯的假释监督案件,应当重点调查核实罪犯假释后的社会影响,实现“三个效果”的有机统一。人民检察院在办理涉单位犯罪罪犯假释案件过程中,除审查罪犯是否符合法定假释条件外,还应当重点审查罪犯假释后是否对单位履行财产性判项存在不利影响、是否影响社会安全稳定等。人民检察院要充分发挥假释制度激励罪犯积极改造的价值功能,将刑罚执行对企业正常生产经营的负面影响降到最低,确保案件办理政治效果、社会效果和法律效果的有机统一。

(二)案例评析

案例价值:对于单位犯罪的案件,检察机关要注意审查罪犯个人和涉罪单位的财产性判项履行情况,切勿将其完全归责于罪犯个人。对于罪犯个人适用假释时,检察机关除考察其个人是否符合条件外,还需对其假释后对单位以及其他社会影响进行认真评估,以保证各方的合法权益。

案例十九 邹某某假释监督案(检例第198号)

(一)案例要旨与指导意义

1. 案例要旨:人民检察院应当准确把握假释罪犯的服刑期限条件,被判处有期徒刑的罪犯“执行原判刑期二分之一以上”的期限,包括罪犯在监狱中服刑刑期和罪犯判决执行前先行羁押期限。人民检察院要注重通过个案办理,推动司法行政机关及时调整不符合法律规定和立法原意的相关规定,保障法律统一正确实施。

2. 指导意义:(1)《刑法》规定适用假释须“执行原判刑期二分之一以上”的期限,应当包含罪犯在监狱中服刑刑期和判决执行前先行羁押期限。根据《刑法》规定,“执行原判刑期二分之一以上”是依法适用假释的前提条件。为充分保障罪犯合法权益,按照《刑法》中刑期折抵的规定,“执行原判刑期二分之一以上”应包含罪犯先行羁押期限。在罪犯符合“执行原判刑期二分之一以上”的刑期条件的基础上,检察机关还要结合罪犯交付执行刑罚后的教育改造情况、认罪悔罪表现、在羁押期间的表现情况、调查评估意见等综合考虑罪犯“再犯罪的危险”,依法提出对罪犯适用假释的检察意见。

(2)人民检察院在对假释案件监督中应当注重通过个案办理推动法律适用的统一规范。人民检察院在办理假释监督案件过程中,要加强对法律、司法解释的正确理解和准确适用,依法实现个案办理公平公正。同时,人民检察院也要通过个案办理加强类案监督;对执法司法机关出于认识不同可能导致司法适用中出现偏差的相关内部规定、政策性文件等,要推动相关机关及时调整修正,保障法律统一正确实施。

(二)案例评析

案例价值:检察机关对假释案件进行审查时,应准确适用法律,主动履行监督责任,准确把握刑法对于假释的期限规定,结合具体案情,依法提出检察意见。除此之外,检察机关可通过个案办理加强类案监督,及时调整修订内部规定与规范性文件,保障法律统一正确实施。

案例二十　唐某假释监督案(检例第199号)

(一)案例要旨与指导意义

1. 案例要旨:人民检察院要加强对再犯罪危险性高的罪犯,如毒品犯罪罪犯等假释适用条件的审查把关。人民检察院要深入开展调查核实工作,注重实质化审查,准确认定涉毒罪犯是否确有悔改表现和有无再犯罪危险。罪犯采取不正当手段获取虚假证明材料意图获得假释的,表明主观上未能真诚悔罪,不能认定其确有悔改表现。在办理假释监督案件过程中,发现违纪违法等问题线索的,应依法移送相关机关办理,延伸监督效果。

2. 指导意义:(1)人民检察院要加强对再犯罪危险性高的罪犯,如毒品犯罪罪犯等,假释适用条件的审查把关。人民检察院办理假释监督案件,既要依法推进假释制度适用,对于符合假释条件而监狱未提请的罪犯,依法监督监狱提请假释,又要严格把关,发现不符合假释条件的罪犯,监狱不当提请假释的,坚决依法监督纠正。人民检察院要把改造难度大、再犯罪危险性高的罪犯作为监督重点,对毒品犯罪罪犯,赌博罪、盗窃罪等犯罪中的常业犯或者常习犯等,在适用假释时要从严把握,提升假释监督案件办理质效。

(2)人民检察院办理假释监督案件,要深入开展调查核实工作,准确认定涉毒罪犯是否确有悔改表现和有无再犯罪危险,严格审查涉毒罪犯假释案件相关证据材料。罪犯通过亲属采取不正当手段获取虚假证明材料意图获得假释的,表明其主观上未能真诚悔罪,不能认定其确有悔改表现。对于毒品犯罪罪犯有吸毒史,且家庭成员不具备协助社区矫正机构做好社区矫正工作条件,存在再犯罪危险的,依法不应当适用假释。

(3)人民检察院在办理假释监督案件过程中,发现违纪违法等问题线索的,应依法移送相关机关办理,延伸监督效果。人民检察院要注重发现假释案件办理中不当履职背后的深层次问题,强化对出具虚假证明材料、社区矫正调查评估弄虚作假等问题的调查核实力度,发现违纪违法或犯罪线索,属于检察机关管辖,构成徇私舞弊假释罪等犯罪的要坚决立案查处;对不属于检察机关管辖的,应依法移送相关机关处理。人民检察院要与纪检监察机关、公安机关等形成工作合力,延伸法律监督的效果。

(二)案例评析

案例价值:对于毒品犯罪的罪犯,检察机关应重点审查其假释提请,并需对其证据进行实质审查,调查核实,综合考虑罪犯的再犯罪危险。除此之外,检察机关还需延伸监督效果,伴随调查核实的深入,对于新出现的线索,及时移送相关部门,与其他机关部门通力协作,将法律监督效果进一步扩大。

案例二十一　禁止向未成年人租售网络游戏账号检察监督案(检例第204号)

(一)案例要旨与指导意义

1. 案例要旨:检察机关办理涉未成年人网络犯罪案件,应当注重审查刑事案件背后是否存在未成年人网络保护职责未落实的监督线索。检察机关发现互联网平台上存在向未成年人租售网络游戏账号的,可以依法督促行政监管部门履职,全面维护未成年人网络权益。检察机关发现未成年人因沉迷网络而遭受侵害的,应当同步落实被害修复与不良行为干预措施。检察机关应当促进法律监督与行政监管的配合协作,助推行政监管部门提升未成年人网络保护执法规范化水平。

2. 指导意义：（1）互联网平台上的经营者向未成年人租售网络游戏账号而平台未予及时处置、报告的，检察机关可以通过检察建议、公益诉讼等方式，督促行政监管部门采取有效监管措施。检察机关在办理涉未成年人网络刑事案件时，发现互联网平台上的经营者向未成年人提供网络游戏账号租售服务、互联网平台未予以审核监管，为未成年人规避游戏监管提供便利，有造成不特定未成年人沉迷网络、侵害未成年人网络公共利益风险的，可以通过制发检察建议、开展行政公益诉讼等手段，督促相关行政部门依法履行监管职责，推进互联网平台加强管理和机制建设。

（2）检察机关办理未成年人因沉迷网络而遭受侵害的案件，应当坚持被害修复与不良行为干预并重。检察机关在依法惩治利用网络实施的侵害未成年人犯罪的同时，应当通过积极追赃挽损、促成赔礼道歉、提供法律援助、落实心理疏导等方式，最大限度减少犯罪对未成年人造成的不利影响。同时，检察机关还应当根据《预防未成年人犯罪法》的相关规定，督促家庭、学校、社会联动对未成年被害人沉迷网络的不良行为进行干预，通过精准管理教育措施引导未成年人安全合理地使用网络。发现被害人的监护人怠于履行职责的，检察机关可以通过制发督促监护令、开展家庭教育指导等方式，充分发挥家庭监护在未成年人网络保护中的作用。

（3）检察机关办理涉未成年人网络案件，应当综合履职，促进未成年人网络保护诉源治理。在办理刑事案件、开展行政公益诉讼等工作基础上，检察机关还应当加强与未成年人网络保护行政监管部门配合协作，畅通信息渠道，建立共治机制，提升未成年人网络侵害源头预防实效。检察机关应结合本地实际，推动完善法律监督与行政监管衔接机制，为未成年人构建健康“清朗”的网络空间环境。

（二）案例评析

案例价值：未成年人网络沉迷已经成为重大的社会问题，检察机关依据《刑法》及有关保护未成年人的法律法规，依法行使法律监督与公益诉讼等职能，体现了其依法能动助力社会治理的主体性。检察机关通过制发检察建议、开展行政公益诉讼等手段，督促相关行政部门依法履行监管职责，对违法的互联网平台形成有效监督；通过积极追赃挽损、促成赔礼道歉、提供法律援助、落实心理疏导等方式，最大限度减少犯罪对未成年人造成的不利影响；通过督促家庭、学校、社会联动及制发督促监护令、开展家庭教育指导等方式，综合形成诉源治理。

认罪认罚从宽案例

案例一 无锡某警用器材公司虚开增值税专用发票案（检例第81号）

（一）案例要旨与指导意义

1. 案例要旨：民营企业违规经营触犯《刑法》情节较轻，认罪认罚的，对单位和直接责任人员依法能不捕的不捕，能不诉的不诉。检察机关应当督促认罪认罚的民营企业合法规范经营。拟对企业作出不起诉处理的，检察机关可以通过公开听证听取意见。对被不起诉人（单位）需要给予行政处罚、处分或者需要没收其违法所得的，检察机关应当依法提出检察意见，移送有关主管机关处理。

2. 指导意义：（1）对犯罪情节较轻且认罪认罚的涉罪民营企业及其有关责任人员，应当依法从宽处理。检察机关办理涉罪民营企业刑事案件，应当充分考虑促进经济发展、促进职工就业，维护国家和社会公共利益的需要，积极做好涉罪企业及其有关责任人员的认罪认罚工作，促使涉罪企业退缴违法所得、赔偿损失、修复损害、挽回影响，从而将犯罪所造成的危害降到最低。检察机关对犯罪情节较轻且认罪认罚、积极整改的企业及其相关责任人员，符合不捕、不诉条件的，坚持能不捕的不捕，能不诉的不诉，符合判处缓刑条件的要提出适用缓刑的建议。

（2）把建章立制落实合法规范经营要求，作为悔罪表现和从宽处罚的考量因素。检察机关在办理企业涉罪案件过程中，通过对自愿认罪认罚的民营企业进行走访、调查，查明企业犯罪的诱发因素、制度漏洞、刑事风险等，提出检察建议。检察机关可以协助和督促企业执行，帮助企业增强风险意识，规范经营行为，有效预防犯罪并据此作为从宽处罚的考量因素。

（3）依法做好刑事不起诉与行政处罚、处分有效衔接。检察机关依法作出不起诉决定的案件，要执行好《刑事诉讼法》第一百七十七条第三款的规定，对被不起诉人需要给予行政处罚、处分或者需要没收其违法所得的,人民检察院应当提出检察意见,移送有关主管机关处理。有关主管机关应当将处理结果及时通知人民检察院。有关主管机关未及时通知处理结果的,人民检察院应当依法予以督促。

(二)案例评析

案例价值:本案有机结合了认罪认罚从宽等制度,具体体现在:一是对犯罪情节较轻且认罪认罚的民营企业犯罪,可以依法作出不起诉决定。二是把自愿制定并落实企业合法规范经营及预防刑事风险作为企业认罪认罚的评判依据。三是依法做好刑行的有效衔接。检察机关决定不起诉的案件,要主动延伸检察职能,积极参与社会治理。

案例二　钱某故意伤害案(检例第82号)

(一)案例要旨与指导意义

1. 案例要旨:检察机关应当健全量刑协商机制,规范认罪认罚案件量刑建议的形成过程。检察机关应依法听取犯罪嫌疑人、辩护人或者值班律师的意见,通过出示有关证据、释法说理等方式,结合案件事实和情节开展量刑协商,促进协商一致。检察机关应注重运用司法救助等制度措施化解矛盾,提升办案质效。

2. 指导意义:(1)有效保障辩护人或者值班律师参与量刑协商。办理认罪认罚案件时,检察机关应当与被告人、辩护人或者值班律师进行充分有效的量刑协商。检察机关组织开展量刑协商时,应当充分听取被告人、辩护人或者值班律师的意见。检察机关可以通过向被告人出示证据、释法说理等形式,说明量刑建议的理由和依据,保障协商的充分性。被告人及其辩护人或者值班律师提出新的证据材料或者不同意见的,检察机关应当重视并认真审查,及时反馈是否采纳并说明理由,需要核实或一时难以达成一致的,可以在充分准备后再开展协商。检察机关应当听取被害方及其诉讼代理人的意见,促进和解谅解,并作为对被告人从宽处罚的重要因素。

(2)运用司法救助促进矛盾化解。对于因民间矛盾纠纷致人伤亡的案件,被告人认罪悔罪态度好,但因家庭经济困难没有赔偿能力或者赔偿能力有限,而被害方又需要救助的，检察机关应当积极促使被告人尽力赔偿被害方损失，争取被害方谅解，促进矛盾化解。同时检察机关要积极开展司法救助，落实帮扶措施，切实为被害方纾解困难提供帮助，做实做细化解矛盾等社会治理工作。

（二）案例评析

案例价值：本案检察机关与被告人、辩护人、值班律师等多方参与认罪认罚案件办理的刑事诉讼主体和参与人开展量刑协商，围绕案件证据和认定的事实研讨被告人的定罪和量刑，有效保证了案件结果的公正、合法。[①] 在认罪认罚案件中，如何精准把握量刑是许多检察官面临的难题，本案积极协调各方主体参与对被告人量刑的探讨，充分尊重了辩方意见，也体现了检察机关多渠道办案的能动性，促进了效率与公正的统一。

案例三 琚某某盗窃案（检例第83号）

（一）案例要旨与指导意义

1. 案例要旨：对于犯罪事实清楚，证据确实、充分，被告人自愿认罪认罚，一审法院采纳从宽量刑建议判决的案件，因被告人无正当理由上诉而不再具有认罪认罚从宽的条件，检察机关可以依法提出抗诉，建议法院取消因认罪认罚给予被告人的从宽量刑。

2. 指导意义：被告人通过认罪认罚获得量刑从宽后，在没有新事实、新证据的情况下，违背具结承诺以量刑过重为由提出上诉，无正当理由引起二审程序，消耗国家司法资源，检察机关可以依法提出抗诉。一审判决量刑适当、自愿性保障充分，因为认罪认罚后反悔上诉导致量刑不当的案件，检察机关依法提出抗诉有利于促使被告人遵守协商承诺，促进认罪认罚从宽制度健康稳定运行。检察机关提出抗诉时，应当建议法院取消基于认罪认罚给予被告人的从宽量刑，但不能因被告人的反悔行为对其加重处罚。

（二）案例评析

案例价值：本案属于适用认罪认罚又在审判阶段撤销适用的案件。案例旨

① 参见苗生明、曹红虹：《最高人民检察院第二十二批指导性案例解读》，载《人民检察》2021年第4期。

在说明认罪认罚从宽制度贯穿于刑事诉讼的全过程，对于获得从宽处理后又提出上诉的案件，检察机关可提起抗诉，惩治被告人“虚假认罪”的恶意行为。本案所体现的反面问题实际上对检察官把握认罪认罚适用提供了新的视角，充分利用刑事诉讼程序和检察抗诉权监督认罪认罚从宽的实施，为该制度的良好运行提供了保障。

可进一步研究之处：如何保障适用对象的反悔权和调整量刑建议，甚至在类案处理中能否加重被告人的刑罚等问题，可深入探讨。

案例四　林某某等人组织、领导、参加黑社会性质组织案（检例第84号）

（一）案例要旨与指导意义

1. 案例要旨：认罪认罚从宽制度可以适用于所有刑事案件，没有适用罪名和可能判处刑罚的限定，涉黑涉恶犯罪案件依法可以适用该制度。认罪认罚从宽制度贯穿刑事诉讼全过程，适用于侦查、起诉、审判各个阶段。检察机关办理涉黑涉恶犯罪案件，要积极履行主导责任，发挥认罪认罚从宽制度在查明案件事实、提升指控效果、有效追赃挽损等方面的作用。

2. 指导意义：（1）对于黑社会性质组织犯罪等共同犯罪案件，适用认罪认罚从宽制度有助于提升指控犯罪质效。检察机关应当注重认罪认罚从宽制度的全流程适用，通过犯罪嫌疑人、被告人认罪认罚，有针对性地收集、完善和固定证据，同时以点带面促使其他被告人认罪认罚，完善指控犯罪的证据体系。对于黑社会性质组织等涉案人数众多的共同犯罪案件，通过对被告人开展认罪认罚教育转化工作，有利于分化瓦解犯罪组织，提升指控犯罪的效果。

（2）将认罪认罚与追赃挽损有机结合，彻底清除有组织犯罪的经济基础，尽力挽回被害人损失。检察机关应当运用认罪认罚深挖涉案财产线索，将退赃退赔情况作为是否认罚的考察重点，灵活运用量刑建议从宽幅度激励被告人退赃退赔，通过认罪认罚成果巩固和扩大追赃挽损的效果。

（3）区别对待，准确贯彻宽严相济刑事政策。认罪认罚从宽制度可以适用于所有案件，但“可以”适用不是一律适用，被告人认罪认罚后是否从宽，要根据案件性质、情节和对社会造成的危害后果等具体情况，坚持罪责刑相适应原则，区分情况、区别对待，做到该宽则宽，当严则严，宽严相济，罚当其罪。对犯罪性质恶劣、犯罪手段残忍、危害后果严重的犯罪分子，即使认罪认罚也不足以从宽处罚的，依法可不予以从宽处罚。

（二）案例评析

案例价值：办理黑恶势力犯罪案件时，检察机关提前介入审查起诉、庭前会议、法庭审判等各环节、全过程开展认罪认罚教育转化，能够充分发挥认罪认罚从宽制度在查明案件事实、提升法庭效果、全力追赃挽损等方面的制度优势。认罪认罚从宽制度可以适用于所有刑事案件，没有适用罪名和可能判处刑罚的限定，涉黑涉恶犯罪案件依法可以适用该制度。对于供述易变化、态度反复的不同组织成员，检察机关应区分各环节重点，于诉讼全过程开展认罪认罚工作，将认罪认罚与追赃挽损有机结合，铲除有组织犯罪的经济基础，尽一切力量挽回群众损失。

案例五 阻断性侵犯罪未成年被害人感染艾滋病风险综合司法保护案（检例第172号）

（一）案例要旨与指导意义

1. 案例要旨：检察机关办理性侵害未成年人案件，在受邀介入侦查时，应当及时协同做好取证和未成年被害人保护救助工作。对于遭受艾滋病人或感染者性侵的未成年被害人，应当立即开展艾滋病暴露后预防并进行心理干预、司法救助，最大限度降低犯罪给其造成的危害后果和长期影响。行为人明知自己系艾滋病人或感染者，奸淫幼女，造成艾滋病有重大现实传播风险的，应当认定为奸淫幼女"情节恶劣"。对于犯罪情节恶劣，社会危害严重，主观恶性大的成年人性侵害未成年人案件，即使认罪认罚也不足以从宽处罚的，依法不予从宽。发现类案风险和社会治理漏洞，检察机关应当积极推动风险防控和相关领域制度完善。

2. 指导意义：（1）对于性侵害未成年人犯罪案件，检察机关受邀介入侦查时应当同步开展未成年被害人保护救助工作。性侵害未成年人案件存在发现难、取证难、危害大的特点，检察机关在受邀介入侦查时，应当建议侦查机关围绕犯罪嫌疑人主观恶性、作案手段、被害人遭受侵害后身心状况等进行全面取证。同时，建议或协同公安机关第一时间核查犯罪嫌疑人是否系艾滋病人或感染者。确定犯罪嫌疑人系艾滋病人或感染者的，检察机关应当立即协同公安机关和卫生健康部门开展艾滋病暴露后预防，切实保护未成年被害人健康权益。检察机关应当发挥未成年人检察社会支持体系作用，从介入侦查阶段就及时启动心理干预、司法救助、家庭教育指导等保护救助措施，尽可能将犯罪的伤害降至最低。

（2）行为人明知自己患有艾滋病或者感染艾滋病病毒，仍对幼女实施奸淫，放任艾滋病传播风险的发生，客观上极易造成被害人感染艾滋病的严重后果，主观上体现出行为人对幼女健康权、生命权的极度漠视，其社会危害程度与《刑法》第二百三十六条第三款第二项至第六项规定的情形具有相当性，应当依法认定为奸淫幼女"情节恶劣"，适用10年以上有期徒刑、无期徒刑或者死刑的刑罚。对成年人性侵害未成年人犯罪，应综合考虑案件性质、主观恶性、具体情节、社会危害等因素，从严适用认罪认罚从宽制度。对于犯罪性质和危害后果严重、犯罪手段残忍、社会影响恶劣的，可依法不予从宽。

（3）办理案件中发现未成年人保护工作机制存在漏洞的，应当着眼于最有利于未成年人原则和社会公共利益维护，推动相关领域制度机制完善。对于案件中暴露出的未成年人保护重大风险隐患，检察机关应当深入调查，有针对性采取措施，促进相关制度和工作机制完善，促使职能部门更加积极有效依法履职尽责，推动形成损害修复与风险防控相结合，事前保护与事后救助相结合的未成年人综合保护模式。

（二）案例评析

案例价值：检察机关在指控证明追诉性侵害未成年人犯罪的同时，应注重未成年被害人的保护与救助，尽早帮助未成年被害人走出困境，形成性侵案件艾滋病风险防控机制和未成年被害人保护联动机制。艾滋病等传染病暴露后预防有时间窗口，及时发现和确定性侵犯罪嫌疑人系艾滋病人或感染者是关键，建立顺畅有效的信息沟通核查机制是基础。检察机关针对这方面存在的机制漏洞，会同公安机关、卫健部门等相关部门建章立制、完善制度措施，对未成年被害人开展艾滋病暴露后预防，有效避免感染风险，有利于最大化保护性侵害案件未成年被害人的生命健康权。

没收违法所得程序案例

案例一 白某贪污违法所得没收案(检例第127号)

(一)案例要旨与指导意义

1. 案例要旨:检察机关提出没收违法所得申请,应有证据证明申请没收的财产直接或者间接源于犯罪所得,或者能够排除财产合法来源的可能性。人民检察院出席申请没收违法所得案件庭审,应当重点对申请没收的财产属于违法所得进行举证。对于专业性较强的案件,人民检察院可以申请鉴定人出庭。

2. 指导意义:(1)准确把握认定违法所得的证明标准,依法提出没收申请。检察机关提出没收违法所得申请,应当有证据证明有犯罪事实。除因犯罪嫌疑人、被告人逃匿无法收集的证据外,其他能够证明犯罪事实的证据都应当收集在案。在案证据应能够证明申请没收的财产具有高度可能系直接或者间接源于违法所得或者系犯罪嫌疑人、被告人非法持有的违禁品、供犯罪所用的本人财物,应列入申请没收的财产范围。对于在案证据无法证明部分财产系犯罪嫌疑人、被告人违法所得及其他涉案财产的,不应列入申请没收的财产范围。

(2)证明申请没收的财产属于违法所得,是检察机关庭审举证的重点。人民法院开庭审理申请没收违法所得案件,人民检察院应当派员出席法庭承担举证责任。针对犯罪嫌疑人、被告人实施了法律规定的重大犯罪出示相关证据后,人民检察院应当着重针对申请没收的财产属于违法所得进行举证。对于涉及金融证券类等重大复杂、专业性强的案件,检察机关可以申请人民法院通知鉴定人出庭作证,以增强证明效果。

(二)案例评析

案例价值:当证据尚达不到认定高度可能属于被告人贪污违法所得的证明标准,可不提出没收违法所得申请。检察机关出席申请没收违法所得案件庭审,对犯罪事实进行必要举证后,应重点对申请没收的财产属于违法所得进行举证。对于涉及金融证券类等重大复杂、专业性强的案件,检察机关可以申请法院通知鉴定人出庭作证,以增强证明效果。

案例二　彭某某受贿，贾某某受贿、洗钱违法所得没收案（检例第128号）

（一）案例要旨与指导意义

1. 案例要旨：对于跨境转移贪污贿赂所得的洗钱犯罪案件，检察机关应当依法适用特别程序追缴贪污贿赂违法所得。对于犯罪嫌疑人、被告人转移至境外的财产，如果有证据证明具有高度可能属于违法所得及其他涉案财产，检察机关可以依法申请予以没收。对于共同犯罪的主犯逃匿境外，其他共同犯罪人已经在境内依照普通刑事诉讼程序处理的案件，检察机关应当充分考虑主犯应对全案事实负责以及国际刑事司法协助等因素，依法审慎适用特别程序追缴违法所得。

2. 指导意义：（1）依法加大对跨境转移贪污贿赂所得的洗钱犯罪打击力度。犯罪嫌疑人、被告人逃匿境外的贪污贿赂犯罪案件，一般均已前期将巨额资产转移至境外，我国《刑法》第一百九十一条明确规定此类跨境转移资产行为属于洗钱犯罪。《最高人民法院、最高人民检察院关于适用犯罪嫌疑人、被告人逃匿、死亡案件违法所得没收程序若干问题的规定》明确规定对于洗钱犯罪案件，可以适用特别程序追缴违法所得及其他涉案财产。检察机关在办理贪污贿赂犯罪案件中，应当加大对涉嫌洗钱犯罪线索的审查力度，对于符合法定条件的，应积极适用违法所得没收程序追缴违法所得。

（2）准确认定需要没收违法所得的境外财产。《最高人民法院、最高人民检察院关于适用犯罪嫌疑人、被告人逃匿、死亡案件违法所得没收程序若干问题的规定》明确规定对于适用违法所得没收程序案件，适用"具有高度可能"的证明标准。经审查，有证据证明犯罪嫌疑人、被告人将违法所得转移至境外，在境外购置财产的支出小于所转移的违法所得，且犯罪嫌疑人、被告人没有足以支付其在境外购置财产的其他收入来源的，可以认定其在境外购置的财产具有高度可能属于需要没收的违法所得。

（3）对于主犯逃匿境外的共同犯罪案件，依法审慎适用特别程序追缴违法所得。共同犯罪中，主犯对全部案件事实负责，犯罪后部分犯罪嫌疑人、被告人逃匿境外，部分犯罪嫌疑人、被告人在境内被司法机关依法查办的，如果境内境外均有涉案财产，且逃匿的犯罪嫌疑人、被告人是共同犯罪的主犯，依法适用特别程序追缴共同犯罪违法所得，有利于全面把握涉案事实，取得较好办案效果。

（二）案例评析

案例价值：对于跨境转移贪污贿赂违法所得的洗钱犯罪案件，检察机关应加大打击力度，依法推动适用特别程序追缴贪污贿赂违法所得。首先，本案准确适用“具有高度可能”的证明标准，依法认定需要提出没收违法所得申请的境外财产。本案中，在案证据可证实被告人通过境外公司购买某国房产，但欠缺在该国资金流向和购买过程的证据。检察机关认为，在案证据证明，在贾某某于境外转账汇款购房同一时期内，彭某某多次安排他人将受贿款汇入贾某某在外国的银行账户，汇款数额大于购房款。因此，应当认定彭某某、贾某某在该国购买房产的资金高度可能源于彭某某受贿，遂针对该房产提出没收违法所得申请，法院裁定予以支持。[①]

案例三 黄某某贪污违法所得没收案（检例第129号）

（一）案例要旨与指导意义

1. 案例要旨：检察机关在适用违法所得没收程序中，应当承担证明有犯罪事实以及申请没收的财产属于违法所得及其他涉案财产的举证责任。利害关系人及其诉讼代理人参加诉讼并主张权利，但不能提供合法证据或者其主张明显与事实不符的，检察机关应当依法予以辩驳。善意第三方对申请没收财产享有合法权利的，应当依法予以保护。

2. 指导意义：(1)利害关系人对申请没收财产提出异议或主张权利的，检察人员出庭时应当作为质证重点。根据《最高人民法院、最高人民检察院关于适用犯罪嫌疑人、被告人逃匿、死亡案件违法所得没收程序若干问题的规定》第十五条第三款的规定，利害关系人在诉讼中对检察机关申请没收的财产属于违法所得及其他涉案财产等相关事实及证据有异议的，可以提出意见；对申请没收财产主张权利的，应当出示相关证据。对于其提供的证据不合法，或其异议明显与客观事实不符的，出庭检察人员应当围绕财产状态、财产来源、与违法犯罪的关系等内容，有针对性地予以驳斥，建议人民法院依法不予支持。

---

① 参见韩晓峰、高锋志、尚垚弘：《最高人民检察院第三十二批指导性案例解读》，载《人民检察》2022年第2期。

(2)善意第三方对申请没收财产享有合法权益的,应当依法保护。对申请没收财产因抵押而享有优先受偿权的债权人,或者享有其他合法权利的利害关系人,如果在案证据能够证明其在抵押权设定时对该财产系违法所得不知情,或者有理由相信该财产为合法财产,依法应当认定为善意第三方,对其享有的担保物权或其他合法权利,依法应当予以保护。

(二)案例评析

案例价值:第一,利害关系人对检察机关申请没收财产提出异议或主张权利的,出庭检察人员应当重点质证。出庭检察人员针对利害关系人所提异议,从证据的合法性、真实性和关联性等方面,发表质证意见,证明邓某某、施某某及其诉讼代理人所提意见与该案证据证明的事实不符,不应支持。法院对检察机关上述意见均予采纳。第二,善意第三方对申请没收财产享有合法权益的,应当依法保护。①

案例四　任某某受贿、巨额财产来源不明违法所得没收案(检例第130号)

(一)案例要旨与指导意义

1. 案例要旨:涉嫌巨额财产来源不明犯罪的人在立案前死亡,依照《刑法》规定应当追缴其违法所得及其他涉案财产的,可以依法适用违法所得没收程序。对涉案的巨额财产,可以由其近亲属或其他利害关系人说明来源。没有近亲属或其他利害关系人主张权利或者说明来源,或者近亲属或其他利害关系人主张权利所提供的证据达不到相应证明标准,或者说明的来源经查证不属实的,依法认定为违法所得并申请没收。违法所得与合法财产混同并产生孳息的,可以按照违法所得占比计算孳息予以申请没收。

2. 指导意义:(1)涉嫌贪污贿赂等重大犯罪的人立案前死亡的,依法可以适用违法所得没收程序。违法所得没收程序的目的在于解决违法所得及其他涉案财产的追缴问题,不是追究被申请人的刑事责任。涉嫌实施贪污贿赂等重大犯罪行为的人,依照《刑法》规定应当追缴其犯罪所得及其他涉案财产的,无论

① 参见韩晓峰、高锋志、尚垚弘:《最高人民检察院第三十二批指导性案例解读》,载《人民检察》2022年第2期。

是立案之前死亡还是立案后作为犯罪嫌疑人、被告人在诉讼中死亡，都可以适用违法所得没收程序。

(2)巨额财产来源不明犯罪案件中，本人因死亡不能对财产来源作出说明的，应当结合其近亲属说明的来源，或者其他利害关系人主张权利以及提供的证据情况，依法认定是否属于违法所得。已死亡人员的近亲属或其他利害关系人主张权利或说明来源的，应要求其提供相关证据或线索，并进行调查核实。没有近亲属或其他利害关系人主张权利或说明来源，或者近亲属或其他利害关系人虽然主张权利但提供的证据没有达到相应证明标准，或者说明的来源经查证不属实的，应当依法认定为违法所得，并申请没收。

(3)违法所得与合法财产混同并产生孳息的，可以按照比例计算违法所得孳息。在依法查封、扣押、冻结的犯罪嫌疑人财产中，对违法所得与合法财产混同后产生的孳息，可以按照全案中合法财产与违法所得的比例，计算违法所得的孳息数额，依法申请没收。对合法财产及其产生的孳息，及时予以返还。

(二)案例评析

案例价值：本案检察机关经审查计算出违法所得相应的孳息，依法申请没收，剩余部分为合法财产及其孳息，返还给其近亲属，促进了办案的程序正当与实质正义。①

二、民事检察案例

(一)民事公益诉讼案例

案例一 许某1、许某2民事公益诉讼案(检例第28号)

(一)案例要旨与指导意义

1. 案例要旨：(1)侵权人因同一行为已经承担行政责任或者刑事责任的，不

① 参见韩晓峰、高锋志、尚垚弘：《最高人民检察院第三十二批指导性案例解读》，载《人民检察》2022年第2期。

影响承担民事侵权责任。(2)环境污染导致生态环境损害无法通过恢复工程完全恢复的,恢复成本远远大于其收益的或者缺乏生态环境损害恢复评价指标的,可以参考虚拟治理成本法计算修复费用。(3)专业技术问题,可以引入专家辅助人。专家意见经质证,可以作为认定事实的根据。

2. 指导意义:本案是全国人大常委会授权检察机关开展公益诉讼试点工作后全国首例由检察机关提起的民事公益诉讼案件。

(1)围绕侵权构成要件,开展调查核实。虽然污染环境侵权案件因果关系适用举证责任倒置原则,但为保证依法准确监督,检察机关仍应充分开展调查核实,查明案件事实。调查核实主要包括以下方面:①侵权人实施了污染环境的行为;②侵权人的行为已经损害社会公共利益;③侵权人实施的污染环境行为与损害结果之间具有关联性。

(2)准确定位民事侵权责任,提起公益诉讼。《侵权责任法》第四条[①]第一款规定,侵权人因同一行为应当承担行政责任或者刑事责任的,不影响依法承担侵权责任。污染环境肇事人、食品药品安全领域侵害众多消费者合法权益等损害社会公共利益的侵权人,因该侵权行为受过行政或刑事处罚,不影响检察机关对该侵权人提起民事公益诉讼。罚款或罚金均不属于民事侵权责任范畴,不能抵销损害社会公共利益的侵权损害赔偿金额。

(3)围绕环境污染情况,提出合理诉求。检察机关提起环境民事公益诉讼,应当结合具体案情和相关证据合理确定污染者承担停止侵害、排除妨碍、消除危险、恢复原状、赔礼道歉、赔偿损失等民事责任。检察机关提起环境民事公益诉讼的第一诉求应是停止侵害、排除危险和恢复原状。其中,“恢复原状”应当是在有恢复原状的可能和必要的前提下,要求损害者承担治理污染和修复生态的责任。无法完全恢复或恢复成本远远大于其收益的,可以准许采用替代性修复方式,也可以要求被告承担生态环境修复费用。

(4)围绕生态环境修复实际,确定赔偿费用。生态环境修复费用包括制定、实施修复方案的费用和监测、监管等费用。环境污染所致生态环境损害无法通过恢复工程完全恢复的,恢复成本远大于收益的,缺乏生态环境损害恢复评价

① 现为《民法典》第一百八十七条。

指标,生态环境修复费用难以确定的,可以参考环境保护部[①]制定的《环境损害鉴定评估推荐方法》(第Ⅱ版),采用虚拟治理成本法计算修复费用,即在虚拟治理成本基数的基础上,根据受污染区域的环境功能敏感程度与对应的敏感系数相乘予以合理确定。

(5)围绕专业技术问题,引入专家辅助人。环境民事公益诉讼案件,涉及土壤污染、非法排污、因果关系、环境修复等大量的专业技术问题,检察机关可以通过甄选环境专家协助办案,厘清关键证据中的专业性技术问题。专家辅助人出庭就鉴定人作出的鉴定意见或者就因果关系、生态环境修复方式、生态环境修复费用以及生态环境受到损害至恢复原状期间服务功能的损失等专门性问题,作出说明或提出意见,经质证后可以作为认定事实的根据。

(二)案例评析

案例价值:本案作为检察机关开展公益诉讼试点的第一案,释明了检察机关提起公益诉讼的必要性与必然性,明确了公益诉讼案件中行为人的刑事、民事、行政责任不是择一承担,而是分属不同法律责任的追责规则。本案中关于民事赔偿的认定也具有指导意义,由于本案环境污染严重,修复成本极高,检察机关引入专家辅助人对涉及的专业性和技术性问题进行分析,从而选择了虚拟治理成本的方法有效解决了环境污染案件中治理污染和赔偿的问题。本案选择的计算方法为实践中大量涉及环境污染公益诉讼的案件提供了可行的指导方法,提升了检察民事公益诉讼效能。[②]

案例二 白山市某区卫生和计划生育局及该区中医院行政附带民事公益诉讼案(检例第29号)

(一)案例要旨与指导意义

1. 案例要旨:检察机关在履行职责中发现负有监督管理职责的行政机关存在违法行政行为,导致发生污染环境,侵害社会公共利益的行为,且违法行政行为是民事侵权行为的先决或者前提行为,在履行行政公益诉讼和民事公益诉讼

① 现为生态环境部。

② 参见万春、缐杰等:《最高人民检察院第八批指导性案例解读》,载《人民检察》2017年第6期。

诉前程序后，违法行政行为和民事侵权行为未得到纠正，在没有适格主体或者适格主体不提起诉讼的情况下，检察机关可以参照《行政诉讼法》第六十一条第一款的规定，向人民法院提起行政附带民事公益诉讼，由人民法院一并审理。

2. 指导意义：本案是公益诉讼试点后全国首例行政附带民事公益诉讼案。

（1）检察机关作为公益诉讼人，可以提起行政附带民事公益诉讼。根据《人民检察院提起公益诉讼试点工作实施办法》（已废止，以下简称《检察院实施办法》）第五十六条和《人民法院审理人民检察院提起公益诉讼案件试点工作实施办法》（以下简称《法院实施办法》）第四条、第十四条、第二十三条的规定，人民检察院以公益诉讼人身份提起民事或行政公益诉讼，诉讼权利义务参照《民事诉讼法》《行政诉讼法》关于原告诉讼权利义务的规定。人民法院审理人民检察院提起的公益诉讼案件，《检察院实施办法》《法院实施办法》没有规定的，适用《民事诉讼法》《行政诉讼法》及相关司法解释的规定。根据《检察院实施办法》第一条和第二十八条的规定，试点阶段人民检察院可以同时提起民事公益诉讼和行政公益诉讼的仅为污染环境领域。人民检察院能否直接提起行政附带民事公益诉讼，《检察院实施办法》和《法院实施办法》均没有明确规定。根据《检察院实施办法》第五十六条和《法院实施办法》第二十三条的规定，没有规定的即适用《民事诉讼法》《行政诉讼法》及相关司法解释的规定。其中《行政诉讼法》第六十一条第一款规定了行政附带民事诉讼制度，该制度的设立主要是源于程序效益原则，有利于节约诉讼成本，优化审判资源，统一司法判决和增强判决权威性。在试点的检察机关提起的公益诉讼中，存在生态环境领域侵害社会公共利益的民事侵权行为，而负有监督管理职责的行政机关又存在违法行政行为，且违法行政行为是民事侵权行为的先决或前提行为，为督促行政机关依法正确履行职责，一并解决民事主体对国家利益和社会公共利益造成侵害的问题，检察机关可以参照《行政诉讼法》第六十一条第一款的规定，向人民法院提起行政附带民事公益诉讼，由人民法院一并审理。

（2）检察机关提起行政附带民事公益诉讼，应当同时履行行政公益诉讼和民事公益诉讼诉前程序。《检察院实施办法》规定，人民检察院提起民事公益诉讼或行政公益诉讼，都必须严格履行诉前程序。行政附带民事公益诉讼涵盖民事公益诉讼和行政公益诉讼，提起公益诉讼前，人民检察院应当发出检察建议依法督促行政机关纠正违法行为、履行法定职责，并督促、支持法律规定的机关和有关组织提请民事公益诉讼。

(3)检察机关提起行政附带民事公益诉讼案件,原则上由市(分、州)以上人民检察院办理。《检察院实施办法》第二条第一款规定:“人民检察院提起民事公益诉讼的案件,一般由侵权行为地、损害结果地或者被告住所地的市(分、州)人民检察院管辖。”第二十九条第一款规定:“人民检察院提起行政公益诉讼的案件,一般由违法行使职权或者不作为的行政机关所在地的基层人民检察院管辖。”第二十九条第四款规定:“上级人民检察院认为确有必要,可以办理下级人民检察院管辖的案件……”由于检察机关提起的行政公益诉讼和民事公益诉讼管辖级别不同,民事公益诉讼一般不由基层人民检察院管辖,而上级人民检察院可以办理下级人民检察院的行政公益诉讼案件,故行政附带民事公益诉讼原则上应由市(分、州)以上人民检察院向中级人民法院提起。有管辖权的市(分、州)人民检察院根据《检察院实施办法》第二条第四款规定将案件交办的,基层人民检察院也可以提起行政附带民事公益诉讼。

(二)案例评析

案例价值:本案属于行民交叉的案件,检察机关提起行政附带民事公益诉讼,厘清了行政与民事责任,也明确了行政附带民事公益诉讼的管辖权问题,切实纠正了行政违法行为和化解了民事纠纷。实践中,行民交叉的公益诉讼案件较为常见,本案的办理从管辖、诉讼主体等程序上释明了规则,也从行政违法和民事侵权等实体角度提供了办案指导。本案实际上确立了检察机关提起行政附带民事公益诉讼制度。本案提起行政附带民事公益诉讼应当履行的程序。行政附带民事公益诉讼涵盖民事公益诉讼和行政公益诉讼,提起公益诉讼前,检察机关应当同时履行行政公益诉讼和民事公益诉讼诉前程序,向相关行政机关提出检察建议,督促其纠正行政违法行为或依法履行职责,同时还要依法督促或者支持法律规定的机关或有关组织提起民事公益诉讼。检察机关提起行政附带民事公益诉讼案件,原则上由市(分、州)以上检察院办理。①

① 参见万春、缐杰等:《最高人民检察院第八批指导性案例解读》,载《人民检察》2017年第6期。

案例三　曾某侵害英烈名誉案(检例第51号)

(一)案例要旨与指导意义

1. 案例要旨:对侵害英雄烈士的姓名、肖像、名誉、荣誉,损害社会公共利益的行为人,英雄烈士近亲属不提起民事诉讼的,检察机关可以依法向人民法院提起公益诉讼,要求侵权人承担侵权责任。

2. 指导意义:《英雄烈士保护法》第二十五条第二款规定:"英雄烈士没有近亲属或者近亲属不提起诉讼的,检察机关依法对侵害英雄烈士的姓名、肖像、名誉、荣誉,损害社会公共利益的行为向人民法院提起诉讼。"英雄烈士的形象是民族精神的体现,是引领社会风尚的标杆。英雄烈士的姓名、肖像、名誉和荣誉等不仅属于英雄烈士本人及其近亲属,更是社会正义的重要组成内容,承载着社会主义核心价值观,具有社会公益性质。侵害英雄烈士名誉就是对公共利益的损害。对于侵害英雄烈士名誉的行为,英雄烈士没有近亲属或者近亲属不提起诉讼时,检察机关应依法提起公益诉讼,捍卫社会公共利益。

检察机关履行这类公益诉讼职责,要在提起诉讼前确认英雄烈士是否有近亲属以及其近亲属是否提起诉讼,并区分情况处理。对于英雄烈士有近亲属的,检察机关应当当面征询英雄烈士近亲属是否提起诉讼;对于英雄烈士没有近亲属或者近亲属下落不明的,检察机关可以通过公告的方式履行告知程序。

检察机关办理该类案件,除围绕侵权责任构成要件收集、固定证据外,还要就侵权行为是否损害社会公共利益这一结果要件进行调查取证。对于在微信群内发表侮辱、诽谤英雄烈士言论的行为,要重点收集微信群成员数量、微信群组的私密性、进群验证方式、不当言论被阅读数、转发量等方面的证据,证明侵权行为产生的不良社会影响及其严重性。检察机关在决定提起公益诉讼时,还应当考虑行为人的主观过错程度、社会公共利益受损程度等,充分履行职责,实现政治效果、社会效果和法律效果的有机统一。

(二)案例评析

案例价值:本案旨在释明检察机关作为可以提起民事公益诉讼的主体,应依法保护英雄烈士的人格权等权利,对于侵害英雄烈士并对国家和公共利益造成损害的行为应当依法提起公益诉讼,追究其民事侵权责任。本案不仅是社会主义核心价值观在检察工作中的贯彻落实,更明确了提起类案的民事公益诉讼要以英雄烈士的近亲属未提起诉讼为前提,并且侵害行为已经对国家和公共利益造成严重损害。[1] 由于本案办理时《英雄烈士保护法》刚实施不久,诉讼程序中的一些问题尚未制定具体明确的规则,因此本案的亮点是如何认定侵害行为对社会公共利益造成损害。

案例四 某水务公司污染环境刑事附带民事公益诉讼案(检例第86号)

(一)案例要旨与指导意义

1. 案例要旨:检察机关办理环境污染民事公益诉讼案件,可以在查清事实明确责任的基础上,遵循自愿、合法和最大限度保护公共利益的原则,积极参与调解。造成环境污染公司的控股股东自愿加入诉讼,愿意承担连带责任并提供担保的,检察机关可以依申请将其列为第三人,让其作为共同赔偿主体,督促其运用现金赔偿、替代性修复等方式,承担生态损害赔偿的连带责任。对办案中发现的带有普遍性的问题,检察机关可以通过提出检察建议、立法建议等方式,促进社会治理创新。

2. 指导意义:(1)环境公益诉讼中,检察机关可以在最大限度保护公共利益的前提下参与调解。检察机关办理环境污染类案件,要充分发挥民事公益诉讼职能,注重服务经济社会发展,既要落实"用最严格制度最严密法治保护生态环境"的原则要求,又要注意办案方式方法的创新。在办案中遇到企业因重罚而资不抵债,可能破产关闭等情况时,检察机关不能机械办案或者一罚了之。依据相关法律规定,检察机关可以与被告就赔偿问题进行调解。与一般的民事调解不同,检察机关代表国家提起公益诉讼,在调解中应当保障公共利益最大化实现。在被告愿意积极赔偿的情况下,检察机关考虑生态修复需要,综合评估被告财务状况、预期收入情况、赔偿意愿等情节,可以推进运用现金赔偿、替代性修复等方式,既落实责任承担,又确保受损环境得以修复。在实施替代性修复时,对替代性修复项目应当进行评估论证。项目应当既有利于生态环境修复,又具有公益性,同时,还应当经人民检察院、人民法院和社会公众的认可。

(2)股东自愿申请加入公益诉讼,检察机关经审查认为有利于生态环境公

---

① 参见万春、缐杰等:《最高人民检察院第八批指导性案例解读》,载《人民检察》2017年第6期。

益保护的，可以同意其请求。在环境民事公益诉讼中，被告单位的控股股东自愿共同承担公益损害赔偿责任，检察机关经审查认为其加入确实有利于生态环境修复等公益保护的，可以准许，并经人民法院认可，将其列为第三人。是否准许加入诉讼，检察机关需要重点审查控股股东是否与损害发生确无法律上的义务和责任。如果控股股东对损害的发生具有法律上的义务和责任，则应当由人民法院追加其参加诉讼，不能由其自主选择是否参加诉讼。

(3)在公益诉讼中，检察机关应当注重运用检察建议、立法建议等多种方式，推动社会治理创新。检察机关办理涉环境类公益诉讼案件，针对生态环境执法、监管、社会治理等方面存在的问题，可以运用检察建议等方式，督促相关行政部门履职，促进区域生态环境质量改善。对于涉及地方治理的重点问题，检察机关可以采取提出立法建议的方式，促进社会治理创新，推进法制完善。对于法治教育和宣传普及中存在的问题，检察机关应当按照“谁执法谁普法”的原则，结合案件进行释法，对相关特殊行业从业人员开展法治宣传教育，提升环境保护法治意识。

(二)案例评析

案例价值：检察机关办理刑事附带民事公益诉讼案件是否可以依法参与调解，法律规定并不明确。结合既有法律及相关司法解释规定，经过认真研究，检察机关提起民事公益诉讼，主要是为了实现公益保护，如果采取调解的方式有利于公益保护目的的最大化实现，那么就可以调解实现诉讼请求。检察机关在办理本案时，在查清事实明确责任的基础上，遵循自愿、合法和最大限度保护公共利益的原则，积极参与调解，保障了公共利益最大化实现。在被告单位积极赔偿的情况下，检察机关考虑生态修复的需要，综合评估被告单位财务状况、预期收入情况、赔偿意愿等，推进运用现金赔偿、替代性修复等多种方式，既落实责任承担，又确保受损环境得以修复。

可进一步研究之处：本案释明的关于控股股东是否能列为第三人的规则虽具有前瞻性和新颖性，但本案中的第三人究竟属于有独立请求权第三人还是无独立请求权第三人在案例中需要进一步说明，即需要明确代为履行人的第三人具体身份。

案例五 海南省某市人民检察院诉海南某公司等3被告非法向海洋倾倒建筑垃圾民事公益诉讼案(检例第111号)

(一)案例要旨与指导意义

1. 案例要旨:对于海洋生态环境损害,行政机关的履职行为既不能有效维护公益,又未提起生态环境损害赔偿诉讼的,检察机关可以依法提起民事公益诉讼。公益诉讼案件二审开庭,上一级人民检察院应当派员出庭,与下级检察机关共同参加法庭调查、法庭辩论、发表意见等,积极履行出庭职责。

2. 指导意义:(1)检察机关应加强海洋生态环境检察公益诉讼与生态环境损害赔偿制度的衔接,切实维护公共利益。对于海洋生态环境保护,行政机关担负着第一顺位职责,生态损害赔偿诉讼具有优先适用性,检察公益诉讼则具有补充性和兜底性。海洋监管部门虽然对违法行为人进行了行政处罚,但未能完全实现维护公益的目的,经书面建议和督促后又不提起生态环境损害赔偿诉讼的,检察机关可以不再继续通过行政公益诉讼督促行政机关履职而直接对违法行为人依法提起民事公益诉讼,切实发挥保护海洋生态环境、维护社会公共利益的职能作用。

(2)综合运用各类调查手段,查明公益损害的事实,确定公益损害赔偿数额。检察机关可利用无人机等科技手段充分履行调查职能,全面查明海洋污染情况。鉴于海洋调查取证的特殊性,在前期必要工作基础上,检察机关还可以与行政机关联合调查,完成特定现场取证。针对海洋生态损害后果,检察机关应委托有资质的专业鉴定机构出具鉴定评估意见,可通过召开专家论证会等形式进行审查论证,同时协调做好鉴定人出庭作证、应对提问和质询等工作,使鉴定意见经得起庭审考验。

(3)注意发挥上级检察机关派员出庭作用,形成维护公共利益的合力。根据《最高人民法院、最高人民检察院关于检察公益诉讼案件适用法律若干问题的解释》第十一条的规定,人民法院审理第二审案件,由提起公益诉讼的人民检察院派员出庭,上一级人民检察院也可以派员参加。人民检察院办理公益诉讼案件的任务是充分发挥法律监督职能作用,维护宪法法律权威,维护社会公平正义,维护国家利益和社会公共利益。对于公益诉讼二审案件,原起诉检察院和上级检察院都应立足于法律监督职能和公益诉讼任务,全力以赴,认真履行法定职责,共同做好出庭工作。上级检察院应当指派检察官在全面阅卷审查和熟悉案情的基础上做好各种预案,与下级检察院的检察官共同出席二审庭审全过程。两级检察院的出庭检察官应当加强协调配合,上级检察院出庭人员可以在庭审的各个阶段发表意见,与下级检察院出庭人员形成合力,从而取得良好的庭审效果。

(二)案例评析

案例价值:检察机关在本案中对案件的刑事犯罪、行政违法、民事侵权问题以体系性思维为导向,一案多查,对涉案的废物垃圾成分进行鉴定进而确定了行为人违法与犯罪的界限,从而以案件线索制定了三个法律责任的查处方向,将民事公益诉讼作为补充功能,从而在实现查处问题的同时积极开展修复生态和治理预防再污染,是保护海洋环境的代表性案例。① 从环境民事公益诉讼案件角度看,检察机关直接对违法行为人依法提起民事公益诉讼,不仅能够发挥检察公益诉讼的补充和兜底功能,而且能够通过体系化监督方式,进一步促进行政机关依法行政、严格执法。在调查核实过程中,鉴于海洋调查取证的特殊性,检察机关可积极与行政机关沟通协作,借助海洋执法部门优势,与其展开联合调查,完成海上特定现场取证工作。本案的另一个亮点在于对公益损害赔偿数额确定的能动作为。

案例六　江西省某市人民检察院诉张某某等 3 人故意损毁三清山巨蟒峰民事公益诉讼案(检例第 114 号)

(一)案例要旨与指导意义

1. 案例要旨:破坏自然遗迹和风景名胜的行为,属于“破坏生态环境和资源保护”的公益诉讼案件范围,检察机关依法可以提起民事公益诉讼。对独特景观的生态服务价值损失,可以采用条件价值法进行评估,确定损害赔偿数额。

2. 指导意义:(1)对景观生态服务价值的破坏行为,检察机关依法可以提起公益诉讼。自然遗迹和风景名胜是环境的组成部分,属于不可再生资源,具有

① 参见胡卫列、方剑明、丁舒:《最高人民检察院第二十九批指导性案例解读》,载《人民检察》2021 年第 19 期。

代表性的自然遗迹和风景名胜的生态服务价值表现在社会公众对其享有的游憩权益和对独特景观的观赏权益。任何对其进行破坏的行为都是损害人类共同享有的环境资源、损害社会公共利益,检察机关应当及时依法开展公益诉讼检察。

(2)对独特景观的生态服务价值损失,可以采用条件价值法进行评估。因独特的环境资源、自然景观缺乏真实的交易市场,其环境资源和生态服务的价值难以用常规的市场方法评估,损害赔偿数额无法通过司法鉴定予以确定。在此情况下,检察机关可以委托专家,采用原环境保护部《环境损害鉴定评估推荐方法》(第Ⅱ版)和《生态环境损害鉴定评估技术指南总纲》[①]中推荐使用的条件价值法进行评估,该方法被认为特别适用于独特景观、文物古迹等生态服务价值评估。评估后的结果可以专家意见书的方式进行举证,作为法院审理案件的参考依据。

(3)检察机关要综合运用刑事、公益诉讼司法手段打击破坏自然遗迹和风景名胜的行为,提高此类破坏行为的违法犯罪成本。损害赔偿数额可根据专家意见和案件综合因素合理确定。对于严重破坏或损害自然遗迹、风景名胜的行为,行为人应当依法承担刑事责任。其造成的公共利益损害,在无法恢复原状的情况下,可根据《侵权责任法》(已废止)诉请侵权人赔偿损失。由行为人承担高额环境资源损失赔偿的民事侵权责任,这充分体现了公益诉讼保护公共利益的独特制度价值,既有助于修复受损的公共利益,又能警示潜在的违法者,唤醒广大公众保护环境、珍惜自然资源的意识。环境损害赔偿数额的确定,可依据《最高人民法院关于审理环境民事公益诉讼案件适用法律若干问题的解释》等相关规定,结合破坏行为的范围和程度、环境资源的稀缺性、恢复难易程度、涉案人的赔偿能力等综合考量。

(二)案例评析

案例价值:本案办理过程中,检察机关克服了两个难点问题。一是对损毁自然遗迹和风景名胜侵权责任的认定。本案中3被告打入的26枚岩钉直观上已经破坏了巨蟒峰的自然性、原始性和完整性,其损害程度已属严重。同时,根

① 已废止,现为《生态环境损害鉴定评估技术指南总纲和关键环节第1部分:总纲》,此为生态环境部发布。

据地质遗迹学有关专家论证，3 被告打入的 26 枚岩钉会直接加重岩石风化，加快花岗岩柱体的侵蚀进程，甚至造成崩解，这种可能性的增加是一种“已然”的结果，是客观存在的损害后果。二是对独特景观生态服务价值损失的确定。办案过程中，检察机关根据通过聘请专家以条件价值法对巨蟒峰受损价值进行了评估，以条件价值法评估巨蟒峰受损价值完全符合生态环境损害鉴定评估方法的适用条件和选择原则，客观公正。①

案例七　浙江省杭州市某区人民检察院对北京某公司侵犯儿童个人信息权益提起民事公益诉讼、北京市人民检察院督促保护儿童个人信息权益行政公益诉讼案（检例第 141 号）

（一）案例要旨与指导意义

1. 案例要旨：检察机关在办理涉未成年人刑事案件时，应当注意发现公益诉讼案件线索，通过综合发挥未成年人检察职能，促推未成年人保护社会治理。网络运营者未依法履行网络保护义务，相关行政机关监管不到位，侵犯儿童个人信息权益的，检察机关可以依法综合开展民事公益诉讼和行政公益诉讼。网络保护公益诉讼案件，在多个检察机关均具有管辖权时，民事公益诉讼应当层报共同的上级检察机关指定管辖，行政公益诉讼一般由互联网企业注册地检察机关管辖。

2. 指导意义：（1）统筹运用四大检察职能，充分发挥未成年人检察工作优势，为未成年人提供全面综合司法保护。未成年人保护案件中一个侵害行为往往涉及多个法律关系，检察机关应当在办案履职中强化综合司法保护意识，尤其是在办理刑事案件的过程中，要同步审查未成年人其他权益是否遭受损害，推进未成年人刑事案件办理与涉未成年人民事、行政、公益诉讼案件办理相互融合，在线索发现、调查取证、综合治理等方面统筹推动，充分发挥法律监督的能动性、及时性和有效性，以四大检察业务融合发展加大未成年人全面综合司法保护力度。

---

① 参见胡卫列、方剑明、丁舒：《最高人民检察院第二十九批指导性案例解读》，载《人民检察》2021年第 19 期。

(2)检察机关可以综合运用民事公益诉讼和行政公益诉讼职能,对网络侵犯未成年人个人信息权益的情形进行监督。不特定人群的个人信息权益具有公益属性。对未成年人个人信息权益应予以特殊、优先保护。针对网络侵犯未成年人个人信息权益的情形,检察机关可以综合开展民事公益诉讼和行政公益诉讼,并注重加强两种诉讼类型的衔接和协同。检察机关对网络运营者提起民事公益诉讼,使其承担违法行为的民事责任,实现对公共利益的有效救济。检察机关通过行政公益诉讼督促行政主管部门依法充分履行监管职责,实现最大限度保护未成年人合法权益的目的。

(3)对于跨行政区划的未成年人网络保护公益诉讼案件,应综合考虑案件性质、领域、诉讼便利、有利整改等因素,确定管辖机关。涉网络案件通常具有企业注册地、主要营业地、服务覆盖地、侵权行为地、侵害结果地分离的特点。检察机关办理未成年人网络保护公益诉讼案件,在涉及多个行政区划,多个检察院均具有管辖权的情形下,民事公益诉讼案件应当层报共同的上级检察院指定,一般应当由损害结果发生地检察机关管辖;行政公益诉讼案件一般应当由网络企业注册地检察机关管辖,以便利行政监管。

(二)案例评析

案例价值:本案最大的争议问题是如何认定涉案企业的行为符合提起民事公益诉讼的条件,也即侵害儿童个人信息权益的行为是否达到"公益性"的标准。检察机关综合涉案企业的行为、目的以及危害后果,提出"案件侵害对象人数众多且侵害手段较为隐蔽,难以发现,并且该侵害行为具有较大的风险"的认定意见,通过并用行政、民事两大公益诉讼程序切实保护了儿童权益。[①] 如那艳芳等指出,本案办理中有效解决了四个难点问题:一是本案涉互联网公司侵犯儿童个人信息权益的公益性认定问题。本案中涉及的儿童用户众多,如此庞大数量的群体利益受到侵害或者存在潜在威胁,具有公益性。二是提起公益诉讼的必要性问题。提起该公益诉讼是保护网络行业发展、推进技术进步的有效措施。三是公益诉讼的类型选择问题。本案检察机关综合运用民事公益诉讼和行政公益诉讼职能进行监督,形成监管合力,促进行业源头性治理并形成长效

---

① 参见那艳芳、陈晓、隆赟:《积极履行公益诉讼检察职责　依法保护未成年人合法权益——最高人民检察院第三十五批指导性案例解读》,载《人民检察》2022年第11期。

机制。四是涉互联网案件的取证问题。在充分听取网信部门、公安机关、法院、互联网法律专家和技术专家的意见后,本案办案团队有针对性地采用"区块链"取证技术,对涉案软件的应用下载、用户服务协议、隐私权保护政策、应用界面等内容进行了有效固定。

案例八 江苏省某市人民检察院对章某为未成年人文身提起民事公益诉讼案(检例第142号)

(一)案例要旨与指导意义

1. 案例要旨:为未成年人提供文身服务,损害未成年人身心健康,影响未成年人成长发展,侵犯公共利益,检察机关可以基于最有利于未成年人原则提起公益诉讼。在办理个案的基础上,检察机关可以针对此类问题的监管盲区,提出完善管理的检察建议,推动解决监管缺失问题,健全完善制度,促进社会治理。

2. 指导意义:(1)为未成年人提供文身服务,侵犯未成年人合法权益,损害社会公共利益,属于检察机关公益诉讼监督范畴。文身对未成年人的身心健康和发展均有不同程度的现实影响和潜在危害。未成年人身心尚未成熟,认知和辨别能力较弱,自护能力不足,对文身给自身成长和未来发展带来的影响缺乏预见和判断。为未成年人提供文身服务,侵犯未成年人合法权益,且侵犯行为具有持续性和反复性,侵犯结果和范围可能随时扩大,应当认定为侵犯社会公共利益,检察机关可以提起公益诉讼。

(2)在法律规定不够明确具体、未成年人合法权益亟待保护的情况下,基于最有利于未成年人的原则,检察机关可以提起公益诉讼。《未成年人保护法》确立的最有利于未成年人的原则,是联合国《儿童权利公约》确定的儿童利益最大化原则的中国化表达。检察机关在处理关乎未成年人的问题时,要全方位考虑未成年人的长远利益和根本利益,综合考虑未成年人身心特点和健康发展需要,选择最有利于未成年人的方案,采取最有利于未成年人的措施,给予未成年人特殊、优先保护。在涉及未成年人利益的案件中,当法律规定不够明确具体,各部门、各方责任难以界定,但未成年人的权益受到严重侵犯或面临侵犯危险、公益亟须保护时,检察机关可立足最有利于未成年人的原则,通过公益诉讼方式维护未成年人合法权益。

(3)检察机关可以结合个案办理推动健全制度、完善监管,促进社会治理。检察机关在办理公益诉讼案件过程中,应当用足用好现有法律规定,督促行政机关依法充分履职。对于存在法律、政策不完善,行政监管缺失等问题的,检察机关可以在个案办理的基础上,推动解决因行政监管有限性和社会事务复杂性造成的监管盲区,促进健全制度和完善管理。

(二)案例评析

案例价值:如那艳芳等指出,[①]本案界定并论述了不特定未成年人文身行为可认定为侵犯社会公共利益,还界定并论述了在行业归属类别不明时如何开展行政公益诉讼。文身治理面临行业归属类别不明、行政机关监管职责不清等困境,检察机关创新思路,以"无证无照为不特定未成年人开展清洗文身"为切入点,认为市场监督管理局、卫生健康局存在监管漏洞,侵害了社会公共利益,遂先行开展行政公益诉讼,向卫生健康局发出行政公益诉讼诉前检察建议。本案能适用2020年修订的《未成年人保护法》[②]。虽然涉案文身馆为未成年人文身的行为发生于2020年修订的《未成年人保护法》施行之前,但检察机关认为,向未成年人提供文身服务,损害未成年人的身体权、健康权;为了最大限度保护未成年人,本案可以适用2020年修订的《未成年人保护法》。[③]

案例九 江西省某县人民检察院诉某化工集团有限公司污染环境民事公益诉讼案(检例第164号)

(一)案例要旨与指导意义

1. 案例要旨:检察机关提起环境民事公益诉讼时,对于侵权人违反法律规定故意污染环境、破坏生态致社会公共利益受到严重损害后果的,有权要求侵权人依法承担相应的惩罚性赔偿责任。提出惩罚性赔偿数额,可以以生态环境

---

① 参见那艳芳、陈晓、隆赟:《积极履行公益诉讼检察职责 依法保护未成年人合法权益——最高人民检察院第三十五批指导性案例解读》,载《人民检察》2022年第11期。

② 现行有效的为2014年修正。

③ 参见那艳芳、陈晓、隆赟:《积极履行公益诉讼检察职责 依法保护未成年人合法权益——最高人民检察院第三十五批指导性案例解读》,载《人民检察》2022年第11期。

功能损失费用为基数,综合案件具体情况予以确定。

2. 指导意义:(1)检察机关提起环境民事公益诉讼时,可以依法提出惩罚性赔偿诉讼请求。《民法典》在环境污染和生态破坏责任中规定惩罚性赔偿,目的在于加大侵权人的违法成本,更加有效地发挥制裁、预防功能,遏制污染环境、破坏生态的行为发生。《民法典》第一千二百三十二条关于惩罚性赔偿的规定是环境污染和生态环境破坏责任的一般规定,既适用于环境私益诉讼,也适用于环境公益诉讼。故意污染环境侵害公共利益,损害后果往往更为严重,尤其需要发挥惩罚性赔偿的惩戒功能。检察机关履行公共利益代表的职责,在依法提起环境民事公益诉讼时应当重视适用惩罚性赔偿,对于侵权人违反法律规定故意污染环境、破坏生态造成严重后果的,可以请求人民法院判令侵权人承担惩罚性赔偿责任。

(2)检察机关应当在综合考量具体案情后提出惩罚性赔偿数额。基于保护生态环境的公益目的,检察机关在确定环境侵权惩罚性赔偿数额时,应当以生态环境受到损害至修复完成期间服务功能丧失导致的损失、生态环境功能永久性损害造成的损失等可量化的生态环境损害作为计算基数,同时结合具体案情,综合考量侵权人主观过错程度,损害后果的严重程度,生态修复成本,侵权人的经济能力,对案件造成危害后果及承担责任的态度,所受行政处罚和刑事处罚等因素,提出请求判令赔偿的数额。

(3)检察机关可以要求违反污染防治责任的企业承担生态环境修复等民事责任。我国对危险废物污染环境防治实行污染者依法承担责任的原则。危险废物产生者未按照法律法规规定的程序和方法将危险废物交由有处置资质的单位或者个人处置,属于违反污染防治责任的行为,应对由此造成的环境污染承担民事责任。同时,根据《民法典》第一千一百九十一条关于用人单位的工作人员因执行工作任务造成他人损害的,由用人单位承担侵权责任的规定,企业职工在执行工作任务时,实施违法处置危险废物的行为造成环境污染的,企业应承担民事侵权责任。因承担刑事责任和民事责任的主体不同,检察机关不能提起刑事附带民事公益诉讼的,可以在刑事诉讼结束后,单独提起民事公益诉讼,要求企业对其处理危险废物过程中违反国家规定造成生态环境损害的行为,依法承担民事责任。

（二）案例评析

案例价值：本案是我国民事环境侵权损害案件中第一例适用惩罚性赔偿的案件，因而为我国在公益诉讼中适用惩罚性赔偿提供了案例实践，对破坏生态环境、危害食品安全等侵害行为进行惩治奠定了试验基础。[①]《民法典》第一千二百三十二条关于惩罚性赔偿的规定是法律层面关于环境污染和生态环境破坏责任的一般规定，既适用于环境私益诉讼，也适用于环境公益诉讼。故意污染环境侵害公共利益，损害后果往往更为严重，特别需要发挥惩罚性赔偿的惩戒功能。检察机关履行公共利益代表的职责，可以为相关公益诉讼及惩罚性赔偿作出有益探讨。

（二）民事检察监督案例

案例一 广州某置业公司等骗取支付令执行虚假诉讼监督案（检例第52号）

（一）案例要旨与指导意义

1. 案例要旨：当事人恶意串通、虚构债务，骗取法院支付令，并在执行过程中通谋达成和解协议，通过以物抵债的方式侵占国有资产，损害司法秩序，构成虚假诉讼。检察机关对此类案件应当依法进行监督，充分发挥法律监督职能，维护司法秩序，保护国有资产。

2. 指导意义：（1）虚构债务骗取支付令成为民事虚假诉讼的一种表现形式，应当加强法律监督。《民事诉讼法》规定的督促程序，旨在使债权人便捷高效地获得强制执行依据，解决纠纷。司法实践中，有的当事人正是利用法院发出支付令以形式审查为主、实质问题不易被发现的特点，恶意串通、虚构债务骗取支付令并获得执行，侵害其他民事主体的合法权益。本案某置业公司与某实业公司、某果园场恶意串通、虚构债务申请支付令，构成虚假诉讼。由于法院在发出支付令时无须经过诉讼程序，仅对当事人提供的事实、证据进行形式审查，因此，骗取支付令的虚假诉讼案件通常具有一定的隐蔽性，检察机关应当加强对

① 参见胡卫列、王莉、刘盼盼：《充分发挥公益诉讼检察制度在生态文明建设中的职能作用——最高人民检察院第四十批指导性案例解读》，载《人民检察》2022年第20期。

此类案件的监督,充分发挥法律监督职能。

(2)办理虚假诉讼案件应重点围绕捏造事实行为进行审查。虚假诉讼通常以捏造的事实启动民事诉讼程序,检察机关应当以此为重点内容开展调查核实工作。本案办理过程中,办案组通过调阅张某刑事案件卷宗材料掌握案情,以刑事案件中固定的证据作为本案办理的突破口;通过重点审查涉案公司的企业法人营业执照、公司章程、公司登记申请书、股东会决议等工商资料,确认某实业公司和某果园场均由某农工商公司设立,均系全民所有制企业,名下房产属于国有财产,上述公司的主要班子成员存在交叉任职等事实;通过调取报税资料、会计账册、资金代管协议等档案材料发现,某置业公司没有自有流动运营资金和业务,其资金源于代管的某农工商公司资金;通过调取银行流水清单,发现某果园场在借款到账后即以"往来款"名义划付至案外人账户,案外人随即将等额资金划还至某置业公司,查明了借款资金流转的情况。一系列事实和证据均指向当事人存在恶意串通、虚构债务骗取支付令的行为。

(3)发现和办理虚假诉讼案件,检察机关应当形成整体合力。虚假诉讼不仅侵害其他民事主体的合法权益,影响经济社会生活秩序,更对司法公信力、司法秩序造成严重侵害,检察机关应当形成整体合力,加大法律监督力度。检察机关各业务部门在履行职责过程中发现民事虚假诉讼线索的,均应及时向民事检察部门移送;并积极探索建立各业务部门之间的线索双向移送、反馈机制,线索共享、信息互联机制。本案是检察机关在办理刑事案件过程中发现可能存在民事虚假诉讼线索,民事检察部门由此进行深入调查的典型案例。

(二)案例评析

案例价值:虚假诉讼对司法公信力有极大损害,对社会诚信有极大破坏。检察机关作为宪法赋权的法律监督部门,对虚假诉讼包括虚假仲裁等应当予以严肃的法律监督及有力的打击。有的当事人利用法院发出支付令以形式审查为主、实质问题不易被发现的特点,恶意串通、虚构债务骗取支付令并获得执行,侵害其他民事主体的合法权益。检察机关可重点通过调取合同签订情况、有关会议纪要、报税资料、会计账册、资金代管协议以及银行流水清单等,判定合同真实性、交易真实性及资金流向,从而通过有力证据,证明当事人存在恶意串通、虚构债务骗取支付令等虚假诉讼行为。

案例二 武汉某投资公司等骗取调解书虚假诉讼监督案(检例第53号)

(一)案例要旨与指导意义

1. 案例要旨:伪造证据、虚构事实提起诉讼,骗取人民法院调解书,妨害司法秩序、损害司法权威,不仅损害他人合法权益,而且损害国家和社会公共利益的,构成虚假诉讼。检察机关办理此类虚假诉讼监督案件,应当从交易和诉讼中的异常现象出发,追踪利益流向,查明当事人之间的通谋行为,确认是否构成虚假诉讼,依法予以监督。

2. 指导意义:(1)对于虚假诉讼形成的民事调解书,检察机关应当依法监督。虚假诉讼的民事调解有其特殊性,此类案件以调解书形式出现,从外表看是当事人在处分自己的民事权利义务,与他人无关,但其实质是当事人利用调解书形式达到了某种非法目的,获得了某种非法利益,或者损害了他人的合法权益。当事人这种以调解形式达到非法目的或获取非法利益的行为,利用了人民法院的审判权,从实质上突破了调解各方私益的范畴,所处分和损害的利益已不仅仅是当事人的私益,还妨碍司法秩序,损害司法权威,侵害国家和社会公共利益,应当依法监督。对于此类虚假民事调解,检察机关可以依照《民事诉讼法》的相关规定提出抗诉。

(2)注重对案件中异常现象的调查核实,查明虚假诉讼的真相。检察机关对办案中发现的异于常理的现象要进行调查,这些异常既包括交易的异常,也包括诉讼的异常。例如,合同约定和合同履行明显不符合交易惯例和常识,可能存在通谋的;案件的"立、审、执"较之同地区同类型案件异常迅速的;庭审过程明显缺乏对抗性,双方当事人在诉讼过程对主张的案件事实和证据高度一致等。检察机关要敏锐捕捉异常现象,有针对性运用调查核实措施,还案件事实以本来面目。

(二)案例评析

案例价值:在本案中,检察机关依法行使民事监督权维护了司法权威,以国家法律监督机关的高度保护了国家和社会公共利益。当事人恶意串通或使用欺诈方法,以调解形式达到非法目的或获取非法利益的行为,欺骗了人民法院,从实质上突破了调解各方私益的范畴,所处分和损害的利益已不仅是当事人的私益、第三人的利益,还严重破坏了社会诚信,违反不得利用诉讼谋利原则,严重妨碍了司法秩序，损害了司法权威，侵害了国家和社会公共利益，属于检察机关应当行使法律监督权的本职范围。对于此类虚假民事调解，检察机关可以依照《民事诉讼法》的相关规定提出抗诉。

案例三　陕西某实业公司等公证执行虚假诉讼监督案(检例第54号)

(一)案例要旨与指导意义

1.案例要旨：当事人恶意串通、捏造事实，骗取公证文书并申请法院强制执行，侵害他人合法权益，损害司法秩序和司法权威，构成虚假诉讼。检察机关对此类虚假诉讼应当依法监督，规范非诉执行行为，维护司法秩序和社会诚信。

2.指导意义：(1)利用虚假公证申请法院强制执行是民事虚假诉讼的一种表现形式，应当加强检察监督。对债权文书赋予强制执行效力是法律赋予公证机关的特殊职能，经赋强公证的债权文书，可以不经诉讼直接成为人民法院的执行依据。本案中，检察机关和公安机关已经查实系虚假公证，由检察机关建议人民法院不予执行较之利害关系人申请公证机关撤销公证更有利于保护债权人合法权益。

(2)加强对执行公证债权文书等非诉执行行为的监督，促进公证活动依法有序开展。根据《公证法》第二十八条的规定，公证机关应当对当事人的身份、申请办理该项公证的资格以及相应的权利；提供的文书内容是否完备，含义是否清晰，签名、印鉴是否齐全；提供的证明材料是否真实、合法、充分；申请公证的事项是否真实、合法等内容进行审查。检察机关在对人民法院执行公证债权文书等非诉执行行为进行监督时，如果发现公证机关未依照法律规定程序和要求进行公证，应当建议公证机关予以纠正。

(二)案例评析

案例价值：近年来对虚假债权文书进行公证的行为时有发生，一些当事人与他人恶意串通，对虚假的赠与合同、买卖合同或抵偿债务协议进行公证，并申请法院强制执行，以达到转移财产、逃避债务的目的。本案某实业公司与郗某等7人捏造虚假借款事实申请公证，并向法院申请强制执行、参与执行财产分配就属于此类情形，不仅损害了案外人的合法债权，也损害了诉讼秩序和司法公正，影响社会诚信，检察机关应当进行法律监督。将此类案作为指导性案例有助于打击利用虚假的公证债权文书进行诉讼或执行欺诈。[①]

案例四 福建王某某等人劳动仲裁执行虚假诉讼监督案(检例第55号)

(一)案例要旨与指导意义

1. 案例要旨:为从执行款项中优先受偿,当事人伪造证据将普通债权债务关系虚构为劳动争议申请劳动仲裁,获取仲裁裁决或调解书,据此向人民法院申请强制执行,构成虚假诉讼。检察机关对此类虚假诉讼行为应当依法进行监督。

2. 指导意义:(1)以虚假劳动仲裁申请执行是民事虚假诉讼的一种情形,检察机关应当加强检察监督。在清算、破产和执行程序中,立法和司法对职工工资债权给予了优先保护:在公司清算程序中职工工资优先支付;在破产程序中职工工资属于优先受偿债权;在执行程序中劳动报酬被优先考虑。正是由于立法和司法的优先保护,有的债权人为实现自身普通债权优先受偿的目的,与债务人甚至仲裁员恶意串通,伪造证据,捏造拖欠劳动报酬的事实申请劳动仲裁,获取仲裁文书向人民法院申请执行。检察机关在对人民法院执行仲裁裁决书、调解书的活动进行法律监督时,应重点审查是否存在虚假仲裁行为,查实为虚假仲裁的,应建议法院终结执行,防止执行款错误分配。注重加强与仲裁机构及其主管部门的沟通,共同防范虚假仲裁行为。

(2)办理虚假诉讼监督案件,检察机关应当保持对线索的高度敏感性。虚假诉讼案件的表面事实和证据与真实情况往往具有较大差距,当事人之间利益纠葛复杂,多存在通谋,检察机关要敏于发现案件线索,充分做好调查核实工作。本案中,检察人员在执行监督活动中发现虚假仲裁线索,及时开展调查核实工作,认真审查当事人之间的身份关系、户籍信息、经济往来等事项,分析当事人的从业、居住等情况,有步骤地开展调查工作,夯实证据基础,最终查清虚假劳动仲裁的事实。

(3)检察机关在办理虚假诉讼案件中,发现仲裁活动违法的,应当依法进行

---

① 参见吕洪涛、兰楠:《〈最高人民检察院第十四批指导性案例〉解读》,载《人民检察》2019年第12期。

监督。根据《仲裁法》及《劳动争议调解仲裁法》的规定，仲裁裁决被撤销的法定情形包括：仲裁庭组成或者仲裁程序违反法定程序，裁决所根据的证据系伪造，对方当事人隐瞒了足以影响公正裁决的证据，仲裁员在仲裁该案时有索贿受贿、徇私舞弊、枉法裁决行为等。根据《人民检察院检察建议工作规定》第三条第一款的规定，人民检察院可以直接向本院所办理案件的涉案单位、本级有关主管机关以及其他有关单位提出检察建议。检察机关在办理虚假诉讼案件中，发现仲裁裁决虚假的，应当依法发出检察建议要求纠正；发现仲裁员涉嫌枉法仲裁犯罪的，依法移送犯罪线索。

（二）案例评析

案例价值：仲裁案件由于专业性强、封闭性强，相对缺少监督，容易引发虚假仲裁。对于利用虚假仲裁谋利的任何一方，均应严格监督并依法打击。检察机关在办理虚假诉讼案件中，发现仲裁裁决虚假的，应依法发出检察建议要求纠正；发现仲裁员涉嫌枉法仲裁犯罪的，应依法移送犯罪线索。只有塑造仲裁领域的高度诚信、公正公平，才能有助于中国仲裁得到世界仲裁的认可，才有可能在中国建立起具有世界公信力的国际仲裁机构。

案例五　江西熊某等交通事故保险理赔虚假诉讼监督案（检例第56号）

（一）案例要旨与指导意义

1. 案例要旨：假冒原告名义提起诉讼，采取伪造证据、虚假陈述等手段，取得法院生效裁判文书，非法获取保险理赔款，构成虚假诉讼。检察机关在履行职责过程中发现虚假诉讼案件线索，应当强化线索发现和调查核实的能力，查明违法事实，纠正错误裁判。

2. 指导意义：检察机关办理民事虚假诉讼监督案件，应当强化线索发现和调查核实的能力。虚假诉讼具有较强的隐蔽性和欺骗性，仅看诉讼活动表面难以甄别，这就要求检察人员在履职过程中要有敏锐的线索发现意识。本案中，就线索发现而言，检察人员注重把握以下几个方面：一是庭审过程的异常，“原告代理人”或无法发表意见，或陈述、抗辩前后矛盾；二是案件材料和证据异常，熊某工作证明与其基本情况、履历明显不符；三是调解结案异常，保险公司二审中并未提交新的证据，“原告代理人”为了迅速达成调解协议，主动提出减少保险赔偿数额,不符合常理。以发现的异常情况为线索,开展深入的调查核实工作,是突破案件“瓶颈”的关键。根据案件具体情况,可以综合运用询问有关当事人或者知情人,查阅、调取、复制相关法律文书或者证据材料、案卷材料,查询财务账目、银行存款记录,勘验、鉴定、审计以及向有关部门进行专业咨询等调查措施。同时,检察机关应主动加强与公安机关、人民法院、司法行政部门的沟通协作。本案中,检察机关及时移送刑事犯罪案件线索,通过公安机关侦查取证手段,查实了周某虚假诉讼的事实。

(二)案例评析

案例价值:保险类虚假理赔包括假冒原告名义诉讼,是保险领域的重灾区,是影响我国保险业健康发展的毒瘤。除可以运用保险诈骗罪予以打击外,从虚假诉讼罪角度进行法律监督,也是检察机关履行法律监督职能,捍卫公共利益与行业诚信的有效途径。在发现庭审活动或有关文书异常或接到有关线索举报后,根据案件具体情况,检察机关可以综合运用询问有关当事人或者知情人,查阅、调取、复制相关法律文书或者证据材料、案卷材料,查询财务账目、银行存款记录,勘验、鉴定、审计以及向有关部门进行专业咨询等调查措施,建立扎实的证据链。

案例六 深圳市某投资企业(有限合伙)被诉股东损害赔偿责任纠纷抗诉案(检例第77号)

(一)案例要旨与指导意义

1. 案例要旨:公司股东应以出资额为限,对公司承担有限责任。股东未滥用公司法人独立地位逃避债务并严重损害公司债权人利益的,不应对公司债务承担连带责任。检察机关应严格适用股东有限责任等制度,依法保护投资者的个人财产安全,让有恒产者有恒心。

2. 指导意义:(1)严格适用公司有限责任制度,依法保护股东的个人财产安全。公司人格独立和股东有限责任是公司法的基本原则。否认公司独立人格,由滥用公司法人独立地位和股东有限责任的股东对公司债务承担连带责任,是股东有限责任的例外。在具体案件中应依据特定的法律事实和法律关系,综合判断和审慎适用,依法区分股东与公司的各自财产与债务,维护市场主体的独立性和正常的经济秩序。

(2)检察机关在审查股东损害公司债权人利益的案件时,应当严格区分企业正当融资担保与恶意转移公司资产逃避债务损害公司债权人利益违法行为的界限。如果公司股东没有利用经营权恶意转移公司资产谋一己之私,没有损害公司债权人利益,依法不应当对公司债务承担连带偿还责任。

(3)检察机关应积极发挥监督职责,推动法治化营商环境建设。公司有限责任是具有标志性的现代企业法律制度,旨在科学化解市场风险,鼓励投资创造财富。产权是市场经济的基础、社会文明的基石和社会向前发展的动力,投资者无法回避市场风险,但需要筑牢企业家个人及家庭与企业之间的财产风险"防火墙",对于依法出资和合法经营的,即使企业关闭停产,也能守住股东个人及家庭的合法财产底线,真正让有恒产者有恒心,优化营商环境,保护企业家的投资创业热情,为完善市场秩序提供法治保障。

(二)案例评析

案例价值:依据《公司法》第二十条[①]的规定,公司股东未滥用公司法人独立地位逃避债务并严重损害公司债权人利益的,不应对公司债务承担连带责任。某公司与其他企业之间是商事活动中正常的融资行为,应当予以保护。检察机关办理此类案件时,应深入研判案情,找准法律适用依据,既要鼓励正当交易,又要防止恶意逃避责任。此类案件的成功办理,释放了实事求是、保护产权、促进交易、稳定预期的鲜明信号,对于增强投资者信心意义重大。

案例七　某牧业公司被错列失信被执行人名单执行监督案(检例第78号)

(一)案例要旨与指导意义

1. 案例要旨:查封、扣押、冻结的财产足以清偿生效法律文书确定的债务的,执行法院不应将被执行人纳入失信被执行人名单。执行法院违法将被执行人纳入失信被执行人名单的,检察机关应当及时发出检察建议,监督法院纠正对被执行人违法采取的信用惩戒措施,以维护企业的正常经营秩序,优化营商环境。

① 现为《公司法》第二十三条。

2. 指导意义：(1)规范适用失信被执行人名单制度，对于保证执行程序的公正性具有重要意义。失信被执行人名单制度以信用惩戒的方式约束被执行人，提高了执行活动的质量和效率，对破解“执行难”起到了重要作用。在维护申请执行人利益的同时，执行的谦抑原则要求尽可能避免对被执行人合法权益造成损害。

(2)检察机关应积极履行监督职能，确保失信被执行人名单制度规范运行。失信被执行人名单制度的规范运行，对于建立诚实守信、依法履约的良好社会风气意义重大。但该项制度应当依法运用，否则将降低被执行人的社会信誉度，给其社会生活、商业经营等带来不便。执行法院查封、冻结的财产足以清偿债务的，将企业或其法定代表人纳入失信被执行人名单是不妥当的，检察机关应对违法执行行为予以监督，切实维护企业或个人合法权益。

(3)检察机关应加强对执行法律文书送达的监督，保障当事人的知情权和申辩权。执行法院在作出查封、扣押、冻结被执行人财产的裁定后，应当依法送达申请执行人和被执行人。执行法院未送达当事人，既损害了当事人的诉讼权利，也损害了司法权威。

(二)案例评析

案例价值：检察机关在办理具体案件时，应严格依法审查，对符合以下情形的案件，法院不得将被执行人纳入失信被执行人名单：提供了充分有效担保的；已被采取查封、扣押、冻结等措施的财产足以清偿生效法律文书确定债务的；被执行人履行顺序在后，对其依法不应强制执行的；其他不属于有履行能力而拒不履行生效法律文书确定义务的情形，以及被执行人为未成年人的。同时，加强对执行法律文书送达的监督，充分保障当事人的合法诉讼权利。本案中，检察机关在履行监督职责时应注意审查相关诉讼文书送达的合法性，对执行法院送达违法的行为及时提出检察建议，监督执行法院予以纠正，保障当事人行使诉讼权利。[①]

① 参见宋建立、李萍等：《履行民事检察职能　平等保护民营企业——最高人民检察院第二十一批指导性案例解读》，载《人民检察》2020年第19期。

案例八 南漳县某房地产开发有限责任公司被明显超标的额查封执行监督案（检例第79号）

（一）案例要旨与指导意义

1. 案例要旨：查封、扣押、冻结被执行人财产应与生效法律文书确定的被执行人的债务相当，不得明显超出被执行人应当履行义务的范围。检察机关对明显超标的额查封的违法行为，应提出检察建议，督促执行法院予以纠正，以保护民营企业产权，优化营商环境。

2. 指导意义：（1）纠正明显超标的额的违法查封行为，消除对涉案企业正常生产经营的不利影响。执行程序的适度原则要求将执行措施限制在合理的范围内，维持执行目的与执行手段之间的基本平衡。纠正明显超标的额的违法查封行为，对于盘活企业资产，激发企业活力，特别是保障民营企业的可持续发展十分重要。

（2）办理明显超标的额查封的民事监督案件，检察机关应当围绕保全范围和标的物价值进行审查。查封、扣押、冻结等强制执行措施的违法使用，将限制企业生产要素的自由流动，降低市场主体创造社会财富的活力。因此，在认定是否明显超标的额查封时，检察机关不仅需要查明主债权、利息、违约金及为实现债权而支出的合理费用，还要结合查封财产是否为可分物、财产上是否设定其他影响债权实现的权利负担等因素后综合考虑。做到监督有据，准确有效。

（3）诉讼保全措施延续到执行程序后，检察机关应按执行监督程序进行审查。诉讼保全发生于裁判生效前的审判活动，目的是保障生效裁判的履行。裁判生效后即转入强制执行程序。对于明显超标的额查封的财产，检察机关应依法提出执行检察建议，监督执行法院纠正错误执行行为。

（二）案例评析

案例价值：若执行财产为金钱或其他财产性权利，抑或价值波动不大的可分割的动产或不动产，保全财产的范围原则上以其价值满足保全标的额为限；对于财产价值受市场行情影响变化较大的动产或不动产，则应根据查封财产的具体情况，综合市场行情变动情况及拍卖过程中可能出现的流拍、降价等因素进行个案把握，通常来说一般不应超过债权数额的20%～30%。明显超标的额执行案件的审查要点方面，一是要正确处理申请执行人债权实现及被执行人合法权益保障的关系,实现双方当事人权利的平等保护。查封、扣押、冻结等强制措施的违法使用,将限制企业对其资产的经营处置,严重影响企业的正常融资及生产经营,降低民营企业创造财富的能力和活力。二是要准确认定执行标的额及被执行财产的价值。执行标的额的确定系判断是否构成明显超标的额执行的前提,应综合衡量确定是否构成明显超标的额执行,平衡申请执行人和被执行人的利益。[①]

案例九 福建某光电公司、福建某科技公司与福建某物业公司物业服务合同纠纷和解案(检例第80号)

(一)案例要旨与指导意义

1. 案例要旨:检察机关办理民事监督案件,在不影响审判违法监督的前提下,可以引导当事人和解,但必须尊重当事人意愿,遵循意思自治与合法原则,在查清事实、厘清责任的基础上,依法促成和解,减轻当事人诉累,营造良好营商环境。

2. 指导意义:(1)坚持和发展新时代"枫桥经验",构建和谐营商环境。各级人民检察院办理民事监督案件,应当积极践行"枫桥经验",在不影响审判违法监督、不损害国家利益、社会公共利益及他人合法权益的前提下,可以引导当事人自愿达成和解协议。由于民事监督案件涉及的法律关系已经为生效裁判确认,人民检察院应当把握和解的适用条件,避免损害裁判的既判力。如果生效裁判并无不当,则人民检察院应当释法说理,说服申请人息诉罢访;如果人民法院的生效裁判违反法律相关规定,则同级人民检察院在尊重当事人意愿的前提下可以引导当事人和解,节约司法资源,化解矛盾纠纷,真正实现"双赢、共赢、多赢"。

(2)检察机关引导当事人达成和解协议的,应当加强与法院执行程序的衔接。人民检察院办理民事监督案件,引导当事人达成和解协议后,其应当告知当事人向执行法院递交和解协议,必要时检察机关也可以主动告知执行法院相关和解情况,由执行法院按照执行和解的法律规定办理,以实现案结事了。

---

① 参见宋建立、李萍等:《履行民事检察职能 平等保护民营企业——最高人民检察院第二十一批指导性案例解读》,载《人民检察》2020年第19期。

（二）案例评析

案例价值：其一，要把握和解工作的适用对象。检察机关作为法律监督机关，在履行监督职能的同时，也应当维护审判权威。其二，要注重和解工作的规范性。对于适用和解的案件，检察机关应当在查明案件基本事实的基础上，在不损害国家利益、社会公共利益及他人合法权益的前提下，按照意思自治原则的要求，引导当事人达成和解协议，既不得偏袒任何一方当事人，也不得以“谁闹谁有理”“和稀泥”为由施压另一方当事人，更不能以牺牲诚信人的合法权益为代价达成和解协议。其三，要注意和解工作的衔接问题。《民事诉讼法》并未规定当事人在检察监督阶段达成的和解协议的性质问题。检察机关作为多元纠纷解决机制的重要一环，检察和解的依法适用对于化解矛盾纠纷意义重大。其四，要充分认识检察和解工作的重要意义。引导当事人达成和解协议，实现案结事了人和，化解矛盾纠纷，节约司法资源，实现“双赢、共赢、多赢”。[①]

案例十　李某某等“套路贷”虚假诉讼案（检例第87号）

（一）案例要旨与指导意义

1. 案例要旨：检察机关办理涉及“套路贷”案件时，应当查清是否存在通过虚假诉讼行为实现非法利益的情形。对虚假诉讼中涉及的民事判决、裁定、调解协议书等，检察机关应当依法开展监督。针对办案中发现的非法金融活动和监管漏洞，检察机关应当运用检察建议等方式，促进依法整治并及时堵塞行业监管漏洞。

2. 指导意义：（1）刑民检察协同，加强涉黑涉恶犯罪中“套路贷”行为的审查。检察机关在办理涉黑涉恶案件存在“套路贷”行为时，应当注重强化刑事检察和民事检察职能协同，既充分发挥刑事检察职能，严格审查追诉犯罪；又发挥民事检察职能，以发现的异常案件线索为基础，开展关联案件的研判分析，并予以精准监督。刑事检察和民事检察联动，形成监督合力，加大打击黑恶犯罪力度，提升法律监督质效。

---

① 参见宋建立、李萍等：《履行民事检察职能　平等保护民营企业——最高人民检察院第二十一批指导性案例解读》，载《人民检察》2020年第19期。

(2)办理"套路贷"案件要注重审查是否存在虚假诉讼行为。对涉黑涉恶案件中存在"套路贷"行为的,检察机关应当注重审查是否存在通过虚假诉讼手段实现"套路贷"非法利益的情形。对此,检察机关可围绕案件是否存在职业放贷人,借贷合同是否为统一格式,原告提供的证据形式是否不合常理,被告是否缺席判决等进行审查。发现虚假诉讼严重损害当事人利益,妨害司法秩序的,检察机关应当依职权启动监督,及时纠正错误判决、裁定和调解协议书。

(3)综合运用多种手段促进金融行业治理。针对办案中发现的非法金融活动、行业监管漏洞、诚信机制建设等问题,检察机关应当分析监管缺位的深层次原因,注重运用检察建议等方式,促进行业监管部门建章立制、堵塞管理漏洞。同时,检察机关还应当积极会同纪委监委、法院、公安、金融监管、市场监管等单位,共同建立金融风险联防联惩体系,形成监管合力和打击共识。对所发现的倾向性、苗头性问题,检察机关可以通过联席会议的方式,加强研判,建立健全信息共享、线索移送、案件协查等工作机制。

(二)案例评析

案例价值:本案发生在非法金融活动虚假诉讼领域,检察机关依法启动民事诉讼监督程序,同步推进刑事与民事检察监督。案件办理后,检察机关开展打击虚假诉讼专项活动,针对小微金融行业无证照开展业务等管理漏洞,向行政主管部门发出检察建议,向人大常委会专题报告民事虚假诉讼检察监督工作情况,推动出台民事虚假诉讼法律监督工作情况的审议意见,从源头上铲除非法金融活动的滋生土壤。①

案例十一 江苏某银行申请执行监督案(检例第108号)

(一)案例要旨与指导意义

1. 案例要旨:质权人为实现约定债权申请执行法院解除对质物的冻结措施,向人民法院承诺对申请解除冻结错误造成的损失承担责任,该承诺不是对出质人债务的保证,人民法院不应裁定执行其财产。对人民法院错误裁定执行其财产的行为不服提出的异议是对执行行为的异议,对该异议裁定不服的救济

① 参见刘晖、张杰:《最高人民检察院第二十三批指导性案例解读》,载《人民检察》2021年第4期。

途径为复议程序而非执行异议之诉。

2. 指导意义：(1)质权人为申请解除对质物的冻结，向法院承诺对申请解除冻结错误造成的损失承担责任，不是对出质人债务的保证，法院裁定执行其财产错误。2008年《最高人民法院关于人民法院执行工作若干问题的规定(试行)》第八十五条①规定，人民法院在审理案件期间，保证人为被执行人提供保证，人民法院据此解除保全措施的，案件审结后如果被执行人无财产可供执行或其财产不足清偿债务时，人民法院有权裁定执行保证人在保证责任范围内的财产。执行程序中将案外人认定为保证人，意味着直接让生效法律文书列明的被执行人以外的人承担实体责任，对当事人权利义务将产生无法律依据的不当影响，因此关于保证责任的认定应严格遵循有关法律规定，根据当事人真实意思表示慎重审查认定。本案中，某银行作为案外人，只有在向法院明确其愿意为被执行人毛某某的债务提供保证时，法院才可裁定执行某银行在保证责任范围内的财产。某银行出具的承诺虽然有“反担保”一词，但反担保是指债务人为保证人提供的担保，某银行与毛某某并非债务人与保证人的关系，某银行也未作出为毛某某的债务提供担保的意思表示，因此不构成反担保。承诺是某银行应法院要求出具，内容是愿对其申请解除冻结错误可能导致的损失承担责任，并非为毛某某对某小额贷款公司的担保债务提供保证，因此不属于2008年《最高人民法院关于人民法院执行工作若干问题的规定(试行)》第八十五条②规定的“保证人为被执行人提供保证”的情形，人民法院据此裁定执行某银行的财产错误。

(2)执行程序中应正确区分对执行行为的异议与对执行标的的异议，准确适用不同的法律救济途径。2017年《民事诉讼法》第二百二十五条③及第二百二十七条④对执行行为异议和执行标的异议规定了不同的救济途径，当事人、利害关系人对执行行为异议裁定不服的，可向上级人民法院申请复议，对执行标的异议裁定不服的，可提起执行异议之诉。本案中，某银行是对法院认定承诺系对毛某某担保的债务提供保证，并据此裁定执行其财产的行为不服，属于对

① 现为《最高人民法院关于人民法院执行工作若干问题的规定(试行)》第五十四条。
② 现为《最高人民法院关于人民法院执行工作若干问题的规定(试行)》第五十四条。
③ 现为《民事诉讼法》第二百三十六条。
④ 现为《民事诉讼法》第二百三十八条。

执行行为提出的异议，而非对执行标的提出的异议，对该异议裁定不服的救济途径为复议程序，人民法院引导其提起执行异议之诉，程序指引有误。在某银行提起执行异议之诉后，人民法院认为该案应当依照审判监督程序处理，驳回起诉亦属适用法律错误。根据2020年《最高人民法院关于适用〈中华人民共和国民事诉讼法〉的解释》第三百一十二条①的规定，人民法院应当对某银行就涉案存单是否享有足以排除强制执行的民事权益进行审理，并对其提出的确权诉讼请求一并作出裁判，而不应指引其另行提起普通确权诉讼主张质权。

(3)对已经设立质权的标的物，人民法院可以采取财产保全措施，但不影响质权人的优先受偿权。根据《最高人民法院关于适用〈中华人民共和国民事诉讼法〉的解释》第一百五十七条的规定，人民法院对抵押物、质押物、留置物可以采取财产保全措施，但不影响抵押权人、质权人、留置权人的优先受偿权。某银行作为涉案存单的质权人，有权请求法院解除冻结，法院在某银行提供有关证据证明其对涉案存单享有质权的情况下，应解除对涉案存单的冻结。此时申请诉讼保全的权利人若有异议，可以向法院提出，若在执行异议程序中仍不能解决双方争议，则可提起执行异议之诉。本案法院在解除对涉案存单冻结后，诉讼保全申请人某小额贷款公司并未提出异议的情况下，裁定执行该存单财产并指引某银行提起执行异议之诉及质权确权之诉，事实上混淆了本案争议焦点，适用法律及程序指引均存在错误。

人民检察院在依法履行民事执行法律监督职责时，经调查核实，发现人民法院执行活动存在上述违反法律规定情形的，依法提出了检察建议。对于人民法院已错误划扣的财产，人民检察院应当建议法院进行执行回转。

(二)案例评析

案例价值：执行案件专业性很强，需要认真把握有关法律法规与政策。质权人为申请解除对质物的冻结，向法院承诺对申请解除冻结错误造成的损失承担责任，不是对出质人债务的保证，此种情况下法院不能裁定执行其财产。检察机关准确指出，本案中，某银行是对法院认定承诺系对毛某某担保的债务提供保证，并据此裁定执行其财产的行为不服，属于对执行行为提出的异议，而非对执行标的提出的异议，对该异议裁定不服的救济途径为复议程序，人民法院

① 现为《最高人民法院关于适用〈中华人民共和国民事诉讼法〉的解释》第三百一十条。

引导其提起执行异议之诉,程序指引有误。依照法律规定,对已经设立质权的标的物,人民法院可以采取财产保全措施,但不得影响质权人的优先受偿权。

案例十二　湖北某房地产公司申请执行监督案(检例第109号)

(一)案例要旨与指导意义

1. 案例要旨:对于民事执行监督中当事人有证据证明执行标的物评估结果失实问题的,人民检察院应当依法受理并围绕影响评估结果的关键性因素进行调查核实;经过调查核实查明违法情形属实的,人民检察院应当依法监督纠正;对于发现的执行人员和相关人员违纪、违法犯罪线索的,人民检察院应当及时移送有关单位或部门处理。

2. 指导意义:(1)对于可能存在的执行标的物评估结果失实的问题,人民检察院应着重围绕影响评估结果的关键性因素进行调查核实。执行标的物评估结果失实,特别是评估结果明显低于市场价格损害财产权利人利益,是执行监督中当事人反映比较集中的一类问题,土地、房产和重大设备价值评估更是多发领域。土地作为执行标的物时,其市场价格与土地容积率、地段、周边配套等因素密切相关,人民检察院调查核实违法情形时应当重点围绕决定土地价格的密切相关因素进行。以土地容积率为例,可以查实地块出让时确定的容积率、执行人员对容积率的查明掌握情况、评估鉴定机构确定容积率的方法、权属变更登记公示时的容积率和确定土地交易税费时的容积率,遇有容积率的确定存在前后明显差异的情形,人民检察院应重点查实确定容积率的方法、途径和变化因素等。

(2)查实执行活动存在违法情形的,人民检察院应当予以监督纠正,对于相关人员可能存在的违纪违法和犯罪线索,人民检察院应当按规定移送有关部门处理。人民检察院开展执行监督工作,对确有错误的执行案件,应当建议人民法院依法纠正;发现执行人员违纪违法的,应建议人民法院予以处理;发现涉嫌犯罪的,应当将案件线索依法移送有关单位或部门。办理涉及评估鉴定的执行监督案件时,人民检察院应当注意查明人民法院委托评估鉴定是否向评估鉴定机构提供了真实、完整、充分的评估鉴定材料,是否将已掌握的相关情况全部告知评估鉴定机构,从中发现委托评估鉴定过程中是否存在违法行为。

(二)案例评析

案例价值:涉及执行的财物应依法准确委托第三方及时评估。评估结果失实是检察机关依法履职的线索来源,人民检察院应据此重点审查是否存在违法情形从而导致评估结果失实,查明违法情形属实的,应当依法监督,特别应当监督:人民法院委托评估鉴定是否向评估鉴定机构提供了真实、完整、充分的评估鉴定材料。对于串通评估、明显低价的,发现执行人员违纪违法的,人民检察院应建议人民法院予以处理;发现涉嫌犯罪的,人民检察院应当将案件线索依法移送有关单位或部门。

案例十三　黑龙江何某申请执行监督案(检例第110号)

(一)案例要旨与指导意义

1. 案例要旨:执行程序应当按照生效判决等确定的执行依据进行,变更、追加被执行人应当遵循法定原则和程序,不得在法律和司法解释规定之外或者未经依法改判的情况下变更、追加被执行人。对于执行程序中违法变更、追加被执行人的,人民检察院应当依法监督。

2. 指导意义:(1)违法追加被执行人,人民检察院应当依法监督。审判和执行程序分工不同,当事人实体权利义务应由审判程序予以确定,执行程序通常不应直接确定当事人实体权利义务,只能依照执行依据予以执行。变更、追加被执行人应当遵循法定原则,对于法律或司法解释规定情形之外的,不能变更、追加,否则实质上剥夺了当事人的诉讼权利,属于程序违法。“未经审判程序,不得要求未举债的夫妻一方承担民事责任”的具体规定虽然是2017年2月最高人民法院在《关于依法妥善审理涉及夫妻债务案件有关问题的通知》中明确表述的,但是,人民法院在执行程序中追加被执行人的基本原则、程序一直是确定的,这一规定只是对确定夫妻共同债务既有规则的重申。人民检察院发现执行程序中人民法院违法追加被执行人的,应当依法进行监督。

(2)办理可能涉及夫妻共同债务的案件,既要注重保护债权人的合法权利,又要注重保护未共同举债的夫妻另一方的合法权利。涉夫妻共同债务案件事关交易安全、社会诚信和家庭稳定,办理此类案件过程中,既要注意到可能存在夫妻双方恶意串通损害债权人利益的情形,也要注意到可能存在夫妻一方与债权人恶意串通损害配偶利益的情形,特别是要防止简单化地将夫妻关系存续期间发生的债务都认定为夫妻共同债务。如既要严格按照《民法典》第一千零六十四条的规定认定是否属于夫妻共同债务,同时又要严守法定程序,保障当事人诉讼权利。如有证据证明可能存在夫妻双方恶意串通损害债权人利益的,应经由审判程序认定夫妻共同债务,而非在执行程序中直接追加夫妻另一方为被执行人。

(3)人民检察院认为人民法院对检察建议处理结果错误,可以提请上级人民检察院跟进监督。检察建议是人民检察院履行法律监督职能的重要方式。发现人民法院对人民检察院提出的检察建议未在规定的期限内作出处理并书面回复,以及对检察建议的处理结果错误的,人民检察院应当按照有关规定进行监督,或者提请上级人民检察院监督。

(二)案例评析

案例价值:人民检察院在促进人民法院依法执行中,存在推动解决"执行难""执行乱""问题难"的困境。本案中检察机关对该民事执行进行监督时,对案件启动监督程序和监督广度进行了比较深入的分析。本案还涉及夫妻债务共同的问题,对于该问题检察机关利用线索和案件事实进行了正确研判,在案件监督方面也作了比较细致的工作。有证据证明可能存在夫妻双方恶意串通损害债权人利益的,检察机关应经由审判程序认定夫妻共同债务,而非在执行程序中直接追加夫妻另一方为被执行人。

案例十四　李某1等7人与李某2民间借贷纠纷抗诉案(检例第154号)

(一)案例要旨与指导意义

1. 案例要旨:检察机关办理民间借贷纠纷监督案件应当全面、客观地审查证据,加强对借款、还款凭证等合同类文件以及款项实际交付情况的审查,确保相关证据达到高度可能性的证明标准,并就举证责任分配是否符合法定规则加强监督。对于鉴定意见应否采信,检察机关应当统筹考虑鉴定内容、鉴定程序、鉴定资质以及当事人在关键节点能否充分行使诉权等因素,并结合案件其他证据综合作出判断。

2. 指导意义:(1)在民间借贷纠纷案件中,当事人用以证明交付借款或还款的书证往往系孤证或者存在形式、内容上的瑕疵，难以形成完整的证据链条。检察机关办理此类案件时应当重点审查以下内容：一是对借款合同、借据、收条、阶段性汇总协议等合同类文件的形式和内容进行审查；二是结合借贷金额、款项交付方式、当事人的经济能力、当地或者当事人之间的交易方式、交易习惯、当事人的财产变动情况等要素，运用日常生活经验判断相关证据的真实性以及是否能够达到高度可能性的证明标准。本案中，还款字据系孤证且自身存在重大瑕疵，债务人据此主张所借款项已经清偿，人民法院未要求债务人就还款字据项下的款项交付情况作出合理说明并提供相关证据，亦未在必要时依职权调取相关证据，属于举证责任分配失当。实践中，检察机关应当加强对上述问题的监督，及时监督纠正错误裁判，维护司法公正和人民群众合法权益。

(2) 司法鉴定是民事诉讼程序的重要组成部分，准确适用司法鉴定对查明案件事实、充分保障当事人诉权及客观公正办理案件具有重要意义。司法实践中，检察机关对鉴定意见应当重点审查以下内容：鉴定机构或鉴定人是否具有法定鉴定资质；检材是否经各方当事人质证；鉴定人对当事人提出的异议是否答复以及答复是否合理；对合理异议，鉴定机构是否作出补充鉴定意见；鉴定人是否对鉴定使用的标准和方法作出说明；鉴定人是否出庭答疑；鉴定人出具的鉴定意见与法院委托鉴定的范围、方式是否相符等，特别是在经过多次鉴定且鉴定意见仍存在冲突的情形下，检察机关应当统筹考虑鉴定内容、鉴定程序、鉴定资质以及当事人在关键节点能否充分行使诉权等因素，并结合案件其他证据，综合判断鉴定意见是否可以采信，防止出现"以鉴代审"的情况。

(二) 案例评析

案例价值：在民间借贷类案件监督中，在还款字据等书证存在瑕疵的情况下，检察机关应重点审查原审法院是否要求负有举证责任的当事人提供其他相关证据，如果当事人主张通过承兑汇票贴息方式兑付，审查其是否提供银行划转留痕等证据，对款项交付情况予以证明。若原审法院未结合相关证据对款项交付情况进行审查，亦未依职权调取相关证据，检察机关应依法予以监督。另外，对鉴定意见应进行综合性审查。"以鉴代审"不仅无法查清案件事实，更在一定程度上侵害了当事人诉权。在存在多次鉴定且鉴定意见相冲突的案件中，检察机关应综合历次鉴定意见的内容、鉴定程序以及是否保障当事人充分行使诉求等多方因素，对多份鉴定意见综合审查判断，对可能存在的"以鉴代审"情况进行监督。[1]

案例十五　某小额贷款公司与某置业公司借款合同纠纷抗诉案(检例第155号)

(一)案例要旨与指导意义

1. 案例要旨:检察机关在办理借款合同纠纷监督案件中发现小额贷款公司设立关联公司,以收取咨询费、管理费等名义预先扣除借款本金、变相收取高额利息的,应当按照实际借款金额认定借款本金并依法计息。检察机关在办理相关案件中应当加强对小额贷款公司等地方金融组织违规发放贷款行为的审查和调查核实,发挥司法能动作用,依法维护金融秩序和金融安全。

2. 指导意义:(1)实践中,一些小额贷款公司作为非银行性金融机构,为规避监管,利用其在放贷业务中的优势地位,采取预扣借款本金、变相收取高额利息等违法手段,损害借款人合法权益,扰乱金融市场秩序。从表面上看,此类小额贷款公司通过设立关联公司,要求借款人与关联公司订立咨询、中介等服务合同,收取咨询、管理、服务、顾问等费用,但实际上是预先扣除借款本金,变相收取高额利息。《合同法》第二百条[2]规定,借款的利息不得预先在本金中扣除,利息预先在本金中扣除的,应当按照实际借款数额返还借款并计算利息。《民法典》对上述内容再次予以确认并明确规定,禁止高利放贷,借款的利率不得违反国家有关规定。对小额贷款公司设立关联公司预扣借款本金、变相收取高额利息的行为作出否定性评价,符合《民法典》精神及稳定规范金融秩序的要求。

(2)当前,部分小额贷款公司背离有效配置金融资源,引导民间资本满足实体经济、服务"三农"、小微型企业、城市低收入者等融资需求的政策初衷,违背"小额、分散"原则,违法违规放贷,甚至违背国家房地产调控措施,以首付贷、经营贷等形式违规向买房人放贷。这不仅增加自身经营风险,而且加大金融杠杆,增大金融风险,乃至危及国家金融安全。检察机关在办理相关案件中,一方

---

① 参见冯小光、赵格、贾文琴:《深入贯彻实施民法典　加强民事生效裁判精准监督——最高人民检察院第三十八批指导性案例解读》,载《人民检察》2022年第19期。

② 现为《民法典》第六百七十条。

面要保障借款人的合法权益，另一方面应当注重通过大数据筛查类案情况，积极调查核实当事人订立合同的目的及资金流向等是否存在异常情况，发现小额贷款公司等存在违规发放贷款情形的，可以依法通过抗诉、制发检察建议等方式，促进规范小额贷款公司经营行为，依法维护金融秩序。

（二）案例评析

案例价值：本案实为小额贷款公司通过设立关联公司，要求借款人与关联公司签订服务合同并缴纳服务费等，以达到预先扣除借款本金、变相收取高额利息的不法目的。在此类案件办理中，检察机关需要加强发现线索的敏锐性，主动行使调查核实权，通过调取银行流水，调查案涉公司人员及账目往来，查阅财务凭证等会计资料，进行大数据筛查类案情况等方式，积极调查核实当事人订立合同目的及资金流向等是否存在异常情况，进而发现是否存在违规发放贷款等违法情形。同时，针对个案发现的违法情形，检察机关可通过制发检察建议等方式积极融入社会治理。[①]

案例十六 郑某某与某物业发展公司商品房买卖合同纠纷再审检察建议案（检例第156号）

（一）案例要旨与指导意义

1. 案例要旨：“一房二卖”民事纠纷中，房屋差价损失是当事人在订立合同时应当预见的内容，属可得利益损失，应当由违约方赔偿。对于法院行使自由裁量权明显失当的，检察机关应当合理选择监督方式，依法进行监督，促进案件公正审理。

2. 指导意义：（1）检察机关在办理“一房二卖”民事纠纷监督案件时，应当加强对可得利益损失法律适用相关问题的监督。根据《合同法》第一百一十三条[②]的规定，当事人一方不履行合同义务或者履行合同义务不符合约定，给对方造成损失的，损失赔偿额应当相当于因违约所造成的损失，包括合同履行后可

---

① 参见冯小光、赵格、贾文琴：《深入贯彻实施民法典　加强民事生效裁判精准监督——最高人民检察院第三十八批指导性案例解读》，载《人民检察》2022年第19期。

② 现为《民法典》第五百八十四条。

以获得的利益。“一房二卖”纠纷中,出卖人先后与不同买受人订立房屋买卖合同,后买受人办理房屋产权过户登记手续的,前买受人基于房价上涨产生的房屋差价损失,属于可得利益损失,可以依法主张赔偿。同时,在计算和认定可得利益损失时,应当综合考虑可预见规则、减损规则、损益相抵规则等,合理确定可得利益损失数额。本案系通过再审检察建议的方式开展监督,法院采纳监督意见进行再审后,依法促成双方当事人达成调解协议,实现案结事了人和。在监督实务中,检察机关应当根据案件实际情况,合理选择抗诉或再审检察建议的方式开展监督,实现“双赢、多赢、共赢”。

(2)检察机关应当加强对行使自由裁量权明显失当行为的监督,促进案件公正审理。司法机关行使自由裁量权,应当根据法律规定和立法精神,坚持合法、合理、公正、审慎的原则,对案件事实认定、法律适用等关键问题进行综合分析判断,并作出公平公正的裁判。司法实践中,有的案件办理未能充分体现法律精神,裁量时违反市场交易一般规则,导致裁量失当、裁判不公。

(二)案例评析

案例价值:对“一房二卖”民事纠纷的监督,检察机关首先加强了对可得利益损失法律适用相关问题的监督。在认定可得利益损失时,人民检察院应综合考虑可预见规则、减损规则、损益相抵规则等,合理确定可得利益损失数额。可预见规则的核心在于计算违约方在缔约时应当预见的因违约所造成的损失,包括根据对方身份所能预见到可得利益的损失类型和合理预见的损失数量。减损规则的核心是衡量守约方为防止损失扩大而采取减损措施的合理性,减损措施应当是守约方根据当时情境可以做到且成本不能过高的措施。损益相抵规则旨在确定受害人因对方违约而遭受的“净损失”。检察机关也应加强对行使自由裁量权明显失当行为的监督。“一房二卖”纠纷中,涉案房屋交付使用后,签约在先的买受人出租房屋所获取的租金收益,系其履行房屋买卖合同主要义务后,基于合法占有而享有的权益,而非买受人基于出卖人违约所获得的利益,不能作为法院酌减违约赔偿金的考量因素。[①]

① 参见冯小光、赵格、贾文琴:《深入贯彻实施民法典　加强民事生效裁判精准监督——最高人民检察院第三十八批指导性案例解读》,载《人民检察》2022 年第 19 期。

案例十七 陈某与向某某房屋租赁合同纠纷抗诉案(检例第157号)

(一)案例要旨与指导意义

1. 案例要旨:出租人履行房屋租赁合同,应当保证租赁物符合约定的用途。租赁物存在权利瑕疵并导致房屋租赁合同目的不能实现时,承租人有权解除房屋租赁合同。检察机关在办案中应当准确适用关于合同解除的法律规定,保障当事人能够按照法定条件和程序解除合同。

2. 指导意义:(1)检察机关在办理房屋租赁合同纠纷监督案件中,应当依法对出租人负有的出租房屋权利瑕疵担保责任作出正确认定。《合同法》第二百一十六条①规定,出租人应当按照约定将租赁物交付承租人,并在租赁期间保持租赁物符合约定的用途。在房屋租赁合同中,承租人与出租人签订租赁合同的目的,在于使用租赁物并获得收益,出租人应当保证租赁物符合约定的用途,即要承担对租赁物的瑕疵担保责任,包括物的瑕疵担保责任和权利的瑕疵担保责任。其中,出租人的权利瑕疵担保责任,是指出租人应担保不因第三人对承租人主张权利而使承租人不能依约使用、收益租赁物的责任。根据相关规定,因第三人主张权利,致使承租人不能对租赁物使用、收益的,承租人可以请求减少租金或者不支付租金;如果承租人合同目的无法实现,亦可以主张解除租赁合同。《民法典》第七百二十三条、第七百二十四条延续了上述规定精神。检察机关对此类案件应当重点审查以下内容:第一,出租房屋权利瑕疵在签约时是否存在。如在签约时已存在,承租人有权请求出租人承担瑕疵担保责任。第二,承租人是否明知出租房屋存在权利瑕疵。如果承租人在签约时不知存在权利瑕疵,则其为善意相对人,有权请求出租人承担瑕疵担保责任;如果承租人明知存在权利瑕疵,自愿承担案外人主张讼争标的物权属可能带来的风险,则出租人不承担瑕疵担保责任。第三,承租人是否及时告知出租人权利瑕疵存在并要求出租人合理剔除。如承租人及时告知,但出租人未能合理剔除权利瑕疵,出租人应当承担权利瑕疵担保责任;如承租人怠于履行告知义务,导致出租人丧失剔除瑕疵时机,应当减轻或者免除出租人的赔偿责任。

(2)检察机关在办案中应当准确适用关于合同解除的法律规定,保障当事

① 现为《民法典》第七百零八条。

人能够按照法定条件和程序解除合同。《合同法》第九十三条[1]、第九十四条[2]规定,当事人协商一致,可以解除合同;当事人可以约定一方解除合同的条件,解除合同的条件成就时,解除权人可以解除合同;符合法律规定的相关情形,当事人可以解除合同。《民法典》延续并完善上述规定:一是如果当事人以通知方式解除合同,合同应自通知到达对方时解除;对方对解除合同有异议的,应当保障任何一方当事人均可以请求人民法院或者仲裁机构确认解除行为的效力。二是如果当事人未通知对方,直接以提起诉讼或者仲裁的方式主张解除合同,人民法院或者仲裁机构确认该主张的,应当保障合同自起诉状副本或者仲裁申请副本送达对方时解除。本案中,出租人不同意按合同约定解除合同,双方对此协商未果,后承租人诉请解除房屋租赁合同未获得法院支持,在此情形下,承租人向出租人发送解除合同通知书,亦未实现解除合同的目的。对于承租人通过协商与诉讼已穷尽法定的合同解除手段,但仍然未能解除合同而申请检察监督的,检察机关应当依法履行监督职责,保障当事人能够按照法定条件和程序解除合同,以维护当事人的合法权益,实现公权监督与私权救济的有效结合。

(二)案例评析

案例价值:检察机关在办理类似案件中着重审查了三方面内容:第一,出租房屋权利瑕疵在签约时是否存在。如在签约时已存在,承租人有权请求出租人承担瑕疵担保责任。第二,承租人是否明知出租房屋存在权利瑕疵。如承租人在签约时不知存在权利瑕疵,则其为善意相对人,有权请求出租人承担瑕疵担保责任;如承租人明知存在权利瑕疵,自愿承担案外人主张讼争标的物权属可能带来的风险,则出租人不承担瑕疵担保责任。第三,承租人是否及时告知出租人权利瑕疵存在并要求出租人合理剔除。如承租人及时告知,但出租人未能合理剔除权利瑕疵,出租人应当承担权利瑕疵担保责任;如承租人怠于履行告知义务,导致出租人丧失剔除瑕疵时机,应当减轻或免除出租人的赔偿责任。[3]

---

① 现为《民法典》第五百六十二条。

② 现为《民法典》第五百六十三条。

③ 参见冯小光、赵格、贾文琴:《深入贯彻实施民法典　加强民事生效裁判精准监督——最高人民检察院第三十八批指导性案例解读》,载《人民检察》2022 年第 19 期。

案例十八 周某某与项某某、李某某著作权权属、侵权纠纷等系列虚假诉讼监督案(检例第192号)

(一)案例要旨与指导意义

1. 案例要旨:冒充作者身份,以他人创作的作品骗取著作权登记,并以此为主要证据提起诉讼牟取不正当利益,损害他人合法权益,妨害司法秩序的,构成虚假诉讼。检察机关应积极推进数字检察,以大数据赋能创新法律监督模式,破解虚假诉讼监督瓶颈。对于知识产权领域虚假诉讼案件,检察机关应依职权启动监督程序,通过监督民事生效裁判,移送刑事案件线索,提出社会治理意见建议等方式促进综合治理。

2. 指导意义:(1)著作权登记证书作为著作权权属的初步证明,是著作权权属、侵权纠纷中常见的证据之一。但是著作权登记时,对相关作品是否系申请人创作,是否具有独创性不做实质审查,客观上难以防范恶意登记著作权行为。故意提交虚假申请材料以他人作品或者公有领域的作品骗取著作权登记,再利用骗取的著作权登记证书提起诉讼牟取不正当利益,是知识产权领域一类比较典型的虚假诉讼。检察机关办理著作权权属、侵权纠纷民事诉讼监督案件,除应审查著作权登记证书外,还应重点审查创作底稿、原件等证据材料,并调查核实作品是否为他人创作,在登记证书载明的创作完成日前是否已存在等事实,综合判断著作权权属。

(2)知识产权案件专业性强,虚假诉讼线索发现、甄别、认定较其他案件难度更大。司法实践中,检察机关应切实强化数字理念、思维,以大数据赋能法律监督,着力破解虚假诉讼案件办理瓶颈。一方面,要做好数据资源的集纳、管理。既要注重各类检察业务数据的汇聚管理,又要通过跨部门大数据协同办案机制等拓宽数据来源渠道,加强对行政执法、司法办案等相关数据的共享。另一方面,要及时总结知识产权领域虚假诉讼办案经验,把握案件特点和规律,构建知识产权案件法律监督模型。具体办案中,对于有虚假诉讼嫌疑的案件或线索,应注重选取诉讼请求,知识产权权属证明,抗辩事由,当事人、代理人信息等要素进行碰撞、比对、分析,精准识别虚假诉讼。

(3)虚假诉讼当事人伪造证据,捏造知识产权侵权关系或者不正当竞争关系,提起民事诉讼以牟取非法利益,损害他人合法权益、妨害司法秩序,应予以依法打击。司法实践中,检察机关发现虚假诉讼案件线索的,应当依职权启动监督程序,综合案件事实认定、法律适用以及案件办理效果等因素,统筹运用抗诉、检察建议等方式进行监督。同时,针对案件办理中发现的刑事犯罪线索,及时移送公安机关;对于案件反映的社会管理漏洞,检察机关应及时提出社会治理意见建议,强化综合司法保护。

(二)案例评析

案例价值:本案虚假诉讼行为涉及知识产权侵权,因而要开展有效的检察监督具有难度。检察机关在该监督案件中充分利用大数据,开展数字监督,提高了案件的监督效力。同时,本案检察机关通过数字监督获取的案件线索积极推动案件再审,以公权力维护了当事人的合法权益,净化了知识产权领域的生态。

案例十九　山东省某市人民检察院对某发展基金会诉某石油化工有限公司、某化工有限公司民事公益诉讼检察监督案(检例第165号)

(一)案例要旨与指导意义

1. 案例要旨:人民检察院发布民事公益诉讼诉前公告后,社会组织提起民事公益诉讼的,人民检察院应当继续履行法律监督机关和公共利益代表职责。发现社会组织与侵权人达成和解协议,可能损害社会公共利益的,人民检察院应当依法开展调查核实,在人民法院公告期限内提出书面异议。人民法院不采纳书面异议而出具调解书,可能损害社会公共利益的,人民检察院应当依法提出抗诉或者再审检察建议。

2. 指导意义:对于检察机关依法立案的民事公益诉讼案件,社会组织在公告期间提起民事公益诉讼的,检察机关应当继续关注,并依法履行法律监督机关和公共利益代表的相应职责。《最高人民法院、最高人民检察院关于检察公益诉讼案件适用法律若干问题的解释》第二条规定:"人民法院、人民检察院办理公益诉讼案件主要任务是充分发挥司法审判、法律监督职能作用,维护宪法法律权威,维护社会公平正义,维护国家利益和社会公共利益,督促适格主体依法行使公益诉权,促进依法行政、严格执法。"对于社会组织依法提起民事公益诉讼的,检察机关可以督促其依法行使公益诉权。对损害后果严重、社会影响较大、社会组织诉讼能力较弱等情形，检察机关可以采取提供法律咨询、向人民法院提交支持起诉意见书、协助调查取证、派员出席法庭等方式支持起诉。对于社会组织和侵权人达成和解协议的，检察机关应从合法性、可行性、有效性等方面进行审查，对可能损害社会公共利益的，在协议公告期间届满前发现的，应当向人民法院提出书面异议。人民法院未采纳检察机关提出的书面异议而出具调解书，可能损害社会公共利益的，检察机关应当依法提出抗诉或者再审检察建议；在协议生效后发现的，应当依职权主动开展监督。

（二）案例评析

案例价值：对于检察机关依法立案的民事公益诉讼案件，社会组织在公告期间提起民事公益诉讼的，检察机关应当分以下情况，继续依法履行法律监督机关和公共利益代表的相应职责：(1)对损害后果严重、社会影响较大、社会组织诉讼能力较弱等情形，检察机关可以积极支持起诉。(2)对于社会组织和侵权人达成和解协议的，检察机关应当依法进行审查，对可能损害社会公共利益的，应向人民法院提出书面异议。(3)人民法院未采纳检察机关提出的书面异议而出具调解书，可能损害社会公共利益的，检察机关应当依法提出抗诉或者再审检察建议；在协议生效后发现的，应当主动继续开展监督。

（三）民事支持起诉案例

案例一　李某1与李某2财产损害赔偿纠纷支持起诉案（检例第122号）

（一）案例要旨与指导意义

1. 案例要旨：因监护人侵害智力残疾的被监护人财产权，智力残疾人诉请赔偿损失存在障碍而请求支持起诉的，检察机关可以围绕法定起诉条件协助其收集证据，为其起诉维权提供帮助。在支持起诉程序中，检察机关应当依法履行支持起诉职能，保障当事人平等行使诉权。

2. 指导意义：(1)依法履行支持起诉职能，保障残疾人等特殊群体平等行使诉权。《民事诉讼法》第十五条规定："机关、社会团体、企业事业单位对损害国家、集体或者个人民事权益的行为，可以支持受损害的单位或者个人向人民法院起诉。"支持起诉的要义是支持受损害的单位或者个人起诉，特别是支持特殊群体能够通过行使诉权获得救济，保障双方当事人诉权实质平等。适用条件上，检察机关支持起诉原则上以有关行政机关、社会团体等部门履职后仍未实现最低维权目标为前提条件。在支持起诉程序中，检察机关应当秉持客观公正立场，遵循自愿原则、处分原则、诉权平等原则等民事诉讼基本原则，避免造成诉权失衡；可以综合运用提供法律咨询、协助收集证据、提出支持起诉意见、协调提供法律援助等方式为残疾人等特殊群体起诉维权提供帮助。支持起诉并非代替当事人行使诉权，检察机关不能独立启动诉讼程序。除有涉及国家利益、社会公共利益等重大影响的案件外，检察机关一般不出席法庭；出庭时可以宣读支持起诉意见书，但不参与举证、质证等其他庭审活动；当事人撤回起诉的，支持起诉程序自行终结，检察机关无须撤回支持起诉意见。

(2)被监护人的财产权受到监护人侵害，人民法院以诉讼请求不具体为由未予受理的，检察机关可以依申请支持其起诉。监护人应当履行法定职责，保护被监护人的人身权和财产权不受侵害。监护人擅自出售被监护人名下房产用于个人医疗、购房等个人支出，侵害被监护人财产权益的，被监护人有权请求监护人赔偿损失。客观上，智力残疾人等被监护人诉讼能力偏弱，在其权利受到侵害时，难以凭个人之力通过民事诉讼程序获得救济。检察机关对于履职过程中发现的残疾人合法权益受到侵害的线索，应当先行督促残疾人联合会、残疾人居住地的居民委员会、村民委员会等社会团体、自治组织为残疾人维权提供法律帮助。残疾人径行向人民法院起诉的，应当告知其有权申请法律援助。认知能力低下的残疾人因财产权受到侵害提起损害赔偿诉讼，人民法院未告知其有权申请法律援助，以其诉讼请求不具体为由未予受理的，在尊重其真实意愿的前提下，检察机关可以依申请支持起诉，帮助其获得法律救济。

(3)综合运用协助收集证据、协调提供法律援助等方式，为智力残疾人起诉维权提供帮助。依照《民事诉讼法》相关规定，原告起诉必须符合法定条件。智力残疾人作为限制行为能力人虽然可以实施与其智力、精神状况相适应的民事法律行为，但难以独立、充分围绕法定起诉条件收集证据，提出诉讼请求。检察机关可以与司法行政部门协调，为智力残疾人提供法律援助，由法律援助人员作为智力残疾人的委托代理人参加诉讼。

(二)案例评析

案例价值：本案准确阐释了支持起诉的内涵与适用条件。现代司法机制因其专业性,特殊群体起诉维权时难免遇到一些障碍。与司法解决纠纷途径相比,行政解决纠纷途径具有主动性、倾向性、实质性等特点,便于特殊群体维护自身权益。本案协助智力残疾人士等特殊群体收集证据,依法围绕着法定起诉条件进行。依照《民事诉讼法》相关规定,原告起诉必须符合法定条件。在支持起诉程序中,检察机关可以通过提供法律咨询,加强释法说理,引导智力残疾人士等特殊群体自行收集证据;智力残疾人士等特殊群体无法自行收集的,检察机关可以依法协助其收集确定当事人具体诉讼请求、证明原被告与案件争议事实存在关联并符合起诉条件的相应证据。[①]

案例二 胡某1、万某某与胡某2赡养纠纷支持起诉案(检例第123号)

(一)案例要旨与指导意义

1. 案例要旨:老年人依法起诉要求成年子女履行赡养义务,但是缺乏起诉维权能力的,检察机关可以依老年人提出的申请,支持其起诉维权。支持起诉的检察机关可以运用多元化解纠纷机制,修复受损家庭关系。案件办结后,可以开展案件回访,巩固办案效果。

2. 指导意义:(1)运用多元化解纠纷机制,修复受损家庭关系。支持老年人追索赡养费案件,属于家事纠纷,检察机关要把化解矛盾、消除对立、修复受损家庭关系作为价值追求,坚持和发展新时代"枫桥经验",将多元化解纠纷机制贯穿于支持起诉工作始终。检察机关要与司法行政机关、村民委员会、居民委员会基层群众性自治组织及人民调解组织等紧密合作,找准纠纷症结所在,做实做深矛盾化解工作,促使当事人达成和解协议。当事人未能达成和解协议诉至人民法院的,检察机关要积极配合人民法院开展诉讼调解工作,通过人民调解、诉讼调解,最大限度地修复受损的家庭关系,树立优良家风,弘扬家庭美德。

(2)老年人缺乏起诉维权能力的,检察机关可以支持老年人起诉。百善孝为先。让老年人老有所养、老有所依是践行社会主义核心价值观的必然要求,

① 参见冯小光、朱光美:《最高人民检察院第三十一批指导性案例解读》,载《人民检察》2022年第1期。

是弘扬家庭美德的主要途径。成年子女不履行赡养义务的,缺乏劳动能力或者生活困难的父母有权要求成年子女给付赡养费。维护保障老年人合法权益是全社会的共同责任,县级以上人民政府负责老龄工作的机构,负责组织、协调、指导、督促有关部门做好老年人权益保障工作。基层群众性自治组织和依法设立的老年人组织亦负有维护老年人合法权益,为老年人服务的职责。检察机关履职中发现老年人合法权益受到侵害的,应当先行联系政府有关部门、基层群众性组织等为老年人维权提供帮助。老年人因年龄、身体、文化等原因不能独立提起诉讼追索赡养费而陷入生活困境的,其维权获得帮助后尚未解困的,检察机关可以支持老年人起诉,帮助老年人行使诉权,维护老年人的合法权益。

(3)积极开展案件回访,巩固办案效果。赡养包括经济帮助与亲情慰藉,缺一不可。新矛盾、新问题的出现可能造成修复的家庭关系再次破裂。办理此类案件,不能一诉了之,而要持续关注并巩固办案效果。灵活采取电话回访、实地回访、联合回访等形式,跟踪了解生效裁判执行情况和家庭关系现状,及时化解新矛盾、解决新问题。

(二)案例评析

案例价值:本案所涉及的老年人赡养费纠纷属于常见的家事纠纷案件,检察机关通过支持起诉有效参与了家事纠纷的化解工作,充实了民事检察职能,是民事检察与《民法典》的有机结合,也是深入贯彻社会主义核心价值观的生动实践。本案中,检察机关支持了弱势群体的民事起诉,但并非机械执法,而是与法院等相关部门共同发力,运用家事调解等多元化纠纷解决机制消除家庭矛盾,修复家庭关系,为检察机关在涉及弱势群体、家事纠纷等民事案件的履职中提供了重要的实践指导。[①]

案例三　孙某某等78人与某农业公司追索劳动报酬纠纷支持起诉案(检例第124号)

(一)案例要旨与指导意义

1. 案例要旨:劳动报酬是进城务工人员维持生计的基本保障,用人单位未

① 参见冯小光、朱光美:《最高人民检察院第三十一批指导性案例解读》,载《人民检察》2022年第1期。

按照国家规定和劳动合同约定及时足额支付劳动报酬的，检察机关应当因案制宜，通过督促人力资源和社会保障等单位履职尽责、支持起诉、移送拒不支付劳动报酬罪线索等方式保障进城务工人员获得劳动报酬。

2. 指导意义：（1）因案制宜，妥善解决欠薪问题。进城务工人员享有按时足额获得劳动报酬的权利。人力资源和社会保障部门负有组织实施劳动保障监察、协调劳动者维权工作，依法查处涉劳动保障重大案件的职责。检察机关履职中发现拖欠劳动报酬线索的，应当甄别是否属于恶意欠薪。

（2）依法履职，切实保护劳动者的合法权益。劳动报酬是进城务工人员维持生计的基本保障。根治进城务工人员欠薪问题，关乎进城务工人员切身利益，关乎社会和谐稳定。进城务工人员多在建筑、餐饮、快递等行业就业，因相关市场不规范、未签订劳动合同、法律知识欠缺等原因，部分进城务工人员起诉讨薪往往会遇到诸如确定用工主体难、明确诉讼请求难等问题。对经政府主管部门协调后仍未能获得劳动报酬的进城务工人员，检察机关应当及时通过提供法律咨询、协助收集证据等方式支持进城务工人员追索劳动报酬，维护其合法权益，促进社会和谐稳定。

（3）加强配合，保障进城务工人员获得劳动报酬的同时，服务保障企业发展。对于企业因经营管理、政策调整、市场变化等因素暂时无力支付进城务工人员工资的情形，检察机关可以运用多元化解纠纷机制，做好矛盾化解工作，引导进城务工人员与企业共渡难关。同时，检察机关应加强与人力资源和社会保障、财政、街道等单位协作配合，在为进城务工人员提供基本生活保障的前提下，为企业恢复正常经营提供缓冲期，服务保障企业发展。

（二）案例评析

案例价值：本案准确区分了欠薪行为的性质。对于恶意欠薪，可能涉嫌拒不支付劳动报酬罪的，检察机关应当将犯罪线索移送公安机关立案侦查。对于欠薪行为未构成犯罪的，检察机关可以协调人力资源社会保障部门履职尽责。对人力资源和社会保障等职能部门履职后，进城务工人员仍未能获得劳动报酬的，检察机关应当在尊重进城务工人员意愿的前提下，依法支持其起诉维权。为各地民事检察部门办理民事支持起诉案件，为《民事诉讼法》第十五条的具体化提供了指引。①

案例四　安某某等80人与某环境公司确认劳动关系纠纷支持起诉案(检例第125号)

(一)案例要旨与指导意义

1. 案例要旨:劳动者要求用人单位补办社保登记、补缴社会保险费未果的,检察机关可以协助收集证据、提出支持起诉意见,支持劳动者起诉确认劳动关系,为其办理社保登记、补缴社会保险费提供帮助。

2. 指导意义:(1)国家建立基本养老保险、基本医疗保险等社会保险制度,保障劳动者在年老、患病、工伤、失业等情况下依法从国家和社会获得物质帮助的权利。用人单位应当依法为劳动者办理社会保险。实践中,部分用人单位未办理社保登记、未足额缴纳社会保险费,侵害了劳动者合法权益,使劳动者难以实现老有所养、老有所医。检察机关履职中发现用人单位未依法为职工办理社会保险登记、未足额缴纳社会保险费的,应当先行协调政府责任部门履职尽责。经相关责任部门处理后仍未实现最低维权目标的,依照现行法律规定,劳动者诉请用人单位补办社保登记、补缴社会保险费存在客观障碍的,检察机关可依劳动者申请支持起诉确认劳动关系。人民法院确认劳动关系的生效裁判,可以作为办理社保登记、补缴社会保险费的依据。

(2)协助劳动者收集证据,为其起诉维权提供帮助。依照《民事诉讼法》相关规定,人民法院立案后发现不符合起诉条件的,裁定驳回原告的起诉。据此,因无法独立、充分地围绕法定起诉条件收集证据,劳动者在诉讼中可能丧失司法救济的机会。检察机关在诉讼中可依申请围绕法定起诉条件协助劳动者补充相关证据。一是协助收集被告身份的完整信息,如用人单位变更材料、改制文件等。二是协助收集与具体诉讼请求和事实相关的起诉必备证据,如完整的工资支付凭证或者记录、工作证、招工招聘登记表、考勤表等。检察机关支持起诉的目的是保障劳动者实现诉权平等,而非代替劳动者行使诉权,检察机关不

① 参见冯小光、朱光美:《最高人民检察院第三十一批指导性案例解读》,载《人民检察》2022年第1期。

能独立启动诉讼程序。对于具有重大社会意义或者法律意义的案件,经商请人民法院,检察机关可以出庭宣读支持起诉意见书。

(二)案例评析

案例价值:本案明晰了如何理解检察机关在诉讼中支持起诉。理论界、实务界对检察机关在诉讼中支持起诉的做法存有不同看法。从司法实践看,绝大多数支持起诉案件是在诉前办理的。虽然检察机关支持起诉原则上在诉前提出,但是检察机关在诉讼中支持当事人起诉符合立法精神,不违反法律规定。

案例五 张某1与张某2离婚纠纷支持起诉案(检例第126号)

(一)案例要旨与指导意义

1. 案例要旨:反家庭暴力是国家、社会和每个家庭的共同责任,检察机关应当加强与公安机关、人民法院、工会、共产主义青年团、妇女联合会、残疾人联合会、居民委员会、村民委员会等单位、组织的协作配合,形成维护家庭暴力受害人合法权益的合力。在充分尊重家庭暴力受害人真实意愿的前提下,对惧于家庭暴力不敢起诉,未获得妇女联合会等单位帮助的,检察机关可依申请支持家庭暴力受害人起诉维权。

2. 指导意义:(1)加强协作配合,形成保护家庭暴力受害人的合力。国家禁止任何形式的家庭暴力。“法不入家门”已成为历史,反对家庭暴力不仅是家事,更是国家和全社会的共同责任。《反家庭暴力法》第四条第二款规定,县级以上人民政府有关部门、司法机关、人民团体、社会组织、居民委员会、村民委员会、企业事业单位,应当依照本法和有关法律规定,做好反家庭暴力工作。第六条至第十条、第十四条等诸多条款规定司法机关、行政机关、社会团体、群众性自治组织等在反家暴工作中的责任与义务。检察机关履职中发现家暴线索的,应当先行协调相关责任单位履职尽责。检察机关除做好家庭暴力受害人的法律宣讲、心理疏导外,可以与民政部门联系,将家庭暴力受害人安置到救助管理机构或者福利机构提供的临时庇护场所,提供临时生活帮助;可以引导家庭暴力受害人向公安机关报案、向人民法院申请人身保护令,保护其人身安全;对于涉嫌虐待犯罪的,可以引导家庭暴力受害人向人民法院提起刑事自诉追究加害人的刑事及附带民事赔偿责任。

(2)尊重家庭暴力受害人真实意愿,依申请支持其起诉维权。家庭暴力受害人享有婚姻自主权、人身损害赔偿请求权。家庭暴力受害人因害怕本人、父母、子女遭受报复等而不敢起诉维权,在获得妇女联合会等部门帮助下仍未能实现维权目标的,在充分尊重家庭暴力受害人真实意愿的前提下,检察机关可依其申请支持起诉,维护其合法权益。

(二)案例评析

案例价值:本案针对社会中多发的家庭暴力案件及时开展民事检察保护,检察机关会同公安机关、妇女联合会、人民法院等机关和部门治理家庭暴力,通过单位之间的合作及时发现相关线索,认真审查离婚纠纷的可修复性,审慎支持起诉离婚,实现了维护家庭婚姻稳定与保障处于弱势地位一方的合法权益。本案在于释明支持起诉离婚的案件检察机关应当持审慎态度,全面审查离婚背后是否存在家暴、遗弃等行为,充分尊重和保障被家暴方的真实意愿。

三、行政检察案例

(一)行政公益诉讼案例

案例一　某区林业局行政公益诉讼案(检例第30号)

(一)案例要旨与指导意义

1. 案例要旨:负有监督管理职责的行政机关对侵害生态环境和资源保护领域的侵权人进行行政处罚后,怠于履行法定职责,既未依法履行后续监督、管理职责,也未申请人民法院强制执行,导致国家和社会公共利益未脱离受侵害状态,经诉前程序后,人民检察院可以向人民法院提起行政公益诉讼。

2. 指导意义:(1)检察机关提起公益诉讼的前提是公共利益受到侵害。公共利益可以界定为:由不特定多数主体享有的,具有基本性、整体性和发展性的重大利益。在实践中,判断被侵害的利益是否属于公共利益范畴,可以从以下几个方面把握:一是公共利益的主体是不特定的多数人。公共利益是一种多数人的利益,但又不同于一般的多数人利益,其享有主体具有开放性。二是公共利益具有基本性。公共利益是有关国家和社会共同体及其成员生存和发展的基本利益,如公共安全、公共秩序、自然环境和公民的生命、健康、自由等。三是公共利益具有整体性和层次性。公共利益是一种整体性利益,可以分享,但不可以分割。公共利益不仅有涉及全国范围的存在形式,也有某个地区的存在形式。四是公共利益具有发展性。公共利益始终与社会价值取向联系在一起,会随着时代发展的变化而变化,也会随着不同社会价值观的改变而变动。五是公共利益具有重大性。其涉及不特定多数人,涉及公共政策变动,涉及公权与私权的限度,代表的利益都是重大利益。六是公共利益具有相对性。它受时空条件的影响,在此时此地认定为公共利益的事项,彼时彼地可能应认定为非公共利益。

(2)行政机关没有依法履行法定职责与国家和社会公共利益受到侵害是检察机关提起行政公益诉讼的必要条件。判断负有监督管理职责的行政机关是否依法履职,关键要厘清行政机关的法定职责和行政机关是否依法履职到位;判断国家和社会公共利益是否受侵害,要看违法行政行为造成国家和社会公共利益的实然侵害,发出检察建议后要看国家和社会公共利益是否脱离被侵害状态。

(二)案例评析

案例价值:本案对行政公益诉讼案件中行政行为产生侵害公共利益行为中"公共利益"的内容进行了界定。从6个方面明确了"公共利益"的判断标准,为涉及生态环境领域的行政公益诉讼明晰了案件办理应当思考的情节与因素。[①]除此之外,本案案情还有一个亮点是检察机关提起公益诉讼的原因是行政机关在检察机关发出检察建议后仍然怠于履行行政职责,该问题是行政不作为案件的常见问题,也是检察机关提起公益诉讼的重要依据。

案例二 某县环保局行政公益诉讼案(检例第31号)

(一)案例要旨与指导意义

1. 案例要旨:(1)发出检察建议是检察机关提起行政公益诉讼的前置程序,

① 参见万春、缐杰等:《最高人民检察院第八批指导性案例解读》,载《人民检察》2017年第6期。

目的是增强行政机关纠正违法行政行为的主动性,有效节约司法资源。(2)行政公益诉讼审理过程中,行政机关纠正违法行为或者依法履行职责而使人民检察院的诉讼请求实现的,人民检察院可以变更诉讼请求。

2. 指导意义:(1)检察机关提起行政公益诉讼,必须严格履行诉前程序。提起公益诉讼前,人民检察院应当依法督促行政机关纠正违法行政行为、履行法定职责。诉前程序主要目的在于增强行政机关纠正违法行政行为的主动性,也是为了最大限度地节约诉讼成本和司法资源。通过诉前程序推动侵害公益问题的解决,不仅是检察机关提起公益诉讼工作的重要内容,也是公益诉讼制度价值的重要体现。只有当行政机关应当纠正而拒不纠正,坚持不履行法定职责,致使国家和社会公共利益持续处于受侵害状态的,检察机关才应当提起行政公益诉讼。检察机关提起行政公益诉讼仅是在公共利益严重受损而无相关救济渠道时的一种司法补救措施,具有救济性和终局性。

(2)依法适时变更诉讼请求。《人民检察院提起公益诉讼试点工作实施办法》(已废止)第四十九条规定,在行政公益诉讼审理过程中,行政机关纠正违法行为或者依法履行职责而使人民检察院的诉讼请求全部实现的,人民检察院可以变更诉讼请求,请求判决确认行政行为违法,或者撤回起诉。该条规定的目的在于实现诉讼请求的同时,提高诉讼效率,节约司法资源。检察机关提出检察建议和提起行政公益诉讼,目的都是督促涉案行政机关积极依法履行职责,有效维护国家和社会公共利益。

(二)案例评析

案例价值:本案弥补了检例第30号未阐明制发行政检察建议与提起行政公益诉讼的衔接转化程序,明确了制发检察建议是提起行政公益诉讼的必经程序这一办案规则,体现了检察机关"严管与厚爱"相结合的行政检察履职理念和行政监督工作的层次性。[①]

可进一步研究之处:由于案件只涉及检察建议一种行政监督方式,其他监督方式是否也属于行政公益诉讼的前置程序仍不明确,值得研究。

---

① 参见万春、缐杰等:《最高人民检察院第八批指导性案例解读》,载《人民检察》2017年第6期。

案例三 某县环保局行政公益诉讼案(检例第32号)

(一)案例要旨与指导意义

1. 案例要旨:(1)行政相对人停止违法行为可以作为行政机关履行法定职责到位的依据。(2)生态环保民事、行政案件可以指定集中管辖。

2. 指导意义:(1)行政机关违法作为或不作为是人民检察院提起行政公益诉讼的前提条件。实践中,环境保护执法是一项连续性、持续性强的执法工作,检察机关在判断行政机关是否尽到生态环境和资源监管保护的法定职责时,行政相对人违法行为是否停止可以作为一个判断标准。行政机关虽有执法行为,但没有依照法定职责执法到位,导致行政相对人的违法行为仍在继续,造成生态环境和资源受到侵害,经人民检察院督促依法履职后,行政机关在一定期限内仍然没有依法履职到位,国家和社会公共利益仍处在被侵害状态,人民检察院可以将行政机关作为被告提起行政公益诉讼。

(2)生态环保民事、行政案件可以指定集中管辖。根据《民事诉讼法》第三十八条、《行政诉讼法》第十八条第二款、《最高人民法院关于审理环境民事公益诉讼案件适用法律若干问题的解释》第七条、《最高人民法院关于行政案件管辖若干问题的规定》(已废止)第五条、第九条的规定,生态环保民事、行政案件可以根据审判工作的实际情况,指定集中管辖。生态环保民事、行政案件采取集中管辖模式,有利于避免对跨行政区划环境污染分段治理、各自为政、治标不治本的问题;有利于在对区域内污染情况进行整体评估的基础上,统一司法政策和裁判尺度,实现司法裁判法律效果和社会效果的统一;有利于避免因按行政区划管辖案件带来的地方保护。

(二)案例评析

案例价值:本案针对实践中行政公益诉讼管辖分散的实践难题,明确了行政公益诉讼统一由中级人民法院管辖的规则,集中了行政公益诉讼的管辖与审理程序,有利于探索行政公益诉讼案件专业办理模式和组建专门团队开展实践,特别是在涉及跨区域的生态环境等案件中,打破了地区限制壁垒,优化了行政公益诉讼案件办理路径。

案例四　陕西省某市环境保护局某分局不全面履职案(检例第49号)

(一)案例要旨与指导意义

1. 案例要旨:行政机关在履行环境保护监管职责时,虽有履职行为,但未依法全面运用行政监管手段制止违法行为,检察机关经诉前程序仍未实现督促行政机关依法全面履职目的的,应当向人民法院提起行政公益诉讼。

2. 指导意义:诉前程序是检察机关提起公益诉讼的前置程序。办理公益诉讼案件,检察机关要对违法事实进行调查核实,围绕行政机关不依法履职或者不全面履职行为的客观表现、主观过错、与国家利益或者社会公共利益遭受侵害后果的关系,以及相关的法律依据、政策要求、文件规定等全面收集、固定证据,在查清事实的基础上依法提出检察建议,督促行政机关纠正违法、依法履职。行政机关未在检察建议要求的期限内依法全面履行职责,国家利益或者社会公共利益仍然遭受侵害的,检察机关应当依法向人民法院提起公益诉讼。对行政机关不依法履行法定职责的判断和认定,检察机关应以法律规定的行政机关法定职责为依据,对照行政机关的执法权力清单和责任清单,将是否全面运用或者穷尽法律法规和规范性文件规定的行政监管手段制止违法行为,国家利益或者社会公共利益是否得到了有效保护作为标准。行政机关虽然采取了部分行政监管或者处罚措施,但未依法全面运用或者穷尽行政监管手段制止违法行为,国家利益或者社会公共利益受侵害状态没有得到有效纠正的,应认定行政机关不依法全面履职。

(二)案例评析

案例价值:本案的亮点在于,检察机关在判断行政机关履职情况时,以行政机关的法定职责为依据,而不是无限制地扩大行政机关的责任范围,对其科以法律规定之外的更高层次的履职要求。行政机关未在检察建议要求的期限内依法全面履行职责,国家利益或者社会公共利益仍然遭受侵害的,检察机关依法向人民法院提起公益诉讼。

案例五 湖南省某县城乡规划建设局等不依法履职案（检例第50号）

（一）案例要旨与指导意义

1. 案例要旨：检察机关通过检察建议实现了督促行政机关依法履职、维护国家利益和社会公共利益目的的，不需要再向人民法院提起诉讼。

2. 指导意义：检察机关办理公益诉讼案件，应当着眼于切实维护国家利益和社会公共利益的目标，加强与行政机关沟通协调，注重各项实际措施的落实到位，充分发挥诉前程序的功能作用，努力实现案件办理政治效果、社会效果和法律效果的有机统一。对于一个污染环境或者破坏生态的事件，多个行政机关存在违法行使职权或者不作为情形的，检察机关可以分别提出检察建议，督促其依法履行各自职责。依据法律规定，有多种行政监管、处罚措施可选择时，检察机关应从最大限度保护国家利益或者社会公共利益出发，建议行政机关采取尽量不减损非侵权主体的合法权益、实际效果最好的监管处罚措施。

（二）案例评析

案例价值：本案反映了检察机关在公益诉讼中新的工作理念。检察机关着眼于切实维护国家利益和社会公共利益的目标，在依法提出检察建议后，又和行政机关、政府部门加强联系和沟通，从实际情况出发提出了切实可行的整改方案，体现了检察机关在履行法律监督职责中"双赢、多赢、共赢"的工作理念。

案例六 湖北省某市人民检察院诉某镇政府不依法履行职责行政公益诉讼案（检例第63号）

（一）案例要旨与指导意义

1. 案例要旨：一级政府对本行政区域的环境质量保护负有法定职责。政府在履行农村环境综合整治职责中违法行使职权或者不作为，损害社会公共利益的，检察机关可以发出检察建议督促其依法履职。对于行政机关作出的整改回复，检察机关应当跟进调查，对于无正当理由未整改到位的，可以依法提起行政公益诉讼。

2. 指导意义：改善农村人居环境是以习近平同志为核心的党中央作出的重大决策，是实施乡村振兴战略的重要内容。加强农村生活垃圾治理，是改善农村人居环境的重要环节，也是推进乡村生态振兴的关键之举，对于促进乡村治理具有重大意义。

(1)基层人民政府应当对本行政区域的环境质量负责，其在农村环境综合整治中违法行使职权或者不作为，导致环境污染损害社会公共利益的，检察机关可以督促其依法履职。《地方各级人民代表大会和地方各级人民政府组织法》《环境保护法》《村庄和集镇规划建设管理条例》等法律法规规定了基层人民政府对农村环境保护、农村环境综合整治等具有管理职责。其在履行上述法定职责时，存在违法行使职权或者不作为，造成社会公共利益损害的，符合《行政诉讼法》第二十五条第四款规定的情形，检察机关可以向其发出检察建议，督促依法履行职责。对于行政机关作出的整改回复，检察机关应当跟进调查，对于无正当理由未整改到位的，依法提起行政公益诉讼。

(2)涉及多个行政机关监管职责的公益损害行为，检察机关应当综合考虑各行政机关具体监管职责，履职尽责情况，违法行使职权或者不作为与公益受损的关联程度，实施公益修复的有效性等因素确定重点监督对象。农村违法建设垃圾填埋场可能涉及的行政监管部门包括规划、环保、国土、城建、基层人民政府等，而基层人民政府一般在农村环境治理、生活垃圾处置方面起主导作用。如果环境污染行为与基层人民政府违法行使职权直接相关，检察机关可以重点监督基层人民政府，督促其依法全面履职，根据需要也可以同时督促环保部门发挥监管职责，以形成合力，促使环境污染行为得到有效纠正。检察机关通过办案发现本地普遍存在类似环境污染行为的，可以经过深入调查，向当地党委、政府提出建议，以引起重视，促使问题“一揽子”解决。

(二)案例评析

案例价值：本案检察机关在诉前程序中，通过调查核实，查清了某镇政府作为一级政府，应当对本行政区域负有环境保护职责，对自身违法行使职权造成环境污染的行为予以纠正，及时治理污染，修复生态环境，故依法发出检察建议，但并未取得理想效果，后提起行政公益诉讼。诉讼过程中，某市检察院通过系列证据证明了某镇政府行政行为的违法性，得到法院充分支持，体现了检察机关的公益担当。

案例七 北京市某区人民检察院督促落实未成年人禁烟保护案(检例第88号)

(一)案例要旨与指导意义

1. 案例要旨:未成年人合法权益受到侵犯且涉及公共利益的,人民检察院应当提起公益诉讼予以司法保护。校园周边存在向未成年人出售烟草制品等违法行为时,检察机关可以采取提出检察建议的方式,督促相关行政部门依法履职,加强校园周边环境整治,推进未成年人权益保护。

2. 指导意义:(1)检察机关可以运用公益诉讼的方式,依法保护未成年人权益。未成年人司法保护是未成年人权益保护的重要内容。《未成年人保护法》第五十九条第一款规定:"学校、幼儿园周边不得设置烟、酒、彩票销售网点。禁止向未成年人销售烟、酒、彩票或者兑付彩票奖金。烟、酒和彩票经营者应当在显著位置设置不向未成年人销售烟、酒或者彩票的标志;对难以判明是否是未成年人的,应当要求其出示身份证件。"第一百零六条规定:"未成年人合法权益受到侵犯,相关组织和个人未代为提起诉讼的,人民检察院可以督促、支持其提起诉讼;涉及公共利益的,人民检察院有权提起公益诉讼。"根据法律规定,检察机关可以针对校园周边存在售卖烟、酒制品,销售彩票,售卖不合格食品,不审查未成年人身份即允许未成年人进入网吧等常见的侵犯未成年人权益的问题,依法运用公益诉讼的方式,提出诉前检察建议,督促行政机关依法履职,切断未成年人获取烟酒等的途径,防止未成年人沉溺网络,实现社会问题的前端治理。

(2)检察机关在办案中要注重沟通协作,强化部门联动,确保监督效果。在公益诉讼案件办理过程中,检察机关应当通过事前全面调查取证,事中充分沟通协调,事后严格跟踪监督,凝聚各方共识,确保有效发挥公益诉讼诉前检察建议实效,督促行政机关切实依法履职,最大限度提高检察机关办理行政公益诉讼案件的质量和效率。

(3)检察机关就办案中发现的社会问题,要推动建立健全长效工作机制。为切实净化未成年人成长环境,助力未成年人健康成长,检察机关可以结合办理的案件,推动搭建多部门配合协作的平台,实现"检察+行政+学校+社会"的多维度联动协调,形成良性互动的工作机制,推进社会治理的改善。

(二)案例评析

案例价值:对未成年人开展禁烟保护既是落实未成年人保护机制的必要领域,也是创新未检职能的重要体现。[①] 检察机关以督促行政机关积极开展未成年人禁烟行动极大创新了行政公益诉讼的效能,加大了检察领域保护未成年人的工作力度。

可进一步研究之处:本案作为一个开端,案件中的一些调查程序、监督机制尚未成熟,填补法律和司法解释漏洞的功能较弱,进而该案例所创新的办案规则可能存在难以运用一般演绎推理等法律适用方法涵摄于其他类案。[②] 本案针对未成年人禁烟保护提起公益诉讼,尚属于检察机关积极探索开展公益诉讼工作的新领域案件。2020 年修订后的《未成年人保护法》立足于更加全面有效地保护未成年人权益需要,通过增设公益诉讼的方式,为检察机关依法开展涉及不特定多数未成年人公共利益的诉讼活动明确了法律依据。各级检察机关应当以此次发布指导性案例为契机,进一步加大未成年人保护公益诉讼相关工作力度,依法保护未成年人合法权益,护航未成年人健康成长。

案例八　黑龙江省检察机关督促治理二次供水安全公益诉讼案(检例第 89 号)

(一)案例要旨与指导意义

1. 案例要旨:检察机关办理涉及重大民生的公益诉讼案件,如果其他地方存在类似问题,应当在依法办理的同时,向上级人民检察院报告。对于较大区域内存在公共利益受损情形且涉及多个行政部门监管职责的问题,可以由上级人民检察院向人民政府提出检察建议,促使其统筹各部门协同整改。

2. 指导意义:(1)检察机关在办案中要自觉践行司法为民宗旨,密切关注重大民生问题,通过履行法定职责,积极参与社会治理。供水是基础性的民生工程,关系广大居民的身体健康。针对辖区内二次供水存在的安全隐患和治理疏漏,检察机关在深入调查核实和广泛听取意见的基础上,有针对性地向行政主

---

① 参见刘晖、张杰:《最高人民检察院第二十三批指导性案例解读》,载《人民检察》2021 年第 4 期。

② 参见莫丽华:《区别技术在检察指导性案例中的运用》,"检察指导性案例应用"研讨会会议论文,2021 年 6 月于郑州。

管部门提出检察建议,积极推动行政机关依法全面履职,切实保障城镇居民生活用水的"最后一公里"安全,彰显司法为民的责任担当。

(2)检察机关开展公益诉讼工作,既要办好个案,又要注重从个案到类案的拓展,更好地提升监督效果。如果公益受损问题在一定区域内具有多发性和普遍性,基层人民检察院难以解决的,应当及时将案件线索向上级人民检察院报告。上级人民检察院应当及时受理,并发挥"检察一体"的优势,组织开展调查核实。在办理涉及重大民生公共利益且具有多发性的公益诉讼案件时,上级人民检察院可以采取类案监督的方式,集中解决区域或者行业内普遍存在的公益受损问题,达到"办理一案,整治一片"的效果。

(3)对于重大公益受损问题,检察机关应当向有统筹协调职能的单位提出检察建议,促成问题的系统性整改。对于相关管理制度不完善、涉及上级行政机关监管职责或者多个行政机关职能交叉等因素而致使大面积重大公益受损的问题,应当由上级检察机关督促同级政府或者相关部门依法履职。省级人民政府在省域社会治理体系中居于重要地位,对于涉及省域范围的社会治理问题,省级人民检察院可以向其提出检察建议,从根本上推动问题的解决,促进自上而下进行源头性、系统性整改,形成公益保护的长效机制,发挥检察机关在社会治理中的积极作用。

(二)案例评析

案例价值:最高人民检察院旨在明确,检察机关办理涉及重大民生的公益诉讼案件,如果公益受损问题在一定区域内具有多发性和普遍性,基层检察院难以解决,应当及时将案件线索向上级检察机关报告。上级检察机关应当及时受理,并发挥检察一体优势,组织开展调查核实。上级检察机关可以采取类案监督的方式,集中解决区域或者行业内普遍存在的公益受损问题,达到"办理一案,整治一片"的效果。至于提出检察建议的方式,上级检察机关应当发挥站位高、协调能力强的优势,对重大公益受损问题,向有统筹协调职能的单位制发检察建议,促成问题的系统性整改。①

① 参见刘晖、张杰:《最高人民检察院第二十三批指导性案例解读》,载《人民检察》2021年第4期。

案例九　江苏省某县人民检察院督促处置危险废物行政公益诉讼案(检例第112号)

(一)案例要旨与指导意义

1. 案例要旨:对犯罪行为造成的持续污染,检察机关可综合运用刑事检察和公益诉讼检察职能,对损害国家利益和社会公共利益的情形进行全方位监督。公安机关调查取证完成后,犯罪嫌疑人无力处置污染物,行政机关又不履行代处置义务的,检察机关应当督促其依法履职。

2. 指导意义:(1)检察机关可以在办理环境污染犯罪案件中,综合运用刑事诉讼、民事公益诉讼职能,同时追究环境污染者的刑事责任和环境损害赔偿责任。依据《最高人民法院、最高人民检察院关于检察公益诉讼案件适用法律若干问题的解释》的规定,人民检察院对破坏生态环境和资源保护等损害社会公共利益的犯罪行为提起刑事公诉的,可以向人民法院一并提起附带民事公益诉讼,由人民法院同一审判组织审理。检察机关可以依据相关规定,诉请判令违法行为人承担生态环境损害赔偿责任,包括污染物处置费用、生态环境修复费用等。检察机关要注重加强刑事检察与公益诉讼检察职能的衔接和协同,形成惩治不法行为、修复生态环境的合力。

(2)违法行为人对造成的环境污染拒绝履行或者没有能力履行环境修复义务,导致环境污染持续发生,损害国家利益或者社会公共利益的,检察机关可以通过行政公益诉讼督促污染物所在地的环境主管部门履行代处置职责。《环境保护法》第十条第一款后半句规定,县级以上地方人民政府环境保护主管部门对本行政区域环境保护工作实施统一监督管理。违法行为人跨区域倾倒危险废物,危险废物倾倒地的环境主管部门对本行政区域内的环境污染具有监督管理职责。违法行为人拒绝履行或者没有能力履行环境修复义务的,检察机关可以依据《固体废物污染环境防治法》《行政强制法》等相关规定,督促危险废物倾倒地的环境主管部门代为处置。

(3)针对行政执法与刑事司法衔接中涉案物品不及时处置可能导致公益受损的情况,检察机关可以通过公益诉讼程序督促行政机关及时进行处置。依据《环境保护部、公安部、最高人民检察院环境保护行政执法与刑事司法衔接工作办法》的规定,对具有危险性或者环境危害性的涉案物品,环境执法机关和刑事司法机关应当加强衔接、及时处置。针对实践中行政执法与刑事司法衔接中涉案物品危害环境的情形，刑事证据固定后，即应开展对受损环境的修复工作，行政机关以处置对象系涉案证物或者刑事案件未结为由拒绝组织对具有环境危害性的涉案物品代为处置，导致国家利益或者社会公共利益受损的，检察机关应当开展公益诉讼监督，及时维护公共利益，充分发挥检察公益诉讼的独特价值。

（二）案例评析

案例价值：本案解决了两大难题：一是对行政机关"所在地"的理解问题。首先，对此不能机械地理解为只有产废单位所在地。如果只理解为产废单位所在地，则均应由运输源头地的环保部门处置，这将极大降低行政效率并造成管理混乱，对各地环保部门来讲将是巨大的负担。其次，实践中大量异地倾废事件根本无法找到倾废人和产废责任人，由污染结果发生地的生态环保部门进行管理和处置具有法律依据。二是关于县环保部门对涉案危险废物是否存在"代处置"监管职责的问题。本案涉案油泥属于危险废物，对生态环境和人民群众生命健康、安全具有极大威胁，必须得到妥善处置，但冯某某等人因涉嫌刑事犯罪，已被公安机关采取强制措施，客观上不具备对危险废物处置的可能，按照《固体废物污染环境防治法》和《行政强制法》的规定，县环保部门应代为处置，且"代处置"只是一种处理污染危险废物的方式和途径，行政机关不应以刑事案件未结为由不履行"代处置"职责。[1]

案例十 河南省人民检察院某铁路运输分院督促整治违建塘坝危害高铁运营安全行政公益诉讼案（检例第113号）

（一）案例要旨与指导意义

1. 案例要旨：对于高铁运营安全存在的重大安全隐患，行政机关未依法履职的，检察机关可以开展行政公益诉讼。对于跨行政区划的公益诉讼案件，可以指定铁路运输检察机关管辖。涉及多级、多地人民政府及其职能部门职责

① 参见胡卫列、方剑明、丁舒：《最高人民检察院第二十九批指导性案例解读》，载《人民检察》2021年第19期。

的，检察机关可以对具有统筹协调职责的上级人民政府发出检察建议。

2. 指导意义：（1）高铁运营安全是安全生产领域的重要组成部分，事关国家利益和社会公共利益，检察机关可以通过公益诉讼督促消除安全隐患。检察机关积极、稳妥探索办理安全生产领域案件，有助于监督解决安全生产活动中行政监管缺失、不到位及执法不严等问题，减少安全生产事故隐患。铁路沿线存在的安全隐患，严重威胁出行群众的生命和财产安全。根据铁路安全法律法规，铁路沿线地方各级人民政府和县级以上人民政府有关部门应当按照各自职责，防范和制止危害铁路安全的行为，协调和处置保障铁路安全的有关事项，做好保障铁路安全有关工作。针对违法围垦造田、拦河筑坝等危害铁路运营安全问题等特殊领域，检察机关应依法履行公益诉讼监督职能，坚持预防为主的原则，在铁路安全受到侵害或者存在侵害危险时，立即督促行政机关消除隐患、依法履职，及时制止侵害、消除危险，避免造成无法挽回的严重后果。

（2）对于跨行政区划的公益诉讼案件，应综合考虑案件性质、领域、公益损害程度、需协调部门等因素，从而确定管辖检察机关。对于跨多个行政区域涉铁路运输案件，需要协调铁路部门、相关地方政府及其职能部门共同解决的，检察机关可以指定铁路运输检察分院管辖，发挥专门检察院跨行政区划的管理体制优势和办理涉铁案件的专业优势，同时要更有效凝聚铁路、地方和相关行政部门的工作合力。

（3）对跨行政区划、行政部门职能交叉的案件，涉及不同层级人民政府和多个职能部门的，人民检察院应向其共同的上级行政机关发出检察建议。两个以上县级人民政府和市县两级水利、国土、安全生产等多个职能部门均具有与案涉事项相关的安全生产监督管理、防洪和保障铁路安全的法定职责，可以由人民检察院对能够发挥统筹作用的市级人民政府发送检察建议，督促市级人民政府对下级政府及相关职能部门进行协调调度，以提高监督效果，节约司法成本。

（4）检察机关履行公益诉讼职责，应当持续跟进监督，推动问题整改落实到位。行政机关虽然采取了部分行政监管措施，但国家利益和社会公共利益受损问题没有根本解决的，检察机关应当督促其依法全面履职。针对重大疑难复杂案件，检察机关可以采取委托专业机构、组织评审会或邀请相关部门参与等方式对诉前检察建议落实成效进行评估，提高评判结果公信力。

(二)案例评析

案例价值:本案解决了两个疑难问题:一是司法管辖存在争议。本案中,某铁路运输分院相较而言更熟悉铁路业务和铁路单位,同时又与地方检察机关业务联系紧密,由其跨区划管辖铁路安全领域公益诉讼案件,有利于协调地方政府、铁路监管部门等合力作为,及时消除安全隐患。二是监督对象难以确定。本案涉及多个负有监督管理职责的行政机关不履行职责。某铁路运输分院最终决定向市政府发出行政公益诉讼诉前检察建议,督促其全面履职,对下属两个区、多个职能部门进行统筹调度,高质量、"一揽子"解决相关安全隐患。[①]

案例十一 贵州省某县人民检察院督促保护传统村落行政公益诉讼案(检例第115号)

(一)案例要旨与指导意义

1.案例要旨:纳入《中国传统村落名录》的传统村落属于《环境保护法》所规定的"环境"范围。地方政府及其相关职能部门对传统村落保护未依法履行监管、保护职责的,检察机关应发挥行政公益诉讼职能督促其依法履职。对具有一定普遍性的问题,可以结合办案促进相关政策转化和地方立法完善。

2.指导意义:(1)加强传统村落保护,是检察机关行政公益诉讼的法定职能范围。传统村落属于《环境保护法》第二条中列明的"环境"范畴,是影响人类生存和发展的人文遗迹。传统村落具有丰富的历史、文化、科学、艺术、社会、经济价值和独特的民族地域特色,是国家利益和社会公共利益的重要组成部分。政府和相关职能部门对传统村落保护未依法履行监管职责的,检察机关应当发挥行政公益诉讼职能,督促其依法履行职责,传承和保护传统村落所承载的人文环境、本地历史和民族文化,助力和服务脱贫攻坚、乡村振兴等国家重大战略。

(2)检察机关可以结合公益诉讼办案推进完善传统村落保护的配套制度机制。在传统村落、民族地域特色环境或其他人文遗迹保护领域,行政部门疏于

---

① 参见胡卫列、方剑明、丁舒:《最高人民检察院第二十九批指导性案例解读》,载《人民检察》2021年第19期。

或怠于履职存在多方面原因,或因法律、政策不完善,或因协调难、矛盾多、阻力大而难以充分履职,检察机关要及时督促相关行政部门依法履职,同时,还应坚持以人为本的原则,正视人民群众追求美好生活的合理要求。保护传统文化和改善人民生活从根本上讲具有一致性,保护好传统文化及其价值内涵本身就是保护村落百姓的财富与利益。检察机关在发挥监督职能的过程中,要平衡好传统文化保护和社会经济发展,以人民为中心,积极协调、配合、支持相关部门保护、改善群众生活环境的政策落实,为推动政策转化和地方立法完善贡献检察力量,真正实现"双赢、多赢、共赢"。

(二)案例评析

案例价值:本案中涉案的传统村落理应开展保护,但由于其属于违建,存在较大的安全隐患问题,因此,本案检察机关开展行政公益诉讼监督需要处理好传统村落的保护与发展问题。检察机关在诉前与当地党委和政府机关积极进行沟通,争取当地各方支持。在诉后又针对发展问题与高校、企业等单位开展合作,在开发当地村落旅游业的同时引导当地群众保护传统村落建筑,实现了多方共赢的监督治理效能。[①]

案例十二　福建省某市人民检察院督促消除幼儿园安全隐患行政公益诉讼案(检例第143号)

(一)案例要旨与指导意义

1. 案例要旨:教育服务场所存在安全隐患,但行政机关监管不到位,侵犯未成年人合法权益的,检察机关可以开展行政公益诉讼,督促行政机关依法充分履职。检察机关在办理未成年人保护公益诉讼案件中,可以综合运用不同类型检察建议,推动未成年人权益保护的源头治理和综合治理。检察机关在督促行政机关依法全面履职过程中,应当推动行政机关选择最有利于保护未成年人合法权益的履职方式。

2. 指导意义:(1)对未成年人负有教育、照顾、看护等职责的教育服务场所,

① 参见胡卫列、方剑明、丁舒:《最高人民检察院第二十九批指导性案例解读》,载《人民检察》2021年第19期。

明知不符合办学条件，存在安全隐患，仍向未成年人开放，使未成年人合法权益面临风险，行政主管部门未依法充分履职，致使公共利益受到侵犯的，检察机关可以依法开展行政公益诉讼。

（2）不同层级人民政府和多个职能部门均具有与涉案事项相关的法定职责的，检察机关可以向能够发挥统筹作用的人民政府发出检察建议。相关人民政府、行政部门未依法完全充分履职导致公益损害的，检察机关可以通过公益诉讼检察建议督促履职。为提升监督效果，检察机关可以向能够发挥统筹作用的人民政府发出社会治理检察建议，推动人民政府对下级政府及相关职能部门进行协调调度，形成治理合力。

（3）检察机关应当建议行政机关采用有效履职方式，推动涉及未成年人合法权益问题实质性解决。行政机关对安全隐患无法消除的教育服务场所依法取缔关停时，检察机关应当建议行政机关疏堵结合、分类治理，根据未成年人及家长实际需要妥善安置受教育的未成年人，保障未成年人继续享有接受教育、照顾、看护、健康发展等权利，落实检察公益诉讼“双赢、多赢、共赢”理念。

（二）案例评析

案例价值：本案办理中有两个亮点：一是涉未成年人公益诉讼领域探索问题。案件办理时，《未成年人保护法》尚未修订[①]，检察公益诉讼法定领域仍限于传统“4＋1”领域。某市检察院积极召开检察官联席会议进行研究论证后认为，《行政诉讼法》未对公益诉讼受案范围一一列举，而是采用了“等”的表述。某市检察院积极向上级检察院请示，争取上级支持，经层报最高人民检察院，最终将本案作为公益诉讼案件办理。二是涉未成年人公益诉讼的最佳办案社会效果。本案立案时间为期中学习阶段，若过早将无证幼儿园关停取缔，将导致幼儿学习中断。该院结合行政公益诉讼期限，于当年4月发出检察建议，要求相关镇（街）、教育局在2个月内依法履行职责。[②]

① 此处尚未修订指2020年修订，最新为2024年修正。

② 参见那艳芳、陈晓、隆赟：《积极履行公益诉讼检察职责　依法保护未成年人合法权益——最高人民检察院第三十五批指导性案例解读》，载《人民检察》2022年第11期。

案例十三　贵州省某自治县人民检察院督促履行食品安全监管职责行政公益诉讼案(检例第144号)

(一)案例要旨与指导意义

1. 案例要旨:检察机关在履职中可以通过多种渠道发现未成年人保护公益诉讼案件线索。消除校园周边食品安全隐患,规范校园周边秩序,是未成年人保护公益诉讼检察的重点领域。对于易发多发易反弹的未成年人保护顽疾问题,检察机关应当在诉前检察建议发出后持续跟进监督,对于行政机关未能依法全面、充分履职的,应依法提起诉讼,将公益保护落到实处。

2. 指导意义:(1)全面正确理解"履职中发现"的含义,多渠道拓展案件线索来源。未成年人保护公益诉讼案件线索,既可以在办理其他涉未成年人案件中发现,也可以通过人大代表、政协委员转交,新闻媒体反映以及法治副校长送法进校园,开展未成年人保护主题检察开放日活动,参加未成年人保护联席会议等渠道发现。检察机关要立足法律监督职能,注意拓展未成年人保护案件线索发现渠道,通过依法履职,切实维护未成年人合法权益。

(2)校园周边食品安全涉及未成年人合法权益,是未成年人保护检察公益诉讼的工作重点。食品安全事关未成年人身心健康。消除校园周边食品安全隐患,维护校园周边秩序和交通安全,是未成年人保护检察公益诉讼的工作重点。负有监管职责的行政机关不依法充分履职,致社会公共利益持续处于被侵犯状态的,检察机关应当认真分析研究行政机关监管职责,合理确定监督对象,以促使全面履职、有效整改。

(3)检察机关履行公益诉讼职责,应当持续跟进监督,推动问题整改落实到位。对于校园周边食品安全等易发多发易反弹的未成年人保护顽疾问题,检察机关发出公益诉讼诉前检察建议后,要持续跟进落实。行政机关根据诉前检察建议采取了监督管理措施,但未成年人合法权益受侵犯状态尚未得到有效遏制或隐患尚未消除的,要结合行政机关的职责范围、履职条件、履职方式、履职效果等进行综合分析,行政机关未依照法律规定全面、充分履职的,检察机关应当依法提起诉讼。

(二)案例评析

案例价值:本案办理突出了三个疑难问题:一是监督对象的确定。流动食品经营者在中小学校园周边占道经营的行为，多个部门负有监督管理职责，存在职责交叉和职能不清的情况。检察机关调查后发现，流动食品经营者能够长期在校园周边制售食品，是造成上述问题隐患的源头，而这又是源于负有最直接管理职责的市场监督管理部门没有充分履职。检察机关依此决定对县市场监督管理局立案并启动公益诉讼程序开展监督。二是持续跟进监督。检察建议制发后，检察机关持续跟进监督，三次开展公益诉讼"回头看"，发现县市场监督管理局未按照诉前检察建议的要求落实整改，也未依法履行职责。三是整改落实问题。案件判决后，流动食品经营者的去向成为检察机关关注的重点。为避免机械执法，致使部分流动经营者因无法经营引发新的社会矛盾，为更好保障民生，检察机关主动向县委汇报，并得到高度重视，促成该县政府在沿河县城的河东、河西菜市场为流动食品经营者划定区域供其摆摊经营，并明确两个街道办对来此经营的流动食品经营者进行备案登记，流动食品经营者的经营活动得以保障。办案全过程充分体现了"以人民为中心"的理念。①

案例十四 江苏省某市人民检察院督促整治网吧违规接纳未成年人行政公益诉讼案（检例第145号）

（一）案例要旨与指导意义

1. 案例要旨：不适宜未成年人活动场所违规接纳未成年人进入，损害未成年人身心健康，易滋生违法犯罪，侵犯社会公共利益。检察机关应当依法履行公益诉讼职责，推动行政机关落实监管措施，充分发挥未成年人检察工作社会支持体系作用，促进社会综合治理，形成未成年人保护合力。

2. 指导意义：（1）不适宜未成年人活动的场所多次违规接纳未成年人进入，行政监管不到位的，检察机关可以通过行政公益诉讼督促监管履职。营业性娱乐场所、酒吧、网吧等不适宜未成年人活动场所违规接纳未成年人，以及旅馆、宾馆、酒店等住宿经营者违规接待未成年人入住等，易对未成年人身心健康造成不良影响甚至诱发违法犯罪。上述违规行为发现难、监管难、易反弹，检察机

① 参见那艳芳、陈晓、隆赟：《积极履行公益诉讼检察职责　依法保护未成年人合法权益——最高人民检察院第三十五批指导性案例解读》，载《人民检察》2022年第11期。

关发现行政机关未依法充分履行监管执法职责的，可以通过行政公益诉讼，督促和支持行政机关依法履职，及时查处违规接纳未成年人的行为，避免出现侵犯未成年人合法权益和诱发违法犯罪等危害后果。

(2)充分发挥未成年人检察工作社会支持体系作用，促进构建未成年人保护大格局。检察机关在积极履行未成年人司法保护职责的同时，应当充分发挥未成年人检察工作社会支持体系优势，加强跨部门协同协作，引入并汇聚更多社会资源和专业力量参与，深入推进未成年人检察办案与社会化保护优势互补，促进齐抓共管和协同治理，以更强的综合保护合力，促进未成年人保护法律规定不折不扣地落到实处。

(二)案例评析

案例价值：本案突破了以下难点：一是如何主动履职，挖掘公益诉讼案件线索。本案线索源于一起未成年人盗窃案。经调查，该未成年人曾涉足溧阳市多家网吧，网吧管理松散，未在门口张贴未成年人禁止入内的告示，未成年人出入自由不受限制，检察机关遂将本案作为公益诉讼案件线索立案办理。二是如何实现从个案办理到社会治理。发出检察建议后，检察官主动对接多个职能部门，从网吧治理扩展到对未成年人进入不宜场所、开展不宜活动、从事不宜职业的治理，与市司法局协作聘请社会工作者对进入营业性娱乐场所、酒吧、网吧的未成年人开展教育矫治、心理疏导等工作，致力构建长效机制，有力推动解决制约、影响未成年人权益保护和健康成长的突出问题。三是如何将司法保护融入其他"五大保护"，构建大保护格局。面对求助无门的未成年人家长，检察官用行政公益诉讼为他们开辟了一条绿色救济通道，积极融入家庭保护；溯源治理杜绝未成年人进入不适宜场所，融入网络保护、净化未成年人成长环境；推动司法专业化办案与社会化服务有机衔接、良性互动，积极联动社会力量，发挥各自优势开展社会保护。①

① 参见那艳芳、陈晓、隆赟：《积极履行公益诉讼检察职责　依法保护未成年人合法权益——最高人民检察院第三十五批指导性案例解读》，载《人民检察》2022年第11期。

案例十五 吉林省检察机关督促履行环境保护监管职责行政公益诉讼案(检例第162号)

(一)案例要旨与指导意义

1. 案例要旨:《行政诉讼法》第二十五条第四款中的"监督管理职责",不仅包括行政机关对违法行为的行政处罚职责,也包括行政机关为避免公益损害持续或扩大,依据法律、法规、规章等规定,运用公共权力、使用公共资金等对受损公益进行修复等综合性治理职责。上级检察机关对于确有错误的生效公益诉讼裁判,应当依法提出抗诉。

2. 指导意义:(1)正确理解行政机关的"监督管理职责"。《行政诉讼法》第二十五条第四款规定的"监督管理职责",不仅包括行政机关对违法行为的行政处罚职责,也包括行政机关为避免公益损害持续或扩大,依据法律、法规、规章等规定,运用公共权力、使用公共资金等对受损公益进行修复等综合性治理职责。检察机关提起行政公益诉讼,其目的是通过督促行政机关依法履行监督管理职责来维护国家利益和社会公共利益。行政公益诉讼应当聚焦受损的公共利益,督促行政机关按照法律、法规、行政规章以及其他规范性文件的授权,对违法行为进行监管,对受损公益督促修复;在无法查明违法主体等特殊情形下,自行组织修复,发挥其综合性管理职责。《地方各级人民代表大会和地方各级人民政府组织法》《环境保护法》等法律赋予基层人民政府对辖区环境承担综合性管理责任,对于历史形成的农村垃圾堆放场,基层人民政府应当主动依法履职进行环境整治,而不能将自身履职标准仅仅限缩于对违法行为的行政处罚。

(2)检察机关提起行政公益诉讼后,行政机关认为其不负有相应履职义务,即使对受损公益完成修复或治理的,检察机关仍可以诉请判决确认违法。《最高人民法院关于适用〈中华人民共和国行政诉讼法〉的解释》第八十一条对于行政机关在诉讼过程中履行作为义务下适用确认违法的情形作了规定。《最高人民法院、最高人民检察院关于检察公益诉讼案件适用法律若干问题的解释》第二十四条规定:"在行政公益诉讼案件审理过程中,被告纠正违法行为或者依法履行职责而使人民检察院的诉讼请求全部实现,人民检察院撤回起诉的,人民法院应当裁定准许;人民检察院变更诉讼请求,请求确认原行政行为违法的,人民法院应当判决确认违法。”上述规定进一步明确了行政公益诉讼中确认违法的适用情形。据此，在行政公益诉讼案件审理过程中，行政机关认可检察机关起诉意见并依法全面履行职责，诉讼请求全部实现的，检察机关可以撤回起诉。但若行政机关违背其法定职责，即使依照诉讼请求被动履行了职责，检察机关仍可以诉请判决确认违法，由人民法院通过裁判明确行政机关的行为性质，促进形成行政执法与司法共识。

（二）案例评析

案例价值：本案正确理解和把握了行政诉讼法关于行政机关监督管理职责的具体内涵问题。检察机关通过办理本案明确了对《行政诉讼法》第二十五条第四款规定的“监督管理职责”的理解，即行政机关的监督管理职责不仅包括行政机关对违法行为的行政处罚职责，也包括行政机关为避免公益损害持续或扩大，依据法律、法规、规章等规定，运用公共权力、使用公共资金等对受损公益进行修复等综合性治理职责，对其进行限缩解释缺乏法律依据。[①]

案例十六　山西省检察机关督促整治某矿企非法开采行政公益诉讼案（检例第163号）

（一）案例要旨与指导意义

1. 案例要旨：检察机关办理重大公益损害案件，要积极争取党委领导和政府支持。在多层级多个行政机关都负有监管职责的情况下，检察机关要统筹发挥一体化办案机制作用，根据同级监督原则，由不同层级检察机关督促相应行政机关依法履行职责。办案过程中，检察机关可以综合运用诉前检察建议和社会治理检察建议等相应监督办案方式，推动形成检察监督与行政层级监督合力，促进问题解决。

2. 指导意义：（1）统分结合，分层级精准监督，推动受损生态全面修复。重大公益诉讼案件往往涉及不同层级的多个行政机关，检察机关要统筹发挥一体化办案机制作用，在全面查清公益损害事实和相应监管机关的基础上，上级检

① 参见胡卫列、王莉、刘盼盼：《充分发挥公益诉讼检察制度在生态文明建设中的职能作用——最高人民检察院第四十批指导性案例解读》，载《人民检察》2022年第20期。

察机关加强督办指导,采取统分结合的办法立案办理,由不同层级检察机关对应监督同级行政机关,督促不同行政机关各司其职,促进受损公益得到全面修复。

(2)多措并举,综合运用诉前检察建议和社会治理检察建议,推动行政机关上下联动。《人民检察院组织法》第二十一条规定,人民检察院行使法律监督职权,可以向有关单位发出检察建议。《人民检察院检察建议工作规定》第十一条规定:"人民检察院在办理案件中发现社会治理工作存在下列情形之一的,可以向有关单位和部门提出改进工作、完善治理的检察建议……(四)相关单位或者部门不依法及时履行职责,致使个人或者组织合法权益受到损害或者存在损害危险,需要及时整改消除的……"根据上述规定,针对整改难度大、违法情形具有普遍性的重大公益损害案件,检察机关在通过制发诉前检察建议督促负有直接监督管理职责的行政机关依法履职的同时,可以向负有领导、督促和指导整改工作的上级行政机关发出社会治理检察建议,通过诉前检察建议和社会治理检察建议的结合运用,推动行政机关上下联动,形成层级监督整改合力,促进受损公益尽快得到修复。

(3)综合治理,争取党委领导、政府支持,协同发挥公益诉讼检察与刑事检察职能作用,并与监察、公安等机关有效衔接配合。检察机关办理重大公益诉讼案件过程中,要积极向党委报告重大情况,争取政府支持,统筹推进整改工作。对发现的涉嫌犯罪或者职务违法、违纪线索,应当及时移送公安、纪检监察等有管辖权的机关依法惩治破坏环境资源等犯罪及其背后的职务犯罪,强化公益保护的整体效应。

(二)案例评析

案例价值:本案件凸显了上下级检察机关充分发挥一体化办案机制的重要作用。其指导意义在于,办理涉及不同层级、不同领域的多个行政机关的案件,检察机关要统筹发挥一体化办案机制作用,上级检察机关加强督办指导,各级检察机关采取统分结合的方式立案办理;由不同层级检察机关对应监督同级行政机关,各司其职。在制发诉前检察建议督促负有直接监督管理职责的行政机关依法履职的同时,检察机关还可以向负有领导、督促和指导整改工作的上级行政机关发出社会治理检察建议,通过"诉前检察建议+社会治理检察建议"模式,推动行政机关上下联动,有效促进生态修复。①

案例十七　最高人民检察院督促整治万峰湖流域生态环境受损公益诉讼案(检例第166号)

(一)案例要旨与指导意义

1. 案例要旨:对于公益损害严重,且违法主体较多、行政机关层级复杂,难以确定具体监督对象的,检察机关可以基于公益损害事实立案。对于跨两个以上省或者市、县级行政区划的生态环境公益损害,共同的上级人民检察院可以直接立案。上级人民检察院可以采用检察一体化办案模式,依法统一调用辖区的检察人员组成办案组,可同时在下级检察院设立办案分组,统一工作方案,明确办案目标任务,统一研判案件线索,以交办或指定管辖等方式统一分配办案任务。上级人民检察院可以督办或者提办重点案件,下级人民检察院可以将办案中的重要问题逐级请示上级人民检察院决定,包括需要上级人民检察院直接协调解决的相关问题。检察机关办理公益诉讼案件,对于拟采取的公益损害救济方案或者已经取得的阶段性治理成效,包括涉及不同区域之间利益关系调整的,或者涉及案件当事人以外的利益主体,特别是涉及不特定多数的利益群体和社会民众,可以通过公开听证等方式进行客观评估,或者征询对相关问题的治理对策和意见。对于因跨行政区划导致制度供给不足等根源性问题,检察机关可以通过建立健全跨区划协同履职机制,在保护受损公益的同时,推动有关行政机关和相关地方政府统一监管执法,协同强化经济社会管理,促进诉源治理。

2. 指导意义:(1)对于案情复杂、一时难以确定监督对象的公益损害线索,人民检察院可以基于公益损害事实立案。生态环境和资源保护领域中的重大公益受损问题往往涉及多个侵权违法主体,还可能涉及多地多层级多个行政机关,一时难以确定具体监督对象,如果查证清楚再行立案,难免迁延时日,使公益损害继续扩大,影响公益保护的及时性、有效性。人民检察院即使尚未查明

① 参见胡卫列、王莉、刘盼盼:《充分发挥公益诉讼检察制度在生态文明建设中的职能作用——最高人民检察院第四十批指导性案例解读》,载《人民检察》2022年第20期。

具体违法履职的行政机关，或者实施具体侵害公益的民事违法主体，也可以基于公益损害事实及时立案。《人民检察院公益诉讼办案规则》第二十九条对此作了明确规定。

(2)对于江河湖泊流域性生态环境治理或者跨行政区划重大公益损害案件线索，上级人民检察院可以依法直接立案。跨两个以上省、市、县级行政区划的生态环境和自然资源公益损害，被公认是治理难题，各地执法标准不一，治理进度和力度不同，由具有管辖权的各个基层人民检察院直接办案难度较大，对此，所涉行政区划共同的上级人民检察院可以直接立案。

(3)发挥检察一体化优势，上级、下级人民检察院统分结合，充分发挥各自的职能作用。上级人民检察院统一制定办案方案，明确办案目标、办案形式、办案步骤、办案要求等内容，统一把握案件进度、标准，通过案件审批、备案审查等方式把关具体案件立案、调查、磋商、制发检察建议、听证、提起诉讼等关键办案环节，统筹指挥开展办案活动。对于具体的违法和公益损害线索，基于下级人民检察院更熟悉本辖区情况，监督同级行政机关更直接、具体等办案实际，上级人民检察院可以以交办或者指定管辖等方式交由下级人民检察院立案办理。下级人民检察院对于办案中发现并难以处理的重要问题，包括需要上级人民检察院直接协调解决的相关问题，可逐级请示交办和指定管辖的上级人民检察院决定。直接立案的上级人民检察院对下级人民检察院请示的、案件办理中的重大问题承担兜底统筹的主体责任，从而形成上级人民检察院以事立案为主案，下级人民检察院以监督对象立案为从案，主案与从案统分结合、因案施策、一体推进的办案模式。

(4)发挥检察听证作用，评估办案成效，凝聚治理共识，提升办案效果。检察机关办理公益诉讼案件，往往关系到行政执法监管、经济社会管理的主要事项，具体涉及案件当事人以外的多元利益主体，包括行政管理对象，特别是可能涉及不特定多数的利益群体和社会民众，或者涉及不同区域之间重大利益关系的调整等。对于公益诉讼的阶段性治理成效，检察机关可以通过公开听证会等方式征询相关主体代表的意见，对公益损害救济状况、办案成效进行评估，达成共识，进而提升公益保护的实效；对于尚未付诸实践或者具有探索性质的治理对策，检察机关也有必要借助公开听证听取各方面意见，确保治理措施的合法性和可行性，更好践行公益保护为了人民、依靠人民的理念，更好落实“谁执法谁普法”普法责任制，实现“办理一案、警示一片、教育影响社会面”的良好办案效果。

（5）以跨区划流域治理问题为导向，建立常态化公益保护机制，推进诉源治理。“上下游不同步、左右岸不同行”等流域治理问题的根源在于跨行政区划管理制度机制的供给不足或者不完善，导致公益损害现象在取得治理成效后仍存在反弹隐患。检察机关可以通过建立健全跨区划协同履职机制，在保护受损公益的同时，协调、推动有关行政机关和相关地方政府统一监管执法，协同强化经济社会管理，促进诉源治理。万峰湖流域因为多头管理、难以管理、都不管理现象突出，导致养殖污染严重，只有通过沿湖五县（市）统一、严格规范下的生态养殖，统一联合执法和检察协同督促，才可能有效根治违法养殖导致的污染；守住一湖碧水，才可能通过科学利用湖泊资源，助力脱贫区域乡村振兴，造福一方百姓，打造绿水青山就是金山银山的样板。

（二）案例评析

案例价值：本案既是最高人民检察院以专案的形式发布的案例，凸显了案情的重大复杂性和案例所具有的指导性。本案属于环境公益诉讼案件，进而既需要对行政违法、不作为等问题开展行政监督，又需要对损害国家和社会公共利益的侵权行为提起民事公益诉讼。[①] 本案由最高人民检察院牵头督办，联合多级检察机关、党委、政府等单位对涉案问题进行诉源治理、跨区域治理，通过案例体现了坚持党的领导、检察一体化、司法执法同向发力的重要性和必要性。本案极具参照适用价值的部分是针对跨区域广、涉案单位众多的案件如何处理。

案例十八　未成年人网络民事权益综合司法保护案（检例第174号）

（一）案例要旨与指导意义

1. 案例要旨：未成年人未经父母或者其他监护人同意，因网络高额消费行为引发纠纷提起民事诉讼并向检察机关申请支持起诉的，检察机关应当坚持未成年人特殊、优先保护要求，对确有必要的，可以依法支持起诉。检察机关应当

① 参见张雪樵：《万峰湖公益诉讼指导性案例的价值启示》，载《人民检察》2022年第21期。

结合办案，综合运用社会治理检察建议、行政公益诉讼诉前检察建议等监督方式，督促、推动网络服务提供者、相关行政主管部门细化落实未成年人网络保护责任。

2. 指导意义：(1)依法能动履行支持起诉职能，保障未成年人民事权益。《未成年人保护法》明确规定，人民检察院可以通过督促、支持起诉的方式，维护未成年人合法权益。未成年人及其法定代理人因网络服务合同纠纷提出支持起诉申请的，检察机关应当坚持未成年人特殊、优先保护要求，对支持起诉必要性进行审查。对于网络服务提供者未落实未成年人网络保护责任，当事人申请符合法律规定，但存在诉讼能力较弱，采取其他方式不足以实现权利救济等情形的典型案件，检察机关可以依法支持起诉。检察机关可以通过法律释明引导、协助当事人收集证据，制发支持起诉意见书，还可以派员出席法庭，发表支持起诉意见，更有力维护未成年人合法权益。同时，检察机关可以结合案件办理开展以案释法宣传，为同类案件处理提供指引，提高当事人依法维权能力。

(2)以司法保护推动网络空间诉源治理，增强未成年人网络保护合力。检察机关针对行政机关履行未成年人网络保护监管职责不到位的情况，可以加强磋商联动，以行政公益诉讼促进未成年人网络保护行政监管落地落实。发现有的互联网平台存在未成年人权益保护措施缺失、违法犯罪隐患等问题的，检察机关要依法审慎选择履职方式，充分运用检察建议督促企业依法经营，主动落实未成年人网络保护主体责任。检察机关可以加强与相关行政主管部门、行业协会的联动，将个案办理与类案监督、社会治理相结合，推动未成年人网络保护多方协同、齐抓共管。

(二)案例评析

案例价值：本案综合联动地对未成年人网络保护进行公益保护。对于网络服务提供者未落实未成年人网络保护责任，当事人申请符合法律规定，但存在诉讼能力较弱，采取其他方式不足以实现权利救济等情形的典型案件，检察机关可以依法以多种方式支持起诉。检察机关针对行政机关履行未成年人网络保护监管职责不到位的情况，可以加强磋商联动，以行政公益诉讼促进未成年人网络保护行政监管落地落实。

案例十九　浙江省某市人民检察院督促规范成品油领域税收监管秩序行政公益诉讼案(检例第 183 号)

(一)案例要旨与指导意义

1. 案例要旨:对于违规销售、使用"非标油"等偷逃税款造成国有财产流失的情形,检察机关可以通过"解析个案、梳理要素、构建模型、类案监督、诉源治理"的法律监督路径,构建大数据法律监督模型,以法律监督助力依法行政,凝聚国有财产保护执法、司法合力。

2. 指导意义:(1)督促整治偷逃税款违法行为是国有财产保护领域公益诉讼办案的一个重要方面。国有财产保护领域监督范围点多面广,检察机关应注重运用系统思维,找准监督切入口。税收作为国家财政收入的重要组成部分,影响着社会主义市场经济的各个方面,办好涉税案件意义重大。针对"非标油"领域偷逃税款行为隐蔽、行政监管难度大、产业链条长等问题,检察机关应当坚持问题导向,做深做实溯源治理,从规范"非标油"消费端票据行为到严惩销售端偷逃税款违法行为,以法律监督助力行政机关依法行政,保护国有财产安全。

(2)检察机关在公益诉讼办案中要增强大数据思维,通过构建大数据法律监督模型,提升法律监督质效。对于在履职中发现的具有普遍性的社会治理难题,检察机关应高度重视相关数据的收集与整理,尤其是对依法采集、具有统一标准的数据,提炼特征要素进行数据解析,并融入公益诉讼办案规则流程;转化为计算机能够识别的"语言",即发挥大数据法律监督模型在发现线索、调查取证、固定证据以及提供解决问题方案等多方面作用,实现从个案办理到类案监督。

(3)检察机关在依法能动履职的同时应注重与行政机关协作配合,提升社会治理效能。检察机关与行政机关在保护国家利益和社会公共利益方面目标一致,办案中应立足法律监督职能定位,发挥公益诉讼检察统筹协调多元主体协同共治职能作用,助推行政机关深入推进系统治理、综合治理,将公益诉讼制度优势实实在在转化为社会治理效能。

(二)案例评析

案例价值:本案检察机关立足于法律监督职能,注重运用系统思维,坚持溯源治理,助力破解税收领域治理难题。针对"非标油"领域违法行为隐蔽、行政监管难度大、产业链条长等问题,检察机关坚持问题导向,以遏制用油企业违规抵扣非成品油增值税专用发票、偷逃成品油消费税为切入口,有效规范成品油消费端市场秩序;坚持源头监督理念,进一步打击加油站通过“无票销售”、账外走账等方式大量销售“非标油”,逃避税收监管的违法行为,将法律监督视野从规范“非标油”消费端延伸拓展至严惩销售端,以助力行政机关规范成品油税收监管秩序,促进成品油市场全链条闭环管理,切实保护国有财产安全。①

案例二十 江苏省某经济技术开发区人民检察院督促整治闲置国有土地行政公益诉讼案(检例第184号)

(一)案例要旨与指导意义

1. 案例要旨:对于国有土地使用权出让后土地闲置、违反土地出让协议约定用途等情形,检察机关可以通过行政公益诉讼督促负有监管职责的行政机关依法履行职责。涉及多个行政机关、多个相对人、多种违法行为类型的,检察机关可以采取不同办案方式分类处置。

2. 指导意义:(1)检察机关办理国有土地使用权出让领域公益诉讼案件,既要关注土地出让收入征缴问题,也要关注土地使用中的违法问题。土地资源稀缺,促进土地资源的优化配置和节约集约利用是我国长期坚持的基本用地制度。国有土地使用权出让后,闲置已成为制约地方经济高质量发展的突出问题。检察机关在办理国有土地使用权出让领域公益诉讼案件过程中,在重点关注土地出让收入征缴是否到位的同时,也要关注国有土地出让后使用中的闲置、违法改变用途等问题。

(2)对于违法情形复杂的国有土地闲置问题,检察机关可以采取不同办案方式分类处置。国有土地闲置,系市场、企业、政府多种因素叠加,有的可能涉及多个行政机关、多个相对人、多种违法违约类型,检察机关应坚持法治思维,区分情况,分类处置。对于既存在土地规划调整、国家政策调整、拆迁未按期交付土地等政府原因,也存在企业自身原因,造成土地闲置情形的,检察机关可以通过提出检察建议督促行政机关依法履行监管职责,符合起诉条件的可以提起

① 参见徐全兵、刘东斌、彭溪:《以检察公益诉讼守护国有财产、国有土地助推惠民政策落实——最高人民检察院第四十六批指导性案例解析》,载《人民检察》2023年第16期。

行政公益诉讼；相关企业有整改意愿的，检察机关可以与行政机关磋商，引导企业积极整改、合规经营。

（二）案例评析

案例价值：检察机关在办理监督行政机关收回国有闲置土地类案件中，应考虑行政机关收回土地须报经政府批准、整改周期较长的特点，对法定回复期内未整改到位的，应当继续跟进调查，而不能一概认定为"到期未整改"。对经调查发现主管行政机关正在积极履职的，应根据案件实际情况，了解行政机关履职的难点痛点，持续跟进监督，与行政机关加强沟通协调，督促和支持行政机关依法全面履行职责。针对本案闲置土地面积大、时间长、收回难度大的"硬骨头"案件，检察机关要充分发挥一体化办案、领导包案的优势，合力攻坚，确保检察建议刚性落实。

案例二十一　湖南省某市检察机关督促追回违法支出国有土地使用权出让收入行政公益诉讼案（检例第185号）

（一）案例要旨与指导意义

1. 案例要旨：检察机关办理国有土地使用权出让收入公益诉讼案件，应加强跟进监督，督促行政机关依法全面履职，确保应征收的款项全部上缴国库。对于基层检察院管辖可能存在干扰和阻力的，上级检察院可以提级办理，符合提起行政公益诉讼条件的，可以指定基层检察院向同级法院提起诉讼。办案中发现行政监管漏洞的，检察机关可以向地方政府发出社会治理检察建议，推动诉源治理。

2. 指导意义：（1）检察机关对损害公益的违法行为应当坚持全流程监督，依法保障国有财产安全。在办理国有土地使用权出让领域公益诉讼案件时，检察机关既要监督征收环节，督促征收部门及时收缴国有土地出让收入；也要监督征收资金划缴国库环节，确保"应缴尽缴、及时入库"，防止土地出让收入不当滞留、坐支、挪用等，从而造成国有财产损失。

（2）检察机关在办案过程中要注重通过诉的方式来推动问题解决。检察建议回复期满，行政机关仍未依法全面履职且公益仍受侵害的，检察机关应依法提起行政公益诉讼，发挥诉讼程序、司法裁判增强监督刚性、推动问题解决、引领社会价值的功能作用。提起诉讼后，检察机关诉讼请求全部实现的，可以撤回起诉；确有必要的，可以变更诉讼请求，请求法院判决确认行政行为违法。

(3)充分发挥检察一体化工作机制优势，排除办案阻力。“国财国土”领域公益诉讼案件往往重大敏感、疑难复杂，办案过程中，要充分发挥检察一体化优势，共同分析研判，上下联动发力。省、市检察院要通过直接办理重大复杂的“国财国土”公益诉讼案件，发挥示范引领作用。对于下级检察院管辖有难度或者办案有干扰阻力的案件，上级检察院可以提级办理，符合提起行政公益诉讼条件的，可以指定基层检察院向同级法院提起诉讼。

(4)针对具有普遍性的问题发出社会治理检察建议，助推国有财产保护。检察机关针对办案中发现的土地出让收入收支管理不规范、存在监管漏洞、部门协同配合不足等问题，可以向地方政府提出改进工作的社会治理检察建议，推动政府统筹协调，健全制度机制，加强行政监管，提升治理能力。

(二)案例评析

案例价值：本案在办理中遇到国有土地使用权出让合同是民事合同还是行政合同的问题，事关检察机关督促相关行政机关履职的具体方式和内容。检察机关开展国有土地使用权出让领域行政公益诉讼工作时，应将自然资源主管部门对资源管理的行政主管权与其代表国家这一特殊民事主体以“自然资源所有者”身份签订、履行出让合同等民事法律行为区分开来，对其未经上级批准擅自改变土地用途、未及时收回闲置土地使用权等未依法履行行政监管职责的情形，可以督促其依法履职。

案例二十二 浙江省杭州市某区人民检察院督促落实电价优惠政策行政公益诉讼案(检例第186号)

(一)案例要旨与指导意义

1. 案例要旨：转供电主体违规收取电费，未执行国家电费结算优惠政策，导致公共政策的功能和目的无法实现，侵害了国家利益和社会公共利益，检察机关可以开展公益诉讼，并通过专项监督促进行业长效久治。

2. 指导意义：(1)监督保障惠民公共政策有效执行，属于公益诉讼检察职责范围。公共政策是国家统筹分配社会利益、协调经济社会活动的手段、工具和杠杆,与民生和经济社会发展息息相关,需要法律的保障。检察机关是保障国家法律统一正确实施的司法机关,要立足保护国家利益和社会公共利益的职能定位,充分发挥法律监督职能作用,对公共政策实施过程中违法违规套取、骗取、截留、挪用各类惠民助企补贴等损害国家利益或者社会公共利益的情形,依法能动履职,督促有关行政机关加强监管,确保国家惠民助企政策落地见效。

(2)对于有一定普遍性的问题,检察机关可以通过专项监督推动诉源治理。针对一定区域内点多面广具有普遍性的问题,检察机关可以总结提炼办案中可复制、可推广的经验,开展专项监督活动,实现类案监督,推动诉源治理。专项监督活动中,在立足法律监督职能定位的基础上,检察机关可以加强与行政机关的协作配合,形成执法司法合力。

(二)案例评析

案例价值:第一,本案厘清了损害国家利益和社会公共利益的认定。本案涉及国家电网、转供电主体与终端用户三方。转供电主体不执行电费降价、电费优惠政策的行为侵害的法益是多元化的,既包括特定的私人利益,也包括国家利益和社会公共利益。不能因转供电主体与终端用户之间所形成的民事合同关系,就当然地认为相关行为仅导致私益侵害后果。第二,本案明确了此类检察公益诉讼的适用路径。本案中,检察机关通过行政公益诉讼,督促市场监管部门履行对价格活动的监管责任,有效推动了转供电行业治理,保障电价优惠政策直达市场主体,体现了检察公益诉讼在国家治理体系和治理能力现代化建设中的独特价值和意义。①

(二)行政检察监督案件

案例一　某实业公司诉某市住房和城乡建设局征收补偿认定纠纷抗诉案(检例第57号)

(一)案例要旨与指导意义

1. 案例要旨:人民检察院办理行政诉讼监督案件,应当秉持客观公正立场,

① 参见徐全兵、刘东斌、彭溪:《以检察公益诉讼守护国有财产、国有土地助推惠民政策落实——最高人民检察院第四十六批指导性案例解析》,载《人民检察》2023年第16期。

既保护行政相对人的合法权益,又支持合法的行政行为;依职权启动监督程序,不以当事人向人民法院申请再审为前提;认为行政判决、裁定可能存在错误,通过书面审查难以认定的,应当进行调查核实。

2. 指导意义:(1)人民检察院行政诉讼监督的重要任务是维护社会公平正义,监督人民法院依法审判和执行,促进行政机关依法行政。人民检察院是国家的法律监督机关,应当居中监督,不偏不倚,依法审查人民法院判决、裁定的事实根据和法律依据;发现行政判决、裁定确有错误,符合法定监督条件的,应当依法提出抗诉或再审检察建议。本案中,人民检察院通过抗诉,监督人民法院纠正了错误判决,保护了国家利益,维护了社会公平正义。

(2)人民检察院依职权对行政裁判结果进行监督,不以当事人申请法院再审为前提。按照案件来源划分,对行政裁判结果进行监督分为当事人申请监督和依职权监督两类。法律规定当事人在申请检察建议或抗诉之前应当向法院提出再审申请,目的是防止当事人就同一案件重复申请、司法机关多头审查。人民检察院是国家的法律监督机关,是公共利益的代表,担负着维护司法公正、保证法律统一正确实施、维护国家利益和社会公共利益的重要任务,对于符合《人民检察院行政诉讼监督规则(试行)》第九条(已废止)①规定的行政诉讼案件,应当从监督人民法院依法审判、促进行政机关依法行政的目的出发,充分发挥检察监督职能作用,依职权主动进行监督,不受当事人是否申请再审的限制。本案中,虽然当事人未上诉也未向法院申请再审,但人民检察院发现存在损害国家利益的情形,遂按照《人民检察院行政诉讼监督规则(试行)》第九条第一项②的规定,依职权启动了监督程序。

(3)人民检察院进行行政诉讼监督,通过书面审查卷宗、当事人提供的材料等对有关案件事实难以认定的,应当进行调查核实。《人民检察院组织法》第二十一条规定,人民检察院行使法律监督权,可以进行调查核实。人民检察院办理行政诉讼监督案件,对卷宗、当事人提供的材料等进行书面审查后,对有关事实仍然难以认定的,为查清案件事实,确保精准监督,应当进行调查核实。人民检察院调查核实可以采取以下措施:①查询、调取、复制相关证据材料;②询问

---

① 现为《人民检察院行政诉讼监督规则》第三十六条。

② 现为《人民检察院行政诉讼监督规则》第三十六条第一款第一项。

当事人、有关知情人员或者其他相关人员;③咨询专业人员、相关部门或者行业协会等对专门问题的意见;④委托鉴定、评估、审计;⑤勘验物证、现场;⑥查明案件事实所需要采取的其他措施。人民检察院调查核实的目的在于查明人民法院的行政判决、裁定是否存在错误,审判和执行活动是否符合法律规定,为决定是否监督提供依据和参考。本案中,某市住房和城乡建设局作出复函时已有事实根据和法律依据,并在诉讼中及时向法庭提交,但法院因采信原告提供的虚假证据作出了错误判决。检察机关通过调查核实,如向原审人民法院调取案件卷宗,向规划部门调取规划许可证件等文件原件,向出具书证的不动产登记中心及工作人员了解、询问规划许可证件等文件复印件等,查明了原审判决采信的关键证据存在涂改的情况,为检察机关依法提出抗诉提供了根据。

(二)案例评析

案例价值:对于符合《人民检察院行政诉讼监督规则(试行)》(已废止)第九条规定的行政诉讼案件,尤其是涉及国家利益的案件,人民检察院可充分发挥检察监督职能作用,依职权主动进行监督,不受当事人是否上诉或申请再审的限制;审查证据时,尤其应对当事人提交的关键证据调取原件核对或进行鉴定。

案例二　浙江省某市国土资源局申请强制执行杜某非法占地处罚决定监督案(检例第58号)

(一)案例要旨与指导意义

1. 案例要旨:人民检察院行政非诉执行监督要发挥监督法院公正司法、促进行政机关依法行政的双重监督功能;发现人民法院对行政非诉执行申请裁定遗漏请求事项的,应当依法监督;对于行政非诉执行中的普遍性问题,可以个案为切入点开展专项监督活动。

2. 指导意义:(1)行政非诉执行监督对于促进人民法院依法、公正、高效履行行政非诉执行职能,促进行政机关依法履行职责,维护公共利益和社会秩序,保护公民、法人和其他组织的合法权益,具有重要作用。人民检察院对人民法院行政非诉执行的受理、审查和实施等各个环节开展监督,针对存在的违法情形提出检察建议,有利于促进人民法院依法审查行政决定、正确作出并实施裁定，防止对违法的行政决定予以强制执行，保护行政相对人的合法权益。人民检察院开展行政非诉执行监督，应当注意审查行政行为的合法性，包括是否具备行政主体资格、是否明显缺乏事实根据、是否明显缺乏法律法规依据、是否损害被执行人合法权益等；对于行政行为明显违法，人民法院仍裁定准予执行的，应当向人民法院和行政机关提出检察建议予以纠正，防止被执行人合法权益受损；对于行政行为符合法律规定的，应当引导行政相对人依法履行法定义务，支持行政机关依法行政。

（2）人民法院对行政非诉执行申请裁定遗漏请求事项的，人民检察院应当依法提出检察建议予以监督。根据《行政强制法》第五十七条和第五十八条的规定，人民法院受理行政机关强制执行申请后进行书面审查，应当对行政机关提出的强制执行申请请求事项作出是否准予执行的裁定。本案中，某市国土资源局向区人民法院申请强制执行的项目中包括强制执行 13，856.06 元罚款，但某区人民法院未对该请求事项予以裁定，致使罚款无法通过强制执行方式收缴，影响了行政决定的公信力。人民检察院应当对人民法院遗漏申请事项的裁定依法提出检察建议予以纠正。

（3）人民检察院应当坚持在办案中监督、在监督中办案的理念，在办理行政非诉执行监督案件过程中，注重以个案为突破口，积极开展专项活动，促进一个区域内一类问题的解决。人民检察院履行行政非诉执行监督职责，要注重举一反三，深挖细查，以小见大，以点带面，针对人民法院行政非诉执行受理、审查和实施等各个环节存在的普遍性问题开展专项活动，实现“办理一案、影响一片”的监督效果。某市两级检察机关在成功办理本案的基础上，开展专项监督活动，有力推进了全市国土资源领域“执行难”等问题的解决，促进了行政管理目标的实现。某市中级人民法院针对检察机关专项监督活动中发现的问题，在全市法院系统开展专项评查，规范了行政非诉执行活动。

（二）案例评析

案例价值：虽然本案涉及的行政非诉执行监督较为罕见，但案件所涉及的违占土地和违建建筑是社会较为关注的问题，也是土地资源治理的重要领域。本案检察机关针对案件执行开展对行政部门和法院的监督，为检察机关开展行政检察工作提供了一个新颖又亟须治理的领域，具有可行性。

案例三　湖北省某县水利局申请强制执行肖某河道违法建设处罚决定监督案(检例第59号)

(一)案例要旨与指导意义

1. 案例要旨:人民检察院办理行政非诉执行监督案件,应当查明行政机关对相关事项是否具有直接强制执行权;对具有直接强制执行权的行政机关向人民法院申请强制执行,人民法院不应当受理而受理的,应当依法进行监督。人民检察院在履行行政非诉执行监督职责中,发现行政机关的行政行为存在违法或有不当履职情形的,可以向行政机关提出检察建议。

2. 指导意义:(1)我国《行政强制法》规定的行政强制执行,包括行政机关直接强制执行和行政机关申请人民法院强制执行两种类型。法律赋予某些行政机关直接强制执行权的主要目的是提高行政效率,及时执行行政决定。如果行政机关有直接强制执行权,又向人民法院申请执行,不但浪费司法资源,还易相互推诿,降低行政效率。人民检察院办理行政非诉执行监督案件,应当查明行政机关是否具有直接强制执行权,对具有直接强制执行权的行政机关向人民法院申请强制执行,人民法院不应当受理而受理的,应当依法进行监督。《水法》第六十五条第一款规定:"在河道管理范围内建设妨碍行洪的建筑物、构筑物,或者从事影响河势稳定、危害河岸堤防安全和其他妨碍河道行洪的活动的,由县级以上人民政府水行政主管部门或者流域管理机构依据职权,责令停止违法行为,限期拆除违法建筑物、构筑物,恢复原状;逾期不拆除、不恢复原状的,强行拆除……"根据上述规定,对河道管理范围内妨碍行洪的建筑物、构筑物,水行政主管部门具有直接强行拆除的权力。但在本案中,某县水利局本应直接强制执行,却向人民法院申请执行,人民法院不应当受理而受理、不应当裁定准予执行而裁定准予执行,致使两个单位相互推诿,河道安全隐患长期得不到消除,人民检察院依法提出检察建议,促进了问题的解决。

(2)《人民检察院检察建议工作规定》第十一条规定:"人民检察院在办理案件中发现社会治理工作存在下列情形之一的,可以向有关单位和部门提出改进工作、完善治理的检察建议:……(四)相关单位或者部门不依法及时履行职责,致使个人或者组织合法权益受到损害或者存在损害危险,需要及时整改消除的;……"根据上述规定,检察机关发现行政机关向人民法院提出强制执行申请存在不当,怠于履行法定职责的,应当向行政机关提出检察建议;对行政机关违法行为致使损害持续存在甚至继续扩大的,应当更加重视,优先快速办理,促进行政执行效率提高,及时消除损害、减少损失,维护人民群众的合法权益。本案中,检察机关针对某县水利局怠于履职行为,依法提出检察建议,促使河道违法建筑物被拆除,保障了行洪、泄洪安全,保护了当地人民群众的生命财产安全。

(二)案例评析

案例价值:本案检察机关对涉案的行政机关和法院开展了双重监督,对违法建筑执行问题以《行政强制法》等法律为依据,解决了案件涉及的法律适用难题,强化了在行政强制执行案件中的检察监督作用。本案在裁判结果监督和行政非诉执行监督两项业务上,既注重对行政检察"一手托两家"双重监督功能和客观公正监督立场的阐释,又注重对《行政强制法》《水法》等法律具体疑难适用问题的剖析,还注重对依职权监督、调查核实等检察监督方法作出示范、引领和指导,有助于提升办案人员的素质和办案质效,提升检察机关行政诉讼监督能力和水平。

案例四 某材料公司诉重庆市某区安监局、市安监局行政处罚及行政复议检察监督案(检例第116号)

(一)案例要旨与指导意义

1. 案例要旨:人民检察院办理行政诉讼监督案件,应当在履行法律监督职责中开展行政争议实质性化解工作,促进案结事了。人民检察院化解行政争议应当注重释法说理,有效回应当事人诉求,解心结、释法结。

2. 指导意义:(1)人民检察院办理行政诉讼监督案件,应当践行以人民为中心的监督理念,全面贯彻行政诉讼法确定的立法目的,在监督人民法院公正司法、促进行政机关依法行政的同时,着眼于实质性化解行政争议,加强调查核实,针对行政争议产生的基础事实和申请人在诉讼中的实质诉求,综合运用抗诉、检察建议、公开听证、司法救助等方式,促使行政争议得到合法合理的解决,维护公民、法人和其他组织的合法权益。

(2)人民检察院化解行政争议,应当加强释法说理,有效回应当事人诉求。

围绕案件事实和证据，阐明事理、释明法理、讲明情理，为当事人解心结、释法结，既体现法的力度，又体现“法理情”交融的温度，让当事人感受到法律监督的公正性、透明度。

（二）案例评析

案例价值：本案为检察机关能动参与社会治理、有效推动诉源治理提供了一个样本。本案中，重庆市人民检察院第一分院对重庆市某区应急管理局执法程序不规范、不严谨的问题，向其提出改进工作检察建议，促使其规范行政执法行为，从源头上减少行政争议发生。本案中，最高人民检察院领导带头办案，与地方检察院检察官共同接待申请人，说法理、谈情理、讲道理，回应当事人的疑问与诉求，为全国检察机关树标杆、做表率。

案例五　陈某诉江苏省某市某区人民政府强制拆迁及行政赔偿检察监督案（检例第117号）

（一）案例要旨与指导意义

1. 案例要旨：人民检察院办理未经人民法院实体审理的行政赔偿监督案件，依据行政委托关系确定行政机关为赔偿责任主体的，可以促使双方当事人在法定补偿和赔偿标准幅度内达成和解；对于疑难复杂行政争议，应当充分发挥检察一体化优势，凝聚化解行政争议合力。

2. 指导意义：（1）人民检察院办理未经人民法院实体审理的行政赔偿监督案件，可以促使应当担责的行政机关在法定补偿标准幅度内承担赔偿责任，与对方当事人达成和解。受行政机关委托从事征收拆迁等行政事务的公司从事受委托的行为违法，给公民、法人或者其他组织造成损失的，由委托的行政机关承担赔偿责任。检察机关办理行政强制拆除引起的行政赔偿诉讼监督案件，应在查清案件事实、厘清各方责任的基础上，兼顾监督公权和保障私权双重目标，既要促使行政机关对其委托事务实施过程中发生的违法后果承担责任，又要将双方达成的赔偿协议限定在法定范围和幅度内，确保公平合法地解决行政赔偿争议。

（2）检察机关在化解行政争议过程中应当充分发挥检察一体化优势，凝聚合力，促进疑难复杂行政争议的化解。检察机关对于久拖未结的疑难复杂行政争议，可以根据案件实际情况多级联动，上级检察机关通过交办、督办、参与调处等方式发挥协调指导作用，争议所在地检察机关充分调查、走访并发挥熟悉当地情况、就近开展工作的优势，齐心协力共同做好行政争议实质性化解工作。

（二）案例评析

案例价值：本案具有如下价值。一是推动了行政机关对其委托的公司实施的强拆行为承担赔偿与补偿责任。过去实践中，受行政机关委托从事征收拆迁等行政事务的公司实施强拆行为，通常由受委托的公司承担民事赔偿责任；构成犯罪的，由直接责任人承担刑事责任。二是促成监督申请人接受了被申请人经过测算提出的赔偿方案。在前期诉讼阶段，监督申请人没有提供相应证据证明自己的主张，因此诉讼请求被驳回；其申请监督以后又要价过高，远高于同一区域的拆迁安置补偿标准。三是四级检察机关上下联动合力推动行政争议实质性化解。实质性化解行政争议，重点应放在诉讼监督案件上。①

案例六　魏某等19人诉山西省某市发展和改革局不履行法定职责检察监督案（检例第118号）

（一）案例要旨与指导意义

1. 案例要旨：检察机关对提出抗诉的行政案件，为保障申请人及时实现合法诉求，维护未提起行政诉讼的同等情况的其他主体合法权益，可以继续跟进推动行政争议化解，通过公开听证等方式，促成同类问题解决。对行政机关履职不到位导致的行政争议但行政机关又以法律、法规和规范性文件规定不明确为由抗辩的，检察机关应当协调有关部门予以明确，推动行政争议解决，促进系统治理。

2. 指导意义：（1）人民检察院办理行政诉讼监督案件，应当从有效解决争议，维护当事人合法权益，减少诉累出发，对于与案件相关的同类问题，除抗诉之外，注重采取跟进督促、沟通协调、公开听证等方式，推动行政争议实质性化解。

---

① 参见张相军、张步洪、刘浩：《检察机关推动行政争议实质性化解的一组样本——最高人民检察院第三十批指导性案例解读》，载《人民检察》2021年第20期。

(2)准确适用法律法规是依法公正解决争议的基本前提,也是精准监督、促进行政争议实质性化解的必然要求。人民检察院办理行政诉讼监督案件,对于行政机关以法律法规和规范性文件规定不明确、政策界限不清晰为由执行相关规定不到位的情况,可以商请政策制定机关进行解释,明确规则,解决分歧,促进争议解决的同时推进系统治理。

(二)案例评析

案例价值:本案通过对裁判错误但已生效的法律文书提起抗诉,从中发现涉案的行政机关存在不作为的情形,进而及时对重审法院、行政机关开展检察监督,并对与本案具有同一诉求的行政纠纷开展听证,围绕纠纷和争议的事实充分听取当事人意见,积极促进矛盾的化解,"一揽子"解决了本案相关的退费问题,具有良好的政治效果、法律效果、社会效果。

案例七　山东省某包装公司及魏某安全生产违法行政非诉执行检察监督案(检例第119号)

(一)案例要旨与指导意义

1. 案例要旨:人民检察院办理当事人申请监督并提出合法正当诉求的行政非诉执行监督案件,可以立足法律监督职能开展行政争议实质性化解工作。人民检察院通过监督人民法院非诉执行活动,审查行政行为是否合法,发现人民法院执行活动违反法律规定,行政机关违法行使职权或者不行使职权的,应当提出检察建议。

2. 指导意义:(1)行政相对人未就行政决定申请复议、提起诉讼,仅在行政非诉执行阶段向检察机关申请监督并提出合法正当诉求的,检察机关可以立足法律监督职能依法开展行政争议实质性化解工作。行政机关申请人民法院强制执行行政决定,人民法院裁定准予强制执行,行政相对人认为行政决定及行政裁定违法,侵犯其正当权益,向人民检察院申请监督的,人民检察院应当受理。人民检察院办理行政非诉执行监督案件,可以通过调查核实、公开听证和提出检察建议等方式,查清案件事实,明晰权责,凝聚共识,推动行政机关与行政相对人之间的争议得到实质性处理,实现案结事了人和。

(2)人民检察院办理行政非诉执行监督案件,通过监督人民法院行政非诉执行活动，审查行政机关行政行为是否合法，强制执行是否侵犯相对人合法权益。《中央全面依法治国委员会关于加强综合治理从源头切实解决执行难问题的意见》提出，检察机关要加强对行政执行包括非诉执行活动的法律监督，推动依法执行、规范执行。人民检察院监督人民法院非诉执行活动，应当审查准予执行行政裁定认定事实是否清楚、适用法律是否正确，发现人民法院执行活动违反法律规定，行政机关违法行使职权或者不行使职权的，应当提出检察建议，促进人民法院公正司法、行政机关依法行政。

（二）案例评析

案例价值：本案具有如下价值。一是检察机关通过调查核实，查清案件基本事实，为推动实质性化解行政争议奠定了基础。本案中，检察机关基于监督申请人提交的基础材料和主张、诉求，在调阅案卷材料的基础上，向法院了解审理情况，向执法机关和某公司有关人员了解前期行政处罚决定履行情况，得到审判机关、行政机关支持配合。在办理本案中，检察机关的调查核实对于消除分歧、依法解决争议发挥了关键作用。二是明确行政机关承诺行政相对人延迟履行行政处罚决定确定的义务，对行政机关和被处罚人均具有约束力。本案监督申请人申请缓缴罚款得到行政机关口头承诺。该承诺既不违反法律规定，也不损害国家和社会公共利益，在法律上应当视为有效承诺。①

案例八 王某某等45人诉北京市某区某镇政府强制拆除和行政赔偿检察监督系列案（检例第120号）

（一）案例要旨与指导意义

1. 案例要旨：人民检察院办理行政诉讼监督案件，应当把实质性化解行政争议作为“监督权力”和“保障权利”的结合点和着力点；对与行政争议直接相关的民事纠纷应一并审查，促进各方达成和解，通过解决民事纠纷促进行政争议的一并化解，及时有效保护各方当事人的合法权益。

2. 指导意义：（1）涉众型行政诉讼监督案件，申请人人数众多，处理不当可

① 参见张相军、张步洪、刘浩：《检察机关推动行政争议实质性化解的一组样本——最高人民检察院第三十批指导性案例解读》，载《人民检察》2021年第20期。

能影响社会大局稳定。检察机关办理行政检察系列案件,应当在查清案件事实、明晰法律关系、厘清是非责任的基础上,秉持服务大局、司法为民的理念,恪守客观公正的立场,依托基层政府搭建各方磋商平台,畅通群众表达渠道,回应当事人诉求,促进各方在合法合理范围内实现和解。

(2)人民检察院办理与民事纠纷相互交织的行政诉讼监督案件,应当加强分析研判,通过推动民事纠纷的解决促进行政争议一并化解。2014 年修正的《行政诉讼法》增设了在行政诉讼中一并审理民事争议的制度。在涉及行政许可、登记、征收、征用和行政机关对民事争议所作的裁决的行政诉讼中,当事人申请一并解决相关民事争议的,人民法院一并审理,有利于减轻当事人讼累,提高司法效率。检察机关办理涉民事纠纷的行政检察案件,通过查明行政争议背后的民事法律关系,分析申请人的真实诉求,综合研判民事纠纷解决对行政争议解决的作用,促使双方当事人达成民事和解,进而推动民事纠纷行政争议一并化解。

(二)案例评析

案例价值:本案具有如下价值。一是将行政争议相关的各方民事主体引入行政诉讼监督程序,一并化解行政争议与民事纠纷。检察机关搭建平台,引入各方共同参与,最大限度消除分歧、凝聚共识,以各方均可接受的方式解决了争议。二是立足法律监督职能,借助行政机关联系各方的优势,确保各方有效参与、充分沟通,公平合理化解争议。检察机关在办案中发现被诉行政机关在强制拆除过程中存在未依法制作物品清单等问题,通过制发检察建议敦促被诉行政机关今后诚信履职,规范执法,获得被诉行政机关积极回应。[①]

案例九　姚某诉福建省某县民政局撤销婚姻登记检察监督案(检例第 121 号)

(一)案例要旨与指导意义

1. 案例要旨:对于人民法院以超过起诉期限为由不予立案或者驳回起诉,当事人通过诉讼途径未能实现正当诉求的行政案件,人民检察院应当发挥法律

① 参见张相军、张步洪、刘浩:《检察机关推动行政争议实质性化解的一组样本——最高人民检察院第三十批指导性案例解读》,载《人民检察》2021 年第 20 期。

监督职能,通过促进行政机关依法履职,维护当事人合法权益。人民检察院办理行政诉讼监督案件,应当综合运用调查核实、公开听证、专家论证、检察建议、司法救助等多种方式,促进行政争议实质性化解。人民检察院办理婚姻登记行政诉讼监督案件,对确属冒名婚姻登记的应当建议民政部门依法撤销,发现有关个人涉嫌犯罪的,应当依法监督有关部门立案侦查。

2. 指导意义:(1)对于因超过起诉期限被人民法院裁定不予立案或者驳回起诉,当事人通过诉讼途径难以维护合法权益的案件,检察机关应当发挥法律监督职能,促进行政争议实质性化解。人民法院以超过法定起诉期限裁定行政案件不予立案或者驳回起诉并无不当,并不意味着被诉行政行为当然合法。对这类案件,检察机关不能简单作出不支持监督申请决定,而应当从促进依法行政、推动行政争议实质性化解的角度,进一步审查行政行为的合法性,通过检察建议的方式督促行政机关依法履行职责,保护公民合法权利,解决好群众身边的"操心事、烦心事、揪心事"。

(2)人民检察院办理行政诉讼监督案件,应当加大调查核实、公开听证、专家论证、司法救助力度,促进行政争议实质性化解。不少行政争议持续时间长、当事人双方矛盾深。人民检察院应当以精准化为导向,加强精细化审查,通过调查核实、公开听证等方式查明案件事实,辨明是非,为化解行政争议奠定基础;针对法律适用的争议,可以邀请专家参与分析论证,统一法律适用分歧;对于行政行为存在违法或瑕疵的,应当有针对性地提出检察建议,促使行政争议从根本上解决。对于当事人因多年诉讼确有生活困难,符合司法救助条件的,检察机关应积极协调司法救助,纾解当事人的生活窘困,体现司法温暖,促进社会和谐。

(3)人民检察院办理婚姻登记行政诉讼监督案件,对确属冒名婚姻登记的应当建议民政部门依法撤销,发现有关个人涉嫌犯罪的,应当依法监督公安机关立案侦查。原《婚姻法》及《民法典》未规定冒名登记结婚、假结婚可撤销情形,但结婚自愿是婚姻法的基本原则,提供虚假身份信息的一方当事人不具备缔结婚姻的真实意思表示,缺乏基本的结婚合意要件。人民检察院办理婚姻登记行政诉讼监督案件,经调查核实有证据证明婚姻登记一方当事人确属"骗婚"的,应当建议婚姻登记机关依法撤销婚姻登记;发现涉嫌犯罪的,应当监督公安机关依法立案查处。

（二）案例评析

案例价值：本案中当事人提起民事离婚诉讼存在诉讼期限已经超过法定期限，检察机关对此问题未直接机械式认定当事人的行为无效，而是先建议行政机关对案件进行实质审查，同时根据案件中另一方冒用他人身份登记结婚后又失踪，当事人通过民事救济已经难以实现对自身权益的保障等难点，采用避开时效方式督促行政机关履职，实现当事人的实质诉求。[1] 检察机关办理本案，有效解决了多年未得到纠正的婚姻登记错误和未得到救济的民事婚姻关系的问题，增强了检察机关对实践中以非法占有他人为目的而冒用身份登记结婚行为的治理和行政监督。

案例十　卢某诉福建省某市公安局交警支队道路交通行政处罚检察监督案（检例第146号）

（一）案例要旨与指导意义

1. 案例要旨：对于醉酒驾驶机动车被司法机关依法追究刑事责任的，公安机关交通管理部门应当依法吊销行为人持有的所有准驾车型的机动车驾驶证。人民检察院办理行政诉讼监督案件，对行政执法与司法裁判存在适用法律不一致的共性问题，可以采取个案监督和类案监督相结合的方式，在监督纠正个案的同时，推动有关机关统一执法司法标准，保障法律正确统一实施。

2. 指导意义：（1）对于违反道路交通安全法律法规规定，醉酒驾驶等构成犯罪的，有关机关应当依法吊销驾驶人持有的机动车驾驶证；构成犯罪的，刑事处罚与吊销驾驶证的行政处罚并不互相排斥，即司法机关依法追究驾驶人的刑事责任，不影响行政机关依法作出吊销机动车驾驶证的行政处罚。鉴于吊销机动车驾驶证属于减损被处罚人行为能力的行政处罚，认定法律法规规定应当吊销机动车驾驶证的违法行为，必须符合法定情形，严格遵守法定程序。对于法律法规规定可以吊销机动车驾驶证的违法行为，有关机关要综合考量违法事实、性质、情节以及社会危害程度等因素决定是否吊销，确保过罚相当。

---

① 参见张相军、张步洪、刘浩：《检察机关推动行政争议实质性化解的一组样本——最高人民检察院第三十批指导性案例解读》，载《人民检察》2021年第20期。

(2)吊销机动车驾驶证的行政处罚是一种资格罚,旨在剥夺持证人驾驶任何类型机动车上道路行驶的资格。法律规定对驾驶机动车实行行政许可制度,要求持证驾驶,目的在于保障道路交通公共安全。《道路交通安全法》规定的吊销机动车驾驶证,是吊销持证人所有准驾车型的机动车驾驶证,并非吊销某一准驾车型的驾驶证。行政执法、司法活动中须正确理解和执行法律法规,符合立法目的和社会管理目标,实现行政处罚制度维护社会秩序、保障公共安全的治理功能。

(3)人民检察院办理行政诉讼监督案件,发现行政裁判和执法决定存在适用法律不一致的共性问题,应当开展类案监督。检察机关在依法监督纠正个案错误的同时,应当与行政机关、人民法院进行磋商,促进达成共识,解决执法司法办案中认识不一致、标准不统一等共性问题,推动统一执法司法标准,正确执行法律。

(二)案例评析

案例价值:本案中关于"行刑双罚"的处理办法弥补了《道路交通安全法》对同时存在行政违法和刑事犯罪的行为处罚规则的空白。[①] 检察机关对本案的处理使行政机关和人民法院对醉酒行为实施行政和刑事处罚标准更加明确,统一了执法司法尺度,促进了"行刑双罚"之间的衔接和结果互认,以行政检察监督推动了交通安全领域法律的正确执行。

案例十一 湖南省某市人民检察院对市人民法院行政诉讼执行活动检察监督案(检例第147号)

(一)案例要旨与指导意义

1. 案例要旨:人民检察院对人民法院行政诉讼执行活动实行法律监督,应当对执行立案、采取执行措施、执行结案全过程进行监督,促进行政裁判确定的内容得以依法及时实现;发现人民法院行政诉讼执行活动存在同类违法问题的,可以就纠正同类问题向人民法院提出检察建议,并持续跟踪督促落实,促进

① 参见刘艺:《检察监督推动"刑行双罚"统一适用——检察指导性案例第146号评析》,载《人民检察》2022年第12期。

依法执行。人民法院跨行政区域集中管辖的行政案件，原则上由受理案件法院所在地同级对应的人民检察院管辖并履行相应的法律监督职责。

2. 指导意义：(1)人民检察院应当加强行政诉讼执行监督，促进人民法院依法及时执行生效行政裁判。行政诉讼执行直接关系当事人合法权益的实现。人民检察院发现人民法院在执行活动中有不依法受理执行申请、不依法作出执行裁定、不依法采取执行措施，错误适用终结本次执行、终结执行，以及其他不履行或者怠于履行执行职责情形的，应当向人民法院提出检察建议。

(2)人民检察院在履行法律监督职责中发现行政诉讼执行中存在多发的同类违法情形，可以进行类案监督。通过比对人民法院同类案件的处理情况，发现多起案件存在同类错误或者违法行为，实施个案监督内容重复、效率不高的，可以对同类案件反映出的问题进行汇总、梳理、归类，分析研判案件所反映的共性问题，依法提出有针对性的类案监督检察建议，跟踪督促落实，促进一类问题的集中解决，提升监督质效。

(3)人民检察院办理人民法院跨行政区域集中管辖行政案件，应当践行便民理念，以对应监督管辖为原则，以有利于行政争议实质性化解指定管辖为补充。集中管辖法院受理的行政案件，原则上由受理案件法院所在地对应的同级检察院管辖并履行相应的法律监督职责。上级人民检察院根据实质性化解行政争议等需要，可以指定下级人民检察院办理。检察机关异地开展法律监督工作的，涉诉行政机关所在地检察机关应当提供协助。当事人向涉诉行政机关所在地检察院申请行政诉讼监督的，涉诉行政机关所在地检察院应当及时告知其向集中管辖所在地对应的检察机关申请监督，必要时可以将相关材料直接移送有管辖权的检察机关。

(二)案例评析

案例价值：本案具有如下价值。一是明确人民检察院在履行法律监督职责中，对多起司法案件存在同类错误或者其他同类违法行为的，可以进行类案监督。本案中，检察机关通过专项监督20起行政裁判执行案件，对人民法院行政诉讼执行活动中存在的立案、送达、告知、执行和解、结案等程序违法问题进行汇总、梳理、归类，分析研判案件所反映的共性问题，依法提出有针对性的类案监督检察建议，跟踪督促落实。二是人民检察院对人民法院行政执行活动程序性违法的监督以类案监督方式为主。检察监督应着眼于建议法院进行整改，加强管理、规范程序,优先采用类案监督的方式。①

案例十二 安徽省某县自然资源和规划局申请执行强制拆除违法占用土地上的建筑物行政处罚决定检察监督案(检例第148号)

(一)案例要旨与指导意义

1. 案例要旨:人民检察院在行政非诉执行监督中,对不具有行政强制执行权的行政机关依法申请人民法院强制执行,人民法院不予受理的,应当依法进行监督;发现人民法院在多个行政非诉执行案件中存在同类法律适用错误的,可以通过对其中有代表性的典型案件进行监督,解决一类案件法律适用问题,促进建立长效机制,确保法律监督效果。

2. 指导意义:(1)行政强制执行由法律设定。法律没有授权行政机关强制执行的,作出行政决定的行政机关应当申请人民法院强制执行,人民法院应当受理、审查并依法作出是否准予执行的裁定。《土地管理法》和《城乡规划法》实现的行政管理目的不同,关于法律责任的具体规定也有区别。《土地管理法》主要针对的是违法占地行为,《城乡规划法》主要针对的是未取得建设工程规划许可证或者未按照建设工程规划许可证进行建设的违法行为。《土地管理法》未授予自然资源主管部门强制拆除违法占地建筑物的执行权,因此自然资源主管部门适用《土地管理法》作出责令强制拆除违法占地建筑物的处罚决定后,占地违法建设行为人逾期不起诉又不自行拆除的,行政机关应当申请人民法院强制执行,而无权自行强制执行。人民检察院发现人民法院对应当受理的强制执行申请不予受理的,应当依法监督纠正。

(2)人民检察院开展法律监督,应当根据法律适用原则和法律解释方法,准确识别法律规范的真实含义,厘清法律适用争议,通过提出检察建议督促纠正法律适用错误。对一定数量性质相同、适用法律相同的个案存在同类错误的,人民检察院可以选择几件典型案件作为突破口进行监督;对不采纳监督意见的,人民检察院可以提请上级检察院跟进监督,通过纠正典型案件错误为同一

---

① 参见张步洪、张立新、刘浩:《行政检察类案监督促进诉源治理——最高人民检察院第三十六批指导性案例解读》,载《人民检察》2022年第14期。

类案件纠错确定标准,提升监督效果和效率。人民检察院应加强类案监督成果的运用,主动向党委、人大报告,争取政府支持,提出解决问题的意见和建议,促进各方凝聚共识,形成长效工作机制。

(二)案例评析

案例价值:本案属于典型的类案监督案件,检察机关通过制发检察建议、跟进监督等方式,纠正同类法律适用错误,推动建立长效机制。本案具有如下价值。一是明确检察机关在履行法律监督职责中,对人民法院审理同类行政非诉执行案件中存在同一法律适用错误的,可以进行类案监督。二是明确对行政机关依据《土地管理法》或《城乡规划法》作出"限期拆除"行政决定的强制执行,法律作了不同的强制执行权配置。三是明确《行政强制法》第四十四条是针对有行政强制执行权的行政机关实施强制拆除所作的特殊程序规定。本案考虑到强制拆除的特殊性,为防止尚有争议、未得到司法救济的强制拆除实施后给相对人造成无法挽回的损失,对于行政机关实施强制拆除,除要求其遵循行政强制执行的一般程序规定,包括催告、听取意见和申辩、作出强制拆除决定、送达等外,还须满足当事人在法定期限内既不申请复议又不提起诉讼的条件,即行政机关实施强制拆除不适用行政复议、行政诉讼不停止执行原则。[①]

案例十三　糜某诉浙江省某市住房和城乡建设局、某市人民政府信息公开及行政复议检察监督案(检例第149号)

(一)案例要旨与指导意义

1. 案例要旨:人民检察院办理因对送达日期存在争议引发的行政诉讼监督案件,发现法律文书送达不规范、影响当事人依法主张权利等普遍性问题,应在监督纠正个案的同时,督促人民法院规范送达程序,促使邮政机构加强管理,确保有效送达。

2. 指导意义:(1)送达法律文书属于重要的法律行为,执法司法机关应当确保法律文书有效送达。送达具有权利保障与程序推进的双重作用。送达日期

---

① 参见张步洪、张立新、刘浩:《行政检察类案监督促进诉源治理——最高人民检察院第三十六批指导性案例解读》,载《人民检察》2022年第14期。

是当事人行使权利、履行义务的重要时间节点。送达不规范导致当事人未收到或者未及时收到法律文书，不仅影响当事人及时行使权利、履行义务，还可能引发新的矛盾纠纷乃至关联性案件。执法司法机关要把以人民为中心的宗旨落实到执法司法的各个环节，提高对送达工作重要性的认识，强化责任意识，遵守法定要求，确保有效送达，切实保障当事人合法权益。人民检察院开展法律监督，发现执法司法机关存在法律文书不能依法有效送达问题，可以通过制发检察建议等方式促进依法送达工作。例如，2018 年 11 月 11 日，最高人民检察院就检察机关履行法律监督职责中发现的人民法院民事公告送达方式、送达内容、送达程序等不规范问题，依法向最高人民法院制发“二号检察建议书”，建议降低当事人诉讼负担，提升公告效率；充分运用大数据等现代科技手段，强化人民法院依职权调查当事人送达地址的工作力度，实现公告送达的电子推送以提高送达率等，促进普遍性问题的改进解决。

（2）人民检察院办理行政诉讼监督案件，对于人民法院错误认定法律文书送达日期，以超过起诉期限为由裁定不予立案或者驳回起诉的，应当依法进行监督。送达日期直接关系起诉期限的计算，行政起诉如无正当事由超过规定期限，当事人则丧失诉权，法院将不再受理。人民检察院发现人民法院在审理行政诉讼案件中认定有效送达日期错误，导致确定起诉期限起算点错误的，应当依法提出监督意见，督促人民法院纠正错误。

（3）人民检察院在履行法律监督职责中，针对一类案件发现深层次社会治理问题的，应当通过类案监督促进诉源治理。人民检察院可以办理个案为切入点，开展专题调研，分析案件的深层次成因，发现有关单位工作制度、管理方法、工作程序不完善，或特定行业存在监管漏洞或者监管不规范问题，需要改进、完善的，可以制发检察建议，督促相关责任主体改进工作、规范管理，从源头上减少内生、次生案件发生。

（二）案例评析

案例价值：本案检察机关开展监督的法律文书送达时效问题属于小切口案件，实践中送达文书的时效对当事人的权益影响较小，因而往往容易被忽略。但是，当送达时效对当事人的权利产生实质影响时，如果没有开展有效监督，则会对当事人后续的司法活动造成严重影响。检察机关以此为切入点，督促送达文书的邮政公司对送达工作进行整改和完善，避免程序问题造成实体不公。同时,检察机关还对相关法院开展监督,纠正法院在审查此类问题时存在的错误,确保各环节的畅通。① 本案以小视角落实行政检察监督,说明了检察监督工作贯穿各个方面和环节的特性,也为检察机关开展行政监督业务提供了新途径。

案例十四 陈某诉江苏省某市人社局撤销退休审批检察监督案(检例第167号)

(一)案例要旨与指导意义

1. 案例要旨:企业职工退休年龄应当依据所从事的岗位类型依法确定。人民检察院办理行政诉讼监督案件,发现行政机关未依照国家关于企业职工管理从身份管理向岗位管理转变的要求审批退休,人民法院生效裁判予以错误维持的,应当依法监督。针对办案时发现的企业职工退休审批中存在的违反法律政策的问题,人民检察院应与人民法院、相关行政机关加强沟通磋商,推动规范完善企业职工退休审批标准和程序,促进依据岗位类型确定退休年龄的国家政策有效落实,保障劳动者合法权益。

2. 指导意义:人民检察院通过依法监督人民法院生效行政裁判,推动依据岗位类型确定退休年龄的国家政策有效落实,并由个案到类案,与行政机关磋商,促进劳动纠纷诉源治理。退休年龄关涉企业和职工缴纳社会保险等的年限和数额,与企业和职工利益直接相关,应当依法确定。1995年1月《劳动法》实施以后,为适应社会主义市场经济体制,推行劳动合同制,企业管理员工从身份管理转向岗位管理。女职工退休年龄应当依据其实际从事的岗位性质依法确定,与其原有的工人或干部身份不必然相关。人民检察院办理企业员工不服退休审批的行政诉讼监督案件,应当审查企业、人社部门及人民法院是否正确执行以员工实际工作岗位确定退休年龄的规定,对人民法院生效行政裁判维持以身份确定女职工退休年龄的行政审批决定,认定事实与女职工实际从事工作岗位不符的情形,应当依法予以监督。检察机关在办理涉及企业职工合法权益个案的同时,发现企业职工退休审批中存在共同性、普遍性问题,应当查找分析其

---

① 参见张步洪、张立新、刘浩:《行政检察类案监督促进诉源治理——最高人民检察院第三十六批指导性案例解读》,载《中国检察官》2022年第14期。

制度性、管理性根源，推动相关职能部门健全管理制度，明确企业职工退休审批标准和程序，推动相关企业规范职工岗位管理，保护劳动者合法权益，提升社会治理水平。

（二）案例评析

案例价值：判断退休年龄标准应从身份管理向岗位管理转变。国家早期法规政策上按照“女干部”与“女工人”两种身份分别确定了女性 55 周岁与 50 周岁两档退休年龄。但随着《劳动法》的出台，这种以身份管理为基础的退休制度在“全员合同制”的改革中出现了改变，《国务院关于渐进式延迟法定退休年龄的办法》关于退休有新的规定。本案陈某原系工人身份，虽然某投资公司未对管理和非管理岗位作出明确划分和界定，但陈某自 40 岁起先后在某投资公司下属石化公司、纺织公司等从事财务管理工作，某投资公司也多次发文明确陈某享受管理岗位相应待遇，应按照其从事的岗位类型来确定其退休年龄。

案例十五 志某诉湖南省甲县公安局确认执法信息录入行政行为违法检察监督案（检例第 168 号）

（一）案例要旨与指导意义

1. 案例要旨：人民检察院办理行政诉讼监督案件，对于违法行政行为严重侵犯公民人格尊严，当事人要求行政机关赔礼道歉的，应当予以支持。人民检察院对办案中发现的执法信息数据采集、使用、管理中普遍性的问题，可以依法制发检察建议，督促行政机关加强和改进管理监督工作，健全完善执法信息数据录入与审查核实机制，从源头上防范、消除侵犯公民人格权的风险隐患。

2. 指导意义：（1）人民检察院办理因违法行政行为造成公民精神损害因而引起的行政诉讼监督案件，对于法院生效裁判遗漏赔礼道歉诉讼请求的，可以依法监督，促进行政争议实质解决。当事人提起行政诉讼，诉请确认行政行为违法并要求赔礼道歉，人民法院在行政判决主文中对赔礼道歉的诉讼请求未予以回应，在判项中也未作出判决的，属于遗漏诉讼请求情形，人民检察院可以提出抗诉。行政机关及其工作人员的侵权行为往往会给受害人带来不同程度的困扰和精神痛苦，赔礼道歉作为行政机关承担责任的方式之一，有利于抚慰受害人。检察机关办理因违法行政行为造成公民精神损害因而引起的行政诉讼监督案件,应监督人民法院纠正遗漏判项,促使行政机关向受害人赔礼道歉,这将有利于实质性化解行政争议。

(2)人民检察院针对发现的执法信息数据采集、使用、管理的安全隐患问题,制发社会治理检察建议督促行政机关及时修补管理监督漏洞,有利于从源头上消除违法和侵权隐患,保护公民信息安全。信息化时代,行政机关采集、使用、管理公民信息紧密关系公民的人格尊严和合法权益,影响公民基本权利行使。行政机关有义务依法、客观、准确地采集使用公民信息。人民检察院在办案中发现执法信息采集、审核机制不健全,可以通过制发检察建议书督促行政机关修补管理漏洞,消除违法犯罪风险和侵害公民信息安全隐患,维护公民合法权益,发挥源头治理实效。

(二)案例评析

案例价值:本案是检察机关运用大数据等数字智能信息平台开展行政监督的代表案例。本案中行政机关在执法过程中录入行政相对人信息的行为违法,侵害了公民的姓名权等多项私权利。检察机关通过数字检察,发现该问题,及时开展了对行政机关的督促整改等监督工作,加强了对行政执法领域可能存在的侵害公民权益风险的预防。

案例十六　浙江省杭州市某区人民检察院督促治理虚假登记市场主体检察监督案(检例第169号)

(一)案例要旨与指导意义

1. 案例要旨:人民检察院在开展行政诉讼监督中发现虚假登记市场主体问题,可以依法制发检察建议,督促行政主管部门依法履行监管职责;要积极运用大数据赋能法律监督,注重通过个案发现类案监督线索,通过社会治理检察建议推动跨部门高效协同社会治理。

2. 指导意义:(1)人民检察院依法能动履职,以个案办理、类案监督为切口,运用大数据构建关键词检索、关联数据碰撞的类案监督模型,对案件进行特征归纳,发掘案件背后执法司法、制度机制、管理衔接等方面存在的共性问题,适时提出检察建议,促进社会治理。人民检察院要主动加强与其他执法司法机关协作,打通“数据孤岛”,推动建立执法和司法办案数据互联互通的数字化治理平台，建立数据交换、业务协同、关联分析、异常预警的数字化治理模式，实现跨部门协同治理，以监督推进共享、以共享赋能监督，从而有效维护公平竞争的市场秩序，营造法治化营商环境。

（2）人民检察院在办案中要坚持系统思维，充分发挥检察一体化办案机制优势，上下联动、内部融合，优化检察资源配置，提升法律监督质效。人民检察院在办案中，要凝聚检察机关上下级之间的纵向监督合力，以及内部各业务部门之间的横向监督合力，构建“线索同步发现、双向移送、协同办理”办案模式；根据办案需要，组建跨部门一体化专业办案团队，整合上下级检察机关和同一检察机关各部门资源，紧密衔接、同向发力，形成法律监督合力。上级检察机关在加大自身办案力度和对下级检察机关指导力度的同时，要向下推动跨区域协作办案，实现检察监督效果的倍增、叠加效应。

（二）案例评析

案例价值：检察机关在与本案类似的案件中充分发挥了检察一体化机制优势，促进了社会治理质效检察一体化；这有助于形成法律监督合力，推动检察工作高质量发展。检察机关应避免“等、靠、要”思想，通过建立融合监督办案机制，在重点案件办理上突破区域限制、空间限制，最大限度发挥团队作用、融合办案的效果，精准确定不同检察业务之间的监督连接点，打造“数据赋能监督、监督促进治理”的最优模式。

案例十七 广东省某市人民检察院督促住房和城乡建设行政主管部门依法履行监管职责检察监督案（检例第170号）

（一）案例要旨与指导意义

1. 案例要旨：人民检察院办理住建领域行政诉讼监督案件，发现相关行政机关未依法履行工程竣工验收备案审查职责的，可以向相关行政机关提出检察建议。经调查分析，不严格依法履职情形具有一定普遍性的，人民检察院可以形成专题报告，向党委、人大报告，向行政机关及人民法院等通报，推动相关部门完善保障建设工程质量的长效监管和规范执法机制，发挥行政检察监督在促进社会治理方面的职能作用。

2. 指导意义：人民检察院履行法律监督职责，发现行政机关存在不履行法定职责情形，可以制发检察建议促使其整改；必要时，可以针对普遍性问题进行专题分析，形成报告报送上级领导机关，通报相关部门，推动形成解决问题的合力。国家实行建设工程质量监督管理制度，取消房地产开发项目竣工验收行政审批后，建设工程竣工验收后须向主管部门备案。建设工程项目竣工验收从事前审批转为事后监管，有助于提升行政效率，强化企业的主体责任，但行政主管部门仍然负有监管职责。上级检察机关要加强指导，上下联动，共同助推相关部门建立健全长效机制，填补制度管理漏洞，以依法监督的"我管"促进相关行政职能部门依法履职的"都管"，以能动履职促进诉源治理。

（二）案例评析

案例价值：本案中，检察机关发现住建部门在执法过程中存在的问题后，向其发出检察建议，为形成解决问题合力，撰写专题分析报告，向党委、人大报告，向行政机关等相关部门通报，将检察监督效果向推进社会治理延伸，推动省级住建部门在全省范围内对房屋建筑和市政基础设施工程竣工联合验收不规范行为进行专项整治，并推动制定出台相关配套制度机制。

案例十八　广州某建材有限公司、广州某洁具有限公司与国家知识产权局商标争议行政纠纷诉讼监督案（检例第191号）

（一）案例要旨与指导意义

1. 案例要旨：对于类似商品和近似商标的认定，应以商标用于区别商品或者服务来源的核心功能为据，着重审查判断是否易使相关公众混淆、误认。商标注册人对其注册的不同商标享有各自独立的商标专用权，其先后注册的商标之间不当然具有延续关系，司法实务中应严格把握商标延续性注册的适用条件。检察机关办理知识产权案件，一般应当进行类案检索。

2. 指导意义：（1）认定商品类似，应根据相关公众的一般认识，结合商品的功能、用途、生产部门、销售渠道、消费对象等因素综合审查判断。认定类似商品时可以参考《商标注册用商品和服务国际分类》（尼斯分类）和《类似商品和服务区分表》，如果相关商品在该区分表中处于同一类似群组，原则上应认定为类似商品；如认为此种情形不构成类似商品，应有充分理由，不应随意突破该区分表的划分。认定商标是否近似，应以相关公众的一般注意力为标准，既要审查商标标志构成要素及其整体的近似程度,也要审查请求保护注册商标的显著性和知名度,同时考量商品的类似程度、已经客观形成的市场格局等因素,综合判断是否容易导致相关公众混淆。

(2)商标延续性注册是商标权人将经过使用获得一定知名度的商标向新的商品或服务领域拓展,司法实务中常用作商标在先申请原则的抗辩事由。实践中一般应同时满足以下条件:一是商标注册人的基础商标在引证商标申请日前经使用已具备一定知名度;二是申请延续注册商标与基础商标构成相同或近似;三是申请延续注册商标与基础商标核定使用的商品或服务相同或类似;四是相关公众认为使用两商标的商品或服务均来自该商标注册人或存在特定联系,不易与引证商标发生混淆、误认。鉴于延续注册的商标标志客观上同他人在同一种商品或者类似商品上已经注册的或者初步审定的商标相同或者近似,应严格把握商标延续性注册适用条件,综合考虑商标标志的近似程度、商品的类似程度、在先商标的使用情况和知名度、申请人的主观意图等因素,以申请延续注册的商标不易与引证商标发生混淆、误认为原则,全面审查判断延续性注册抗辩是否成立。

(3)检察机关办理知识产权案件,一般应当开展类案检索,即对与待决案件在基本事实、争议焦点、法律适用方面具有相似性的案件的生效法律文书进行检索,并参照或参考检索到的类案文书办理案件。知识产权案件往往多种程序交织,且知识产权客体具有非物质性和开放性特点,客观上更易遭受多方侵害,故知识产权领域批量维权案件较其他领域更为常见,类案检索的必要性更为突出。司法实务中,检察机关办理知识产权案件既要检索最高人民法院、最高人民检察院发布的指导性案例等类案用以参照或参考办案;又要检索涉及同一当事人和涉及同一知识产权权利客体的关联案件,审查是否存在影响案件审查的在先生效判决、是否存在类案异判情形以及是否存在应中止审查的情形等,在全面掌握案件事实的基础上精准履职,统一司法裁判标准和尺度,确保法律统一正确实施。

(二)案例评析

案例价值:本案在检察机关的监督下不仅解决了涉案问题,也明确了商标权侵权案件中关于商品类似、商标近似的判断标准和法律适用问题,以行政检察监督回应了复杂案件久拖不决的困境。然而,本案涉诉时间长达10年,最终通过最高人民检察院启动抗诉程序统一了司法裁判尺度,树立了司法统一标准,维护了司法权威。

可进一步研究之处:在案例中宜就案件提出抗诉的时效、与其他相关案件判决不同的地方作出更为详细的说明。

第二部分　检察指导性案例研究方面的文献综述

截至 2024 年 3 月，最高人民检察院共发布 50 批指导性案例，204 个案件涉及刑事、民事、行政检察三个领域。其中，刑事检察领域共有 130 个，包括刑事实体领域与程序领域的疑难点认定；但在实体领域，未覆盖《刑法》分则所有章节，如第一章危害国家安全罪、第七章危害国防利益罪、第十章军人违反职责罪所规定的罪名并未出现指导性案例。除此之外的 74 个案例分属民事检察领域(33 个)与行政检察领域(40 个)，涵盖了公益诉讼、检察监督两个层面。以上反映出检察机关履行检察职能的方向和重点治理领域，但在诸如环境公益诉讼、金融安全等领域仍然存在指导性案例较少、公诉职能偏弱等问题。由此可见，我国检察指导性案例的发展与完善仍然存在很大提升空间，对此问题，理论界进行了一些专项研究。

一、检察指导性案例发展中的主要问题

1. 总体维度

检察指导性案例的适用问题从检察指导性案例制度落地至今一直是研究和分析指导性案例的重点，对此理论界与实务界从多个角度进行了阐释。

检察指导性案例参照适用问题，归根到底就是如何认定检察指导性案例性质。检察指导性案例制度自 2011 年实施以来，经历了从被质疑到逐渐获得认可再到备受关注的变革。[①] 该制度被质疑的根源在于一些学者将最高人民法院发布的指导性案例理解为英美法系的判例，但英美法系的判例又仅限于法院裁

① 参见宋丽红、尚有江：《完善检察案例指导制度的思考》，载《中国刑事法杂志》2011 年第 10 期。

判生效的案件。因此,正确理解检察指导性案例的关键就是不能将我国的案例指导制度与英美法系的判例制度混淆。检察指导性案例既是检察机关与法院指导性案例的遥相呼应,又是我国检察案例实践的一次创新。[①] 检察机关作为法律监督机关,其履行刑事、行政、民事监督职能需要实践,而在实践中所积累的成功经验只有通过指导性案例这一载体才能上升为检察工作指导规则,并区别于司法解释,从而优化检察实践,彰显新时代检察工作的能动性。[②] 有学者从比较法视角尝试厘清检察指导性案例的性质,还有学者从内部视角比较检察指导性案例与司法解释的异同来使检察指导性案例的特征与定位更加清晰。[③] 从《最高人民检察院关于案例指导工作的规定》(以下简称《案例指导工作规定》)来看,检察指导性案例的效力位阶低于司法解释,进而将指导性案例定位为对司法解释的补充较为精确。[④] 检察指导性案例以更为具体和柔性的方式指导检察工作,因而其所提炼出的"要旨"和"指导意义"也应当避免法条化的阐述,否则就会有趋同于司法解释的嫌疑。基于以上研究和分析,结合 2019 年修订的《案例指导工作规定》,笔者认为在类案中"应当参照"还是"可以参照"指导性案例的争议已达成共识,理论界与实务界应把视野集中于检察指导性案例的具体适用问题上,研讨诸如"案例遴选机制的完善""整体参照还是部分参照"等操作难题。

第一,用好检察指导性案例的关键一步是遴选具有指导性、代表性的案例。首先,虽然《案例指导工作规定》中已经制定了较为系统、全面的遴选程序,但由于遴选过程要求较为严格,并且遴选工作的行政主义色彩浓厚,下级检察机关为使其报送、推荐的案例能够遴选为指导性案例会对案例信息进行美化加工,一些关键性信息会被删减或修改,因此上级检察机关难以准确了解案件情况,进而案例的质量也会受到影响。[⑤] 有学者曾以批判的眼光指出,我国指导性案

① 参见杨建军:《〈最高人民法院公报〉选编民事案例的变化》,载《现代法学》2010 年第 4 期。

② 参见陈兴良:《案例指导制度的法理考察》,载《法制与社会发展》2012 年第 3 期。

③ 参见秦宗文:《案例指导制度的特色、难题与前景》,载《法制与社会发展》2012 年第 1 期。

④ 参见人民法院报社课题组:《关于案例指导制度的调研报告》,载最高人民法院研究室编:《审判前沿问题研究:最高人民法院重点调研课题报告集》,人民法院出版社 2007 年版。

⑤ 参见秦宗文:《案例指导制度的特色、难题与前景》,载《法制与社会发展》2012 年第 1 期。

例在垂直遴选机制下经层层编辑提炼[①]后,最终形式与原始状态可能差异较大。其次,一个指导性案例的形成需要经过较长时间,并且发布检察指导性案例没有固定期限,因而一些案例的参照指导价值存在时效性的限制,当案例发布时其所具有的典型意义或许已经丧失。最后,检察指导性案例与法院指导性案例的对接机制缺位,一些案例是否在检察院、法院之间互认直接影响类案的参照适用率。从已发布的指导性案例来看,最高人民法院、最高人民检察院都发布的相同指导性案例较少,并且检察意见与裁判结果基本互认,司法尺度的统一性较为稳定;但仍需警惕在行政诉讼检察监督和刑事案件中,出现检察机关提出的意见和观点不被法院认可的情况,这不仅会降低案例的指导价值,还会增加检察官类案办理的操作困难。[②]

第二,我国检察案例指导制度尚未实现体系化发展。首先,该制度实施 10 余年之久,但截至 2024 年 3 月发布的案例总数仅 204 个,指导性案例在数量上未形成规模。同时,案例类型分布不均衡,刑事案例居于主导地位,民事检察和行政检察案例数量占比较小,与当前的“四大检察”职能发展理念仍有差距。在未来的发展中,检察机关应立足于“法律监督”职能定位,构建刑事、行政、民事协同发展格局。[③] 但值得肯定的是,在民事和行政检察案例中,不乏一些以“小切口”治理民生问题和社会痛点的高质量案例。其次,检察指导性案例编纂技术有待提高。检察指导性案例的体例结构经过多次变化才趋于稳定,而对检察机关办理类案具有参照价值和对社会公众具有教育宣传作用的体例一般仅包括“要旨、指导意义、检察机关履职过程”三个方面。在实践中,许多案例都套用体例模板进行编排,一些案例在阐述“要旨”和“指导意义”时条文化比较严重,缺乏对案情的个性化编纂,早期案例难以统一编纂标准和使用同一个模板进而导致案例编纂工作体系性与个案不平衡,编纂质量参差不齐。[④] 最后,检察官办案水平与应用检察指导性案例存在思维差异。一方面,受到司法行政化和检察

① 参见袁秀挺:《我国案例指导制度的实践运作及其评析——以〈最高人民法院公报〉中的知识产权案例为对象》,载《法商研究》2009 年第 2 期。

② 参见宋丽红、尚有江:《完善检察案例指导制度的思考》,载《中国刑事法杂志》2011 年第 10 期。

③ 参见陈卫东、熊秋红:《构建科学合理的检察权运行机制》,载微信公众号“尚权刑辩”2019 年 2 月 22 日。

④ 参见万春:《检察指导案例效力研究》,载《中国法学》2018 年第 2 期。

一体化的影响，检察官在办案遇到难题时，往往趋于选择请示上级机关，而很少会通过检索指导性案例寻找可参照适用的规则。因此，检察官主动援引指导性案例的积极性不强，相应适用检察指导性案例的监督机制和激励机制缺位，有的适用规则较为狭窄或具化的案例演变为“僵尸案例”。另一方面，参照适用检察指导性案例的前提是进行类案识别。然而，类案识别极具技术性，案件之间相似性判断标准尚未明确，实践中检察机关对指导性案例整体参照还是部分参照做法不一，对案件的比较、选择、确认存在差异，检察机关对于类案识别的技术培训与学习也仍有强化的空间。[①]

2. 案例类别维度

除对检察指导性案例进行体系、融贯性研究外，还有学者从刑事指导性案例、公益诉讼案例角度进行了专项领域分析。

林维[②]在文章中指出了刑事检察指导性案例所面临的两大困境。一是虽然刑事检察指导性案例相较于行政、民事检察指导性案例数量位居首位，但从整体上来看仍未成规模。除检察指导性案例的遴选程序较为严苛外，作者在文章中从案例的发生本身提出了较为客观、正确的看法。因其性质特殊，刑事案件办案过程相比其他案件较为复杂和严格，一些罪名和程序的实践过于狭窄，因而案例数量严重不足。二是案例的办案过程与指导性案例的选拔过程相分离，检察指导性案例的选拔标准与案件办理要求不一定完全一致，进而在基层司法中办案质量低的现象普遍存在，检察官挖掘案件争议焦点和指导价值的意识不强。一些刑事案件由于涉案主题较为敏感，即便其具备指导作用，也会被过滤，进而使部分刑事检察指导性案例不痛不痒，指导效果不佳。[③] 该篇文章发表时间较早，提出的一些问题可能已经得到解决和优化，但其所反映的问题意识对检察指导性案例质量的提升仍具参考价值。

王浩[④]则以检察公益诉讼指导性案例为研究对象，通过分析 19 个检察公益

---

① 参见刘岩：《案例识别视野下的类案审判——以指导性案例 24 号的司法适用为切入点》，载《南京大学法律评论》2018 年第 2 期。

② 参见林维：《刑事案例指导制度：价值、困境与完善》，载《中外法学》2013 年第 3 期。

③ 参见欧阳明程：《从案例到判例之路——从判例制度的视角看我国案例指导制度之局限》，载《山东审判》2012 年第 5 期。

④ 参见王浩：《公益诉讼指导性案例适用难题及其破解——以最高人民检察院 19 个指导性案例为分析对象》，载《法律方法》2021 年第 4 期。

诉讼指导性案例的形成、适用情况等问题，指出了该类案例适用率低、法院认可度低、适用操作方法不足的现实困境。其文章所选取的研究对象也属于已发布的检察指导性案例中应用较为高频的案例，其所剖析的问题不仅对省思检察公益诉讼具有示范性，也对于检察指导性案例的完善提供了可行的研究路径。

通过第一部分中整理、归纳、总结 204 个指导性案例，对于指导性案例适用过程中存在的问题笔者有几点思考。首先，从形式上看，指导性案例的编写历经了从不规范到逐渐规范的过程，但是个别指导性案例仍然存在编写不够规范，机械套用格式的弊端。这不利于各地检察机关对案例进行研讨、学习、参照适用，也不利于社会和公众对案例进行了解和学习。因此，指导性案例的编写仍然是实践中的一大难点。其次，从内容上看，检察指导性案例凸显检察机关依法履职、积极履职的色彩过重，对于案件办理过程中的难点、控辩双方争议焦点的阐释过少。相关案例对于法院如何裁判，为什么支持检察机关的公诉意见和量刑意见的论述较少，从而缺乏角度更为客观的阐述。在民事监督、行政监督领域，部分案例存在指导性不突出，亮点或要旨把握不准确的问题。这在一定程度上降低了案例的指导意义。最后，在整理过程中笔者发现并非所有指导性案例都有专题解读或记者问答，尤其是指导性案例刚实施和最新颁布的时期缺少理论界深入的解读；有的解读较为简单，只是把指导性案例中的指导意义和要旨照搬照抄，并未从外部视角进行深度解读，同时也缺乏对案例存在的问题的评价。由此说明，指导性案例与其解读之间存在时差性严重、解读不深入的问题。除此之外，有些案例被反复研究，如万峰湖专案，而有的案例则无人问津，这种两极分化的现象会使不同指导性案例之间适用率差距大，案件影响程度分化严重。

二、检察指导性案例完善与提升路径之综述概括

笔者通过查阅和检索有关完善检察指导性案例的文章，发现 2011 年至今专门研讨检察指导性案例的文章已超过 30 篇，但与法院指导性案例相比，对检察指导性案例的关注度亟待加强。通过研读相关文章，可以将检察指导性案例的完善与提升路径综述总结为以下几个方面。

其一，要以系统性思维建立健全检察案例指导制度。不仅要持续完善检察

指导性案例的遴选工作，还要完善案例废止机制、案例适用监督与激励机制、公布案例承办检察官与撰写检察官[①]等配套制度，[②]以较为完备和成熟的体系促进检察指导性案例“代谢”。[③]

其二，立足于检察指导性案例的发展定位，将检察指导性案例与司法解释、法院指导性案例加以区分，在案例遴选、编纂、适用等程序上适当弱化行政主义色彩，平衡好检察指导性案例与检察一体化改革工作。[④] 进一步来说，检察指导性案例要能够凸显检察工作的新颖性、检察实践的疑难复杂性、检察案件的多发性，要在《案例指导工作规定》要求的案例标准上细化具体类型的遴选目标。[⑤] 同时，应完善检察指导性案例形成的社会公众参与机制和专业人士的监督机制，从而提高检察指导性案例在数量上的覆盖面。[⑥]

其三，以检察指导性案例的类型分类为基础，在坚持已经形成的较为统一稳定的体例结构的基础上，从案例功能类型上进行适当性的创新与调整。[⑦] 由于检察职能与检察业务的涉及面很广，检察案件的多样性显著，因而检察指导性案例在编纂时既需要以《案例指导工作规定》的体例结构为准，也要根据案件具体类型调整体例内容，避免生搬硬套。具体来说，要通过优化内容扩大案例的应用范围、提高应用标准、规范适用操作方法，在适用前就为延伸其指导价值做足功课。[⑧]

其四，检察指导性案例的完善要以习近平法治思想、以人民为中心的发展理念、社会主义核心价值观、司法裁判中心主义、罪刑法定原则等重要思想、价值、司法改革、法律原则为精神根基。在扩大检察指导性案例适用范围和提升案例参照援引率的同时，要警惕陷入把检察指导性案例理解为判例制度的误

---

① 参见王玄玮：《检察案例指导制度运行状况分析》，载《人民检察》2017 年第 5 期。

② 参见张德勋、瞿伟：《检察机关案例指导制度的健全与完善》，载《人民检察》2011 年第 7 期。

③ 参见张建军：《检察机关案例指导制度的构建和完善——以制定法的缺陷为视角》，载《甘肃社会科学》2011 年第 5 期。

④ 参见秦宗文：《案例指导制度的特色、难题与前景》，载《法制与社会发展》2012 年第 1 期。

⑤ 参见李强：《检察案例指导制度的规范化》，载《国家检察官学院学报》2012 年第 6 期。

⑥ 参见吴英姿：《谨防案例指导制度可能的“瓶颈”》，载《法学》2011 年第 9 期。

⑦ 参见万春：《检察指导案例效力研究》，载《中国法学》2018 年第 2 期。

⑧ 参见张杰、苏金基：《检察指导案例的实践应用效果》，载《国家检察官学院学报》2018 年第 4 期。

区,案例在编研时不可突破成文法的传统要求,应始终坚守法律基本原则。[①]

其五,检察指导性案例的完善要以数字化案例平台为依托,利用大数据构建指导性案例库,运用算法分析案例的适用情况并及时更新援引率,从而提高案例检索效率,为类案检索搭建快捷、有效、多元的平台。[②]

上述文献及其他文献对于检察指导性案例的完善与提升都提出了有针对性的方案,例如,立足于我国当前检察实务中指导性案例的编写、适用、意义等各个维度存在的问题,提出可行的路径,但更多的是从检察机关的角度提出完善建议与提升措施。笔者认为,检察指导性案例的完善还应当从社会参与、多元化力量的角度予以完善。一方面,在法律职业共同体的视角下,检察指导性案例编写应当有律师、高校法学教育等力量的参与。例如,在编写指导性案例中增加律师、辩护方的意见和思考,从而为检察机关论证自己的观点提供反向思考与思辨检验的空间。在强化"校检合作"的背景下,检察机关可以与高校展开合作,通过案例课程、类案讲座、模拟法庭、专题普法等途径加强指导性案例的宣传,提升教育作用,让更多的法律职业者探讨、研究指导性案例,从而完善指导性案例制度。法学理论研究人员和实务人员应当加大对检察指导性案例的研究与分析。在本编第一部分的案例评析中,学者对个案的评析较少,只有重大案件才予以关注或研究;而实务中对指导性案例的解读拘泥于指导性案例本身,尚待提出更为独特、深刻的见解。另一方面,针对未成年人保护、环境公益诉讼等专项领域,检察机关还应当联动行政部门等相关行业参与对案例的编写、解读,从不同视角对指导性案例予以优化、细化、完善,突出指导性案例的亮点。

目前,检察指导性案例制度已经发展为我国检察实务中一项特色制度,指导性案例的颁布与研读有利于进一步推进司法体制改革,推动中国式司法现代化建设。但是,我们也应当正视制度运行过程中的问题,及时提出有针对性的优化与提升方案,以实现该制度健康蓬勃的发展。

---

① 参见刘艳红、刘浩:《社会主义核心价值观对指导性案例形成的作用——侧重以刑事指导性案例为视角》,载《法学家》2020 年第 1 期。

② 参见程天民、杨新慧、杨蜜:《检察指导性案例的生成与适用》,载《人民检察》2021 年第 14 期。

下　编

检察案例指导制度的基础理论与发展提升

第一部分　检察指导性案例的基础理论

一、检察案例指导制度的发展历程

（一）商代至元代的案例

在中国古代社会，法律以多种形式[①]存在，但无论哪种形式均是为司法活动服务的，而裁判案例在其中发挥着重要的作用。以动态的视角看待案例与成文法的关系，恰如学者郑秦所言：判例发展到极处就是法典。[②] 尽管我国受到了成文法国家的一定影响，但案例在中国历史上的地位和作用并不会因此而发生改变。纵观中国古代法律史，案例在促进成文法生成、补足成文法空白方面发挥着重要作用。

1. 西周至秦判例制度

（1）先秦时期。尽管目前法律史学界对于先秦时期是否已有判例制度存在一定争议，但是总体来说，基于"有咎比于罚"和"议事以制"等原则，多数学者基本肯定了这一时期判例制度的存在。在早期原始社会，出于对自然的敬畏，司法活动严重依赖神明意志，但随着法律实践的不断深入和相关经验的逐渐积累，神权法开始受到挑战，司法活动引入了"有咎比于罚"原则。这意味着司法审判不再完全依赖于占卜的结果，而在一定程度上参照此前已经处理过的类似罪行，司法活动逐渐从神明意志中解放出来，审判主体逐渐由

① 如律、令、科、比、式、敕等。

② 参见郑秦：《康熙〈现行则例〉：从判例法到法典法的回归》，载《现代法学》1995 年第 2 期。

“神”转化为“人”。[①]

商代将所记载的“有咎比于罚”引入了判例，[②]司法审判开始参考先例来判决类似案件。西周时期，尽管系统的礼治体系已经形成，中国古代法制进入了传统儒家认为的“黄金时代”，但站在今天的视角看，这一时期的法律制度仍然存在一些问题。例如，许多法律规则处于半隐蔽状态，公开的法律少之又少；这一时期的立法者奉行“刑不可知，则威不可测”的理念，即使是公开的法律，也受制于生产力等因素，了解之人也是少数，在这一局面之下，“议事以制，不为刑辟”。此时，裁判案例发挥了极其重要的作用。通过实践经验的积累，司法机关形成了参照先例处理类似罪行的原则。除了“议事以制”，这一时期还涌现出丰富的案例，西周时期贵族诉讼后的铸器习惯就体现了适用案例的特点：胜诉一方需要出资铸造一件鼎，将诉讼的过程和最后的判决内容篆刻在鼎上。这种做法主要有两个目的：一是威慑当事人，通过祭祀以神灵的力量来约束他们，并且具有宣誓的性质，要求当事人在裁决后不能反悔；二是贵族通过铭刻记录自己打赢官司的成果，既炫耀自己的功绩，又警示其他人不要违反规则。李学勤的研究表明，刑鼎上的铭文大多是由打赢官司的一方刻制的，这可以视为一种通行的规则。[③]

总之，先秦时期的法律发展处于初级阶段，无论是成文法还是判例都尚为初步形式：法律仅以逐渐形成的约束力习惯为基础，判例也仅限于特定阶层使用。这一时期，习惯在调解婚姻、家庭和社会矛盾方面发挥着重要作用。从习惯到礼法，再到以宗法家族、血缘关系为纽带的法律制度，这都是中国法律文化的形成路径。无论从质的角度还是从量的角度看，先秦的判例都只处于起步阶段，这一时期的判例更多处于习惯到礼法的过渡状态。

(2)秦汉时期。秦汉之后，律取得了根本法地位，[④]这一时期与判例制度相关的主要包括“廷行事”和“比”。在法律史学界，学者们对于“廷行事”这一秦代特有的判例制度的存在基本没有争议。在秦代，“廷行事”是司法实践的重要

① 参见陈小洁：《中国传统法律中的判例及其现代价值》，南京师范大学2007年硕士学位论文，第6页。

② 参见郑宾楠：《判例在中国的法源地位研究》，山东大学2012年硕士学位论文，第14页。

③ 参见李学勤：《论曶鼎及其反映的西周制度》，载《中国史研究》1985年第1期。

④ 参见汪世荣：《判例与法律发展：中国司法改革研究》，法律出版社2006年版，第61页。

组成部分,是判决案件和执行刑罚的形式化程序;“比”则是一种法律适用手段,即在具体案件中进行类比推理,通过类似案例的比较来确定判决结果。

1978年,在中国河南省的睡虎地秦墓中,一支研究小组发现了一批珍贵的竹简,其中包含了一份古代法律文献——《法律答问》。研究小组成员对“廷行事”进行了解读和注释,经过仔细研究认为,“廷行事”应该被解释为“法庭成例”,并猜测其为古代的判例法。叶孝信对这一观点进行了深入研究,并得出了相似的结论。其研究表明,从个案处理的角度看,“廷行事”是对具体案件的审理结果,但是从法律效果来看,其不局限于个案适用,而是在实践中被不断应用。当然,“廷行事”的生成需要经过一定法定程序,具体案件的审理结果并非径直取得被反复适用的资格;司法部门要将各种案例进行汇编,才能形成后续案件审理的基本依据。秦代之所以会形成“廷行事”这一司法现象,主要是因为判例可以弥补法律文件的不足之处。[①] “廷行事”中的“行事”指的是已经发生或已经执行的事情。根据文义解释,“行”的含义为人的行为,而“事”则指代这些行为所指向的对象及导致的结果;作为业已发生的法律事实,“行”与“事”被记录或整理起来。学界对于“廷”则有不同的解释,具体包括“朝廷”“县廷”“廷尉”三种解释。一些学者站在更为宏观的立场,认为“廷”应该统称为“官府”。作为一名狱吏,《法律答问》的编写者要负责传授、解释、执行法律,其使用一问一答的方式,在《法律答问》中通过案例判决、法律解释尽可能详尽地剖析司法活动中遇到的疑难案件,解读法律中的晦涩词汇以及应用法条中的兜底条款等。这些答问包含着这种指向:在法律没有明确规定时,执法者审理案件可以根据以往的判例进行判断。据此可以推知,判例的要素包括三点:其一,适用情境要素,即法律没有明文规定;其二,适用依据要素,即所依据的判例应当是先前判决(先例);其三,适用程序要素,即所依据的判例应当根据当时审理案件而形成。由于史料稀少,如今并不容易找到当时依据判例所作出的具体案件判决;从《法律答问》的整体来看,这种判例和如今的司法解释存在一定相通之处。作为对既往案件处理规则的总结和提炼,“廷行事”可以看作早期判例的雏形,法律通过这一方式得以修正、补充或解释。这种以问答形式进行法律解释的模式对于当代法治的完善具有一定的借鉴意义,我国最高人民法院和最高人民检

① 参见叶孝信主编:《中国法制史》,复旦大学出版社2002年版,第73页。

察院也曾以回复的形式就许多法律适用中的问题进行过解释。

秦汉时期的"比"可以从两个维度来理解。一种是从动词意义上理解,"比"是指司法类推的方式。这种意义上的"比"实际是一种法律技术,即在法律没有具体规定的情况下,司法机关可以参考其他法律的适用情况进行判断。另一种是从名词意义上理解,"比"是具有法律基本性质的"则例"和"故事"。这种意义上的"比"具有法律渊源的属性,即可以被视为成文法的来源。秦汉时期的"比"可以视为判例的前身,特别是在死刑案中,汉代对于"比"的使用非常频繁。当然,"比"的生成并非随意为之,秦汉时期各类"比"的编撰和应用都有特定的标准和规则。此外,"比"的种类远不止于判例,还涵盖了司法技术、法律体系以及产生路径等方面。从这一角度来说,对于"比"的理解要注意静态和动态两个方面:"比"既可以作为法律依据,发挥判例在司法活动中的作用;也可以作为一种案件裁决方法被应用于司法活动中。站在更高的视角看,甚至可以认为,在秦汉时期,"比"作为一种工具,催生了"德""法"相互嵌入的制度探索。所以,不能简单地以判例、案例、成案这些现代法学理论中对于判例的定位来评价"比"在古代社会的制度作用,那样容易忽略"比"本身的价值。

2. 魏晋至唐判例制度

(1)魏晋时期。魏晋时期的律法得到了极大发展,不同于秦汉两朝法律制度繁密细致的特点,《魏律》和《晋律》均呈现出简化律法的趋势,这种简化趋势对于法制发展来说,具有"双刃剑"的效果。一方面,其的确可以避免条文的冲突及适用的"两难";另一方面,其导致了法律适用中的困境,即法律漏洞或法律空白。由此,判例便具有了制度价值:为了解决律法简化而衍生出的法律漏洞或法律空白,魏晋选择引入判例进行补充,阐释法理精神。

基于案件审理结果可以提炼出魏晋时期的法制发展脉络特征。其一,成文法主导。这一点尤其体现在《魏律》和《晋律》两部法典的制定上。这两部法典解决了汉代法典篇目繁杂、内容杂乱无章的问题。它们的结构设置更加合理,总则在前、分则在后,编排井然有序,内容也更加简明扼要。在这一时期,虽然"推例以为永式",判例可以作为案件审理的参照,但司法机关更看重成文法的主导地位,强调严格执行成文法,不可随意违背律法,这些观点与现代法治价值追求非常相似。其二,对经义决狱的案件的反思。作为早期的"规则","礼"虽然游离于成文法体系之外,但具有强大的约束力,然而"礼"在内涵与外延上的张力又导致法律和道德的界限变得模糊。基于对成文法的强调，魏晋时期司法机关开始反思过度使用情理的后果，所以，在这一时期，通过经义决狱的案件，需要更多的证据来证明前案是后案的先例。其三，形成了驳议、“推例以为永式”等一系列独具特色的判例制度。虽然魏晋时期并未有明确的法律制度来引用前案，但实际上，通过集体讨论的案件对后续案件的审理起到了一定的指导作用。其四，形成了延续到清代的法律形式——“故事”。对于“故事”的性质，学界存在不同观点。部分学者认为“故事”是一种法律汇编，其独立于律令之外，集合了制书、诏诰等法律文件，[①]从这一角度来说，“故事”具有非法定性；但也有学者肯定了“故事”的先例属性。本书认为，“故事”的内容多样，适用范围广泛，涵盖了统治阶级掌控社会生活的方方面面，其是否具备先例属性需要根据是否被引用来作具体判断。从类别上看，“故事”可分为三种：第一种主要涉及帝王事务，包括废黜嫔妃、封赏功臣等；[②]第二种与成文法内容有关，通常适用于案件审理，在内容上主要围绕官员升迁罢免等行政事务，从今天的视角看，其类似于公务员法；第三种与礼相关，包括朝仪故事、吉凶故事和仪礼故事。

（2）唐朝时期。唐朝是中华法系的鼎盛时期，在经历了前期数百年的发展以及三国两晋南北朝时期的改革后，中国法律制度终于在唐朝走向巅峰。此前，《晋律》已经将《魏律》中的“刑名”一篇拆分为“刑名”和“法例”两个篇章，并将其位置提前至首篇以统领全律。隋文帝制定了《开皇律》，其融合了魏晋和齐梁等其他朝代的法律典章的精华，并根据实际情况进行了调整。唐朝建立初期，以《开皇律》为蓝本编纂了《唐律》，至此中国的法律体系趋于完善，中华法系逐渐走向成熟。《唐律》的首篇是《名例》，包含了57条规定，主要涉及刑罚和处罚原则的通用规定。唐朝的“例”存在多重含义，《律疏》中常常提到“例”的名称，一方面是指《令》中的法例则指行政立法，另一方面是指《名例》篇的整个制度和原则，也包括《名例》各分则条款中具体的制度和原则规范，亦被称为“法例”。作为一种准据法，法例在指导作用上连接了总则和分则，以便于在众多相关条文中迅速找到最适合解决纠纷的条款。通过比附的方式，法例引用相近规

---

① 参见叶孝信主编：《中国法制史：新编本》，北京大学出版社1996年版，第137页。

② 例如，《魏书》卷七八《张普惠传》载：“北魏宣武帝崩，河南尹丞张普惠坐与甄楷等饮酒游从，免官。”又如，《魏书》卷九三《恩幸·徐纥传》载：“谄附赵脩，迁通直散骑侍郎。及脩诛，坐党徙桴罕。虽在徒役，志气不挠。故事，捉逃役流兵五人，流者听免，纥以此得还。”

则对相似行为进行制裁,以弥补法律不足并防止法条重复。然而,这种援引限制了判例的适用空间。在案件中,适用“比”的方法和“比”的内容都是法例中规定的,只需找到相似条款,无须明文规定。唐代虽然在形式上从《唐律》中废除了“法例”一篇,试图将“罪刑法定”原则发挥到极致,但仍在实践中保留了判例制度。在整个发展过程中,判例制度是司法实践与立法活动相结合的产物。它不仅对个案的处理起到指导作用,也对未来案件的判断提供了参考。判例制度的发展使法律得以更好地适应社会变迁和纠纷解决的需要,从而保障了司法的公正与效率。

总体来说,纵观唐朝及之前的法律制度史不难发现,判例制度在这一发展过程中扮演着重要的角色。从西周到唐代,判例制度在不断演化与完善,它为司法实践提供了准则,也为立法活动提供了经验和借鉴。

3. 宋代判例制度

宋代的判例制度集中体现在编例和断例之上。编例是指将司法审判中具有典型意义的案例进行编纂的过程,而编纂成书后的文书则称为“断例”;“断例”具有指导作用,在宋代被视为判例法。

编例在宋代已经成为日常法律事项,经过编修程序,过去案例的处理方式成为具有普遍效力的法律规则,得以作为其后案件处理的标准。有些学者甚至提出,编例不仅是司法活动,更是立法活动。[①] 在宋代,判例制度在司法实践中展现出了巨大的价值。通过编纂案例集,法律规则得以明确,司法判决也更加统一和规范。编例不仅成为法律上的重要参考,也为后来的法官提供了宝贵的经验和指导。这样的立法活动为司法的公正性和可预测性奠定了基础。北宋中期司法制度逐渐完善,断例的编撰工作从来没有停止过,而且逐渐趋于规范化。为了确保案件审理的公正性,北宋制定了一系列程序规范断例的生成。

具体来说,编撰断例的程序包括检例和贴例。检例在最终判决中起着重要作用,检例官需要熟悉法律规则和断例,以确保案件的公正审理。大理寺审断的案件通常是一些重要案件或者地方上存在争议的案件。然而,宋代的刑法典中并未对所有罪行都设置明确的定罪条款。为了解决这一问题,刑部采用了贴例的方法来进行裁决。贴例是通过检校官检索案例、比附定夺、草拟断敕,并提

① 参见王旭杰:《宋代编例性质考论》,载《北方民族大学学报》2020 年第 1 期。

交皇帝批准的一种方法。如果在刑部提交的裁决中需要引用贴例,但找不到合适的类比案例,或者罪行与法律不相符,确定刑罚的轻重也困难,就会交由中书省裁决。此外,六曹、寺、监也会对旧例进行检查,如果没有旧例可用,就需要取得特旨来进行裁定。特旨的断例是根据《拟特旨依断例册》进行的,检索到的判例可用于“拟断”案件。

通过对断例的编撰和使用,宋代的法律制度逐渐完善,这又为其司法实践提供了重要的参考。当然,泛化的贴例行为也带来了一些问题,如为了减少审判的烦琐程序,有些地方司法官员会使用贴例来规避责任。绍兴九年(1139年)十一月,朝臣们在进行断例编修的过程中就质疑断例编修尚未完成,刑部在引用判例时存在主观偏爱,导致刑罚的轻重不平衡。这引起了朝廷的重视。为了解决这一问题,淳熙四年(1177年),朝廷颁布了《淳熙新编特旨断例》,对引用判例进行了严格规范,以确保刑部在裁定案件时没有任何疑虑。

断例的积极作用体现在断例释法和断例辅法两个方面。其一,断例释法。断例可以对成文法中模糊不清的内容进行解释,并且采用案例的形式使律法更为清晰易懂,尽管断例可以创造新的律法,但从本质看,断例的基本功能仍然是释法。通过司法机关对律法的释明,成文法在适用过程中出现的断裂区域得以被弥合。《棠阴比事》中就有判例对“义绝制度”的适用作出的扩张性解释。从《疏议》的法律精神看,殴打或杀害妻子祖父母的行为,显然构成情节严重的犯罪行为,所以依据类比将其认定为“义绝”是准确的;《棠阴比事》还强调,在殴打或杀害妻子祖父母的行为实施后,妻子不应该被连坐。显然这一扩张性解释不仅丰富了义绝制度,也在一定程度上完善了连坐制度。其二,断例辅法。随着社会的发展,传统的法典已无法完全覆盖社会全貌,为保障法律制度的灵活性和及时性,避免法典的僵化和滞后,其他的法律形式也有存在的必要性。判例在其中扮演了重要角色。判例填补了法律的空白,避免了不同罪行受到不同处罚的情况,实现了类似案件类似处理。虽然判例在成文法体系中的地位不及法典本身,但它们在司法案件审理中发挥着关键作用。例如,《折狱龟鉴》卷四提出了与《宋刑统·贼盗律》存在一定差异的处理方式——尽管法律没有明确规定盗墓者将亲人遗骸盗取并与其亲生父母合葬是否构成犯罪,但是法官可以基于判例对法律进行解释和适用,以更好地处理复杂的社会实际问题。

4. 元代判例制度

在元代，判例制度比较特殊。元代的法律制度与习俗之间一直存在着相互影响的迹象。作为草原民族，蒙古族有自己的习惯法。在入主中原后，对于汉族法律是继承还是革新，一直是元代统治者需要面对的问题。在这一时期，条画和断例是主要的法律形式。前者是指皇帝发布的法令，后者则指司法实践所形成的判例。断例是以旧律的形式编纂而成的，是成文法和判例法的有机结合。

元代的断例将典型的判决案例和中央官署发布的命令进行分类编纂，作为权衡各种利益和观点的产物。其反映了当时法律与习俗之间的复杂关系，为统治者提供了处理具体案件的方法，同时也为法律体系的完善作出了贡献。从涵摄范围看，其包括事例和通例两类，在部门法方面覆盖了行政法、民商法、宗教法、军事法、刑事法等；从形式上看，其包括单独断例、复合断例以及与条款结合的抽象断例等，虽然非常丰富但并未成册，而分散在各种典籍中；从实施角度看，断例之间经常相互援引，作为先例来判决案件。然而，并非所有断例都可作为先例。元代断例体例的真实情况是断例与成文法的交叉使用。作为官方用以规范司法活动的重要法律文书，断例起到了统一司法审判标准的作用，这主要是因为断例是由中央官署发布的，所以对地方官员的判决具有约束力。断例制度的出现，使司法审判有了更为明确的规范，降低了判决的主观随意性。在断例的制定中，典型判决案例被广泛采纳，这为后来的案件审理提供了重要的参考依据。同时，断例还能够防范冤假错案的发生，保障了司法的公正性和合法性。然而，由于断例并未集中编纂成册，因此在使用和查阅断例时，需要翻阅各种典籍和文件。这使断例的适用和理解相对困难，也增加了司法实施的不确定性。

总体来说，元代的断例在立法和司法实践中起到了重要的作用。它为判决案件提供了统一的标准和准则，保障了公正的司法审判。然而，断例的分散和使用限制也带来了一些挑战。以断例为基础的元代判例法对于明清时期法律制度的构建产生了深远影响。

(二)明清及民国时期的案例

1.明代判例制度

相较于之前朝代,明代的法律制度既有传承亦有创新。元朝末年的战乱导致科举制度一度停摆,直至明朝朱元璋强调礼法为国之纪纲,国家秩序才得以恢复。在律法传承方面,《大明律》承继了《唐律》;在创新方面,明代在成文法的基础上创设了多种多样的"例",实现了律例并行。明代的例包括三种,分别是则例、事例和条例。则例虽然称谓上被冠以"例"字,但实际上是各项法律的实施细则。事例和条例属于判例,只是二者的地位不同:事例内容多、范围广,条例以事例为基础制定并最终附在《大明律》之后,用以解决法律之间的冲突问题。除此以外,明代还有《明大诰》这一具有特色的法律形式。总体来说,明代的判例制度集中体现在《明大诰》和《问刑条例》上。

(1)《明大诰》的产生基于治乱世用重典的理念,朱元璋认为元朝的覆灭源于刑罚宽松,且明初民生凋敝,农民起义此起彼伏,治理国家"非猛不可"。诰与告同义,取告诫之意。[①] 在《明大诰》的四编之中,有一部分为案例,其集中摘录于洪武年间的"官民过犯"案件。《明大诰》从不同案件的处罚中提炼出处罚规则,涉及犯罪主体、犯罪客体等构成要件,既包括事实陈述,又包括量刑处罚规则。[②] 需要注意的是,《明大诰》的出台带有较强的因事立法特质,其并没有架空《大明律》,只是为了实现朱元璋严刑峻法以治理国家的愿景。朱元璋本人也强调司法机关在处理案件时,需"依律与诰拟罪"。明朝中后期,《明大诰》被废除,原因除了其过于严厉,也在于其合理之处已经逐渐被成文法典涵盖。所以,《明大诰》并没有撼动《大明律》的基本法地位,也不存在"破律"的功能,更多的是"辅律"的功能。

需要注意的是,有些学者认为明代的《榜例》也是一种法律形式,[③]甚至是

---

① 参见《明太祖实录》卷一百七十九。

② 《御制大诰续编·第十》载:"朱元璋诏诰,吏有在乡下为害百姓者,许民将其擒拿解官。洪武十年,常熟县陈寿六等擒拿害民官吏顾英,赴京面奏。"针对此案,朱元璋决定:"朕嘉其能,赏钞二十锭,三人衣各两件。更敕都察院榜谕市村,其陈寿六与免杂泛差役三年,敢有罗织生事扰害者,族诛。若陈寿六因而倚恃,凌辱乡里者,罪亦不赦。设有捏词诬陷陈寿六者,亦族诛。陈寿六倘有过失,不许擅勾,以状来闻,然后京师差人宣至,朕亲问其由。"

③ 参见杨一凡:《明代榜例考》,载《上海师范大学学报(哲学社会科学版)》2008年第5期。

一种判例法,这种观点是不准确的。明代的《榜例》更多的作用在于教化臣民,警醒世人,[①]尽管其中也会出现一些案例,但目的不在于为司法活动服务而在于政治宣传,所以《榜例》的实质是《明大诰》的延伸,其目的与《明大诰》近似。

(2)《问刑条例》。明朝中后期,随着资本主义的萌芽,一些新的社会关系开始出现,但是统治者须遵守祖宗之法。在《大明律》"一字不可改易"的背景之下,为适应社会生活中出现的新问题,《问刑条例》应运而生。从《问刑条例》与《大明律》的关系来看,《问刑条例》更多的作用为补充和解释,《问刑条例》中的"例"从属于律,无论是编纂体例抑或规则内容都与《大明律》接近。自弘治时期颁布,《问刑条例》经过百余年,所增加的条例不过百条,可见其并不足以达到破律甚至架空《大明律》的效果。明朝中后期亦遵守"以例辅律"的理念,有学者认为,《问刑条例》辅律达百余年之久,对于明朝统治的维护发挥了极大的作用。[②]

2. 清代判例制度

清代的判例制度是清代法律的核心组成部分。根据清代法律规定,司法官员在审判案件时必须引用、适用律法和判例,当面临没有明确律法或判例的情况时需要请示或解释。[③] 此外,根据不同罪行的判罚,清代律法和判例在具体应用中会产生变化,并导致新的判例形成。清代的判例可以分为三种类型:条例、成案和通行。条例是从具体案件中提取的一般原则,包含在《大清律例》中,具有法律效力;成案指已经判决生效的案例,作为判例的一种,但尚未经刑部通行;通行是指特定具有重要性的案例,具有全国范围的法律指导作用。《大清律例》每5年修订一次,一部分通行会被编入法典。在案件的审判过程中,法官常常会引用判例作为法律依据。判例是在类似案件中作出的先前判决,它被认为是指导类似案件判决的一种参考。[④] 清代案例、成案、通行及条例的关系大致如

---

① 如洪武二十二年(1389年)八月二十九日榜文:今后法司精审来历,设有仍前所告,动经五六十及百余人、一二十者,审出诬告情节得实,将好词讼刁民凌迟于市,枭首于住所,家下人口移于化外。

② 参见杨一凡、曲英杰:《〈问刑条例〉与明代中后期统治集团的立法思想》,载《学习与探索》1991年第5期。

③ 参见胡兴东:《中国古代判例法运作机制研究:以元朝和清朝为比较的考察》,北京大学出版社2010年版,第214页。

④ 参见胡兴东:《中国古代判例法运作机制研究:以元朝和清朝为比较的考察》,北京大学出版社2010年版,第8页。

图1所示。

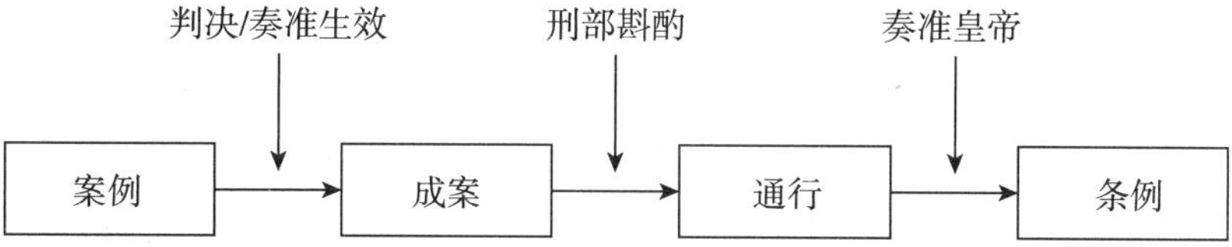

图1　清代案例、成案、通行及条例的关系

成案是清代判例制度中的特色。承继明代之律例并行,清代定期修订例。然而,在司法实践中,例的修订难以跟上时代的发展。当新问题频繁出现,律没有明确条款,而例又无法及时更新时,需要采用"成案"来解决纷争。清代的著名成案专著《刑部比照加减成案》,收录了嘉庆至道光年间的2992个比照加减成案,展示了清代的判例制度对司法实践产生的重要影响。

从产生机理看,成案的产生源于法律空白。"律例所未备"时方"详查近年成案,仿照办理",[①]即当司法实践中出现律与例均无规定的情况,司法机关可以依循成案审理案件。道光十三年(1833年),李逢辰在给《比引成案新编》作序时亦强调,成案与律、例是互为表里之关系。[②] 这一点从《刑案汇览三编》中的许多记载中都可以窥见一斑。如《刑律·贼盗·强盗·洋盗强盗年幼拟流应行刺字》一案解决了未成年流行犯是否需刺字这一问题。[③] 在既往的规定中,对于处以流刑的胁从犯是否需刺字的规定较为笼统——"情有可原",而该案则对其进行了丰富和细化。

从判例和律法的关系看,存在两种不同的观点。一种观点认为,判例是为了服务律法而存在的,律法是法律体系的主要来源;在清代法律体系中,《大清律例》几乎完全适用于刑事案件,并在许多细枝末节的民事案件中得到了贯彻执行,那些认为《大清律例》只是象征性存在而没有在司法实践中得到遵守的观点是没有根据的。[④] 根据这一观点,何勤华认为,律与例的关系可以总结为六种:其一,严格遵守律文;其二,在没有适用律文时以例文为准;其三,同时适用

① 参见(清)祝庆棋等编:《刑案汇览三编》,北京古籍出版社2004年版,第3页。

② 参见张晋藩、林乾在《刑案汇览》上所作序言。参见(清)祝庆棋等编:《刑案汇览三编》,北京古籍出版社2004年版,第6页。

③ 参见(清)祝庆祺等编:《刑案汇览三编》,北京古籍出版社2004年版,第521页。

④ 参见何勤华:《清代法律渊源考》,载《中国社会科学》2001年第2期。

律和例;其四,在没有合适的律文和相应的条例可适用时,审判机关会寻找最接近的律例并类推适用;其五,对律文进行扩张解释以扩大法律适用范围;其六,以例改变律法或打破律法。[①] 另一种观点认为,例在一定程度上突破了律的限制,汪世荣和苏亦工是这一观点的代表学者。他们认为,明清时期例的地位得到了进一步提升,不仅确立了例优先于律的适用制度,而且还确立了一系列规范例的形成和适用的制度,如因案生例、定期修例、以例入律等。这标志着中国古代判例制度的完善。苏亦工指出,明清两朝频繁修订律例和条例,导致二者数量增多,条例和律之间存在不一致性。在这种情况下,司法官员更愿意直接引用条例,有时会忽视律的重要性。[②]

总之,在案件判决中,判例被作为待判案件的法律依据广泛应用。虽然关于判例和律的关系有不同的观点,但其对法官在判决中的重要性达成了一致。为了解决这一问题,清代特设律例馆来解释、修订和编纂官方的法律汇编,以统一成案、通行和条例中重复或矛盾的部分。这些条例的来源主要有两个:一是对律文的法定解释,即官员对某一法律问题的解释与立法;二是通过具体判决发展起来的判例适用。例如,白鹏鹤案和樊魁案的案情[③]非常相似,但前者已明确此后类案参照其处理,而后者却没有这样规定。为了统一处理类似案件,刑部请求制定法律依据,以明确法律适用和统一判决结果的必要性。道光帝同意了这一请求,将这两个案件确定为法律依据,作为类似案件判决的准则。这样做不仅可以提高判决结果的准确性,而且可以显著提高司法效率。

3. 明清判例制度的主要特点

明清两朝处在变革交界时期,其判例制度也体现了“新”与“旧”的交融。判例被用于调整一些新出现的社会关系。随着社会的发展,一些新的社会关系引发的案件如火器杀伤案、走私案、鸦片贩卖案等出现。判例对于这些新情况进行了相应的调整。首先,火器弹药的使用导致私造火枪、鸟枪等案件的增加,

① 参见何勤华:《清代法律渊源考》,载《中国社会科学》2001 年第 2 期。

② 参见汪世荣:《中国古代判例研究》,中国政法大学出版社 1997 年版,第 121 页;苏亦工:《明清律典与条例》,中国政法大学出版社 2000 年版,第 233 页。

③ 参见(清)祝庆棋等编:《刑案汇览三编》,北京古籍出版社 2004 年版,第 1613 页。

如王四私造线枪案①等。其次,一些与涉外贸易和走私有关的案件开始出现。例如,有人将硝砂贩卖给外国人,其中曾广明用糖换取硝砂后再转卖,数量接近万斤。② 与周边的地区贩卖硝磺的情况类似,曾广明被判与贩卖硝磺者的惩罚相同,即发配边疆。最后,随着西方势力的入侵,鸦片贩卖案件开始出现,尽管清朝已经多次严禁鸦片,但仍然有人铤而走险违法贩卖;审判者认为他们罪无可恕,不能准许留养亲属,以免轻视法律。道光十年(1830 年),邓八因贩卖鸦片被交给督查办理,其后被流放到边疆,不允许与家人团聚。虽然邓八符合留养亲人的条件,但是如果允许他留养,则不能对贩卖鸦片的罪犯进行有效的惩处。③ 因此,清政府制定了禁止留养亲属的规定,并对以后这类案件的处理进行了规范。总体来说,明清两朝关于贩卖鸦片案件的处理具有时代特征。

明清的判例制度深受传统儒家思想的影响,法律强调维护封建等级秩序,充分体现了封建传统法律观的基本价值。黄宗智认为,《大清律例》从思想起源和宣传理念来看,是一部儒家兼法家的经典。④ 王起案⑤就明显表明了法律对于父权的绝对维护和支持。根据律例,子孙违犯教令而父母故杀者,杖六十,徒一年。在此案中,王起因儿子王潮栋对其辱骂而愤怒,将其活埋致死。虽然王起的行为属于故杀,但是王潮栋辱骂其父,审判者认为殴骂祖父母、父母是应该被处死的罪行,刑部认为王潮栋本应该被处死,所以其父王起即使将其活埋致

---

① “王四开设铁铺,私造线枪十余杆。查验线枪,与军械鸟枪身短塘宽,能容铅丸者不同。王四应比照私造鸟枪杖一百,枷号两个月、每一件加一等例,免其枷号,并免按件加等,将该犯拟杖一百,折责发落。”参见(清)祝庆棋等编:《刑案汇览三编》,北京古籍出版社 2004 年版,第 417 页。

② “曾广明用糖向夷人易换硝砂转卖,计重一万余斤,作硫磺五千余斤,该犯系于海面私贩夷硝,与附近苗疆兴贩无异。将曾广明比照附近苗疆五百里以内民人兴贩硝磺,事发多至一百斤以上例,发近边充军。”参见(清)祝庆棋等编:《刑案汇览三编》,北京古籍出版社 2004 年版,第 429 页。

③ “邓八兴贩鸦片烟已成,刑部照收买违禁货物例拟军,并以该犯供明亲老丁单,请交该督查办,固系照例定拟,惟鸦片烟贻害生民,屡经严禁,而奸徒仍敢藐法贩卖,罪既无可复加,若再以亲老丁单准其留养,殊不足以儆藐玩。邓八一犯着枷号一个月,发近边充军,不准留养。嗣后遇有兴贩鸦片烟之犯,供明亲老单丁者,着将此案声叙请旨。”参见(清)祝庆棋等编:《刑案汇览三编》,北京古籍出版社 2004 年版,第 426 页。

④ 参见黄宗智:《民事审判与民间调解:清代的表达与实践》,中国社会科学出版社 1998 年版,第 103 页。

⑤ “王起之长子王潮栋因恨弟王潮相不肯借钱,持刀赶砍,王起闻知将王潮栋拉回,缚其两手向其斥骂。王潮栋回骂,王起气忿莫遏,将王潮栋活埋身死。虽系故杀,惟王潮栋系詈骂伊父,罪犯应死之人,与故杀并未违犯教令之子不同,亦与非理殴杀违犯教令之子有间。该将军将王起照律拟杖,殊未平允,应改予勿论,以符律意。至王潮相迫于父命帮同活埋胞兄致死,应俟缉获到案,审明属实。再行按律定拟,夹签声请。”参见(清)祝庆棋等编:《刑案汇览三编》,北京古籍出版社 2004 年版,第 1599 页。

死也没有罪过。类似案件在《刑案汇览》中有很多。清代社会加强了亲属关系的服制规定,并且对伤害父母、祖父母等行为人进行了严厉的惩罚。案件审理会优先考虑当事人之间的亲属关系,这一因素对于判决结果具有重要影响。亲属间的犯罪与一般犯罪存在显著差异,刑部会综合考虑亲密程度、尊卑关系以及年长年幼等因素,如果无法明确亲属关系,则需要依靠礼部的协商来作出最终判决。以清代《刑案汇览》卷一为例,该卷总共记录了53件案例,其中长度超过一页的案例为14件。另外,以《刑案汇览》卷四十四为例,该卷记录了69件案例,其中长度超过一页的案例为19件。从案例的长度可以看出,清代的判决理由以道德教化为主,法律说理相对较弱,很少提及法律原则和解释,而更多地依据道德因素来判断案件,如"其情可悯"等。这可能与中国古代坚持礼治、德治的原则有关。以徐二姐与陈七通奸勒死婢女素娟灭口一案①为例,徐二姐因为通奸而害怕事情败露,故意杀害婢女,审判者认为依照故意杀人的法律处理不足以惩罚,因此加大了处罚。该案说理部分指出"主婢关系已经结束,而素娟只有十二岁,徐二姐趁她睡着时用绳子勒死她",乾隆皇帝认为"实为淫凶可恶",改变了原判的处决方式,成为后续类似案件的依据。

4. 民国时期的判例制度

民国时期,中国拥有比较专业的法官队伍、严格的司法人员考录制度和薪酬制度,以及清末根据所借鉴的各国司法制度制定的成文法。尽管这些制度不完美,且民国时期军阀混战,但对于依法独立行使司法权的强调、对司法人员的专业化培育培养等,都积极推动了民国独特的判例制度。现在学界多数认为,民国在法治方面取得的某些成就是不能否定的。因为政治局势动荡不安,派系争斗激烈,立法机关也频繁被取缔,在没有相对稳定环境的情况下,立法工作无法进行。然而,传统的清末法律已经不适应现代社会的需要,所以在这一时期,大理院及其官员的作用甚为重要。民国四年(1915年)的《法院编制法》对于法官、检察官的任用等作出了较为严苛的资格规定。民国年间的法官群体或留德、留日归来,或在国内专业法律院校毕业,均为科班出身。正是由于素质较高人员的任职,大理院的判例在这一时期起到了维护司法活动正常运行、保障司法活动统一公正的巨大作用。面临传统文化和司法实践中的断裂,大理院的法

① 参见(清)祝庆棋等编:《刑案汇览三编》,北京古籍出版社2004年版,第1421页。

官们借由判例制度构筑起了一座桥梁,其连接了过去和现在、旧制度和新制度,所蕴含的智慧值得深思。

民国初期的判例实践主要集中于对清末变法修律时所定法律的扬弃上。在刑法方面,民国以《暂行新刑律》沿用《大清刑律》,将其作为刑法领域的基本法;在民法方面,则借由判例制度革新了许多新规则。换言之,民国初期的判例具有释法与造法两种价值。总体来看,刑事领域以释法为特色,民事领域则以造法为特色。其一,民国时期在刑事领域的释法,在一定程度上践行了刑法的谦抑性。例如,《暂行新刑律》第一条便规定了"法无明文规定不为罪",该条文同时匹配了 9 个判例,详细展示了 9 种情形下不定罪的案件①。其二,民国时期在民事领域的造法,在一定程度上体现了司法人员的不懈努力。民事判例的适用面临一个关键问题,即如何将刑事规定中的民事内容分离出来,实现从刑事处罚向民事处罚的转变。在民国民律正式颁布之前,大理院的法官们努力完成了这一艰巨任务。不同于刑事案件的审理存在普遍适用的规则,民事案件的审理在一定程度上依赖习俗和惯例,因此民国时期的民事法律更强调判例在创制法律方面的功能。这主要是因为民法在这一时期已经成为独立的法律部门,而清代在这一方面则存在法律空白;同时,民国初期复杂的社会背景亦为判例发挥作用提供了条件。在开始沿用《大清现行刑律》的民国初期,原则上规定了其民事有效部分的持续适用,但未具体细化法律条款。因此,在具体适用的过程中,大理院采用现代民法理念,将刑法中的惩罚措辞进行转换,如将"不坐"转为"有效",将"被禁止的行为"转化为"无效或可撤销"。在《中华民国民法》颁布之前的 17 年间,有关民事法律的内容并未被独立提取出来,大理院借由民事判例,通过逐步的法律改革和重建,将权利本位、自由民主、平等博爱等观念渗透到民众。民国八年(1919 年),大理院开始编写《判例要旨汇览》,由此形成了判例制度发展的新形式。判例要旨是指大理院的推事根据选定的判例中最核心的内容,经过总结和抽象而形成的法律规则或原则。为了与成文法吻合,判例

① 被和诱之人律无处罚正条、和奸寡妇在补充条例颁行前者不论罪、代表灾民求赈无强胁举动不成犯罪、强盗预备犯律无处罚明文、私藏赌具应不为罪、诈财未及着手不能论罪、关于伪造文书除公务员所掌之公文书与医师所提出之证书外若于自己之文书虽难为不实之登载无论是否足生损害与他人刑法上既无处罚明文且无论罪之余地、和诱未满二十岁已结婚之妇女如其诱拐当时并无通奸或意图引诱奸淫且非略诱者更无犯他罪之可言、代匪购送食品而未加入实施掳勒行为不能论罪。

要旨汇编按照各类成文法的纲目和条文序号进行归纳，方便法官查阅法典并找到适用于当前案件的先例。判例要旨具有普遍法律效力，是判例法向成文法过渡的桥梁。

关于民国判例的性质，学术界存在不同观点。肯定说认为，在民国初期法制不完善或缺失的情况下，只能通过判例来弥补。尽管可以依据习惯法来处理法律缺漏，但习惯法有地域特性，难以实现司法公正。由于民国初期政局动荡，立法权难以有效实施，因此大理院具有多元化功能，司法兼具立法的角色，司法的目的是补全立法。民国初期几乎每一项判决都成为判例，特别是民国七年至民国九年（1918—1920 年），判例产生速度很快。这是因为社会事件频繁发生，缺乏相关法律和先例。但是民国十年（1921 年）以后，判例明显减少，因为可供援引的判例已经形成规模，判例要旨原则能够较好地处理各种社会事件。在诉讼案件中，民众和法官首先依赖的是作为判案的准则和依据的具有权威法律效力的判例，大理院的判例实质上应属于“条例”，因为大理院有权解释法令，并对下级法院具有拘束力。大部分民事判决先例属于“创制性判例”，用于填补漏洞，具有创新意义。胡长清认为，这一时期的中国法律制度具备判例法的特点。① 否定说认为，虽然大理院的判例要旨和解释例基于个案形成了明确的裁判理由，融合了规则和事实，以实现判决的折中调和，形成普遍的约束规则，保持了整体逻辑的稳定，但是《大清民律草案》并没有明确将判例列入民事法律适用的顺序，因此，判例对下级法院的判决没有实际的拘束力，只能作为参考。

5. 民国时期判例制度的运用价值

民国时期判例制度的运用价值体现在如下方面。

首先，客观对待了传统法律资源。这不仅包括对传统法律制度的承袭，还包括对传统文化的传承。承袭并不意味着简单延续某一思想，也不意味着对某些制度的全盘照抄，而是在客观认识传统文化精髓的基础上对当代制度进行创新，这需要高超的技术、综合的智慧和谦卑的态度。从民国初期的法制发展中可以看到这种努力。制定法律需要经历时间的磨砺，即使《六法全书》的适用时间不长，但它经过了 17 年的判例制度改革和革新才得以出台。所以，尽管民国初期社会动荡、立法缺位，法治格局并不是最优状态，但大理院没有因为清末的

① 参见胡长清：《中国民法总论》，中国政法大学出版社 1997 年版，第 35 页。

法制未及实施就对其全盘否定,他们客观认识到了这些制度本身的价值,以之为基础,运用智慧和高超的实务技巧,不断进行制度创新。虽然法律存在缺陷,但通过判例制度的实施,他们进一步完善和补充了法律的不足之处。因此,为了使新法律具有生命力,需要将其放在真实的社会中不断检验,以发现其不足之处。

其次,借由判例制度革新了法律体系。清末变法修律虽然制定了一系列实体法和程序法,但其未能得到有效实施。民国时期,这些法律中的精华部分得到了实施。此外,民国的法治建设中有三个方面特别值得关注。第一,人才队伍建设。清末变法修律过程中,张之洞曾提到建设法制人才的问题。他认为,法制的发展离不开人才的支持,所以,要实施先进的制度,就需要培养具备一定专业素养的司法人员,如陪审员、法官、检察官等,同时律师和证人等也需要具备相当法律知识。民国时期,大理院注重培养人员的素养,但更加关注法律专业人才的需求,因此开始实施行政和司法分离的制度体系,培养专职的法律工作者来构建人员队伍。第二,对判例制度不断进行改革。判例制度是修复和弥补制度缺陷最有效的手段之一。民国初期,新刑律中一些民事部分的法律规则已经过时,在实际运用中,大理院借由判例,还原了它们的民事法律属性,使民事活动逐渐摆脱与刑事处罚的关联,让人们慢慢接受民事法律和刑事法律的差异。第三,民国中后期判例制度不断发展,大理院开始总结规则和原则,这又成为后续案件判决的重要指引。从大理院发布的判例要旨相关汇编可以看出,具体的判例和法律解释随着时间和事件的发展而不断更新和完善,逐步形成完善的制度,最终产生相关成文法。这种借由判例实现逐步改革的路径对于现代法治建设具有借鉴意义。

最后,善用先进理念改善传统的身份关系。民国时期,社会中仍然存在明显的身份等级制度,尤其在法律领域,人们需要逐渐从以身份为基础过渡到以契约为基础。这种转变涉及宗族关系、继承关系、婚姻关系等方面,这在当时是相当困难的。与此同时,判例法不断改变根深蒂固的意识形态,如确认正妻的法律地位、权利分配以及继承的实施主体等,相关判例案件的确定性也通过司法裁判不断得以巩固。民国时期,大理院妥善处理了判例制度与习惯法之间两个方面的关系。一方面,判例制度确认了一部分习惯法的效力。在传统社会中,经济发展相对单一,因此所需的民事法律关系较为简单。然而,在民国时期,社会多元发展,民事主体、民事财产和民事利益等各个方面都需要全面保护。在这种背景下,判例制度对民事方面的习惯法进行了确认和发展。因此,在“五里不同俗,十里不同风”的社会实践中,判例制度承认了习惯法的地域特性,并赋予其在合理范围内的法律效力。为了保护弱势群体的利益,民国政府在物权中保留了中国传统特色的典权制度;在制定抵押制度时,以民众熟悉的不动产为基本标的物,这些关系定义都以习惯法为基本考量。另一方面,判例制度改进了习惯法的弊病。在传统社会的发展过程中,习惯往往先于成文法而出现,并成为人们代代相传的精神信仰。这种习惯常常持续千年,并获得大多数人的尊崇和遵守。然而,并非所有受尊崇的习惯都具备合法性。因此,在谈及改革和改良时,最困难的是改变人们的行为习惯。有时,基于习惯逐渐形成的规则体系会严重阻碍社会发展和制度完善。大理院的法官通过判例制度来改善这些问题,在民国后期民事法律全新发展的阶段,也在考虑习惯价值的重要性。

(三)新中国成立初期至2010年的检察案例指导

1. 检察案例指导制度的发展历程

指导性案例在法律解释和促进基层司法人员理解法律内涵方面发挥着重要作用。从规则生成的角度看,虽然我国的案例指导制度于2010年才正式出台,但是这不意味着中华人民共和国建立后我国没有重视和发展案例制度。实际上,我国对于案例制度的关注可以追溯到新中国成立初期。

(1)1949—1968年:初步探索期。1949年,我国宣布废除民国时期的法统,制定具有社会主义性质的法律。但法律的制定并非一蹴而就,当时各项法律尚处于准备状态,所以那时的司法审判主要的依据是方针、政策。

自1956年开始,不断有人提出编纂案例以指导审判工作,国家主要领导也强调编纂案例的重要性。[①] 于是,案例编纂工作开始被提上日程。最高人民检察院非常重视案例指导工作,于1956年10月便将国内各地上报的案例编辑成册,形成《检察业务参考资料》,并印发给下级单位。这些资料在当时极为珍贵,是中华人民共和国成立后最早的一批具有检察案例性质的实务资料,为指导当

① 参见高铭暄口述、傅跃建整理:《我与刑法七十年》,北京大学出版社2018年版,第19页。

时的检察活动提供了重要的司法参照。但是其亦存在一些问题,具体来说,表现在如下方面。首先,这些案例只在内部系统中传阅,没有通过登报等方式让民众了解案例的内容和原则。从法理逻辑来说,唯有知法才能守法,内部传阅的做法说明在这一时期我国对于指导性案例的认识还局限在司法实践的工具主义层面,忽略了其本应包含的引导民众自觉守法之功能。其次,指导性案例的选择过程缺乏固定的程序和标准。指导性案例的指导功能是以其权威性为基底的,如果其选定难以保证程序正义,必然减损其权威,而这又将反向引发对所选案例是否真正具有指导性的怀疑。从前文对于古代、近代我国判例生成过程的论述可知,中华人民共和国成立后的指导性案例与民国甚至清代的判例在生成程序方面存在不同。最后,指导性案例的范围相对单一,主要涉及刑事案例,缺乏行政法的指导性案例,而这不利于民众法治观念的培育。正如最高人民法院长期从事"人民法院案例选"工作的杨洪逵同志所归纳的,当时"使用案例的主要目的,并不是深入解释法律,更不是创造法律,而是配合特定时期的工作或任务需求"①。

1962 年,《最高人民法院关于在当前的对敌斗争中审判工作的任务》出台,其中第 5 点指出,选择一些有代表性的案件作为案例,及时发给下级法院参考。对于最高人民法院的上述行动,最高人民检察院也及时跟进。作为回应,1964 年 1 月,时任最高人民检察院副检察长的张苏在会议上强调了重大案件中形成的经验要作为典型案例掌握起来,各级检察院每年也要定期报送自己辖区内的典型案件,以便指导办案。② 此后,最高人民检察院在检察案例指导的编纂方面付出了相当长时间的努力。为了引导下级检察机关工作,最高人民检察院从检察机关的实务工作出发,结合工作特性,对收集的代表性案例进行了深刻研究和全面总结。在积累了丰富经验的同时,这一系列活动也为其之后在案例指导方面的建设打下了基础。

(2)1978—2008 年:恢复发展期。1978 年最高人民检察院重建,新的契机促进了案例指导制度的发展。党的十一届三中全会召开后,随着市场经济体制

---

① 杨洪逵:《案例指导:从功利走向成熟——对在中国确立案例指导制度的几点看法》,载《法律适用》2004 年第 5 期。

② 参见闵钐编:《中国检察史资料选编》,中国检察出版社 2008 年版,第 701 页。

的不断完善，社会关系和社会现象亦越发复杂，中国的经济、文化、意识形态走向繁荣化、多样化，这既是挑战，也是机遇。单纯制定法律不能真正解决我国转型阶段的各种实际问题，我国那时迫切需要实现从“法制”到“法治”的转变，而要实现以法治推动社会公正和进步，需要注重科学立法的内涵，并结合本土实际情况制定持久可行的法律。在这方面，案例指导制度正好可以承载法律、人情、智慧和公平等多重价值。案例指导使民众可以更好地理解法律的适用和解释，为司法工作提供更具体、更具针对性的指引。案例不仅是法律的实际应用，更是法律背后的故事。每个案例都有其独特的背景和细节，民众可以通过案例更生动地了解法律如何发挥作用、影响人们的生活和社会秩序。

20 世纪 80 年代后期，最高人民检察院组织编写了《刑事犯罪案例丛书》，其是由中国检察出版社出版的、总计 23 册的系列丛书。该套丛书在编写时，举全国之力，从各地检察院选送的数万件案例中精选了 6000 件，全方位展示了当时检察机关在从事检察活动时可能遇到的各类疑难问题，准确彰显了当时我国检察机关对于《刑法》和《刑事诉讼法》的理解与运用。因该套丛书编写之严谨，时任最高人民检察院检察长刘复之为其题词“严格执法，准确定性”。尽管这套丛书更多的是从学理角度汇编了当时的典型案例，其法律位阶尚未达到检察指导性案例的高度，但这一系列活动无疑为其后的检察案例制度建设积累了宝贵经验。1989 年 5 月，《最高人民检察院公报》创办，次年的第 3 期中公布了 2 起典型案件①，自此开始了以公报形式发布典型案例的时代。多年来，该公报为我国检察机关的工作开展提供了一定的指导，亦为检察指导性案例制度的完善提供了土壤。

2003 年，《最高人民检察院关于加强案件管理的规定》出台，要求进一步加强案例编撰等工作。为确保案例指导的有效性，促进检察系统内部真正理解贯彻案例指导精神，最高人民检察院与省级检察机关付出了巨大的努力。一方面，各级检察机关每年都会组织业务交流，将具有一线实务经验的司法人员组织到一起，共同进行案件研讨，分享疑难案件的处理思路与技巧；另一方面，各级检察机关及时编印对办案工作具有指导意义的案例供检察人员学习参考，从而全方位提升办案水平。例如，最高人民检察院公诉厅编辑了《刑事司法指

① 分别是罗某光受贿案，黄某林、关某国、王某生故意杀人案。

南》,民事行政检察厅编写了《人民检察院民事行政抗诉案例选》。这些刊物中的案例不仅帮助了检察人员更好地理解和应用相关法律规定,还提供了实际操作中的指导和借鉴。2005 年 10 月,《人民法院第二个五年改革纲要(2004—2008)》发布,其再次强调了案例指导制度的重要性,并首次提出了建立和完善中国的案例指导制度的要求。为实现这一目标,中央政法委员会提出了建立中国特色的案例指导制度的要求。作为回应,最高人民检察院强化对案例指导制度的重视,将其视为监督自身执法活动、促进司法规范化、增强司法公信力的重要举措。为踏实推进案例指导制度,最高人民检察院在 2009—2012 年的工作规划中明确了这一目标。在此目标之下,为确保检察案例指导制度落到实处,最高人民检察院开展了多项专题调研活动,组织了丰富的理论研究和实践调查等,这些工作的重要性不可忽视,其不仅为检察机关提供了宝贵的经验和指导,也为人民群众提供了更加公正和有效的司法保障。2010 年 7 月 29 日,最高人民检察院第十一届检察委员会第四十次会议通过了《案例指导工作规定》,正式确立了最高人民检察院案例指导制度。

2. 指导性案例的产生机理与功能价值

对于指导性案例的产生机理,我国存在三种代表性学说。这些学说立足于对中外案例制度的考察、司法机关上下级关系的考察,以及判例与法律条文关系的考察。

一是从中外案例制度考察出发而提出的折中选择说。该学说认为,我国的案例指导制度并非凭空而来,而是在借鉴西方判例制度的基础上发展起来的。当然,该学说对于这种借鉴程度的判断是折中的,认为指导性案例是对原有制度的补充,而非推翻。我国的指导性案例制度有限度地借鉴了西方的判例制度,并非全盘吸收,而仅对西方判例制度之中有益的部分进行了借鉴,用于弥补存在缺陷的方式和技术。

二是从司法机关上下级关系考察出发而提出的司法习惯说。该学说认为,指导性案例具有天然的约束力,下级机关必须遵循。然而,该学说并没有揭示背后的机理,换言之,对于这种“必须遵循”的要求而言,该学说并没有给出明确的来源依据:究竟是法律赋予上级机关的权威,抑或在特定政治生态格局下上级机关自身天然具有的权威导致了这种“必须遵循”,这一学说缺乏系统论述。此处还涉及另一个问题,即一旦指导性案例本身出现错误抑或存在缺陷,其是否仍具备指导性,此时对其遵循是否合理亦有待商榷。

三是从判例与法律条文关系考察出发而提出的解释法律说。该学说认为,指导性案例通过案例的形式解释法律规定,消除司法实践中对法律适用的疑点和困惑。然而,指导性案例到底应当限制解释法律条文还是扩大解释、缩小解释法律条文,换言之,这种解释法律的尺度在哪里,解释法律说没有给出明确的答案。更为重要的问题是,指导性案例与司法解释不同。为保证司法解释具有法律赋予的权威,其出台都遵循严格的程序,这是借由程序正义对其功能价值的捍卫。但指导性案例在释法方面的权威从何而来?指导性案例在适用范围上是否具有普遍的效力?这些问题仍有待解决。由此,指导性案例在法律制度中的地位和作用仍然存在诸多争议。指导性案例可以作为原有制度的补充,具有约束力,起到解释法律规定的作用。然而,关于其具体操作和效力来源等实质性问题仍需探讨和解决。为适应中国的实际情况,需要对指导性案例进行持续改造和加工,以形成具有"先例"意义的范例,而这需要一系列的制度规范和司法人员的法律素养。由于司法体制改革仍需不断完善,因此指导性案例制度若要发挥其价值需要持续的积累。

从功能价值来看,指导性案例是司法实践智慧的结晶。其所展示的是中国司法实践的认识水平、抽象能力和实务功底。有效地落实指导性案例制度,可以为司法实践提供有益参考,从而极大地降低法律检索的成本,缩短案件推理所耗费的时间和审判的周期,最终有效节约司法资源,实现司法资源的优化配置。为了实现上述价值,需要注意到指导性案例与其他案例最大的不同在于其具有指导性。尽管目前这种指导仅仅停留在参考的层面,但不能否定指导性案例本身所蕴含的法律价值追求。对此,需要站在更高的视角来看待问题。如果跳出对个案正义的追求,从整个司法实践和法治建设的角度来说,引入指导性案例这一制度的最终目的在于,通过一种新的制度体系,在更多维的层面提供对民众权益的保护,并规范主体的行为,追求秩序性价值。另外,效率价值也是指导性案例制度的重要追求。法律的效率价值核心在于节约司法成本,当下司法诉讼中存在一个问题,即案件周期长,时间和精力成本高。特别是在处理一些疑难案件、新型案件或法律不明确的案件时,诉讼时间成本很高,这给法院、检察院和当事人都带来了很大压力。指导性案例恰恰可以解决这个问题,引入指导性案例可以填补这一缺陷。

(四)2010年至今的检察案例指导

1.2010年至今检察案例指导制度的深化

2010年至今,我国检察案例指导制度取得了显著进步。2010年7月,《案例指导工作规定》印发,作为最高人民检察院发布的、涉及检察指导性案例的官方文件,其标志着检察案例指导制度的正式确立,而2010年年末公布的3个指导性案例则标志着该制度在全国范围内的正式运行。2014年10月,党的十八届四中全会通过的《中共中央关于全面推进依法治国若干重大问题的决定》指出:"加强和规范司法解释和案例指导,统一法律适用标准。"2015年12月,最高人民检察院修订了《案例指导工作规定》。这一时期,最高人民检察院加强了对检察案例的研究工作。《检察日报》经常刊登典型案例,《人民检察》杂志开辟实务研究、疑案精解、办案札记等栏目。2010年1月,《中国检察官》杂志进行了改版,每月下半月出版"经典案例"版,开辟专题、案说检察、举案明法、热案聚焦、案例工坊等栏目。

2018年3月以来,最高人民检察院党组高度重视案例指导工作,检察案例指导工作驶入了快车道。时任最高人民检察院检察长的张军强调了指导性案例在检察工作中的价值,即案例对于指导、监督和制约工作具有重要作用,高质量的指导性案例将对各级检察机关的各项业务产生深远影响。与此同时,2018年修订的《人民检察院组织法》对指导性案例的法律地位也进行了明确。2019年最高人民检察院对此前的相关规定进行了再次修订,进一步完善了指导性案例的内容和编写过程,并规定了各业务厅和法律政策研究室的责任分工。自2010年发布第一批指导性案例起至2017年止,最高人民检察院发布了9批共38件案例,平均每年发布一批。从2018年3月开始,最高人民检察院提高了指导性案例的出台频率,截至2024年4月已经发布了50批共204件案例,覆盖了刑事检察、民事检察、行政检察和公益诉讼检察四个领域。同时,最高人民检察院还在为党和国家的重大任务提供支持的过程中,持续地推出了一系列典型的案例。

2.检察案例指导制度建立的意义

自最高人民检察院案例指导体系建立以后,通过将指导性案例作为"以例明法"的基础方法,法律法规存在的时间延迟、含糊不清及覆盖面不足等问题在一定程度上得到了缓解，从而引导检察机关将工作重心放到了解决更加重要且复杂的问题之上。检察指导性案例也在一定程度上明确了如何正确使用检察权力，保证法律法规的彼此统一和一致应用，从而增加了民众对检察机关司法活动的理解度。经过数十年的探索、试验和改进，最高人民检察院正在积极地创建更完善的检察案例指导机制，以便更好地提高工作效率和司法水平，推动“四大检察”之间的平衡、和谐发展，实现习近平总书记提出的“一个案例胜过一打文件”的精神目标，尽全力保证每个诉讼过程都能体现公正和平等的原则。然而，衡量检察案例指导的制度价值时，需要超越设计层面，着眼于实际执行情况去评估。道虽迩，不行不至；事虽小，不为不成。从实践角度来看，检察指导性案例建立的意义体现在如下方面。

(1)弥补成文法的不足。一方面，成文化的法律法规之表达方式具有固有的、不可避免的缺陷，无论用词如何完善、详尽，都可能存在漏洞从而受到质疑。在实务中，总是存在一些异常现象无法通过严谨且明确的语言予以书面化。另一方面，由于立法技术的限制，法律条文必须经过一定程度的高度概括才能适应现实中的各种情况，因此难免会忽略一些细节描绘。当这些法律法规被应用到具体案例中，就需司法人员根据特定情景来作出决策，而其中，司法人员的理解是决定性因素。成文法的以上两点不足是其自身无法克服的，检察案例指导制度则恰好能够弥补。指导性案例本身不仅仅是对处理结果的陈述，更包含了案件的相关细节和据以处理的理由，从而使法律规范更为清晰、明确。

(2)统一司法尺度。从中华人民共和国成立后的法治发展历程来看，我国曾存在政策性司法和运动性司法的情况，同一种案件可能因处于不同政策期而得到完全不同的处理结果。此外，新型犯罪屡见不鲜，司法人员需要根据自己的经验和常识，结合抽象的法律规定，对案件作出符合法律和社会效果的判断。这种自由裁量权的广泛运用导致检察人员在司法实践中因时间、地点、政策和经验不同而对同一案件采取不同处理方式的现象。尽管指导性案例是引导问题解决方向的，但每个案例仍然对适用法律、事实判断和证据采信规则的解释起到了具体细化和明确处理方式的作用。这样一来，指导性案例实际上起到了统一执法和限制自由裁量权的作用，避免了个案之间差异过大的情况发生。

(3)提高司法效率。近年来，我国检察机关处理的刑事案件数量呈逐年增加的趋势，主要集中于一些常见的罪名，如盗窃、抢劫和故意伤害等。然而，检察机关一线办案部门面临着案件数量多而人力资源不足的问题。以广东省中山市为例，该市检察机关处理的审查起诉案件以每年5%～10%的速度增长，其中盗窃罪、故意伤害罪、毒品犯罪、抢劫罪和交通肇事罪等五类常见罪名占据了案件总量的71.5%；每名检察人员每年办案数量从2010年的100件增加到2015年的130件。[①] 这种情况使检察人员在办案过程中不得不应对众多案件从而感到力不从心。为了提高刑事司法的效率，解决执法办案过程中重复劳动的问题，全面的案例指导制度非常必要。这样，检察人员在办案时可以通过查找类似案例来作出决策，从而减少一些重复劳动，节约司法成本，并提高司法效率，最大限度地合理利用司法资源。

3. 案例指导制度的创新与挑战

目前的检察案例指导制度存在许多创新之处，具体表现在如下方面。

首先，案例的使用效果得到提升。案例在编写格式上进行了全新的调整，增加了关键词以便查找和使用，并将主题放在显眼的位置；特别是重点强化了检察机关的工作流程，突出了检察的独特性，提高了对检察工作的针对性和示范性。在适用层面，从之前的“可参考”和解释法律时“可援引”到现在的各级检察院都应按照指导性案例处理相似情况，这大大强化了案例体系实施的硬度。

其次，扩大了案例选择途径。省级检察院为在本区域内搜集、归纳、审核及推介候选指导性案例的主要责任机构。司法机关及其工作人员有权提名指导性案例，并建立了从基层到高级别的自下而上的路径。此外，公民代表、专家顾问委员会和社会各方人士能够向承办案件的检察院或其上级机关提出建议性的候选指导性案例，这进一步调动了社会参与的积极性和热忱。

最后，对案例制作流程进行了优化。新的流程包括首先由省一级检察院搜集与筛选出优秀的案例，然后交予相关部门负责审查，再经过案例指导委员会的研究探讨，提交给检察委员会审核通过后予以公示。这一过程更为严格且科学。此外，重视征求法学家及检察实务人员的建议，并且建立了案例数据库，规定所有优秀案例都应刊登在最高人民检察院官网上，这有助于提高公众对此类案件的了解程度，同时也方便参考借鉴。

---

① 相关数据源于中山检察在线网，http://www.zhongshan.jcy.gov.cn/。

当然,现阶段检察案例指导制度亦面临一些挑战。

首先,许多检察机关工作人员并未给予案例指导足够的关注度。虽然最高人民检察院在2015年及2019年修订的《案例指导工作规定》里强调各级检察院须把指导性案例融入业务培训,强化对其的理解与使用,但是仍有部分人员未予以足够重视。一些检察机关工作人员未能深刻意识到指导性案例对于案件处理过程的重要引导功能,不仅较少接触或阅读这些指导性案例,甚至连最高人民检察院发布的相关指导性案例都不了解,自然无法将其用于指导自身的工作实践。

其次,目前在检察系统内部,参考适用指导性案例的频次相对较低。相关数据分析显示,自最高人民检察院于2010年开始发布指导性案例后,司法机关在法律文书中明确参照适用的案例很少。究其原因,可能是现有的指导性案例样本过少,其不能够充分符合实际操作的需求,也可能是某些具体的指导性案例本身缺乏有效指导性。此外,长期以来的检察官工作习惯也在一定程度上影响着指导性案例的效果发挥,我国作为一个传统的成文法国家,检察机关的工作人员一般更倾向于查找相关的法律条文及司法解释,而非指导性案例。

最后,公众对检察指导性案例的关注度相对较小。当谈及指导性案例时,一般人会首先联想到最高人民法院发布的指导性案例;从法学研究的角度看,绝大多数学者与专家的研究对象也主要为最高人民法院所发布的此类案例。部分研究人员不仅并未过多关注最高人民检察院发布的指导性案例,甚至错误地将其视为检察机关的工作指南,而不是将其看作真正意义上的指导性案例。

二、检察指导性案例的基本理论

(一)检察指导性案例的含义与概念比较

从前述检察案例指导制度的发展历程来看,我国检察指导性案例经过较长时间的探索,逐步成为具有中国特色的一项检察工作。检察指导性案例是立足于中国司法语境下而提出的概念，也是检察案例指导制度的重要子单元。[①] 根据《案例指导工作规定》，检察指导性案例是指由最高人民检察院发布的，在事实认定、证据运用、法律适用、政策把握、办案方法等方面对类案具有指导意义和参照适用效力的案例。[②] 从该定义可以看出，检察指导性案例的含义由检察、指导性、案例三者并列组合而成，缺一不可。首先，指导性案例的生成与发布只能由检察机关进行，尤其是指导性案例的发布权限仅限于最高人民检察院行使，区别于其他检察案例。其次，指导性案例一方面属于已决的司法案件，并且案件办理过程中程序合法公正；另一方面，要体现"指导性"，具体而言就是发布的案例既是"四大检察"职能和"十大业务"的典型案例，又是在规范法律监督、正确适用法律、统一司法办案层面具有代表性的案例。因此，检察指导性案例与案件、案例、英美法系的判例等概念不同，下面将对与检察指导性案例有关的概念予以比较，从而使其含义更为清晰、直观。

1. 案件、案例与检察指导性案例

《现代汉语词典》将案件解释为一种事件，案例则是已有的典型事件。[③] 如果将两个概念限缩在法律语境下，案件是指在执法和司法过程中真实发生和存在的案件；案例是指执法和司法机关已经办结，具有法律效力的案件或法学研究和教学中所架构的案件。具体到司法领域，案件就是司法机关正在查办的案件，案例是经过一定程序、办理完结的案件。由此可见，司法层面的案件往往处于未决状态，办案人员需结合案件事实与现有法律，进行演绎推理、分析论证；而案例中需要处理的法律问题已经转化为既定的结果，司法机关对案例的分析更多是基于经验视角的归纳与总结。

检察指导性案例是在司法案件与司法案例的基础上，检察机关进一步收缩，对发生在检察实务中的案件进行量和质层面的双重提炼后形成的概念，应当说，检察指导性案例的形成需要经过"检察案件—检察案例—检察指导性案

① 参见庄永廉、曲新久、张杰等：《如何强化检察指导性案例的生成与应用》，载《人民检察》2019 年第 11 期。

② 参见付玉明、汪萨日乃：《刑事指导性案例的效力证成与司法适用——以最高人民法院的刑事指导性案例为分析进路》，载《法学》2018 年第 9 期。

③ 参见中国社会科学院语言研究所词典编辑室编：《现代汉语词典》（第 5 版），商务印书馆 2005 年版，第 11 页。

例"的演化与筛选，即检察工作中的案件只有通过检察机关的不断检视与反思，才能上升至检察案例，然后检察机关经过严格的程序在其中选取符合司法体制改革要求、具有统一法律适用指导功能的典型性代表案例，形成最终公之于众的例证。因此，检察指导性案例的生发是一个较为漫长、严谨的过程，检察指导性案例凸显了检察机关案件办理的质量与治理成效。

2. 检察指导性案例与检察案例指导制度

从我国司法内部视角看，检察案例指导制度是相较于法院案例指导制度而言的一种司法案例创新机制；从比较法视野看，检察案例指导制度是区别于英美法系判例制度的一种中国检察制度实践。检察案例指导制度作为检察系统的案例运行机制，广义上不仅包括检察指导性案例，还包括检察机关发布的典型案例、精品案例等具有类案借鉴、参考价值的案例。狭义上来说，检察案例指导制度就是指检察指导性案例，但此种解释有限缩过限之嫌，也不符合该制度设立的初衷以及更新发展的趋势，因而检察指导性案例不等同于检察案例指导制度，前者是后者的核心组成部分。

检察指导性案例、典型案例、精品案例等司法产品各有侧重又相辅相成，共同构成了检察案例指导制度。目前，三类案例已经成为检察机关履行职能、强化司法统一、加强法治宣传与教育的重要载体，但在案例的选取程序、目标定位、功能价值等方面具有一定差异。

第一，从案例的选取程序来看，检察指导性案例的生发程序要求高于典型案例与精品案例。一方面，检察指导性案例的收集与遴选由最高人民检察院案例指导工作委员会负责，最高人民检察院各业务部门和省级人民检察院推荐的案例经该案例指导工作委员会讨论甚至召开专家论证会研讨通过后，由最高人民检察院统一发布。典型案例和精品案例的选取过程则较为简便，地方各级人民检察院有权组织两类案例的遴选与发布等工作。因此，检察指导性案例的发布数量相对较少。另一方面，受制于严格的程序，检察指导性案例的发布形式与撰写内容都要遵循《案例指导工作规定》的要求，具有格式化、模板化的特征。典型案例和精品案例则相对灵活，内容也更为多样，尤其是能够较为及时地回应社会关切的问题，体现检察职能。①

① 参见张杰：《检察指导案例理论与实践》，中国检察出版社2021年版，第15页。

第二，三类案例的目标定位不同。检察指导性案例更注重对内的指导作用。检察指导性案例虽不得作为案件处理的直接依据，但“应当参照”的规定说明指导性案例对类案的处理具有强制性的指导作用。典型案例的发布不仅为检察机关办理类案提供了可借鉴和参考的办案思路，还更加注重对公众的法治教育与宣传。精品案例作为检察机关内部评优工作具体体现，案例的评选更注重检察职能和业务的成效性，案例的发布对内起到激励检察机关的作用，对外展现了检察机关在法治建设过程中的参与度与创新性。

第三，在功能价值层面，检察指导性案例相较另外两类案例更多的是发挥在类案问题上的代表性价值。检察指导性案例既要在现有的法律、司法解释上提炼适用规则，又要解决现有法律与司法解释不明确引发的案件办理中类型化的法律问题，因而指导性案例的个案价值应被弱化，强化其统一法律适用的典型性功能。典型案例和精品案例的类型不仅包括同案同判的类案，还包括在地区、社会具有影响力、新颖性强、检察特色鲜明的个案。因此，典型案例与精品案例突出的是检察机关在检察工作中的经验总结，不仅要积累成功的办案经验和独特的办案思路，还要检视存在的问题，从而推动检察工作的高质量发展。由此可见，检察指导性案例的功能价值较为集中，典型案例和精品案例的功能价值更加多元化，辐射范围更广。

3. 检察指导性案例与司法解释

司法解释是法律授权最高人民法院、最高人民检察院针对司法实践中法律如何适用的问题而作出的具有司法效力的解释。在我国，有权制定司法解释和发布指导性案例的机关仅为最高人民法院、最高人民检察院，但在我国的法律体系中司法解释和指导性案例都属于非正式法源，不具有法源地位，因而两者都属于司法实务中解决法律适用问题的范畴。虽然两者具有一定相似性，但本质上仍有很大区别。一方面，从体例结构和形式看，司法解释通过“三段论”的演绎推理，以法律条文的形式呈现，较为规范和抽象；检察指导性案例则采取“以案释法”的形式，将检察机关如何运用法律、解决争议问题通过案例展示，以更为形象的方式指导检察机关办案。① 另一方面，由于两者形式上存在差异性，故两者在适用途径上也存在不同。检察机关在案件办理过程中可以直接在检

① 参见吴君霞：《检察案例指导制度研究》，东南大学出版社 2021 年版，第 108 页。

察文书中援引司法解释,但不得直接依据检察指导性案例对外作出处理意见和决定。由此可见,不能将检察指导性案例与司法解释画等号,检察指导性案例也无法替代司法解释。司法解释是一种抽象归纳的规范性文件,检察指导性案例在一定程度上可以将司法解释具象化或对其所规定的规则进一步提炼,形成更为具体的参照范本,解决现有法律和司法解释在疑难复杂问题上法律适用缺位的问题。然而,检察指导性案例所发挥的补充作用不能等同于"司法造法",因为"参照"不等于"适用",指导性案例的落脚点在于连结事实与规范,总结、归纳解决法律适用难题的方法论,但在案件办理过程中检察指导性案例不具有强制适用的效力,不能将其与司法解释相提并论。[①]

4. 检察指导性案例与其他指导性案例

在我国,继司法机关实施指导性案例制度以来,公安机关、纪检监察机关、司法行政机关也借鉴这一案例制度,相继颁布了各自职权范围内的指导性案例,共同构成了我国法治层面的案例指导制度。然而,由于各个机关的职权不同,其各自的指导性案例也不尽相同。

第一,检察指导性案例是参考法院指导性案例后,结合我国检察工作实际而创建的司法产品。法院指导性案例可以追溯至中国古代,因而其在理论和实践上相对成熟与完善,特别是理论界对法院指导性案例的关注度高于检察指导性案例。[②] 因此,从发展时间维度看,检察指导性案例仍有探索和完善的空间,值得各界予以广泛研讨;从案例类型看,由于法院与检察院所承担的职能不同,因此指导性案例的类型在选取上也有差异。法院指导性案例主要是体现审判环节的刑事、民事、行政案件,而检察指导性案例不仅包括刑事、民事、行政法律监督案件,还涵盖了捕诉程序、公益诉讼等案件。从发布案例的形式看,检察指导性案例都有较为明确的主题,是以类案、专案治理的形式发布的;法院指导性案例虽也以批次进行发布,但每个批次发布的案例并不都属于同一法律适用问题。另外,由于法院处于司法的末端,故社会的关注点往往都在于法院的判决。基于诉讼地位和司法职能分工的不同,检察指导性案例的参照效力区别于法院

---

① 参见孙光宁:《案例指导制度的实践经验与发展完善》,法律出版社2023年版,第236页。

② 参见江勇、马良骥、夏祖银:《案例指导制度的理论与实践探索》,中国法制出版社2013年版,第4-8页。

指导性案例。检察指导性案例集中反映检察环节的履职情况与法律适用,类型性、阶段性参照适用的功能更为突出。法院指导性案例则围绕审判业务对法律适用问题作出终局性裁判,对内具有参照的指导效力,对外具有法律适用释明作用,因而其比检察指导性案例的指导范围更广。

第二,检察指导性案例与公安机关、纪检监察机关、司法行政机关所发布的执纪执法指导性案例的本质区别在于前者司法属性鲜明,而后者主要体现执纪执法的职权,行政指导色彩较为浓厚。[①] 一方面,检察指导性案例的发布时间早于执纪执法指导性案例,其数量相对更多,选取程序等相对更为完善。另一方面,检察指导性案例主要体现检察机关在民事、行政、刑事领域的法律监督职权以及公诉权,因而检察指导性案例的案件范围、办案思路、法律适用是案例能否被参照适用的重点内容;而执纪执法指导性案例更多地体现执纪执法层面的法律适用以及工作经验总结,针对如何解决案件中存在的疑难复杂问题和定性模糊难题的思路分析以及侧重弱于检察指导性案例。因此,检察指导性案例的功能定位应当高于执纪执法指导性案例。

5. 检察指导性案例与判例

我国是成文法国家,未实行判例法,我国的案例指导制度不同于英美法系的判例制度。这种制度上的特性也决定了检察指导性案例不是英美法系的判例,检察指导性案例的发布不是"创法造法",而是指引、规范司法活动的实践。首先,英美法系的判例发布由法院实施,检察院并不具有发布判例的职权。但在我国,指导性案例的发布不是法院"一家独唱",检察机关、公安机关、纪检监察机关、司法行政机关也可以在各自职权范围内发布指导性案例。指导性案例不局限于司法机关的实践,明显将我国案例指导制度区别于英美法系国家的判例制度。在实行判例法的国家,判例属于其法律制度中的正式法源,具有法源地位;而在我国,检察指导性案例是一个法律概念,法律明确其不具有法源地位,其功能在于规范和统一司法活动。[②] 其次,在英美法系国家,判例制度主要集中于审判阶段,检察院并无发布案例、创制法律的权力。[③] 然而,检察机关作

① 参见章志远:《执纪执法指导性案例的功能定位与制度完善》,载《社会科学》2022年第9期。
② 参见董皞主编:《中国判例解释构建之路》,中国政法大学出版社2009年版,第27页。
③ 参见王彬:《案例指导与法律方法》,人民出版社2018年版,第23页。

为司法活动的主体之一，诉讼活动过程中的法律适用与规范指引不容忽视，尤其是在刑事诉讼活动中检察机关处于关键节点，检察官如何办理案件、适用法律是审判活动的关键。我国检察机关有权发布指导性案例的制度设计能够有效发挥检察机关在司法活动中的监督与制约作用，检察指导性案例所提炼的法律适用规则实际上反映了检察机关在办理具体案件中的倾向，也为各级检察机关在案件办理中强化检察职能、转变办案理念提供了具体的指引。由此可见，检察指导性案例与英美法系的判例存在本质上的区别，检察指导性案例工作是司法活动而非立法活动，其生动体现了新时代下检察职能所蕴含的中国特色。

（二）检察指导性案例的性质、形式、内容及体例特征

1. 检察指导性案例的性质

检察指导性案例对于检察工作中出现的问题能够迅速作出回应，有利于做到同案同处。基于指导性案例制度本身和新时代检察职能的重新定位，检察指导性案例本质上是一种具有规范化和创新性的司法管理手段。《案例指导工作规定》指出各级人民检察院应当参照指导性案例办理类似案件，可以引述相关指导性案例进行释法说理，但其不得代替法律或者司法解释作为案件处理决定的直接依据。因此，检察指导性案例在我国检察工作中具有“不可替代”的地位，它是对司法解释的补充，通过一系列程序形成高质量的模板，辅助司法解释解决类案同判、疑难复杂、新型案件等问题。[①] 因此，检察指导性案例不是英美法系国家的判例，而是具有“准司法解释”性质的案例。[②]

其一，在各国法律体系中，无论是否赋予判例正式法源地位，产生于司法活动的判例都会以一定形式反作用于司法革新。此种作用在英美法系和大陆法系中最明显的区别在于判例在英美法系中具有法定的强制力，而在大陆法系中仅具有事实上的拘束力。我国作为成文法国家，只有在穷尽法律、司法解释仍无解决争议时，才能援引检察指导性案例作为说理的依据。因此，检察指导性案例的性质是“以案释法”，为检察机关办理类案、适用法律提供教科书式范本，

---

① 参见苏泽林主编：《中国案例指导的构建和应用》，法律出版社 2011 年版，第 95 页。

② 参见李晓明：《司法解释中不可缺少的元素：刑事判例——从英美法系和大陆法系趋于融合说开去》，载《苏州大学学报（哲学社会科学版）》2014 年第 6 期。

而不是英美法系上“以案造法”的判例。同时，检察指导性案例所体现的新规则、法治精神只有通过严格的法定程序才能上升为立法层面的法律规定。但英美法系的司法实践中可直接遵循先例，后来的案件如果与先前的案件存在实质相同，则须适用先前判例的裁判理由中形成的规则或原则。因此，不能将检察指导性案例的性质理解为英美法系中的判例，检察指导性案例的实行须以法律为根本，在司法办案中发挥指导性的参照适用功能。

其二，根据《立法法》与《人民检察院组织法》的规定，最高人民检察院享有司法解释权，因而最高人民检察院在发布指导性案例时能够在其内容中解释法律以及明确法律如何适用。但指导性案例中对于法律的解释不具备高位阶、本源意义的法律效力和强制力，因而指导性案例在性质上不属于司法解释。多部关于司法改革和案例指导制度的规定都将指导性案例与司法解释并列，目的是通过指导性案例与司法解释以不同的形式和内容指导司法实践；但并列不意味着两者相等，究其原因在于司法解释的效力和地位远高于指导性案例。检察指导性案例通过具体的案件办理，以生动灵活的方式补足法律、司法解释的漏洞，在实现“同案同办”的同时强化司法统一的理念。[①] 由此可见，检察指导性案例的实行为检察机关在案件办理中遵循公正司法的理念提供了“实践性比照”的标准，但这并不意味着检察指导性案例等同于司法解释；赋予检察指导性案例“准司法解释”的性质，既有利于司法改革深入，也符合司法实践的规律。

2. 检察指导性案例的形式

检察指导性案例的形式与内容是检察指导性案例的一体两面。检察指导性案例的形式通过案例发布的权威性、遴选标准的法定性服务于案例内容，而案例的内容又在体例结构的撰写等层面利用和创造必要的形式，确保案例的指导性“有必要、真落实”。自最高人民检察院发布指导性案例以来，理论界与实务界的研究都聚焦在指导性案例的法律地位、适用效力、援引情况等方面，对如何优化、完善指导性案例的表现形式等问题相对而言关注较少。检察指导性案例的形式既要相对稳定、统一，又要能够随内容的变化而不断革新。在“人少案多”的现状下，指导性案例的表现结构和撰写方法容易流于形式，拘泥于表面的

① 参见天津市滨海新区人民检察院课题组、陈振兴：《检察机关指导性案例发现遴选选编机制研究》，“检察指导性案例应用”研讨会会议论文，2021 年 6 月于郑州。

要求,难以满足实践的真正需要。因此,有必要对检察指导性案例的形式予以具体分析,优化检察指导性案例的内容,突出检察机关在各类案件中的法律监督特点和履职过程。

一方面,从检察指导性案例的形成路径看,检察指导性案例的最终确立需要经过更科学的程序,具有更规范和权威的生成形式。根据《人民检察院组织法》和《案例指导工作规定》的规定,检察指导性案例的发布机关是最高人民检察院,省级人民检察院、办理案件的人民检察院或者检察官可以按规定程序分别向最高人民法院和最高人民检察院推荐备选指导性案例。在内部供给之外,代表委员、监督员、法学专家等外界人士也可以向检察机关推荐案例,这为检察指导性案例的形成提供了外部供给渠道。因此,从制度设计的本意看,检察指导性案例的“二元”形成路径具有多样性与民主性。为保障多个渠道推荐的案例质量,能够发布检察指导性案例的机关仅为最高人民检察院,这是为了确保检察指导性案例的权威性、公权性。实践中,为了强化对检察指导性案例的监督,检察机关与社会各界积极打造检察案例研究平台,促进检察指导性案例的理论与实践一体化发展。① 例如,天津市检察院在 2018 年就成立了案例研究中心,积极吸纳人大代表、政协委员、专家学者等社会力量参与检察案例研究。该中心通过研讨检察实务中的疑难、新颖、指导性案例,打通了案例研究壁垒,大大提高了指导性案例推选库的质量。由此可见,检察指导性案例的遴选形式具有多渠道、宽维度、高层次的特点,案例的发布形式则具有权威性、法定性的特征。

另一方面,从《案例指导工作规定》的要求看,检察指导性案例应当符合以下条件:(1)案件处理结果已经发生法律效力;(2)办案程序符合法律规定;(3)在事实认定、证据运用、法律适用、政策把握、办案方法等方面对办理类似案件具有指导意义;(4)体现检察机关职能作用,取得良好政治效果、法律效果和社会效果。上述四点要求也从侧面反映了检察指导性案例应具备四个方面的形式要求。

第一,检察指导性案例应当从已决案件中遴选,并且案件结果与舆论导向相一致。检察指导性案例采取公开发布的形式,证明能作为指导性案例的案件

① 参见项谷、张菁、李灿:《案例指导研究工作深化发展的四个维度》,载《人民检察》2020 年第 18 期。

事实上已经发生法律效力。此种法律效力不局限于检察机关办案程序合法规范，还包括检察机关认定的事实、法律依据以及检察意见获得审判机关、行政司法机关等认可并被采纳。如果一个案件还处于未决状态或案件办理属于检察工作的反面教材，则容易引发舆论争议，存在许多不可控的舆情风险。另外，如果案件的办理不能很好地体现检察机关在社会治理中发挥法律监督的职能，则案件对各级检察机关办理类案不具有可复制的参考价值，也难以具有指导性。上述两种状态的案件，尚不能充分体现公正司法的检察理念，社会公众对案件结果的认可度和满意度也较低，无法凸显指导性案例所具有的代表性、典型性，因此不宜作为检察指导性案例。由此可见，检察指导性案例既要符合全面依法治国的要求和司法改革目标，也要与社会主义核心价值观相契合，在认定案件事实客观准确的基础上要点突出，具有传播推广和普法教育的功能。①

第二，办案符合法定程序意味着检察指导性案例在办案程序、事实认定、法律适用等方面没有明显瑕疵。最高人民检察院指导性案例近期都采取主题式发布方式，如果案件在选定的主题上存在事实不清、法律适用争议较大、证据收集等程序违反法定程序的情形，则不能成为指导性案例。当然，已发布的检察指导性案例并非都完美无缺，也不能过分苛求备选案例没有任何瑕疵。随着社会变迁、法律更新，一些指导性案例甚至可能失去参照的效力，还有一些案件受制于社会认知、科技等因素，办案人员在证据收集、次要事实认定、定罪量刑考虑等方面存在很小的瑕疵；但如果这些瑕疵并不影响主要犯罪事实的认定或者与发布主题关联性小，并且检察机关可在案例内容撰写时弥补或纠正瑕疵，则这些案件仍然可作为备选案例。② 在检察机关编研和加工后，案例内容准确客观、详略得当，具有较强的类案参照适用价值时，依旧可以遴选为指导性案例公之于众。

第三，检察指导性案例应生动体现检察职能与检察业务，能够将新时代检察理念转化为可行的工作方法。一方面，检察指导性案例应当在刑事、民事、行政、公益诉讼“四大检察职能”和普通犯罪、重大刑事犯罪、职务犯罪等“十大检

---

① 参见万春：《最高检指导性案例的发展历程和创新完善》，载《国家检察官学院学报》2019 年第 5 期。

② 参见何慧新：《刑法判例论》，中国方正出版社 2001 年版，第 116 页。

察业务”范围内进行遴选。“四项职能”与“十大业务”是检察工作的根本,应充分用好检察指导性案例“以案释法”的功能,才能进一步具化工作思路,形成体系性的职能要求与业务内容。另一方面,指导性案例的独特功能在于提炼法律适用规则,为类案处理提供事实认定和规范适用之指引。指导性案例在形式上应将办案理念上升为方法论,在案件事实认定、证据收集与使用、法律适用推理、政策运用与把握等内容中释明“同案同办”的具体操作方法和手段。在实践中,一些指导性案例程序、结果都不存在问题,但未通过演绎推理提炼出可复制的规则和办案方法。因此,各级检察机关在报送、推荐指导性案例之前,应当在固有的体例格式之内钻研如何编写办案过程并上升为法律适用的具体方法。[①] 例如,检例第 35 号曾某某、王某某破坏计算机信息系统案就明确了“智能手机属于计算机信息系统,刑法应当予以保护”的规则,为远程控制他人智能手机、修改智能手机内信息等相似案件提供了指引和明确的规则。此种案例的发布不仅展现了检察理念的革新,更为检察工作凝练了值得推广、能够应用的办案方法。

第四,检察指导性案例应当向社会展现检察工作特色,通过主题性的方式回应社会中存在争议或者较为新颖的法律问题。《案例指导工作规定》要求检察指导性案例有机统一政治、社会、法律效果,围绕“中国式现代化”等重点工作制发具有政治担当、保障经济发展、民心所向的高质量案例。在一般社会认知中,检察机关主要承担的是刑事检察监督和公诉职能,进而容易忽略其在民事、行政、公益诉讼等案件中的检察效能。进入新时代,认罪认罚从宽等一系列刑事政策推行,检察机关在民营企业及企业家保护、稳定金融发展、打造“绿水青山”等重大工程中积极发挥作用,相关检察指导性案例在涉企刑事执行、虚假证券交易、网络借贷纠纷、环境污染、食品安全、未成年人保护等案件中,坚持了司法为民的中心思路,积极履行了法律监督职能,及时回应了民众关心、社会关切的问题。以“万峰湖专案”为例,其是最高人民检察院首次以一批只发布一个案例的形式向公众展现跨区域生态环境受损案件如何履行公益诉讼的检察职能和监督职权,为各级检察机关办理跨区域、环境受损持续时间长、破坏性强的公益诉讼类案提供了在因果关系、损害价值认定、联合其他机关办案等方面的思

① 参见孙道萃:《检察机关案例指导制度的进一步完善》,载《金陵法律评论》2015 年第 2 期。

路和方法。[①] 该案还是由最高人民检察院牵头负责、统一办理的案件,生动体现了习近平生态文明思想在检察工作中的指导性,有效践行了“双赢、多赢、共赢”理念。因此,新时期下的检察指导性案例应自觉服务于党和国家的发展大局,坚持以“抓前端,治未病”理念及时回应人民群众所需,为推广检察工作经验提供权威平台。

基于以上形式要求,有学者和实务人员将检察指导性案例分为 7 个形式类型,分别是规则明确型、适用选择型、解释法律型、指导工作型、宣传教育型、新型案件型、新法适用型。例如,在指导工作型案件中,其属于指导性案例中应用性较强的一类,侧重于将地方实践中相对比较成熟的办案经验提炼成具有普遍意义的指导性规则,以引领和指导全国各地的检察工作,比较集中地体现了新时代检察工作的理念和要求。例如,检例第 116 号案件在论述检察机关履职情况时,围绕检察机关在阅卷审查的基础上开展了调查核实工作情况,阐明了事理、释明了法理,还站在民营企业长远发展和维护申请人合法权益的角度,讲明了情理,有效地回应了当事人的诉求,足以产生解心结、释法结的效应。其办案方法能对办理类似案件起到很好的指导、规范和引领作用。[②] 7 个案例类型从不同角度体现了检察指导性案例的形式特征,也为形成丰富的案例内容提供了结构清晰、层次鲜明的框架。

3. 检察指导性案例的内容

在厘清检察指导性案例的形式及要求之后,如何根据形式撰写内容成为完善指导性案例的关键。在《案例指导工作规定》深入实施以前,指导性案例的体例结构并不固定和统一。最初发布的几批指导性案例仅包括要旨、基本案情、诉讼过程三个方面的内容,较为单一,参照适用功能较弱。《案例指导工作规定》深入实施以后,经过两次修订,形成了较为成熟、统一的体例结构。当前,检察指导性案例的体例结构主要包括标题、关键词、要旨、基本案情、检察机关履职过程、指导意义和相关规定等部分。

第一,标题作为了解案例的首要前提,应当直接释明案例主题。从目前发

---

① 参见刘家璞、董长青、庞文远:《生态环境和资源保护领域检察公益诉讼大案办理思路——以“万峰湖流域生态环境受损公益诉讼专案”为例》,载《人民检察》2021 年第 12 期。

② 参见张仁杰、曹奕阳:《检察指导性案例:类型分析与典型表现》,载《检察日报》2021 年 12 月 3 日,第 3 版。

布的指导性案例看,检察指导性案例的标题由当事人姓名、有关单位名称和案由组成,并进行编号。当事人姓名和单位名称旨在确保案件的真实性,但在涉及隐私和秘密等特殊情况时,通常以姓氏+某某来替代。案由是标题的核心,只有清楚表达案由,检察人员和公众才能快速检索到案件信息。然而,早期个别已经发布的检察指导性案例存在标题与其所反映的主旨背离的情形。例如,检例第1号"施某某等17人聚众斗殴案"的主旨是检察机关适用不起诉制度,但仅从该标题无法直接得知其主旨,从而增加了类案检索难度。因此,标题内容应当简洁明了、清晰明确,方便公众第一时间了解案例所要指导的主题。

第二,关键词的设置为检索和应用检察指导性案例提供了索引。在标题指向不明的情况下,关键词能够迅速释明案例涉及的主要问题和核心观点。因此,关键词应当紧扣案例主题,案件中最为核心的事实、法律规则等内容可以进一步凝练为关键词。例如,在不起诉案件中,由于不起诉的种类较多,检察机关在编写案例时就可将具体的不起诉种类的名称写入关键词。在涉及刑法分则罪名的案件中,具体的罪名或犯罪构成要件也可直接作为关键词,从而便于快速了解案例的关键信息。当然,关键词的数量一般3~5个较为适宜,如果过多则削弱了设置这一体例的作用,也侧面说明检察机关在编写时未有效提炼案件的重要内容。

第三,要旨是指导性案例发挥指导作用的枢纽。要旨是在关键词的基础上对案例适用的规则和核心事实的高度概括。要旨一般要包括案例所提炼出的适用规则和办案方法,对于检察人员和公众所知悉的法律条文无须在要旨中阐述。因此,要旨的内容应当短小精悍,清楚说明案例所能参照适用的内容是哪些以及如何参照适用。此外,在宣传类、重点普法类的指导性案例中,应指出其重要的宣传意义或政治呼应之价值。

第四,在标题和关键词的基础之上,检察机关应在"基本案情"环节对案件事实和法律要点进行详细阐述,为应用案例作细致的对比。首先,基本案情应当与案例要旨和指导意义高度契合,清楚阐述案件主要事实和办案过程。换言之,基本案情的内容应当与涉案的生效法律文书一致,并对文书中的内容进行概括、提炼。其次,对案情的叙述应当保持中立客观,不宜添加较多的感情色彩或过分夸耀。在涉及影响重大、重点领域时,基本案情的描述可结合时代背景、政策要求进行适当编辑,但不得与"检察机关履职过程"部分的内容过度重复。

第五,“基本案情”部分是对案例的客观描述,由于法院判决一般未能详细体现检察办案的思路与方法,因而检察机关还设置了“检察机关履职过程”的环节。在2019年以前,该部分被称为“诉讼过程”。这部分的名称经最高人民检察院修改后能够更好地体现办案人员在案件过程中的履职情况和检察工作特色。根据不同的案件类型,还能够对履职过程中的具体工作进行细分。在涉及未成年人附条件不起诉案件中,检察机关应当在该部分对社会调查、综合评估、阶段性评估、教育帮扶等工作进行详细介绍与叙述,着重体现检察机关对未成年人的“严管与厚爱”。在检察公益诉讼案例中,则应当对检察机关如何发现案件线索、诉前工作开展情况、涉及刑事部分的查处情况、案件最终处理结果、后续参与治理等内容进行阐述,并结合整体履职情况对类案工作予以总结,有效归纳检察职能在社会治理中发挥的作用。当然,在刑事案件中,除了说明检察机关指控证明犯罪的过程,还应当加强控辩审三方观点的博弈论述,从不同层面突出检察机关适用法律和行使公诉权的正确性和公信力。

第六,除了“要旨”之外,“指导意义”也是撰写指导性案例的核心部分。指导意义是对要旨的细化与升华。一方面,指导意义应与要旨相统一,对要旨中所释明的司法规则和办案手段进行扩充与总结。另一方面,指导意义还应当具有条理性、层次感,针对案例所提炼的新观点、适用规则、主要事实依次予以分析,高效引导检察人员理解并在案件办理中应用要旨。[①] 指导意义是指导性案例区别于其他案例的独特之处,因而针对不同的案件,指导性案例的指导意义应在保持重点突出的基础上尽量涵盖检察工作各方面,尤其是案件的实体与程序层面办案人员的处理办法。一般来说,指导意义不应当再就案论案,而应当立足案例,超脱案例,高于案例。[②]

第七,为方便公众悉知指导性案例所涉及的法律法规,检察机关还设置了“相关规定”部分。该部分主要针对案件的事实认定,列举相关法律法规,既证明了办案人员正确适用法律,又具有一定的普法宣传功能。但是,该部分仅列举了法律名称和法条编号,并未列举法条内容,无法直接客观展现案例适用的

① 参见白章龙、余书金等:《检察机关案例指导制度若干问题探析》,载《中南大学学报(社会科学版)》2012年第5期。

② 参见王渊、劳东燕等:《检察指导性案例深度应用三人谈》,载《人民检察》2022年第1期。

具体法律规则。因此,在以后的案例撰写中,检察机关可以考虑把主要适用的法条内容在该部分列举出来,以便于办案机关和公众及时了解。

第八,指导性案例的编写有一定的篇幅限制,因而其撰写风格应当“准确、客观、精练、规范”。检察指导性案例体例组成部分较多,因而应当突出要点和重点,要旨、指导意义、检察机关履职过程等部分的篇幅可以较长,针对具体的办案特点和重点内容进行较为充分的论述。同时,针对不同的案件类型,侧重点也应有所不同。实体性案件主要叙述事实认定与法律适用,而程序性案件则应重点突出办案程序的合法性、定罪量刑的准确性以及实质化庭审中检察机关与辩方的对抗情况等内容。总之,指导性案例的内容应在遵循法定体例格式的基础上对不同的案件进行内容编写上的创新,在保证基本框架规范的情况下,内容可进行个性化调整和多样化撰写,在避免内容刻板的同时也要警惕流于形式。

4. 检察指导性案例的体例特征

经过 10 余年的完善与发展,检察指导性案例的体例结构逐渐趋于固定和统一。无论是模块的设置还是模块的排序,各模块之间都相对稳定和融贯。在不断深化司法改革和强化新时代检察理念更新的背景下,检察指导性案例的体例结构与内容仍有优化的空间,特别是对独具检察工作特色和法律监督公信力的内容应加以润色、精修。[①] 同时,检察指导性案例的体例结构,也应以检察指导性案例的性质为基石,结合各个模块的特征撰写适当、精确的内容。检察指导性案例具有“准司法解释”的特性,其对于检察机关办理类案没有法定拘束力,但有事实拘束力的指导性,因而体例结构与内容的发展也应紧扣《案例指导工作规定》中所要求的“应当参照”进行新的构思与构造。具体而言,检察指导性案例具有以下三个方面的体例特征。

其一,检察指导性案例的体例侧重对类案办理的法律适用指导。检察指导性案例的“指导性”实质上就体现在通过具体的案件解释法律。就法律适用的角度而言,检察指导性案例与司法解释的功能具有实质性相似。但司法解释是抽象的条文规范,并且司法解释从制定到施行需经过更为严格的程序,遇到司法实践中争议较大、同案不同办的现象时难以及时有效解决。同时,司法解释

---

① 参见马乐明:《浅论我国检察案例指导制度之建构》,载《理论研究》2011 年第 3 期。

一经出台，很难在短时间内修订，因而在面对新情况时难以提供及时的适用规则。指导性案例将适用法律和解释法律的过程融入具体的案件，通过叙述案件办理过程构建争议事实与规范条文之间的桥梁，重申类案适用规则的同时也弥补了现有规则缺位、滞后等不足。由此说明，检察指导性案例应在体例结构篇幅中突出案件适用法律的来龙去脉，向下级检察机关和社会公众阐明案件的办理解决了什么“疑难杂症”、为解决哪一类法律问题提供了契机和明确指引。[①]因此，指导性案例体例的“法律适用指导性”，重在解释、补充、明晰法律规则，而不在于对大案、要案等案件办理的过度宣扬。

其二，检察指导性案例的体例布局具有类案典型性的特征。首先，最高人民检察院指导性案例都是以批次为单位进行发布的，每一批次都对应某一主题发布 3～6 个案例，而这些案例都是针对同一主题下具体法律适用的代表。例如，第十二批指导性案例的主题是正当防卫制度，但 4 个案例并非都从一个角度明确认定构成正当防卫的规则，而是选取了正当防卫的 5 个构成要件中具有典型性的案例予以明示。因此，从发布体例看，检察指导性案例以类案的形式呈现，每个案例又是类案中的代表，为统一司法办案提供了较为便捷的检索渠道。其次，具体到个案，检察指导性案例的体例编纂不仅要回应社会关切的重大、新颖案件，更应该着眼于检察实务中频发、法律适用争议较大的案件。有的案件虽具有新颖性，在社会中的影响也比较大，但类似的案件再发率很小，特别是案件情节能达到实质性相似的可能性微乎其微。此时，指导性案例在编研时就应当以提炼规则、弥补现有规则不足为核心，不宜为了博取关注度而追求案件事实新奇、案件关注度高，否则指导性案例就会丧失“同案同办”的实质价值。过去，部分检察指导性案例的发布确实为同类案件的办理提供了较为新颖的办案观点和思路，但随着社会的不断变革，很多案件的再次发生率几乎为零，而各级检察机关的援引率也很低，这就容易造成了理论界与实务界的疑惑。检例第 111 号“海南省某市人民检察院诉海南某公司等 3 被告非法向海洋倾倒建筑垃圾民事公益诉讼案”的援引率较低的原因在于许多地方法院不太认可检察机关具备提起“海洋环境公益诉讼”的主体资格，进而该案例在实践中得不到其他检察机关的援引和适用。再加之该案的独特之处是海洋环境污染，类似案件的发

① 参见吕保良：《指导性案例在检察办案中的应用》，载《中国检察官》2022 年第 17 期。

生主要集中在沿海地区,因而对于其他类别的环境公益诉讼案件的可参照性较弱。[①] 在未来,检察指导性案例的体例编纂,可能需要警惕受外界因素干扰,避免走入把代表性等同于标新立异的思维误区。

其三,检察指导性案例的体例应在司法改革中不断创新、精练。创新体例不是对既定规则和已有的办案经验进行再宣示,也不意味着案件事实必须别具一格。体例的创新性是指在既往办案方式和适用法律不明的情况下,利用指导性案例提出能够解决问题的有效方案,对较为抽象或规定不明的法律条文进行合理、合法的扩张,填补不足,形成具有援引和适用价值的办案规则。指导性案例的体例内容由编撰人在已生效的法律文书的基础上进行修改编辑,因而对于没有争议、已经形成共识的内容在编辑时可以适当忽略,对新颖且可复制推广的内容可再加工、再精练,并在"要旨"与"指导意义"部分予以细化和体现。因此,检察指导性案例体例的创新应在"要旨"和"指导意义"上下真功夫,将办案规则生成的演绎推理过程具化,防止内容滑向机械法条主义和过度泛化。一方面,要旨和指导意义的内容要有助于法律职业共同体直接、准确知悉案例所解决的矛盾是什么,并且要能为其理解案例所阐述的规则构建应用场景;另一方面,相对于司法解释、政策性文件,检察指导性案例是微观的"法",从而要旨和指导意义部分无须再过多重申一些宽泛、众所周知的内容,而要着眼于为后案的处理建模。例如,在检例第 81 号"无锡某警用器材公司虚开增值税专用发票案"中,检察机关想要释明的是关于单位认罪认罚和不起诉的处理规则,进而其要旨和指导意义部分的内容就没有过度分析认罪认罚从宽的成立要件,而提炼了关于单位犯罪可以适用认罪认罚从宽和不起诉制度的情节要件判断、听证程序实施、刑事不起诉与行政处罚的衔接过程等新颖、可借鉴的内容,从而为单位犯罪与认罪认罚从宽的有效衔接提供了范式。

(三)检察指导性案例的功能定位

检察指导性案例的建立与应用有效统一了司法尺度,在发挥其规范司法行为的作用中为司法改革注入了实践理性与经验法则。指导性案例作为检察机关参与社会治理的鲜活实践样本,具有"活的法律"和司法评判"参照系"的价

① 参见杨柳:《论检察公益诉讼受案范围的拓展》,载《政法论坛》2023 年第 6 期。

值和功能。在中国式法治现代化的发展进程中，检察指导性案例不是新生事物，而是久经我国司法实践发展出的检察智慧。检察指导性案例在培育案例思维、探索案例应用技巧、健全检察案例工作机制等层面的功能愈加凸显。因此，基于检察指导性案例的性质与特点，检察指导性案例应找准功能定位，立足于内在功能和社会功能，从而更好地主动作为，为法治领域的高质量发展贡献新时代检察力量。

1. 内在功能：统一司法办案技术参考尺度

制发指导性案例的初衷是规范检察工作，统一司法办案的法律适用标准。因此，指导性案例的首要功能是为检察办案寻求事实与规范的平衡点提供鲜活的教材。

第一，检察指导性案例要发挥解释法律、填补法律漏洞的功能。在风险社会的背景下，现有法律、司法解释等规则无法回应社会中所出现的各类问题，特别在是新型疑难、适用规范模糊案件剧增的情况下，适用哪一具体法律规则存在不同的观点和多种解释的可能性。在同类案件中，如果存在不同的案件办理结果，那么就会严重破坏司法的权威性和公信力；在面对“套路贷”“盗窃网络域名”等新问题没有明确的法律规则时，就需要由案件办理中形成的司法规则弥补成文法的缺位。检察指导性案例面对这些问题能够通过具有针对性的已有实践对后案进行引导。一方面，指导性案例中所体现出的办案素养与经验能够为解决模糊地带、新型难题创造新思路，为面对繁杂多变的司法活动提供司法指引；另一方面，指导性案例是一种案例维度对司法工作的补充工具，为后续同类案件的办理创造可参考的依据。[①] 在英美法系的国家和地区，判例是司法产品，可上升为立法规范。虽然我国的指导性案例不具有判例法国家中的判例所具有的地位，但从现目前的司法发展看，检察指导性案例以动态、多元、具体的形态在技术适用层面为司法办案提供了必要且实用的指导，切实发挥了指导性案例公正司法的效能。

第二，检察指导性案例应强化规范检察人员司法行为的功能。除“释法”和补充法律之外，检察指导性案例还具有利用案例中提炼出的适用规则统一司法

① 参见章志远：《检察机关在行政争议实质性化解中的角色定位》，载《中共中央党校（国家行政学院）学报》2023 年第 2 期。

检察工作流程、规范办案人员司法行为的功能。在我国检察实践中，存在大量具有研讨价值的案例，这些案例不仅能够填补制定法的缺位以及争议性强的“灰色地带”，还有助于强化司法人员的法律职业素养与道德。在涉及“少捕慎诉慎押”、未成年人犯罪的案件中，检察指导性案例所明确的程序性规则与工作方法对办案人员具有约束力，一些工作流程还转化为职业伦理准则，指引检察机关在合理合法的范围内敢于适用刑事不起诉或支持民事起诉制度，真正落实检察机关的法律监督职能。检例第85号“刘某某涉嫌生产、销售‘伪劣产品’（不起诉）案”的公布就很好地体现了检察机关在罪与非罪之间如何结合案件证据对“伪劣产品”进行判断。该案办案人员在“伪劣产品”判断标准不明的情况下，坚持罪刑法定原则，积极利用听证、实验测试等方式分析案情，最终以法定不起诉平等保护了民营企业，践行了惩罚犯罪与尊重保障人权并重的刑事诉讼基本理念。由此可见，检察指导性案例对指引和规范司法办案具有重要作用。

第三，检察指导性案例具有增强司法决定权威，有效化解社会矛盾纠纷的功能。指导性案例解释、论证适用法律的过程就是证明检察机关司法行为正当、合法的过程。基于办案本身，检察机关不仅需要通过推理论证法律适用的正确性，更需要为案件结果的准确性提供证明理由和依据。法律是抽象而静态的，如果能依托指导性案例论证司法决定合情合法，就会极大提升其在办案人员心中的说服力和社会公众的信服力。当前，“同案同办”已经成为法律职业共同体共同的价值追求。检察指导性案例以生动、鲜活的实践教材广泛凝聚了司法人员和社会对该理念的共识，进而以更具有权威性和正当性的司法决定参与社会矛盾纠纷的化解工作，为治理社会纠纷中的痛点和热点问题提供了认可度高的案例规则。[①] 正当防卫、核准追诉民事执行监督、行政法律监督等系列指导性案例的发布不仅有效引导了司法人员寻求“打击犯罪”和“宽严相济”之间的平衡点，更向人民群众传递了“法不能向不法让步”“失信惩戒”等强烈信号。因此，检察指导性案例应继续发挥强化司法决定和呼吁公众关注认同检察工作的重要功能。

2. 社会功能：提供高质量普法强基的教材

检察指导性案例源于社会生活，也服务于社会经济的发展。公正司法与全

① 参见宋天一：《检察指导性案例的应用困境及其纾解》，载《中国检察官》2023年第5期。

民守法相互作用、相辅相成。检察指导性案例作为公正司法的核心载体，在推进法治社会的建设中具有宣传法治教育、增强法治认同的功能。检察指导性案例中的“要旨”“指导性意义”是在检察机关履职的基础上形成的，而检察机关履职是由检察机关主导，法院、辩护人、当事人、社会组织等多方共同参与，推进案件发展的动态过程。因此，指导性案例中所形成的办案结果对社会公众具有潜移默化的教育功能。检察指导性案例所提炼的规则内容清晰明确，案件办理切实让人民群众感受到公平和正义，那么就会对公众的行为产生指引和规范的效能，从而增强社会公众对检察职能的认可与法律认同。另外，开展普法强基、国家宪法日、消费者权益保护法治宣传日等活动时，检察指导性案例能够为专项行动的开展提供鲜活的素材和“教科书”式的典例，特别是“于欢案”“于英生刑事申诉案”等社会反响巨大的案件，既能在普法教育中对不法分子起到威慑作用，又能向公众生动地诠释如何正确行使防卫权、刑事申诉权，极大增强了民众的法治意识。当然，在民事案件和行政案件中，最高人民检察院发布的指导性案例也树立了民众所信服的规则和结论，帮助社会公众在行使民事权利与行政相对人权利时善用法治思维，促进了社会的团结稳定。因此，检察指导性案例要继续以社会生活为根，牢牢把握时代脉搏，用好活生生的案例，完善案例公开渠道，讲好检察故事，将检察指导性案例所具有的社会指引乃至社会治理功能发挥到最优的状态。

(四)检察指导性案例的价值追求

检察指导性案例某种意义上也是法治的风向标，其既有个案所具有的接地气、易理解、好传播的价值，又具备类案适用中法治引领的导向。党的十八大以来，党和国家高度重视检察指导性案例工作，“一个案例胜过一打文件”等重要论述和相关会议决定、规范性文件为检察指导性案例的跨越式发展指明了方向。[①] 检察指导性案例蕴含着检察工作对法治理念的价值追求，释放了检察为民、司法为民的强烈信号，向世界生动展示了中国检察的新气象。在继续深化

① 习近平总书记的重要指示和党中央一系列部署要求，为做好案例指导工作指明了方向、提供了遵循。《中共中央关于全面推进依法治国若干重大问题的决定》明确提出：“加强和规范司法解释和案例指导，统一法律适用标准。”2020 年，党中央印发的《法治中国建设规划(2020—2025 年)》进一步提出：“加强和完善指导性案例制度，确保法律适用统一。”

司法体制改革和推进检察一体化建设的背景下，检察指导性案例的价值追求也因事而化、因时而进、因势而新，努力成为法治利器，保障社会正常运行，助推法治中国建设。

1. 高质效应用检察指导性案例

在新时期全面推进依法治国、国家治理体系和治理能力现代化建设中，习近平法治思想以新的理论和实践为基础，具有体系完备、特色鲜明、内涵丰富的理论品格。其中，检察指导性案例在习近平法治思想的指引下，紧扣时代与人民所需，用与人民群众生活紧密相关的系列案例阐释了现代化法治理念，为实现法治中国提供了新的完善路径。在新时代新发展阶段，社会经济文化的发展需要法治为其保驾护航。习近平法治思想通过总结归纳我国当前法治建设中存在的问题，提出了“十一个坚持”的发展目标，检察工作也应以“十一个坚持”为指导，以更多更优的司法产品切实回应和满足人民群众在民主、法治、公平、正义、安全、环境等方面的新需求。检察指导性案例作为检察机关优质和实用的检察产品，应当自觉以习近平法治思想为引领，以案例的应用推动检察案例研究，以案例研究推进检察案例治理体系建设。首先，检察指导性案例是为民司法、服务大局的重要司法成果。作为检察案例制度中“典型的典型”，检察指导性案例属于最高质量的司法产品之一，因而检察指导性案例的完善与发展应在思想上统一认识，在健全检察指导性案例工作机制的过程中要与习近平法治思想所诠释的法治精神高度契合。① 近年来，保护未成年人、妇女老年人权益、打击网络犯罪、防卫权的正当行使、强化知识产权保护、平等保护民营经济等主题的指导性案例发布数量逐渐增加，检察机关在不断延伸法律监督职能的基础上，向社会传递了具有教育意义和实践价值的法治信号，对服务经济社会发展，维护社会秩序稳定，保障人民群众利益发挥了指引、规范作用。其次，检察机关要高质高效办好每一个司法案件，为指导性案例培育智库，精心挖掘值得推广、宣示的案例。再次，在遴选和编纂案例的过程中，检察机关应适当融入符合“十一个坚持”等思想内容，以具体的实践应用体现习近平法治思想对检察工作和案例工作的深刻指引。最后，检察指导性案例还应借鉴习近平法治思想

① 参见王浩：《公益诉讼指导性案例适用难题及其破解——以最高人民检察院19个指导性案例为分析对象》，载《法律方法》2021年第4期。

的形成逻辑与路径,在不断加大指导性案例应用的同时,强化指导性案例的理论研究,构建检察案例研究中心,吸纳高校学者、实务人员参与指导性案例的编研,为发挥指导性案例的“三个效果”提供理论支持和智力支撑。

2. 强化统一司法办案标准以落实司法责任制

从内部视角看,检察指导性案例是加强最高人民检察院对下级检察机关工作领导和业务指导的管理手段。各级检察机关在办案过程中通过援引和适用指导性案例,能够提升“法律手艺人”的办案水平,减少司法办案差异,确保“同案同办”。[①] 因此,检察指导性案例的优化应以检察工作实际为出发点,围绕检察一体化与司法责任制等改革措施加强检察业务的指导性。

第一,检察指导性案例的应用直观地回答了“检察一体化”的科学性。近现代以来,大陆法系国家和地区面对检察工作的新形势,提出了“检察一体化”的论断,对检察制度的组织架构和运行模式进行了高度性总结与原理性概括。[②] 在我国,检察机关是阶层式建构运行模式,上下级之间是领导关系,因而最高人民检察院通过发布检察指导性案例解释法律、补充法律的过程实际上就是行使领导职权的体现。由于检察系统较为庞大,检察工作内容繁多复杂,最高人民检察院无法对每一个下级检察机关的业务都展开具体指导和监督,司法解释所能够发挥的作用也较为固定、有限;而制发指导性案例可以为各级检察机关进行明确的办案指引,并且节约了指导成本,提升了检察办案效率。另外,检察指导性案例的来源较为广泛,在检察工作中适用检察指导性案例有助于加强各级检察机关之间的异地协作、跨区域性的交流学习。当然,对于“检察一体化”的发展理念,不乏反对、批判声音,即认为该理念与司法中立背离,使检察工作的司法性被弱化,行政主义色彩浓厚,从而剥夺了检察官的办案独立地位。实际上,“依法独立行使司法权”多强调司法机关之外的个人、单位、社会组织不得干预司法办案。检察官作为检察机关的重要组成部分,只有在检察领导体制下才能保障其独立的办案地位,而检察一体化也并不等同于要用行政领导职权干涉检察官办案。相反,只有实行检察一体化,才能有效发挥内部监督和制约作用,避免检察官业务水平标准不一、同案不同办以及与当事人之间“权力寻租”。为

① 参见徐日丹:《以案例为笔,书写时代公平正义》,载《检察日报》2023年3月3日,第2版。
② 参见张智辉:《论检察一体化》,载《中国法学》2023年第3期。

确保检察一体化的科学运行，检察指导性案例既为其提供了保证上级检察机关对下级检察机关业务办理监督指导的平台，又为独立办案建立了统一规范的标准，实现了共建共赢的目标。

第二，检察指导性案例创新了司法责任体制改革的实现路径，优化了司法资源配置。司法责任体制改革是规范司法活动，促进政法队伍教育整顿的良方，其与新时代中国检察理念、检察工作的创新密不可分。在如何高效推进这一改革，落实终身追责制等问题层面，司法机关进行了大量的尝试和探索。如非法证据排除规则的确立、员额检察官制的建立、检察听证程序的完善、智能化技术的引入等具体措施都对改革产生了辐射效应和集成效应，极大提升了司法工作队伍的职业素养与执法水平。[①] 但是，上述手段更多是以自上而下的方式推动改革，缺少案例制度所具有的“烟火气”和“接地气”。检察指导性案例作为生发于基础司法实践的司法成果，能够直击改革痛点，为司法执法建立了示范性规则，也构建了监督司法行为的专项监督机制。一方面，检察指导性案例的形成需要办理案件的检察官对案件中形成的司法观点、检察意见进行论证说明，证成其办案的正当性、合法性。这个过程也落实了“谁执法谁普法”的普法责任体制，因而会对其他法律职业共同体产生正向激励作用，以较为柔性的手段监督司法执法，强化司法责任意识。另一方面，司法责任体制的落实重在创新改革方式，贵在积累和总结经验。检察指导性案例绝大多数都是检察机关成功办理且存在疑难问题的正面案例，检察人员在援引和适用时不仅要汲取其成功的经验，更要对照优秀案例查找类案处理中的不足。相比警示教育、巡回检察等手段，检察指导性案例更能激发办案人员的自觉与自省，从职业伦理层面产生对办案人员的道德约束力，对照指导性案例查缺补漏，提升业务水平。

3. 加强检察指导性案例的理论研究与实际应用

检察指导性案例虽在检察案例制度中具有重要地位，但其标准和要求都较为严格，一些优秀的案例虽未被纳入指导性案例范畴，但也不容忽视。同时，我国拥有丰富的案例基础，检察案例制度的纵深发展不能只有指导性案例“唱独角戏”，还应打通指导性案例与典型案例、精品案例等优秀案例之间的壁垒，为检察案例体系的建构共同发力。因此，检察指导性案例要以坚持构建检察案例

① 参见林竹静：《检察机关司法责任制改革研究》，中国政法大学出版社2018年版，第272页。

体系为价值目标,从案例的理论研究与实践应用维度优化案例结构、丰富案例内容、凝聚案例共识。①

首先,深化检察指导性案例的理论研究就要重视对案例的研究培训,树立案例意识。研究案例就是解析案例的过程,需要以全面、系统的视角分析案例所折射出的社会痛点、法律难点。指导性案例是一个优秀的研究范本,其研究的价值明显超越了常规案例和日常司法事务,因而检察机关的政策研究室等部门应加强与一线办案部门的协作,针对已经发布的指导性案例开展专项研讨。也有一些检察机关专门针对检察指导性案例开展主题论坛、学术研讨活动,从实务角度对指导性案例中涉及的理论问题进行分析,极大创新了理论研究的方式。对此,检察机关可以将个别经验上升为内部制度,定期组织有关检察指导性案例的内部研讨,形成具有共识性的观点,从而更好地使其服务于实践。除此之外,检察指导性案例的理论研究还应继续拓宽参与视野,把研究指导性案例中的理论问题纳入"检校合作""法检协同"的范畴,让更多社会力量关注检察指导性案例,研究案例中具有新颖性、复杂性的理论问题,进而打造案例研究中心、共建案例研究学会等合作平台,培养案例思维模式,改进法律监督工作。

其次,加大对检察指导性案例的实践与应用不应局限于提高案例在案件办理中的援引率,还应建立指导性案例数据库和检察指导性案例审查制度,在提高类案检索效率的同时加强对指导性案例的监督。一方面,建立案例数据库已经成为当前司法工作的重心。在审判领域,从"裁判文书网"到"人民法院案例库"的转型升级就是案例制度智能化发展的体现。在检察领域,最高人民检察院也在不断加快检察案例库的建设与试运行,通过全面收集各类检察案例,形成了资源较为广泛的数据库。当前的指导性案例发布虽然以批次为单位进行,但在检索上仍然有提升的空间。在查找指导性案例时,无法以检索关键词等便捷方式快速获取想要阅读的案例,这在一定程度上增加了检索成本,进而也降低了案例的参照适用率。因此,检察指导性案例应当在建立检察案例数据库时实现数字化发展,形成智能的指导性案例数据子库,以便案例能够更好地运用

① 参见孙海波:《"同案同判":并非虚构的法治神话》,载《法学家》2019年第5期。

于未来的司法实践。[1] 另一方面,检察指导性案例虽然须经严格的遴选、审查程序,但这些程序仅是一种流程上的规定,尚未形成具有相对独立性的审查制度。在法院的案例实践中,以最高人民法院为引导的案件阅核制度已经在探索完善,类似制度目的是提高审判领域案件的权威性、正确性。由此,检察指导性案例也可借鉴阅核制度建立科学依法合理的内部审查制度,进一步规范各级检察机关报送、推荐指导性案例的流程,提高指导性案例的编选标准,确保指导性案例在实际应用中"经得起考验"。

最后,检察指导性案例还应大力推进案例援引工作建设。目前来看,检察指导性案例的实际应用仍然存在一些短板。第一,在实际的案件办理中,检察官缺乏案例意识,对于案例的相似性判断缺乏方法,继而存在不知用、不愿用、不会用、不敢用的心理。同时,由于参照适用的统一指导方法缺位,办案人员在援引适用时容易产生不规范的情形,进而可能引发争议。对此,最高人民检察院应以规范性文件的形式明确类案相似性的判断方式,统一判断标准,特别是在涉及事实认定、法律适用等主要问题上,要明晰具体的参照援引规则,确保检察官在寻找参照适用时的正确性和说理时的正当性。第二,提高检察指导性案例的援引率还应当加强与法院的合作。对于社会关注度高、涉及法律问题较为复杂的案件,法院与检察院都制发了指导性案例,但一些热度较小却有指导价值的案件仅存在于一方的指导性案例库中。从办案角度看,法检在指导性案例上的共识有利于增强检察官适用类案的信心,进而提高检察指导性案例的参照援引率。从司法协同的角度看,司法统一不仅是内部的有机统一,还包括法检之间的统一。如果指导性案例的最终结果在司法机关中无法形成互认和共识,那么就会损害司法公信力和权威性,也不利于检察机关与审判机关相互协作、相互制约。除此之外,刑事检察指导性案例可以加强律师的参与,从外部视角检视公诉方所主张的事实和法律依据,从而完善案例的内容。

4. 发挥检察指导性案例普法教育的效能

司法为民是"以人民为中心"的理念在司法领域的生动性表达。党的十八大以来,检察机关不断延伸检察职能,高度关注人民群众所盼、所需的法治问

① 参见最高人民检察院法律政策研究室、上海市人民检察院联合课题组:《数字时代检察案例库的建设路径研究》,载《犯罪研究》2022 年第 4 期。

题,广泛参与社会治理。[1] 检察指导性案例作为公众了解、知悉检察机关履行职能的重要渠道,不仅要自觉接受公众对案件办理和案件结果的监督,广泛听取民意,还要发挥案例的普法宣传和法治教育的作用。通过发布和权威解读指导性案例,检察机关能够以更为具体和形象的方式履行普及法律的职能,在提升全民法治意识和法律素养中贡献检察力量,促进法治社会的形成。同时,要想发挥检察指导性案例的普法作用,就不能只限于检察进校园、进社区等线下方式,还可以利用媒体、互联网等方式予以宣传,把具有重大指引意义的案例作为文化影视剧本,以喜闻乐见和深入人心的方式普及,让人们能够防控案例中所涉及的法律风险。另外,检察指导性案例的制发还应听取民意,针对案件发生和处理过程中社会的质疑、批判在案例编写时可予以回应,将检察工作与社会主义核心价值观紧密结合,实现德治与法治在检察职能和具体业务的深入落实。

三、指导性案例效力的比较分析

我国指导性案例制度自 2010 年正式建立,至今经历了 10 余年的时间,其不断发展完善,对促进“同案同判”“类案同罚”起到了至关重要的作用,而且其优化与提升亦符合我国依法治国、建设法治国家的内在要求。虽然指导性案例制度在当下已经取得了较好的效果,但是其自身效力问题一直在理论界与实务界存在争议。[2] 具体而言,争议表现为其究竟在现行的法律体系中居于何种地位,在案件办理时可以发挥何种作用,以及在具体适用环节如何进行有效且统一的参照等问题。以上种种问题与争议极有可能弱化当下指导性案例所取得的效果。判例作为英美法系与大陆法系法律体系的重要组成部分,是在“同案同判”的理念下所形成的一种法律制度,且具有悠久的历史与法律渊源。因此,有必要运用比较分析法,对英美法系与大陆法系的判例法效力进行梳理与比较。在借鉴两大法系判例法效力优势的前提下,结合我国的具体实践情况加以

① 参见顾永忠、高子程、李学尧:《“新时代人民法院能动司法”笔谈(二)》,载《中国应用法学》2023 年第 5 期。

② 参见张杰:《检察指导案例理论与实践》,中国检察出版社 2021 年版,第 90 页。

研究,以寻求解决我国指导性案例效力种种争议的均衡点,为我国检察案例指导制度的优化及发展添砖加瓦。

(一)英美法系判例的效力

1. 英美法系判例的效力源起

对于英美法系(普通法系)判例的效力进行深度探究,不可回避地需要对其效力产生来源进行分析。英美法系屹立于世界法律发展史中最为特殊的地方,其独有的标志就是判例法。一般认为,判例法是根据法院既往司法案件的判决或决定中涉及的法律原则与规则进行归纳概括而生成的。[①] 其围绕司法理性而展开,以遵循先例为基础,适用判例技术对案件进行审理,进而产生实际效力。判例法律制度的突出特点体现为"法官造法",[②]该特点形成的原因有很多,而这些原因亦造就了英美法系判例效力的根源。

首先,特定的政治环境。英美法系起源于英国。公元 11 世纪后,伴随贵族的分封割据,英国被瓜分为不同领域,不同的贵族占领各自领域,并在各自领域依据自身的习惯实行不同的制度与规定。但是 1066 年发生的诺曼征服事件,对于当时的英国产生了极为深远的影响,王室为了摆脱被贵族限制与束缚的状态,试图利用司法变革加强中央集权。为了实现政治目的并争取民心,英国王室在威斯敏斯特法院开设皇家法庭,以确保每个案件都得到公正、准确和高效的审理,借以树立王室的良好形象并赢得民众的信任。法官会根据案件所处区域的不同,在充分了解当地民俗的基础上进行审理,这也就为其快速发展提供了良好的群众基础。在这过程中,各种细微的证据与符合各地风俗的需要也就凝结成了相关成例,当成例数量增加到一定程度时,相同的处理案件方法也就变得清晰,成为一系列的判例。由于当时所处的历史环境,英国并没有成文法的存在,法官在审理案件时,会优先考虑相关成例,久而久之,判例法也就初步成形。于是,后人提及判例法时,便将其与威斯敏斯特法院相联系。[③] 正是通过判例法的运用,英国法律为王室加强中央集权提供了有效武器。因此,以判例

---

① 参见陈立虎:《法庭之友陈述在 WTO 争端解决机制中的可接受性》,载《法学家》2004 年第 3 期。

② 参见周赟:《法官造法:作为大前提之审判规范的本质》,载《甘肃社会科学》2021 年第 4 期。

③ 参见雷鸿:《民事指导性案例研究:一个方法论的视角》,法律出版社 2013 年版,第 76 页。

为主体的法律制度也就流传下来,成为英美法系最为主要的特点。

其次,英国文化传统中的核心要素——经验主义对于判例法律制度的形成亦有影响。相较于先验知识,英国人在观察与认识事物时更为推崇经验主义,该主义的核心要义便是归纳与分析大量个体事物中的普遍规律,并以实践为抓手,继而获得经验,再从经验中分析归纳出知识。经验主义造就了英国人进行思辨与说理论证,即通过积累大量的事实和经验,形成对于问题的认知,并将这些经验应用于眼前的情况。英国人的法律观念也受到了这种经验主义的影响,换言之,他们认为法律应该建立在生活实践基础上,并且这些实践经验可以有效地替代具体的法条。这种观念强调了在法律制定时实践经验的重要性,突出了法律在现实生活中的实际应用价值。在经验主义法律观的影响下,英国侧重于以大法官多年审判案件的经验为核心内容,并在此基础上形成了"判例即法"以及"遵循先例"原则。①

在英美法系发展过程中,判例法扮演了极为重要的角色。虽然在其发展的早期,王室法庭一直将先前的判决置于较高的地位,但需要明确的是其与我国当下设立的指导性案例制度中宣扬的"同案同判"精神还存在本质的区别。皇家法庭设置判例制度更多的是为方便法官审理案件:在存在先前判决的情况下,后续出现类似案件时,可以沿用之前案件的审理结果,以节省法官的时间成本等。伴随英美法的持续发展,法官的权力逐渐增强,并在自由裁量权与造法功能方面拥有了一定的自主权,在审理案件时亦会注重对于之前判决的参考。16 世纪左右,先例在案件审理过程中的运用更为频繁、普遍,且相关引用规范也更为明确细化,标志着判例的引用逐步制度化。直至 19 世纪司法改革的兴起,英国的法律体系已经相对完善,更多杰出的法官与法学家相继出现,为判例制度的明确提供了理论与实践基础。

在英国判例制度的形成与发展过程中,首先需要明确的是,法律并不是从君主个人意志中产生的,而是根据拥有多年审判经验的法官以及从事多年法学研究的法学家的司法经验汇集而成的。因此,可以说判例法在英国是由实践经验不断累积而形成的,是众多与司法相关的人员经验智慧凝结而成的产物。大

① 参见刘作翔:《案例指导制度的定位及相关问题》,载《苏州大学学报(哲学社会科学版)》2011 年第 4 期。

法官们根据自身多年的从业经验，通过对大量法律案件进行梳理与整理，逐步对其中涉及的法律原理、规则以及相关标准进行总结与归纳，以此形成具有个人价值判断的准则，并在这些准则的基础上进一步升华，形成审理案件的法律标准，这也是"判例即法"规则的由来。①

判例法在运行机制上的另一核心规则"遵循先例"亦依据法官多年的司法实践经验汇聚而成，法官根据既往经验进行总结并对其进行提升，以此形成法律规则。在其形成后，法官则会据此来裁决其他案件，以改变原先依据君主个人意志随意裁决的情况，提升裁决案件的准确性，以求在某些层面做到相同或类似案件的判决结果大抵相同。作为法律制度的原则与生活经验的总结，遵循先例已经上升为一项准则。除此之外，确立遵循先例原则亦是对过往相关司法人员经验总结的承认。

最后，健全的司法体系。英国的政治体系发展一直都为司法的发展预留了一定的空间，其主要聚焦于两个角度。其一，王权创造了司法。由君主政权创立的中央法院体系负责管理国内所有案件，因其具有皇家的保障，法官可以公正地适用法律进行案件审理，通过大量案件审理形成各类较为权威的判决，以此为后续案件审理的法律说理部分提供借鉴。其二，国王权力和司法权力不可互相代替。在诺曼征服英国早期，国王行使司法权力，法官的职责是保护国王的权益。然而，为了保持独立性，司法权力与国王权力进行了激烈的争斗。在这个过程中，司法权力不仅保持了自身独立的地位，还确立了法律至上和司法优势的观念。这凸显了司法权的独立性和权威性，以及其对于法治原则的坚定维护。

综上可知，英美法系判例的效力来源，也即其形成的根据在于英国最初所处的特殊政治环境、以经验主义为内核的文化传统以及相对独立且健全的司法体系，种种原因的交织共同促成了判例法制度在英美法系中的重要地位。

2. 英美法系判例的效力分析

在明确英美法系判例效力来源的基础上，需要对其在相关案件审理过程中的效力作用进行进一步的探析，为我国指导性案例的效力提供进一步分析与优

① 参见北京市人民检察院课题组、王志坤、田夫：《指导性案例的应然效力与实现路径》，载《中国检察官》2023 年第 15 期。

化的基础。在英美法系国家，虽然判例法和成文法相互作用，同属于英美法系的法律渊源并构成了完整的法律体系，但是两者依然存在主次之分。判例法在英美法系发展历程中起到了至关重要的作用，其将司法经验的累积作为核心，并将遵循先例奉为圭臬，在审理案件的过程中巧妙地以判例为主要依据。特别是在没有成文法的国家，法官审理案件时并没有可依凭的成文法或成文法律规则，故法官主要依据之前的判决对于案件进行审理。可以说，判例法在英美法系中具有举足轻重的地位，为法律的发展提供了灵活性和适应性，而制定法只能算作第二位阶的渊源，[①]为法律的稳定性和明确性提供了保障。

(1)英国判例的效力

判例与先例是英美法系中的高频词语。通过查阅《牛津法律大辞典》可知，判例主要指法官在作出判决时提出的相关意见和相应的诉讼报告，亦可将其视作特定法律问题的解释，而这些特殊的解释往往在后续案件审理的过程中被视为先例。换言之，后续案件的审理是在先例原则的指导下进行的。先例会被视为法律渊源，在后续案件的司法判决中被援引。[②] 由此，可以推知判例在英美法系的语境中具体表现为：第一，法院在审理案件时所作出的司法裁决中包含的对案件处理的具体说明；第二，对案件处理的法律说明或进行法律判断的具体原则；第三，相关判决在一定程度上具有法律上的事实拘束力。[③] 事实拘束力分为强制性判例和说服性判例两种。强制性判例通常由上级法院审理案件时作出，下级法院在审理案件时必须遵循上级法院之前的判例来作出裁决，即强制性判例对下级法院具有强制约束力。说服性判例则不同，它是由下级法院或与其同级别的其他法院作出的判决，仅对相同或类似案件具有一定参考价值，不能强制要求审理案件的法院予以适用。需要特别说明的是，一般判决包括裁判理由和附带意见，而此处所讨论的具有事实拘束力的判例只指裁判理由部分，即审理案件的法官所需遵循的部分。

以遵循先例为核心原则的判例，在英国法律体系中亦承担了法律规范之功能。法官在审理案件作出裁判时，除需要遵循先例外，还会受到现有判决的限

① 参见雷鸿：《民事指导性案例研究：一个方法论的视角》，法律出版社2013年版，第78页。

② 参见［英］戴维·M.沃克：《牛津法律大辞典》，北京社会与科技发展研究所译，光明日报出版社1988年版，第139、708页。

③ 参见武静：《裁判说理——适用指导性案例的理论与实践皈依》，载《河北法学》2017年第1期。

制。遵循先例原则作为英国判例的内核,其主张既有判决对于后续同类案件具有一定的拘束力,下级法院的法官在审理案件的过程中,如遇到相同或近似的情况需要采用与先前已决案件近似的推理方法或相同的法律原则;上级法院对相似法律问题的判决,下级法院必须不折不扣地遵守。

综上可以得出结论,在英国,由于遵循先例原则的贯彻与执行,下级法院必须遵守上级法院作出的判例,其对于下级法院具有极强的约束力,而下级法院的判例仅具有说服力,但并非强制遵守的依据。当然,在适用遵循先例原则时会出现例外情况。当两个先例发生冲突时,只有上级法院拥有权力来决定适用何先例,以及决定其对于下级法院是否具有拘束力。

(2)美国判例的效力

美国的司法体系属于双规并行的模式,兼有判例法与成文法体系,而其中的判例法体系部分则完美地承继了英国的判例法体系。当下美国法院具有两套系统,即联邦法院系统和各个州的法院系统,两套法院系统之间在判例法领域,并非各自独立,而是从属关系。加之判例法是美国法主要的渊源之一,它由美国法院在司法活动中形成,法官在审理案件时,不仅要遵循先例,而且会创造先例。此外,美国还存在制定判例法,这种判例法的主要作用是解释制定法,同时也会在一定程度上增加制定法的内容。下文将通过纵向与横向的对比,对美国判例的效力进行分析。

从纵向角度看,联邦法院在美国司法体系中居于最高位置,其作为最终上诉法院所产生的判决对下级法院(包括联邦地方法院和州法院)具有指导意义,构成先例的同时亦产生拘束力。在联邦法院系统中,联邦地方法院的判例并不具备先例效力,而需要遵循最高法院的先例。在州法院系统中,州上诉法院的判例同样对下级法院具有约束力,而州低级法院的判例一般不产生先例作用。此种效力被称为纵向的遵循先例原则。与之对应,从横向角度进行分析,同一法院作出的判例不仅约束下级法院,对于该院以后的类似案件同样具有拘束力。但是这种约束力要小于纵向的约束力,存在被推翻的可能性。此效力被称为横向的遵循先例原则。

依据美国的法律体系可知,判例法所形成的先例常被认为法律位阶较低,不及联邦法律和各州法律的地位。与英国判例法相比,美国的先例在实践中更容易被推翻。为了避免前述情况的发生,有效发挥先例的作用,美国为此采取种种措施,确保先例的有效适用。第一,为了避免判例被推翻,美国通过司法解释的方式,在结合实际案情的基础上,对其进行有效解释;第二,在确实需要推翻先例的情况下,除了要求审理案件的法官严格履行说明义务外,还需要法官说服联邦最高法院,证明推翻先例的价值远远大于保留先例的价值;第三,先例不具有溯及力,并不溯及先前的案件。[①]

结合前述分析可知,判例法之所以作为英美法系重要的法律渊源,原因如下。首先,其形成之初受到英国物质文化基础的影响;其次,其适应了英美法系国家逐步完善健全的法院体系;最后,遵循先例原则的确定,使判例在英美法系国家成为一种法律制度,并不断发展前进,发挥自身效力。

(二)大陆法系判例的效力

1. 大陆法系判例的效力源起

与英美法系的发展有所不同,在大陆法系的国家,成文法典对司法实践的影响和指导作用被高度重视。这些国家一直在致力于完善成文法典,希望以此为法官审判案件提供更客观的依据。在裁决案件时,法官会严格遵守成文法典的相关规定。但由于法律的滞后性不容忽视,且随时代的发展,成文法典难以有效解决所有现实法律问题,故法官在以成文法典为核心的法律体系下进行审理案件,其自身的自由裁量权亦受到一定限制。在面对新问题时,法官如若严格遵循成文法典的规定,会使案件的审理过于机械与教条,不仅不利于案件的审理,亦有损于司法案件裁决的公平公正。因此,司法判例作为非正式法源而逐步兴起。[②] 判例因其可为事实相似的案件提供审理经验,有效弥补成文法典的不足之处,而受到大陆法系国家的重视。作为法律体系的内涵和实现司法公平正义的要求,确定性与可预期性一直被各大法系所追求,成文法典中的法律条文需要确保法律的确定性;但是由于概括性条文的涌现,基于不同场景,语义理解的不同可能导致对于原本立法目的的解释产生歧义,弱化成文法典对自身立法目的的精准表达。因此,通过判例对其进行有效弥补,不仅可以有效应对各种现实情况,亦可弥补法律的滞后性,进一步有效保证司法的公平正义。大

---

① 参见林喜芬:《美国法院遵循先例的运行机制及启示》,载《比较法研究》2015 年第 2 期。

② 参见张琪:《再论指导性案例效力的性质与保证》,载《法制与社会发展》2013 年第 1 期。

陆法系判例制度能够发挥效力的根本原因在于其生成的历史因素,对此需要进一步探究。

首先,崇尚成文法典的信念。大陆法系与英美法系存在根本的不同,而以成文法典为核心的传统是区分两种法系不同的主要标志,大陆法系正是以成文法典为核心,将其奉为法律渊源。这导致了两大法系最终走上不同的发展道路。这种差异的关键在于所处国家的不同政治环境和国家结构。中世纪的德国、法国等由于地方割据导致政治极不稳定,继而没有足以影响全国的审判机构,区域性法院也并不具备一定威望。政治的不稳定同样导致其法官数量偏少,在审理案件时专业知识不足,无法很好地应对各类案件。鉴于上述情况,中世纪的法学家为了有效应对上述情况,保证法律的有效实施,以及使法官在审理案件时的法律依据具有一定的标准与统一性,便将视角转向罗马法的研究,使成文法的理念在欧洲国家迅速传播,在司法实践中取得了一定效果。这具体体现为最高法院的法官主要由法学家担任,他们在审理案件时参照罗马法的相关规定进行。这种情况导致罗马法成为欧洲某些国家和地区主要适用的法律,从而使崇尚法典的信念在民众心中得以传播:人们相信即使是一个复杂的法律问题,也可以通过既有法典中的规则与原则对其进行解释与阐述。

其次,成文法律制度的缺失致使判例制度被接受。成文法典在欧洲各国适用的深入暴露出一些内生性问题,越来越多的法学家意识到通过判例对成文法律制度进行填补,可以有效解决其内生性导致的问题,故将判例视为一种有效的方法。适用判例有助于实现法律的基本价值,特别是在20世纪以后,判例在成文法典之外发挥了重要的作用,包括在内容上和在引导法官适用法律上的作用。德国法学家茨威格特·克茨曾表示,《德国民法典》整体结构的建立和维持都离不开判例的作用。[①] 判例的应用使原有枯燥的法条在适用过程中与现实情况相结合,更加符合社会的需要与发展趋势。

最后,法院上下层级之间森严的关系推动了判例在审判实践活动中发展。大陆法系国家上下级法院之间存在严格的审级关系,这对于推动判例的发展提供了实践的空间。法官的晋升制度对于判例的推动也具有一定的影响。正是

① 参见何勤华、周小凡:《我国民法典编纂与德国法律文明的借鉴——中国继受1900年〈德国民法典〉120年考略》,载《法学》2020年第5期。

这些因素的存在,使判例在大陆法系国家得到了极大的发展。上诉制度的存在使下级法院的法官在审理案件时必须考虑到上级法院的判决,如果法官忽视了上级法院公布的判决并采取了不同的立场,很有可能面临上诉并被迫改变原判或者被要求重新审理案件的情况。如果一位法官被发回改判或重审的案件过多,则产生的负面评价可能影响其晋升或影响其年终考核结果。基于此,下级法院的法官在审理案件时更倾向于参照上级法院相似案件的判决,将其作为先例在法律说理部分进行参照适用,这在提升诉讼效率的同时,亦降低了案件改判或发回重审的概率,能够维护法律的权威。

伴随欧洲各国社会的发展,成文法典的弊端日渐凸显,法官的法律素养参差不一,机械化地适用法条可能导致法官对于法条内容理解不一的情况,继而影响对于案件的审理,严重损害司法公正的价值目标。判例有机地弥补了法典至上的不足之处,可以在成文法典之外对于法官适用法律进行指导,以发挥其自身的效力。分析与归纳大陆法系判例生成的历史因素,有利于明晰其效力来源。

2. 大陆法系判例的效力分析

成文法典在大陆法系中具有举足轻重的地位,被视为大陆法系法律的正式法律渊源。习惯法在这种法系中被视为对成文法典的补充,而判例则被大陆法系的国家视为一种习惯法。考虑到适用大陆法系的国家通常只授予法官司法权而非立法权,因此法官只能解释他们审理案件时适用的法律条文,而不能创制新的规则。综上可知,判例在大陆法系的国家适用时并无法律上的拘束力,法官在审理案件时并没有遵循先例的义务,更不会以判例为核心对案件的法律说理部分进行解释。

(1)德国判例的效力

德国致力于通过法律立法给予判例一定的拘束力,以确保法律在实施过程中的公平和确定性。[①] 德国联邦宪法法院认为,尽管判例在法律意义上没有强制力,但它们并非完全无效,而在某种程度上其可为法官撰写判决提供指导和支持。德国法院的判例拘束力可以根据法院层级的不同进行分类。

其一,联邦宪法法院与其他法院在判例拘束力方面存在差异。联邦宪法法

① 参见雷磊:《德国判例的法源地位考察》,载《社会科学研究》2022年第3期。

院的判例拘束力主要源自《联邦宪法法院程序法典》第三十一条的规定。根据该规定,如果联邦宪法法院裁定某项法律规定无效,那么该裁决对下级法院和其他权力机关均具有强制拘束力;其他法院的判决如果违背了该判决,则会因为违法而被撤销。但需要明确的是,联邦宪法法院的判决对于它自身没有任何拘束力。在 1987 年之前联邦宪法法院的判决对立法机关具有拘束力,但自 1987 年起立法机关可以通过再次制定联邦法律的形式恢复被宣布无效内容的效力,因此现在立法机关并不会受到联邦宪法法院判例的拘束。

其二,联邦宪法法院的判例拘束力程度远高于其他法院的判例拘束力。[①]其他法院的判例并没有强制适用的情况。在上诉法院将案件发回重审的情况下,上诉法院会指定原审法院作出最终判决,其发回重审的决定对原审法院具有拘束力。在实践中,尽管上诉法院的判例对于重审法院没有拘束力,但是上诉法院通常会参考自身先前作出的生效判例,并将其作为重审法院的指导。如果重审法院的判决与上诉法院的先例不一致,上诉法院会要求重审法院进行论证和解释。

判例根据拘束力程度的不同,可以分为单一性判例和持续性判例。单一性判例是指法院通过对已有审判的实质梳理,作出与待审判案件相似的判例。拘束力的具体程度取决于不同的情况。为了削弱一项法律判例的影响力,必须提供相反的案例作为证明;否则,该判例将被视为在类似案件中具有约束力。持续性判例是指原法院或上级法院对于同类案件作出一贯的判决。学术界将其看作法律的延续,可以视为大陆法系中的非正式法源。要推翻持续性判例,则需要提供强有力的证据。若相反证据与推翻单一性判例的证据强度相等,则持续性判例的约束力无法被推翻。实际上,只有上级法院在上诉审判过程中不再遵循原判例,或者情况发生变化导致原判例不适用时,下级法院才有可能作出与持续性判例相反的判决。[②]

(2)日本判例的效力

在日本,判例的内涵并没有法律的明文规定,但是在具体操作中,普遍认为

① 参见顾培东:《效力抑或效用:我国判例运用的功利取向》,载《法商研究》2022 年第 5 期。

② 参见罗伯特·阿列克西、拉尔夫·德莱尔、高尚:《德国法中的判例》,载《中国应用法学》2018 年第 2 期。

具有拘束力的判例仅限于由最高裁判所作出的裁判。有学者曾指出,以成文法主义为核心的日本认为判例并不是其法律渊源,因此,判例仅能作为裁判所对刑法进行权威解释的依据,对将来的裁判产生拘束力而已。[①]

作为大陆法系国家的日本并不存在判例法,判例仅是成文法律的补充,其作为一种任意性或补充性法源,本身并不具有强制拘束力,并不能在裁判案件时直接、单独适用。在理论上,《日本宪法》第七十六条第三款内容明确规定法官行使职权仅受到宪法和法律的约束。如果最高裁判所强制下级裁判所适用其形成的判例作为审理案件的依据,则有违法官独立原则。因此,下级裁判所的法官并非有义务适用判例,自然也不会因没有适用判例而受到惩罚。然而,在实践中,由于最高裁判所保有终审裁决权,下级裁判所通常会受到压力,被迫遵循最高裁判所的相关判例。故可以得出结论,日本法官遵循判例只是一种惯例。此外,在特殊情况下,日本法官有权不受判例的限制。日本的判例可分为强判例和弱判例。强判例具有可重复使用的特点,具备较高的稳定性和明确的裁决理由。相反,弱判例较为罕见,不太稳定,引发较大的争议,并且其裁决理由不够明晰。下级裁判所的法官在有足够理由证明最高裁判所的判例属于弱判例或最高裁判所自身作出了改变原先判例的判决等情况下,可以作出与原判例相反的结论。因此可以得知,法官并非会受到所有判例的拘束,而需要对判例的强弱进行区分,不同的判例拘束力也不同。

最高裁判所和其他裁判所形成的判例效力存在不同,发挥的作用亦有所不同。展开来谈,最高裁判所通过裁判形式产生的判例拘束力效力介于法律拘束力与事实拘束力之间,具体体现在以下两个方面。其一,当事人发现收到的判决与最高裁判所作出的判例相抵触时,在准确明晰的情况下,当事人可以以此为理由向上级裁判所进行上告,此举符合《日本民事诉讼法》的相关规定。《日本民事诉讼法》规定原审违宪、原审程序违法以及原审与现有法令相抵触时才允许上告。对于该法条中“法令”一词《日本民事诉讼法》中有明确的解释,即法令包括最高裁判所的判例等。如果现实中出现当事人认为判决与最高裁判

① 参见[日]大塚仁:《刑法概说总论》(第3版),冯军译,中国人民大学出版社2003年版,第67页。

所判例相抵触的情况，则符合《日本民事诉讼法》规定的构成上告的理由。[1] 其二，最高裁判所立场的变更。一般情况下，最高裁判所由大法庭和3个小法庭组成；大法庭由15名法官组成，而每个小法庭则由5名法官组成。小法庭可以审理一般案件，并对大审院和高等法院的判决作出变更；然而，小法庭无权单独改变最高人民法院在先例中的立场，只有在召开大法庭并由15名法官全体参与审理的情况下，才能对最高裁判所自身以往的立场作出变更。[2] 这是因为日本最高裁判所的判决属于终审判决，具有最终的司法权威性，其判决结果对于下级裁判所具有约束力，并且最高裁判所的法官数量较少，需要谨慎行使权力，避免滥用职权或者违反法律原则的情况发生。综上可知，日本最高裁判所的判决在形式上具有一定的先例拘束力。[3]

其他裁判所决定的拘束力则体现在，最高裁判所以外的其他裁判所对于案件作出的判决对于下级裁判所具有事实拘束力，是下级裁判所必须遵循之所在。日本法官任期通常以3年为限，每满3年则会在不同的裁判所之间轮换任职。轮换任职制度的存在可能导致法官在处理新类型的复杂案件时缺乏经验；面对这种情况，法官可能会参考该区域或邻近地区法院的相关裁决，或者参考原先任职法官的判决，以便在应对新类型案件时有所借鉴。

（三）我国法院指导性案例的效力

对于我国法院的指导性案例效力问题的深度探究，事关最高人民法院的指导性案例对于未来法官在裁判与之相似案件时会产生怎样的影响力，这不仅有助于我国最高人民法院的指导性案例制度与英美法系、大陆法系的判例制度进行区分，亦会对指导性案例在司法实践环节如何发挥最大作用，取得良好效果产生至关重要的影响。最高人民法院指导性案例的效力一直是理论界与实务界颇具争议的话题，最高人民法院于2010年发布的《案例指导工作规定》第七条对于指导性案例的效力进行了规定，要求各级人民法院在审理案件时如遇到近似案件，应当参照适用最高人民法院发布的指导性案例进行审判工作。但是

---

① 参见后藤武秀：《判例在日本法律近代化中的作用》，载《比较法研究》1997年第1期。
② 参见陈兴良主编：《中国案例指导制度研究》，北京大学出版社2014年版，第676页。
③ 参见于佳佳：《日本判例的先例约束力》，载《华东政法大学学报》2013年第3期。

其中“应当参照”的解释并不明确，且亦未说明法官在审理案件时如果不对其进行参照应承担何种责任，即承担何种法律后果。虽然2015年发布的《〈最高人民法院关于案例指导工作的规定〉实施细则》对“应当参照”作出了进一步阐释，但是依然没有对前述疑问进行很好的解答，因此，自最高人民法院发布指导性案例以来，其效力定位一直处于争议当中。

1. 最高人民法院指导性案例的效力变迁

自从2011年最高人民法院公布第一批指导性案例以来，通过10余年的实践，指导性案例的效力伴随指导性案例的发展逐渐形成。分析最高人民法院对于案例效力的表述变化，可以发现，最高人民法院对于案例效力所持的态度亦在动态变化当中。

20世纪80年代中期，《最高人民法院公报》在问世之初便提出“以案说法、指导审判”的办刊宗旨。在这一时期，最高人民法院通过发布具有普遍指导意义的典型案例，将抽象的法律原则与具体的案件结合起来，使法官在审理同类案件时有了可供遵循的统一裁判标准，有效解决了以往法律适用中存在的裁判不统一的问题，增强了司法判决的可预见性和稳定性。同时，通过对案例的学习和借鉴，各级法院的法官们也更加注重对法律条文的理解和运用，提高了自身的业务水平和素质能力。因此，以《最高人民法院公报》的方式将典型案例进行发布在促进司法公正、维护社会稳定、保障人民权益等方面发挥了积极的作用。此时最高人民法院对于公报案例持“可供各级人民法院借鉴”的态度。

1999年最高人民法院颁布了《人民法院五年改革纲要》，其第十四条明确指出，自2000年起，最高人民法院审判委员会对典型案例进行讨论和决定，并公示这些案例。这些典型案例为相关法律问题提供了参考适用的依据，供下级法院在审理类似案件时参考。这一举措旨在确保法律的统一适用，提高司法公正性和透明度。此时可以发现，最高人民法院对于类似案例的态度发生转变，由借鉴过渡到参考适用。《人民法院第二个五年改革纲要（2004—2008）》第十三条明确规定，要建立健全案例指导制度，充分发挥指导性案例在统一法律适用标准、规范司法行为、指导下级法院审判工作、丰富和发展法学理论等方面的作用。这一制度的建立和完善旨在提高司法工作的公正性和权威性，确保法律得到正确适用。此时亦可看出最高人民法院对于相关案例的效力规定发生了变化，由之前的参考适用转变为指导下级法院审判工作。

案例指导制度在我国得到快速发展，得益于2010年发布的《案例指导工作规定》，其明确对指导性案例的效力进行了规定，明确地方各级人民法院应当参照适用指导性案例。2015年发布的《〈最高人民法院关于案例指导工作的规定〉实施细则》第九条、第十条规定，各级人民法院在遇到类案时，应当参照相关指导性案例的裁判要点，将其作为裁判理由引述，但不得作为裁判依据进行引用。此时最高人民法院对于典型案例的效力的表述精益求精，无论是《案例指导工作规定》还是该规定的实施细则都明确表述为"应当参照"。

综上可知，虽然区分了典型案例与指导性案例，但是最高人民法院对于两者的态度具有连贯性与一致性，基于前述四种态度表述，可以看出措辞在不断完善，虽实际含义十分接近，均有仅供参考之义，但在参考意义层面还是有所不同。展开来谈，"参考"为《最高人民法院公报》公布典型案例效力的主旋律，因此，结合当时的司法实践，法院在具体审理案件环节是否参考适用公报的典型案例具有较大的随意性。尽管最高人民法院明确了相关典型案例，但地方法院对于相似案件作出判决时甚至出现了相反的结果等情况。[①] 2010年《案例指导工作规定》出台后，将"应当参照"定义为指导性案例的核心效力。此举虽未要求各级人民法院在审判时必须严格遵循指导性案例进行裁决，但从相关表述由"借鉴"、"参考"到"应当参照"可以看出，最高人民法院对于相关案例的参考意义，也即其效力的态度发生改变，通过相关表述的改变，试图赋予指导性案例一定的拘束力。

虽然从"参考"到"应当参照"仅是"考"与"照"的改变，其意义却迥然不同。"参考"侧重于为了学习或研究而查阅有关资料，主要目的是利用有关材料借以对照，进而帮助研究和了解某一事物，通常是为了保证研究事物的准确，具有一定建议的性质，并无任何的拘束力。其在实践中体现为"仅供参考"等表述，仅具有建议、借鉴的性质；在实际工作中表现为同级部门之间的建议、下级就某些问题提出意见供上级决策时参考以及群众对于相关公权部门提出的意见等。这里更多体现为建议，并无实质上的拘束力。"参照"则更侧重于参考并依例照做，主要强调参照并仿照某些方法或式样。其体现在司法领域，可以看作上级

① 参见李友根：《指导性案例为何没有约束力——以无名氏因交通肇事致死案件中的原告资格为研究对象》，载《法制与社会发展》2010年第4期。

对于下级提出的需要具体执行的要求,带有一定行政命令的色彩,具有一种上级对下级的行政性拘束力与强制力。[①] 除此之外,最高人民法院在"参照"之前还增加了"应当"二字,为"参照"增添了"应当"的强制性色彩。正如胡云腾大法官所提及,"应当"二字本身就包含了"必须"的含义。因此,当法官审理类似案件时,其应当参照指导性案例进行审理,如果法官并无参照,也并未提供相关合理理由,则会存在裁判与指导性案例相矛盾的可能性。此种做法对于司法公正造成损害的同时,又可能产生冤假错案,对当事人的合法权益造成不可估量的损害,故当事人有权上诉、申诉,以有效维护自身的合法权益。[②]

最高人民法院对于典型案例与指导性案例的效力规定变化的历史可以体现指导性案例的效力发生了实质性改变,从最初的"借鉴"、"参考"到现在的"应当参照",其事实的拘束力在不断增强,故学者孙国祥将其定位为"从柔性参考到刚性参照的质变"。[③] 这种变化实现了拘束力从无到有的质的飞跃与根本性变化,对于后续我国司法审判实践与法学界对指导性案例的研究都起到了不可磨灭的作用。

2. 最高人民法院指导性案例的效力分析

2010 年指导性案例制度在我国正式确立,截至 2024 年 6 月 13 日,最高人民法院已公布了 40 批指导性案例,最高人民检察院已公布了 50 余批指导性案例。伴随指导性案例制度在我国的持续性发展,最高司法机关公布的案例数量持续增加,这对于我国司法审判实践本是利好态势,但是对于指导性案例的拘束力的效力定位在理论界与实务界存在较大争议。特别是我国最高司法机关最高人民法院与最高人民检察院,二者的态度在 2019 年之前也是存在不同的。展开来谈,2010 年 7 月公布的《案例指导工作规定》第十五条规定,各级人民检察院可以参照适用检察指导性案例。由此可知,最高人民检察院在当时对于指导性案例的态度是可以参照执行,而当时最高人民法院公布的文件表明其所持

① 参见孙国祥:《从柔性参考到刚性参照的嬗变——以"两高"指导性案例拘束力的规定为视角》,载《南京大学学报(哲学·人文科学·社会科学版)》2012 年第 3 期。

② 参见蒋安杰:《最高人民法院研究室主任胡云腾——人民法院案例指导制度的构建》,载《法制资讯》2011 年第 1 期。

③ 参见孙国祥:《从柔性参考到刚性参照的嬗变——以"两高"指导性案例拘束力的规定为视角》,载《南京大学学报(哲学·人文科学·社会科学版)》2012 年第 3 期。

态度是应当参照适用。直至2019年《案例指导工作规定》修订,我国最高司法机关对于指导性案例效力的态度才趋于一致。此处引入最高人民法院、最高人民检察院2019年之前对于指导性案例效力的不同态度意在说明最高司法机关内部对于指导性案例的效力也存在不同的看法和认识;指导性案例的具体发布者尚且如此,那么理论界的学者与实务界的司法从业者产生相关争议亦属正常。

目前理论界对于指导性案例的效力问题一直存在争议,特别是在"应当参照"的指引下,究竟赋予指导性案例何种法律地位,其才能有效发挥作用?其拘束力源于何处?其能体现出何种法律效果?这些都是理论界对于最高人民法院指导性案例制度存在的疑问。通过梳理相关著作与论文,对相关观点进行总结,可以发现对于指导性案例效力的疑问主要集中于以下几个方面。

观点一:法律拘束力。部分学者从我国司法环境现状、司法改革的效果以及督促法官自觉遵循指导性案例的角度进行剖析,认为必须赋予指导性案例强制性的拘束力,否则其难以有效发挥作用。王利明教授曾指出,虽然我们不能完全模仿英美法系的遵循先例原则来建立我国的判例制度,但对于某些判例,我们仍需赋予其一定的约束力,使其在法官审理案件时发挥实质性的帮助,否则这一制度将难以得到有效的发展。[①] 若不赋予指导性案例强制拘束力,则相关规范性文件就没有发布的必要。正是基于这一目的,最高人民法院、最高人民检察院才通过出台规范性文件以确保指导性案例能真正在审判活动时被法官所遵守。判断此种强制拘束力的效力来源,一个简单的办法就是将其作为司法解释的一种形式,这样既避免将指导性案例直接当作法律,进而使其成为法律渊源,并与《立法法》规定冲突的尴尬;又能使其自然具有法律效力,[②]以此约束法官在审判案件时自觉遵循指导性案例。

上述做法看似简单易操作,但实际上仍然没有解决最高司法机关指导性案例的效力问题。指导性案例的核心是作为说理依据推进"同案同判",以维护审判公正,并非将其与司法解释同等看待,而且我国尚未赋予指导性案例与司法

① 参见王利明:《论中国判例制度的创建》,载《判解研究》2000年第1期。

② 参见郎贵梅:《中国案例指导制度的若干基本理论问题研究》,载《上海交通大学学报(哲学社会科学版)》2009年第2期。

解释相同的效力特征。因此,不可将法院指导性案例完全视为司法解释,借以获得法律层面的拘束力。

观点二:事实拘束力。有学者认为,将法律拘束力赋予给指导性案例不符合我国司法实践现状,但如果不对其给予一定效力,则又会导致指导性案例制度无法有效发挥作用。考虑到最高人民法院发布的《案例指导工作规定》以及我国司法审判的实际情况,为有效顺应时代的发展,充分发挥指导性案例的效力,应认定其具有相应的事实拘束力。这在实践中具体表现为,法官在审理案件时,如遇到与指导性案例近似的案件则应在充分考虑指导性案例的基础上进行裁判,如果未能考虑指导性案例导致最后裁判的内容与其背离,从而出现错误裁判,则案件理应按照法定程序依法被撤销、改判或再审,而案件质量测评时亦会面临负面评价,①审理案件的法官也需承担相应的责任。②

指导性案例是否真的具有事实拘束力,还需要进一步剖析。英美法系与大陆法系对于判例的态度是不同的,判例在英美法系国家是作为法律渊源而存在的,在大陆法系国家则不是;虽然大陆法系国家将判例视为非正式法律渊源,但是其拥有一套完整的体系和制度,可以确保判例在事实层面得到了切实的遵守与履行,继而获得了事实上的拘束力。我国的法律习惯、文化传统与大陆法系国家更为趋近,因此对于指导性案例的效力定位亦更偏向大陆法系国家,认为指导性案例在一定程度上具有事实上的拘束力。此观点在指导性案例公布的初期阶段,曾被最高人民法院的相关负责人多次提及,③也因此被学界认为具有一定权威性。

观点三:准法律拘束力。支持该观点的学者认为指导性案例具有拘束力的起始点在于2010年最高人民法院《案例指导工作规定》的发布,因此其效力来源及核心依据是该规定。需要注意的是,该规定并非法律,而是最高人民法院发布的规范性文件。该观点将最高人民法院指导性案例效力问题争议从原有的法律拘束力与事实拘束力非此即彼的争议中解放出来,但是又未完全偏离法

① 参见顾培东:《效力抑或效用:我国判例运用的功利取向》,载《法商研究》2022年第5期。

② 参见胡云腾、于同志:《案例指导制度若干重大疑难争议问题研究》,载《法学研究》2008年第6期。

③ 参见胡云腾、罗东川等:《〈关于案例指导工作的规定〉的理解与适用》,载《人民司法》2011年第3期。

律拘束力与事实拘束力，仅从其效力来源的核心依据出发，将其效力定位为“准法律拘束力”。[①] 除此之外，雷磊教授就指导性案例的效力进行论证与分析，以法源双层构造论为切入点，通过不同角度对指导性案例的准法源地位进行了分析论述。[②] 学者张骐基于指导性案例在具体适用过程中的问题进行分析，认为对指导性案例的效力并不能简单地处理为有说服力或有拘束力，而应将其认定为“具有一定制度支撑的说服力”。[③]

笔者认为将最高人民法院指导性案例的效力定位为准法律拘束力是较为贴切的。因为此观点对于指导性案例与法律规范之间的关系进行了有效梳理与准确区分，对于指导性案例接近但又不同于立法规范的特质进行了深度剖析，与法律拘束力与事实拘束力相比而言，是更为精准的效力定位。具体而言，最高人民法院发布的两部规范性文件赋予了应当参照指导性案例的强制性要求，这在一定程度上与法律的严苛性相近似。不仅如此，从众多学者对于指导性案例效力进行分析与论证的过程可以看出，将指导性案例的效力与最高人民法院《案例指导工作规定》相结合的角度更为妥切。以新的视角重新审视作为规范性文件的最高人民法院《案例指导工作规定》所产生的影响力可发现，法院指导性案例的效力介于法律拘束力与事实拘束力之间，由于其出自规范性文件，因而其更趋近于法律拘束力一侧；但考虑到法院指导性案例并无完整意义上的法律拘束力，因此，以准法律拘束力对其效力进行定位更为适宜。综上，本部分旨在明晰法院指导性案例的效力，以此为本章节研究重点——检察指导性案例的效力分析，提供可借鉴的内容。

（四）我国检察指导性案例效力的理论分析

当前，最高人民检察院发布的指导性案例在确保法律适用的一致性、指导检察工作的进行以及加强法制宣传教育方面发挥着日益显著的作用。然而，自检察指导性案例发布以来，如何确定其在司法实践中的效力，以及如何最大限度地发挥其效力，已经成为一个需要重点研究的问题。因此，本部分的内容将

---

① 参见邹兵建：《“两高”指导性案例效力新论》，载《时代法学》2014 年第 3 期。

② 参见雷磊：《指导性案例法源地位再反思》，载《中国法学》2015 年第 1 期；雷磊：《法律论证中的权威与正确性——兼论我国指导性案例的效力》，载《法律科学（西北政法大学学报）》2014 年第 2 期。

③ 参见张骐：《再论指导性案例效力的性质与保证》，载《法制与社会发展》2013 年第 1 期。

立足于我国实际,深度剖析检察指导性案例效力的有关论点,为我国检察指导性案例效力的深入研究作出探索。

1. 检察指导性案例效力定位的演变发展

在检察指导性案例制度形成早期,最高人民检察院持相对保守且审慎的态度。2010 年颁布的《案例指导工作规定》第十五条明确规定,指导性案例发布后,各级人民检察院均可对类案参照执行。该条将检察指导性案例的效力定位为"可参照执行"。2010 年《案例指导工作规定》第十六条亦针对检察指导性案例的效力,明确如果承办案件的检察官认为正在处理的案件虽与指导性案例属于同类案件或存在同类问题,但是不适合参照执行的,应以书面方式提出意见,通过上报的方式说明情况,由检察长或者检察委员会进行决定。通过对 2010 年《案例指导工作规定》中两条规定内容的分析,我们可以发现在赋予检察指导性案例"可参照执行"效力的同时,最高人民检察院也设立了相应的上报制度,以确保其不适用的情况亦能得到妥善处理。这一制度与英美法系中的不遵循判例的背离报告制度有异曲同工之妙。

2015 年《案例指导工作规定》进行了修订和完善,包括对检察指导性案例效力进行了更新,在明确检察指导性案例效力的同时规定检察官可以参照指导性案例释法说理,并将其作为办案的重要参考;但同时强调,检察指导性案例不能替代法律或司法解释等正式法律依据,不能直接用于案件的处理。这样的规定既体现了最高人民检察院对检察指导性案例的认可和重视,也维护了司法的公正性和权威性。最高人民检察院为有效应对指导性案例在下级人民检察院的司法实践中并未取得理想化效果而作出了相关调整,对检察指导性案例的效力进一步明确与强调,为下级检察院在办案过程中遇到与指导性案例相近似案件时的参照,适用提供正当性依据,以此进一步强化检察指导性案例的效力,以便更好地发挥其在检察官具体工作中的作用。[①] 但需要注意的是,2010 年和 2015 年最高人民法院《案例指导工作规定》及其实施细则分别发布,其中将"应当参照"明确为法院指导性案例的效力,这是其与最高人民检察院指导性案例最大的不同之处。

此不同之处在 2015 年后又持续 4 年的时间,直至 2019 年《案例指导工作

① 参见万春:《检察指导案例效力研究》,载《中国法学》2018 年第 2 期。

规定》再次修订,其第十五条明确检察指导性案例的效力为“应当参照”适用。此次修订使最高人民法院、最高人民检察院指导性案例的效力趋于一致。对于“应当参照”的理解,笔者认为其与前述最高人民法院指导性案例的效力理应近似。“应当参照”不同于以往“参考”的随意性,检察指导性案例对于检察官而言具有一定的约束力,他们在处理类似案件时应当参照检察指导性案例的相关内容。然而,与英美法系的“遵循先例”原则相比,这种约束力明显较弱。这是因为英美检察官需根据个案事实是否与先例相似进行判断,这取决于英美检察官受到的严格训练。另外,英美检察官在引用案例时需要对案例中法律规范的要旨和指导意义部分作出细化。因此,“参照”这一表述更符合我国最高人民检察院对于指导性案例效力的定位。不仅如此,“参照”二字赋予了指导性案例更大的灵活性,改变了以往机械适用的情况,使其可以随社会情况的变化及时作出调整。然而,赋予检察官更多的灵活性可能导致检察指导性案例应用效果的削弱,进而引发社会公众对检察指导性案例制度合理性的怀疑。① 因此,使用“参照”是对检察官在特殊情况下选择适用与否的要求,而“应当”二字又表明在一般情况下检察官必须参照指导性案例的精神进行类案的办理。

对于该效力条款修订的原因,笔者基于最高人民法院对于指导性案例效力的态度以及最高人民检察院对于指导性案例规定的修订历程,归纳出以下几点:其一,我国各级检察院以最高人民检察院为核心,上下级检察院之间为领导与被领导关系,而最高人民检察院通过发布指导性案例指导地方各级人民检察院和专门人民检察院的工作,理应具有一定强制力;其二,由于2010年与2015年最高人民检察院对于指导性案例的效力定性不够明确,其未能在具体司法实践环节最大化发挥作用,各地检察院的检察官在具体办案环节对于指导性案例的适用程度标准不统一,因此,需要对其效力进一步明确,从而为检察官适用指导性案例办案提供更为准确的依据;其三,伴随我国指导性案例的发展与成熟,加之司法环境的逐步完善,为有效解决现实中各种疑难案件,切实将“同案同判”的核心内涵化于实践,最高人民检察院党组对于指导性案例的重视程度进一步提高,通过强化指导性案例效力的方式增加共识,以便其更好地指导司法实践。

① 参见刘占勇:《检察案例指导制度:实践现状与发展完善》,载《中国检察官》2020年第11期。

2. 最高人民法院、最高人民检察院指导性案例效力的对比分析

根据前文所述,最高人民法院和最高人民检察院发布的指导性案例都被明确规定为“应当参照”。尽管如此,它们在发布方式、案件范围选择以及引用相关规定方面仍存在一些差异。因此,笔者希冀通过分析二者之间的不同,借以突出检察指导性案例的独特之处,为后续深入分析其效力提供基础。

首先,发布体例上的不同。检察指导性案例的发布体例并非固定不变,其一直处于发展变化的过程中。自从第七批检察指导性案例发布,可以明显发现其与之前发布的案例明显不同,在发布体例上新增了“指导意义”这一专栏,直至截至 2024 年 6 月 13 日第五十三批指导性案例,一直沿袭“指导意义”这一部分。除此之外,检察指导性案例的发布体例融合了专题形式的特点,使每一批案例都突出了裁判结果的独特性,并强调了指导意义,展现了其灵活性和示范性。相比之下,最高人民法院发布的指导性案例虽然没有明确的体例规定,但从已发布的案例看,其体例相对固定,没有发生任何改变。从某种程度上说,最高人民法院的指导性案例相比最高人民检察院的指导性案例更加标准化和规范化;[①]但其中并未像最高人民检察院的指导性案例般对“指导意义”进行说明,最高人民检察院的指导性案例的体例更能突出指导属性,其灵活、多变,为下级检察机关适用指导性案例办理类案提供了更精准的指导。

其次,检察机关和审判机关在选择指导性案例范围方面存在差异。尽管它们都是最高司法机关,但它们的职能和机构设置不同。审判机关通过公平、公正的审判活动来解决争议,在庭审过程中明确双方的争议焦点,并使该争议得到有效解决,因此,各类案件的占比较为均衡,在指导性案例的选择方面,民事、刑事、行政案件均有所涉及。[②] 检察机关则不然,其主要职责在于追究刑事责任,故其在司法实践中通常会依据职权提起公诉和进行法律监督活动,因此,检察指导性案例的选择范围更偏重于依职权提起的公诉案件,故其更侧重于选择刑事案件。根据以上论述,可以推断出检察指导性案例的选取范围主要基于检察机关在司法实践中行使职权的情况而确定。

最后,最高人民法院明确规定了对指导性案例的参照条件,要求在审理类

① 参见朱芒:《论指导性案例的内容构成》,载《中国社会科学》2017 年第 4 期。
② 参见宋天一:《检察指导性案例的应用困境及其纾解》,载《中国检察官》2023 年第 5 期。

似案件时,应当参照在法律适用和基本案情方面相近的指导性案例。最高人民检察院并未对参照适用指导性案例的情况进行具体规定,仅明确为在办理类似案件时应当参照适用。在引述指导性案例方面,最高人民法院规定应将指导性案例作为裁判理由进行引述,最高人民检察院则明确允许引述指导性案例进行释法说理。这可能导致检察法律文书中对指导性案例的引用程度不足等问题。综合比较两者,可以发现法院对指导性案例的参照和引述规定要更为严谨,而检察机关在这方面还有待完善。

最高人民法院和最高人民检察院作为最高司法机关,在职能设置方面存在差异,导致它们在指导性案例发布、选择范围以及参照和引述规定方面也存在差异。然而,需要明确的是,这并不意味着它们之间存在明显的界限。在司法实践中,它们更应该体现为相互协调和互补的关系,作为规范司法人员自由裁量权的有效准则。综上所述,虽然它们发布的指导性案例存在差异,但对法官和检察官处理类似案件具有一定的参考价值,并在案件审理方面发挥着作用。

3. 最高人民检察院指导性案例的效力分析

通过前文的论述,可以得知检察指导性案例的效力嬗变以及其与法院指导性案例存在的不同。虽然一系列规范性文件的颁布与出台对检察指导性案例效力进行了规范,但是在理论层面认识检察指导性案例的效力一直存在争议,也即法律拘束力与事实拘束力之间的交锋。检察指导性案例的主要功能体现在对于某些法律规定的留白地带进行有效的补足,在指导检察机关承办类案准确适用法律,对检察人员的自由裁量权进行有效规范。[①] 其效力的争议主要围绕以下方面展开。

从其效力定位看,检察指导性案例主要体现了一种"准司法解释"的性质,其主要功能是指导而非强制。在办理类似案件的过程中,检察机关应参考适用检察指导性案例,但不能将其替代为案件处理决定的直接法律依据,司法解释仍然起着直接的作用。因此,检察指导性案例与司法解释在功能上都具备释法明理和填补法律漏洞的效果。指导性案例的效力在某种程度上仅次于司法解

① 参见陈兴良:《案例指导制度的规范考察》,载《法学评论》2012 年第 3 期。

释,[①]因此,可以被视为一种"准司法解释"。目前,对于检察指导性案例和司法解释的关系尚存在争议。雷磊教授认为,在具体实践中,指导性案例和司法解释都发挥着关键的作用,因此,需要对指导性案例进行总结和提升,以明确其与司法解释相等同的地位。[②] 学者宋晓提出要以指导性案例对司法解释进行取代,以此推进法律适用与法律解释的相统一的观点。[③] 但是,笔者并不同意上述观点。虽然检察指导性案例在实践中具有重要的作用和指导意义,但不能将其与司法解释混淆。因为司法解释的主要特点是法条本身所含有之内容的揭示,其具有法律强制力和普遍适用的司法效力,可以直接作为法律依据。指导性案例则没有法律效力,只能作为参考执行,因此,指导性案例和司法解释的效力不同,其发挥作用时不能与法律原则冲突。[④] 除此之外,指导性案例与司法解释之间存在递进关系。[⑤] 因此,笔者认为赋予其准司法解释的效力更为合适。

不仅如此,检察指导性案例的效力还应界定为"指导",明确其不具有正式的法律效力,不属于法律渊源。承办案件的检察官在处理类案时对于指导性案例的适用不局限于参照,还具有事实上的拘束力。指导性案例的效力体现在其是一种说服力的象征,检察官在遇到类案时,主动适用指导性案例中的观点,是由于其自身精准解读法律与准确适用法律的特性。[⑥] 笔者认为此观点更为合理,检察指导性案例对司法实践具有事实上的指导,其适用效力亦与法律、与司法解释的强制适用效力不同。检察指导性案例的效力在一般情况下是进行参照,但此种参照并非随意或是任意参照,而是检察官办理类案时理应参照指导性案例,因为这些案例在事实层面上具有一定的约束力。然而,需要注意的是,指导性案例作为一种准司法解释,并没有强制适用的效力。它的主要作用仅在于对法律精神进行阐释和应用,却对检察官可以产生较大的说服力。指导性案例中的指导意义获得检察人员的认同,从而有效限制检察官的主观裁量权,促使他们严格参照指导性案例,避免盲目或规避适用法律。于是,指导性案例就

① 参见马光泽:《论指导性案例的效力地位:从定性到比较》,载《社会科学论坛》2023 年第 2 期。

② 参见雷磊:《指导性案例法源地位再反思》,载《中国法学》2015 年第 1 期。

③ 参见宋晓:《裁判摘要的性质追问》,载《法学》2010 年第 2 期。

④ 参见李文峰:《检察机关案例指导工作的完善》,载《人民检察》2020 年第 1 期。

⑤ 参见左卫明、陈明国主编:《中国特色案例指导制度研究》,北京大学出版社 2014 年版,第 128 页。

⑥ 参见王利明:《我国案例指导制度若干问题研究》,载《法学》2012 年第 1 期。

能发挥其功能,对检察官产生事实约束力。

4. 检察指导性案例的效力证成

根据《宪法》等规定,我国上下级检察院之间的关系是领导与被领导的关系,加之2019年检察指导性案例的效力被确定为“应当参照适用”,我国检察指导性案例在下级检察机关承办案件时具有事实的拘束力,而这种拘束力又与法律的强制拘束力截然不同,属于一种准司法解释的效力。对此,笔者将通过不同维度对其进行说明。

首先,检察指导性案例仅是案例层面的指导。基于当前司法理论与实务的现实并未将指导性案例视为法律渊源的一种,便可看出我国的指导性案例与英美法系的判例具有不同的本质内涵。具体差异体现在如下方面。其一,英美法系的判例形成都是基于法官造法的结果,①而在我国检察指导性案例本质上体现出检察机关对于法律的适用,是法律精神的具象化表达,并非法官创设的结果。此亦为最大的区别,检察指导性案例是案例的指导,不是判例的约束。其二,在英美法系的国家,各级法院未被推翻的判决都是判例的来源,任何判例都具有先例的价值,因此都需在后续的审判活动中被遵循。反观我国,检察指导性案例虽源于各级检察院经法院的生效判决或经检察院作出最终决定而形成的案例,但其在我国的法律体系中并无独立地位,此亦和英美法系国家的判例不同。其三,判决在英美法系的国家无须经过专门的制作程序便可成为先例。检察指导性案例在我国的形成须经严格的制作程序与发布程序,在提炼裁判要旨和指导意义的基础上,还须经最高人民检察院指导性案例委员会讨论与审议,才能进行公开发布,才具有参照适用的效力。综上得知,我国检察指导性案例与英美法系的判例泾渭分明。

其次,检察指导性案例在检察机关办案过程中对事实具有拘束力。② 检察指导性案例是检察机关在日常履行法律监督职责中处理各类案件而形成的,通过相关机制选取最具典型性的案例,而后再通过人民检察院的遴选程序,结合实务专家与理论学者的意见,最终确定可以上升成为指导性案例的典型案件,

---

① 参见陈兴良:《案例指导制度的法理考察》,载《法制与社会发展》2012年第3期。

② 参见任庆明、李瑞芝、唐明:《检察指导性案例制度的反思与完善》,载《中国检察官》2021年第7期。

经最高人民检察院负责案例指导性案例工作的相关部门讨论后,面向全社会进行公布。由此可以窥知,检察指导性案例形成于一系列严格的程序之下,其在规范检察机关司法办案流程、针对类案法律标准的统一适用方面发挥了巨大作用,在各地检察机关办理类案方面具有较强的指导意义与拘束力,是承办类案检察官的重要参照依据。

我国检察机关领导体系与审判机关领导体系截然不同,最高人民检察院对于地方各级检察院具有领导关系。因此,经过最高人民检察院遴选、讨论等一系列程序上升形成的指导性案例自然对于地方各级检察院具有事实上的拘束力,是其履行司法监督职能与开展司法办案活动的重要依据之一。根据2019年修订的《案例指导工作规定》,各级人民检察院在处理案件时应参考指导性案例的相关规定,并可以引用指导性案例来明晰法律、说明理由。因此,指导性案例可以被检察官在撰写检察法律文件时引用;或被检察官应用于公诉案件,作为其说理的依据。由此可推断,指导性案例在实际审理中可能对案件结果产生影响。因此,在司法实践中,检察指导性案例具有事实约束力。

最后,检察指导性案例的法律适用效力仅限于指导办案。在此处需要明确,其作为指导性案例,并无法源地位,更多体现为指导性,因此,其不具有法律的强制性与司法解释的法律效力。① 虽然在前文的论述中,有学者基于检察指导性案例的实践应用层面,积极寻求进一步扩大指导性案例的应用,但是其和司法解释并不能等同,而仅具有准司法解释的效力。司法解释是经立法机关明确授权,按照严格程序制定发布和备案的,具有明确的法律效力。指导性案例作为制定法的辅助,②属于法律适用活动的范畴。检察指导性案例在制定时无须备案于全国人大常委会,因而在法律层面上不具备强制力。然而,这些指导性案例具备灵活性和针对性,能够弥补司法解释可能存在的局限性。因此,它们可以作为司法解释的有益补充,为司法实践提供重要的指导和参考,③仅可将其视为“准司法解释”;若将其与司法解释等同看待,则不符合司法解释的设立

① 参见吴君霞:《检察案例指导制度研究》,东南大学出版社2021年版,第86页。

② 参见刘作翔:《案例指导制度的定位及相关问题》,载《苏州大学学报(哲学社会科学版)》2011年第4期。

③ 参见张杰:《规则提炼与事实比对:指导性案例应用方法研究》,载《法律科学(西北政法大学学报)》2023年第6期。

初衷,亦不利于强化后续的司法指导。[①] 因此,在未来的司法实践中,还需明确检察指导性案例的“准司法解释”之定位,放弃简单依靠提升其法律定位改变检察指导性案例的效力,通过继续强化检察官对于指导性案例的重视程度,积极引导其在承办类案时主动参照援引检察指导性案例得出合理且正确的结论。这才是能最大化激发检察指导性案例效力的可行之策。

① 参见孙谦:《建立刑事司法案例指导制度的探讨》,载《中国法学》2010 年第 5 期。

第二部分　检察案例指导的应用及提升

一、检察指导性案例库的构建

案例凝结了我国司法工作经验与司法理论研究的重要成果，打通了法治实践与理论、问题与规则在司法领域的壁垒。[①] 从中华人民共和国成立到迈入新时代，检察机关一直高度重视检察指导性案例工作的完善与发展。《最高人民检察院公报》发布公报案例、各地检察机关编写检察案例丛书、相继建立检察典型案例和指导性案例制度等一系列检察案例改革的推进，为我国检察工作迈向更深层次和更高境界提供了智慧之策和经验保障，最终形成了具有系统性、融贯性、体系性的中国特色检察案例指导制度。[②] 随着社会治理现代化的深入推进，面对不断暴露和出现的顽瘴痼疾与新问题，最高人民检察院积极统筹指导性案例、典型案例、精品案例、检察公报案例等相关检察案例的收集、遴选、编研、发布等工作，为指导和监督各级检察机关能动履行检察职能提供了丰富的检察案例库。

党的十八大以来，检察指导性案例、典型案例的发布数量显著增加，发布的频率提高。《人民检察》《中国检察官》《检察日报》等检察期刊与报纸也专门设立了案例研讨专题，加强检察案例的理论研究与实务探讨。与新要求、新变化相呼应的系列案例的持续发布与研讨，极大提升了检察指导性案例制度的运行水平，也纠正了将检察案例指导制度局限于指导性案例的惯性思维和实践偏差。检察案例指导制度以构建检察指导性案例库为基础，而检察指导性案例库

① 参见项谷、张菁、李灿：《案例指导研究工作深化发展的四个维度》，载《人民检察》2020 年第 18 期。

② 参见李文峰：《检察机关案例指导工作回顾与制度构建》，载《人民检察》2020 年第 7 期。

又应以检察指导性案例为核心,并以检察公报案例、典型案例等其他高质量检察案例为重要补充,从而真正构建确有指导价值和参照意义、类型齐全的优质案例库。

当前,法治中国建设已驶入快车道,司法体制改革有序推进,检察案例指导库作为践行习近平法治思想的一项重要智库成果,既要加强数量的培育,也要在提质增效层面下"真功夫",包括规范检察指导性案例的确定程序与发布、完善检察指导性案例编撰的具体要求、优化检察指导性案例中规则与要旨的提炼。

(一)检察指导性案例的确定程序与发布

检察案例指导制度生发于检察实务,又反作用于检察办案实践。实际上,检察指导性案例库的建构就是案例"选、编、用"的过程。案例的"选"和"编"是发挥指导功能的开端,选取的案例应具备"三个效果"统一的价值,落到研编层面则是所编纂的内容应可操作并且考虑经济绩效。首先,构建检察指导性案例库要为案例的确定程序和发布提供明确的规范指引,严格遵循遴选和编研流程,从源头确保选取的案例在事实和法律层面都经得起推敲,能产生示范效应。其次,构建检察指导性案例库要注重案例的发布形式与方法,充分用好权威性报刊、官方媒体,及时发布案例库中的案例,以供内部参考与社会研讨。譬如,1990 年《最高人民检察院公报》成为发布案例的第一载体,大量重大典型案例、指导性案例等具有权威性和影响性的案例的发布形成了常态化机制,为后来检察指导性案例的确定程序与发布的制度化建设奠定了基础。①

2003 年,《最高人民检察院关于加强案件管理的规定》明确了检察机关应积极开展案例研编、印发工作,但并未就具体内容予以阐述。随后,在 2005 年至 2010 年,党和国家层面积极推进重大刑事冤假错案剖析总结、新一轮司法体制改革等系列政法工作建设,建立健全检察案例指导制度越来越受到重视和关注,也逐步上升为规范性文件。2010 年发布的《案例指导工作规定》经两次修订,以法定形式确立了检察指导性案例的确定程序与发布。首先,省级人民检察院负责其所在地区备选指导性案例的收集、整理、审查工作和向最高人民检察院推荐工作。其次,最高人民检察院法律政策研究室统筹协调指导性案例的

① 参见张杰:《检察指导案例理论与实践》,中国检察出版社 2021 年版,第 50 页。

立项、审核、发布、清理工作。再次,最高人民检察院各检察厅和法律政策研究室对所征集的案例进一步遴选,对符合备选指导性案例条件的,按照指导性案例体例进行编写,然后经案例指导工作委员、检察委员会讨论同意后才能确定为指导性案例。最后,办理案件的检察院与检察官、人大代表、政协委员、人民监督员、专家咨询委员以及社会各界人士都可以推荐备选指导性案例。检察指导性案例的发布权则统一由最高人民检察院行使,《最高人民检察院公报》和最高人民检察院官网是发布指导性案例的法定载体。综上可知,指导性案例的确定与发布具有严谨的程序和明确的规范,但典型案例和其他检察案例的确定程序与发布缺乏明确的规范性指引。在检察指导性案例库一体化建设的趋势下,势必需要从全局视角思考如何制定检察指导性案例的遴选与发布规则,立足于案例本质和检察案例指导制度初衷,完善选送流程、编研主体、编研内容等各要素,形成有机统一的整体。

1. 检察指导性案例的确定程序

检察指导性案例的确定重在协调内部结构的运作,主抓办案质量。一方面,检察指导性案例需要各级检察机关、每一个案件办理的检察官共同打造,优化内部资源共享和流通路径。检察指导性案例来自检察机关日常的工作,如果仅有政策研究室和负责其他检察案例研究部门参与,就会脱离实际,使检察指导性案例沦为"纸上谈兵"。因此,最高人民检察院应统筹协调各级检察机关参与检察指导性案例库建构工作,充分调动检察官报送具有指导效能案例的创造性和认真钻研如何在业务中适用指导性案例的积极性。另一方面,无论是创新办案理念还是积累办案经验,都要严格把关案件办理的质量。检察指导性案例库所吸纳的案例既要以公平公正为前提,又要体现高超的检察办案水平和独具检察特色的办案方法。如果推荐或遴选的案件所阐释的办案规则较为浅显,所体现的办案经验可操作性不强,案件事实认定和法律适用也未能很好回应社会和人民群众的关切,那么就不宜将其确定为指导性案例。由此说明,检察指导性案例的确定程序不仅是构建检察指导性案例库的基础,还应从检察制度的整体性对其进行系统性的完善。也就是说,确定检察指导性案例不能只局限于案件本身所蕴含的新颖、频发、疑难复杂等特点,还应考虑它所构成的检察指导性案例库能否与法律监督机制、执法司法工作等司法制度相适配。具体而言,检察指导性案例的确定程序要以规范运行为目标,为确定案例提供具体、明确、配套的操作流程，以解决司法实践难题为核心，在启动层面就形成有序合法的运行机制，保障指导司法实践、统一司法尺度、提高司法权威的真正实现。

(1)检察指导性案例的编研主体

从现有的规定和运行机制看，检察指导性案例库中不同类型案例的编研主体各不相同。检察指导性案例的确定程序虽涉及不同层级的检察院，但最终的研发主体还是最高人民检察院。典型案例的编研工作对内可由上级检察机关进行，对外则可与法院、行政执法部门、公安机关联合进行。检察公报案例作为检察机关最具权威性的报刊之一，其发布的案例现目前仅有指导性案例，因而无特殊的编研主体。依据不同案例的特性和检察指导性案例库的建构要求，检察指导性案例的编研主体的设置应当具有层次性、有序性，体现不同案例的效力地位和检察机关的领导机制。

检察指导性案例的编研主体是“金字塔”结构，分为不同层级。首先，底层的案例应当是在案件事实认定和证据收集调取等层面具有一定新颖性，能够充分展现检察工作特色但案件办理过程较为简单的案例。这一类案例可称为优秀案例，对检察机关内部起到鼓励、通报表扬作用，也可在一定程度上充盈案例库，因而各级检察机关均可进行研发，尤其是基层检察院应作为研发该案例的主体推动更深层次的案例工作机制落实。其次，优秀案例之上应当是精品案例，该案例主要是为典型案例的选拔作铺垫，同时也是检察机关对年度办理案件的高度总结。精品案例的研发主体应当是各地区的上级检察机关，由其统一开展精品案例的评选、最终案例内容的呈现并决定是否推荐成为典型案例、指导性案例。再次，典型案例作为指导性案例与其他案例的重要连接节点，它的编研主体应当更具化和强化。一方面，应加大省级检察院、最高人民检察院编研服务国家发展大局、民生领域等主题典型案例的力度；另一方面，应鼓励地市级检察机关和省市级检察机关业务部门对与本地区社会经济等发展问题密切相关且具有特色的案件进行研发，将案件上升为典型案例指导地区执法司法工作。复次，应积极盘活检察公报案例，发挥其功能。检察公报案例的革新可以效仿法院公报案例，融入其他一些具有代表性、典型性但又区别于指导性案例的案件，由最高人民检察院政策研究室和负责《最高人民检察院公报》出版发行的部门对检察公报案例开展遴选、研编工作，激活公报案例的补充价值和桥梁纽带作用。最后，指导性案例的研发工作应继续坚持和巩固以最高人民检察院为主体的法定地位,以“塔尖”的层级地位有效指引检察指导性案例库的完善与壮大。

当然,在实现检察指导性案例编研主体层次性设置的同时,还要注重不同层级之间的协同发展。不同类型的指导性案例绝不是孤岛,需要各级检察机关相互协调和共同研讨,最终形成合力推动案例运用于实践和强化指导性案例体系建设。

(2)检察指导性案例的编研程序

在确定编研主体的基础上应进一步完善案例的具体编研流程。从已有的运行程序和实践看,指导性案例的编研时间较长,通常 6 ~ 18 个月才能完成研发;而典型案例、检察公报案例等其他案例虽无确切的时间期限,但仍须考量最终呈现的质量因素。对此,检察指导性案例的编研程序不必急于统一规定,可在指导性案例运行条件较好的地区先开展试点工作,针对不同类型的案例开展个性化的编研程序,然后再予以全国范围内的推广,综合现有的规定形成新的、统一的规范。具体到不同案件类型,笔者认为可进行如下实践。第一,检察指导性案例的编研程序已经有了较多的实践经验和较好的运行基础,在推荐、筛选、征求意见、审议等程序上可继续按照《案例指导工作规定》执行。只是,可以考虑在向最高人民检察院推荐程序层面增加质量把控的流程,设置专门的案例质量监督委员会对案件进行初步审查并形成意见写入推荐建议中,从而可缩短后续程序的时间。第二,典型案例和检察公报案例现目前没有明确的流程规范,因而可参照指导性案例的编研程序,针对不同研发的主体设定案例的审查机构,对选送的案例展开研究和讨论,最终经相关检察委员会审议后再予以发布,为进一步遴选为备选指导性案例把好质量关。同时,由于检察指导性案例库所涉及的案件类型较多,因而在规范其编研程序时应注重案件的分类,尤其对于涉及同一问题但分属不同级别的案例类型要体现其侧重点,加强对“同案不同办”的监督与审查。

(3)各案例之间的转化问题

检察指导性案例库是“龙头”,其他案例除了具有独特的功能外,还具有为指导性案例提供供给的作用。[①] 一直以来,检察机关高度重视案例培育工作,在

---

① 参见李琪、曹源源:《基层院视角下检察指导性案例的产出与适用》,载《人民检察》2022 年 S1 期。

日常工作中注重对案例的收集、整理。随着检察指导性案例数量的不断增加，检察指导性案例的确定程序应着眼于不同案例的功能发挥情况和相互之间转化的情形。首先，典型案例、检察公报案例次于指导性案例，因而两者实际上是指导性案例的最初样态。典型案例和检察公报案例能及时聚焦和回应一个时期的热点法律问题和新型纠纷，虽然其相比指导性案例具有灵活多样的优势，但从编研到发布的时间较短，可能有一些案例未能被很好地挖掘与研发。因此，检察机关应重视将典型案例和检察公报案例上升为指导性案例的工作，这也是检察指导性案例确定程序的内容之一。通过对典型案例和检察公报案例的升华，既能实现既有案例库案例的有效提取与应用，逐步提高非指导性案例的选拔、编研标准；又能吸收更多案例，增加数量。其次，指导性案例具有较为丰富的备选库，但其又缺乏以季度等确切周期为单位进行发布的程序，导致大量案例长期停留在备选层面，亟待盘活。对于这些备选案例，也可在确定程序层面将其转化为典型案例和检察公报案例，从而能够使案例中涉及的检察理念与办案经验服务于实践，发挥其教育宣传的传播效能。然而，由于不同类型案例之间在性质、功能层面存在差异，因此要实现相互之间的转化还需要长时间的探索，尤其是好中选优、各环节之间不同部门之间如何衔接等问题有待进一步论证与实践。从长期视角看，可以在未来建立检察指导性案例库内部转化机制，由案例指导工作委员会牵头实施。

(4)检察指导性案例的退出机制

检察指导性案例的确定程序不仅包括案例的遴选，还包括对已经发布但失效案例的清理。虽然案例的确定已经具备较为完善的审查机制，但社会的变迁和法律的修订仍会导致一些案例的适用价值只存在于特定的时期和范围。因此，检察指导性案例库的建构还需要建立健全案例退出机制。针对指导性案例，《案例指导工作规定》在 2019 年修订时已作出了宣告失效等废止程序的规定。因此，针对日益扩增的检察指导性案例库，应以统一性的思维建立检察指导性案例的退出机制。检察机关可通过数据化管理案例库，在新法出台时利用大数据及时清理不再具备参照和适用指导价值的案例并向公众说明情况，以免案例已失效却还在后续的类案中被援引的情况发生。但是，在刑事检察领域，案例退出机制应遵从有利于被告人的原则，不能绝对废止和禁止适用。另外，从社会公众视角看，检察指导性案例的退出机制还可加入外部监督机制，通过强化社会对案例适用情况的监督，弥补检察机关未主动和及时清理失效案例的不足。

2. 检察指导性案例的发布

检察指导性案例的发布看似较为简单，但发布的步骤是否完善会对案例在“用”层面产生影响。从内部视角看，案例的发布既要有机平衡数量与质量之间的关系，又要注重数字化案例库的建设与运行；从外部视角看，典型案例的联合发布机制的辐射性更广，权威性更强，因而检察指导性案例在发布程序上可融入其他机关和部门的参与力量，形成常态化与制度化联合发布机制。

其一，有机统一检察指导性案例的发布数量与质量。立足于检察指导性案例库的结构，检察机关发布的各类型案例数量已经有了显著的提升。但是，就指导性案例而言，其作为检察指导性案例的精华部分，应以质量为重心，区别于其他案例。典型案例、检察公报案例作为精品中的代表，现有的数量已经超过指导性案例的数量，质量层面的要求在实践中低于指导性案例，但既然两者是指导性案例的“根”，就须以高标准把控其质量。因此，发布检察指导性案例应根据案例分类，有所侧重，从而才能形成“三位一体”的发布机制。指导性案例不宜过度追求量，因而可继续按批次发布，并且在编纂内容方面提质增效。典型案例既要提量又要提质，提量主要是为了面对社会治理中亟待解决的难题和新问题。例如疫情期间，检察机关发布了大量涉疫的典型案例，就在量的层面化解了许多纠纷。当前，为治理金融改革、医疗反腐、电信诈骗、民事执行等痛点问题，检察机关就可用好检察典型案例，制发一定数量的案例指导实践，解决纠纷。检察公报案例则应侧重于数量的提升，逐步改变停滞的局面；在积累相当数量的案例和社会认知度与认可度后，总结提炼已有案例的经验，从而提升其质量。另外，典型案例和检察公报案例可以在发布主题上实现检察职能与检察业务的全覆盖，因而增加两者的发布数量能够弥补指导性案例在一些主题案件上的缺位或不足。

其二，检察指导性案例的发布还应与现代科学技术相融合，利用大数据、人工智能等科学技术建立健全检察指导性案例数据库。一方面，利用云计算等技术可以在案例发布之后形成类案检索、类案比较等数据，为办案人员和社会公众提供便捷、直观的比对，提高案例的援引率。另一方面，面对日益扩增的案例库，依靠人工管理不仅成本高，效率也大打折扣。检察指导性案例数据库只是检察案例数据库的一个重要子库,只有运用科技系统进行管理,才能优化发布流程,并及时与其他数据库有效连接,更新同类型案件的办理方法以及监督下级机关案件办理工作。同时,数字化管理检察指导性案例库还能在案例发布之前利用大数据检视案件是否存在瑕疵或漏洞,严控发布的最后一道检查程序,确保案例的合法、有效,减少"僵尸"案例。

其三,建立联合发布长效机制。检察机关连同其他国家机关和部门发布典型案例是有效治理某类特定案件的成功经验,也是体现协同治理的智慧成果。在指导性案例领域还未出现联合发布的情形,但一些新型、疑难复杂的案件都曾被最高人民法院与最高人民检察院作为指导性案例予以发布。纵观发布的内容,两者所研编的内容具有一致性,所阐释的法律规则和法治精神也相统一,仅在撰写的角度和侧重点有所不同。法院与检察院作为司法机关,在司法活动中虽分工明确,却也互相配合与协作,因而探索共同发布指导性案例具有法律基础,也有可复制的实践经验;如果能够联合发布,那么诸如马某利用未公开信息交易案、于某某正当防卫案等具有重大影响力和关注度的案件就能在审查起诉、审判环节形成链条,为检察官办理类案提供完整的参照适用指引,也为公众知悉有关案件的处理指明方向。同时,典型案例和检察公报案例则可强化与行政执法部门、公安机关、纪检监察机关共同研发、联合发布程序,特别是针对一些处于"罪与非罪"之间的案件,充分行使检察机关的起诉权,统一案件进入审判阶段前法律的正确适用标准,统一执法司法领域的办案理念。

(二)检察指导性案例编撰的具体要求

检察指导性案例的确定与发布是为案例的编撰作基础性的准备,编撰过程是研发检察指导性案例的关键步骤。检察指导性案例的具体编撰工作围绕体例结构展开,但鉴于不同类型的案例所要阐释的价值不同,我国形成了混合式体例结构。虽然体例结构没有在各阶层的案例类型中形成统一,但各个类型的案例体例结构经过了较长时间的优化、改良才形成趋于稳定的模板。

新时代以来,检察工作机制和工作理念迭代更新,检察指导性案例生根于检察职能与检察业务,也须进一步思考如何更好地服务于"四大检察职能"和"十大检察业务"。体例结构的稳定性有助于检察指导性案例形成范本,但此种稳定性应当是相对的,体例结构的固定并不意味着内容的一成不变。同一批次的案件在具体的案件事实和法律规则适用层面也会存在差异,因而在编撰内容时,应结合编撰的总体要求和个性要求,实时革新内容,为检察机关参照适用提供更符合实际的指导。

1. 检察指导性案例编撰的总体要求

以检察指导性案例赋能检察机关能动履职已经成为检察工作现代化发展的重要举措,让检察指导性案例为高水平办案添砖加瓦也已经成为检察履职的重要依托。目前,虽然检察指导性案例的编撰体例和内容不尽相同,但面对纷繁复杂的案件类型也难以快速形成统一、固定的规范。因此,可从实践维度针对现存的编撰困境提出一些可行的建议性总体要求,再根据实际情况逐一上升为制度规范。

其一,检察指导性案例编撰要坚持普遍性与特殊性的有机统一。首先,要立足于检察指导性案例的“代表性”与“典型性”,在形式上“标题、关键词、要旨、检察机关履职过程、指导意义”等能够直观阐释案例要点与亮点的部分应当统一格式,不宜过度修改、变更。其次,案例编撰还要注重个案效应。检察机关在办理案件时,需要根据案件的实际情况对办案方法和手段进行动态调整,因而当案件上升为指导性案例时就需要依据其所要编入的类型、涉及的罪名、程序进行个性化编辑。在指导性案例中,刑事检察案例与民事检察案例检察机关履职方式和过程必定存在差异,因而在案例编撰时就应体现此种特殊性。在撰写“检察机关履职过程”部分时,刑事检察可以设置“指控与证明犯罪”“刑事监督情况”等二级标题对案例涉及的实体性犯罪或程序性措施进行详细的论证;民事检察主要包括民事支持起诉、民事检察监督、民事公益诉讼三个类别,因而可以在“检察机关履职过程”中分设“支持起诉理由及过程”“检察监督具体情况”“提起公益诉讼过程”等小标题呈现案件的独特价值。在典型案例中,检察机关在撰写一些传播性强的案例时在“要旨”和“典型意义”中分列条目并凝练主旨句,既使案例的分类与检索更加便捷,也使案例内容详略得当,重点突出。检察公报案例虽无明确的体例,但其可在初步设立时就参考指导性案例与典型案例的已有经验,制定区别于两者的体例并有所侧重。如果将检察公报案例定位于对上述两类案例在发布时间、教育宣传、通报表扬以及案例研讨层面的补充,那么其体例除了复制两类案例的基本结构外,还应当加入“案件办理效果”“实务与理论研讨”等专项板块,避免与两类案件的高度重叠。

总之,以“普遍性”为前提,就是要杜绝将指导办案变成宣传政绩,不能一味追求形式的标新立异而忽视内容上的创新。以“特殊性”为必要考量就是要防止案例的千篇一律,变消极学习适用为积极参考援引,在“要旨、指导(典型)意义”等内容中详细论证案例的创新之处、规则适用的正当性、填补法律漏洞的可行性,减少“以案说案、就案说案”的形式主义,以个案反哺类案,最大限度实现案例“指导性”与“典型性”的涟漪效应。[①]

其二,检察指导性案例编撰要坚持“同案同办”的适用目标,从案例适用技术角度增强案例的可读性、可用性。检察指导性案例的研编过程实际上是对检察机关办案工作的回顾与省思,只不过这种总结的过程是查找优点、突出亮点的升华,然后再以举一反三的形式明确法律规范如何与案件事实连结。因此,编撰技术的升级首先应当从办案检察官角度出发,思考案例撰写与案例应用的有机衔接。检察官既是案例的发现者、研编者,又是案例应用的承担者。因此,在撰写案例时,检察官不仅要以现有案件的办理为基础,还要着眼于案例的应用。也就是说,撰写检察指导性案例要站在被动适用的视角去思考什么样的指导性案例能够指导办案人员在后来的案件中主动适用其所释明的规则和创新的方法。这样的思考视角既是提升案例编撰技术的有效之策,又是培育案例思维并应用于实践的可行方案。针对目前检察指导性案例的应用意识较为消极,应用制度不完善的痛点,如果不转变编撰技术思维,只会徒增编撰案例和强制适用案例的司法成本,检察指导性案例库也将形同虚设。

撰写检察指导性案例要增强类案“相似性”的判断技术。类案判断是类案检索的重要环节,判断是否属于同一案件类型直接影响参照案例是否正确和恰当。一方面,类案的“相似性”判断可以在案例的“标题、关键词”部分仔细研磨和详细体现。标题采用“当事人+案由”的撰写方法能够直观地让检察官作出判断。但是,一些案例的标题与实际指导的内容不太一致,如检例第103号“胡某某抢劫案”要阐释的指导内容是未成年人附条件不起诉,但其以涉及的罪名作为案例的标题,这就与案例实际解决的问题缺少关联,从而降低了案例的援引率。因此,标题和关键词作为指导性案例、典型案例、检察公报案例的开头,

① 参见韩东成、张元金:《检察指导性案例体例结构实证研究——基于对最高人民检察院检察指导性案例的行文分析》,载《犯罪研究》2021年第4期。

必须直击问题，清楚阐明案例所涉及的主题、实体与程序事项等关键信息。另一方面，类案的"相似性"判断明确案例可以参照适用的内容。虽然现有的检察指导性案例都在"要旨"与"指导(典型)意义"中解释了案例的适用规则与办案要点，但有些案例的阐述较为抽象，检察官可能无法参照适用。因此，对于涉及检察文书、证据收集与调取、社会调查等实操性强的内容，在案例撰写时应当释明哪些内容可以援引，哪些问题需要结合案件具体情况予以转化或改造。只有在撰写时明晰案例的适用条件与应用范围，才能实现类案"相似性"判断向"实质性"判断的提升。

其三，检察指导性案例可加大外界参与编撰的力度，提升案例实务与理论的研究水平。检察指导性案例不仅可以应用于检察系统内部的案件办理，还可以作为教学案例运用于法学教育与法学研究。因此，在审查和审议案件能否入选案例库时，可以采取听证程序或设立检察委员会扩大会议的方式引进法学、社会学、经济学等领域的实务专家与学者给案例的编撰提供建议。例如，在涉及环境污染鉴定、金融领域犯罪等案件中，在编撰案例内容时如果能够有专业人士对争议问题、疑难复杂问题、新型问题进行探讨和论证，就能有效填补检察机关在一些非法律问题上的空白，从而为类案的处理提供可视化和可操作的方法。

2. 检察指导性案例编撰的个性化要求

当今世界正经历百年未有之大变局，检察机关在新征程中迎来了司法体制责任制改革等新机遇，也面临"两反转隶"、检察工作"抓前端，治未病"等新挑战。[①] 面对刑事检察的持续优化与民事、行政检察的不断强化，检察工作越发强调协调性与融贯性。在不断适应国家和社会的新变化与新要求时，检察工作还要注重权威性与可信度。检察指导性案例的编撰要以应用案例解决实际问题为根本，做好案例制发的"后半篇文章"。[②] 为真正落实"高质效办好每一个案件"的要求和加强检察指导性案例的可持续发展，检察指导性案例的编纂还要认真审视案例的个性化需求，在坚持总体要求的大格局下，树立具有针对性的

---

① 参见冯煜清、王继明:《虚假诉讼检察监督的类型化建构》，载《深圳社会科学》2022 年第 4 期。

② 参见巩宸宇:《指导性案例怎么选、怎么学、怎么用？最高检提出这些新要求》，载微信公众号"最高人民检察院"2024 年 1 月 9 日，https://mp.weixin.qq.com/s/ENWMxFgAZ_ZBVsse4tDmvg。

要求意识,进一步完善检察指导性案例。

第一,以“参照适用”为目标,编撰内容切实管用。从“可参照执行”到“应当参照”的变更,极大提升了检察指导性案例的援引力度,也让如何更好地“参照适用”成为规则明确、新法适用、解释法律、新型问题等案例编撰的重点任务。但由于编撰技术、地区差异等限制,一些优质的指导性案例未能被援引适用,而沦为“僵尸案例”,难以在检察履职过程中提供实质性帮助。例如,在知识产权案例中,需要运用大数据、云计算等科学技术手段对是否侵犯知识产权进行技术性判断,涉及跨国领域的知产案件还需要知悉相关公约、条约的内容。制发此种类型的案例确实能够为类案办理提供指导,但案例的编撰内容也需要考虑地区差异和实用性。在较为偏远的地区的基层检察院,可能很少涉及高难度的知识产权案件,继而检察官在办理此类案件时可能经验不足、水平受限,援引指导性案例、典型案例作为参考又面临司法成本、技术限制等问题,从而案例所体现的适用规则与办案方法得不到较好的实践。对于典型案例,尚未有确切的参照适用规定,继而在撰写案例内容时呈现案件的适用性逐渐减弱,释法宣传的教育性不断增强的趋势。不同类型案例之间参照适用的差异过大,不利于检察指导性案例的整体性发展,也会使案例的实践度不断弱化。因此,面对不同的案例都要立足于“参照”,寻求个案与类案之间的平衡点,凸显检察职能和业务在不同案例中的差别与侧重点,利用“基本案情”和“检察机关履职过程”展现案例的独特之处,并为实务提供有效且可行的适用技术与明确指引。

第二,回归案例既有文书,强化体例之间的逻辑。受篇幅的限制,检察指导性案例的编撰无法完全复原案件所涉及的过程和文书,只能对案件的相关材料和文书进行选择性删减与编辑。然而,撰写主体的不同会可能导致案例的编辑水平参差不齐,进而加剧案例与案例之间论证说理不一的矛盾,尤其是在类案办理中,会让检察官难以抉择参照哪一案例的内容。因此,检察指导性案例的个性化发展应当回归本体,依照案例的特殊之处和原有架构提升对原始材料的编辑水平。回归原本内容不代表要照搬照抄,也无须模仿英美法系“主文后列明随附性意见”的模式。① 办案检察官和撰写案例的检察人员共同发力,就能有效平衡还原母本与篇幅限制的矛盾。首先,办案检察官应当树立案例思维,在

① 参见荣晓红:《论我国检察案例指导制度标准化建设》,载《江西警察学院学报》2022 年第 2 期。

办理案件的过程中面对不常见、有新意或疑难复杂的问题作出判断，从而在后续的过程中把案件作为指导性案例、典型案例、检察公报案例来办理，在母本的形成中就以较高的尺度提升案件办理水平和法律文书写作水平，为成为指导性案例后的研编工作奠定基础。其次，撰写案例的检察人员要反复研读案例的材料，对涉及的个案问题字斟句酌，并在撰写时就运用类案检索进行对比，从而在内容的选取、剪辑上减少完全重复和逻辑矛盾的情况出现。例如，涉及未成年人的公益诉讼案件在已发布的指导性案例中涉及文身、网吧、禁烟等主题案件，如果有类案也要被遴选为指导性案例或典型案例，撰写案例的主体应当将案件本体和已有案例进行比较，把案件中有新意和针对性的内容放在"要旨、指导（典型）意义"部分，而与既往案例存在共识和一致的内容则在"基本案情"和"检察机关履职过程"中予以简要概括即可，无须在"要旨、指导（典型）意义"中重申，确保各个体例要素之间分工明确又相辅相成。

第三，尊重案例的创新，内容既要详略得当，又要合法恰当。检察指导性案例的撰写要突出重点、强化亮点，这是编撰每个案例的共识性原则，是从整体的角度作出的要求。具体到个案领域，应当将该基本原则上升为个案规则，聚焦不同案件中所涉及的争议焦点，并增强对争议焦点的论证、说理。譬如，民事检察公益诉讼案件既要与其他可以提起诉讼主体的案件进行区别，突出检察机关作为诉讼主体的独特性和解决问题的权威性，又要与行政检察公益诉讼进行区分，突出民行领域中检察机关履职的具体任务和工作细节的差异。对于涉及国家利益、民生的重大民事公益诉讼案件，还应当在编撰时体现党和国家对案件查办的关注度与涉及问题的治理决心，从而在关键领域的专项整治、常态化治理中突出法律监督职能的治理优势。在突出案例新意的基础上，还要考虑如何使新意有理有据，符合实际。在典型案例中，诸如网络电信诈骗、非法借贷等案例的制发切实回应了社会中的新问题，也增强了有关机关打击和治理类似违法犯罪行为的信心。然而，典型案例更应关注的是如何在案例编撰中讲清楚、说明白诈骗的方式以及被骗人的心理变化过程，这是案例创新的重要体现，也是案件办理中需要详细论证和充分说理的内容。在 2017 年《最高人民检察院关于加强检察法律文书说理工作的意见》的指导下，检察指导性案例在撰写时要加强案件的说理性，尤其是对具有参照适用价值的部分更要认真推敲、钻研，让案例的精华部分既经得起外界监督，又能体现司法的公信力，让参照适用的指导功能与法治宣传教育功能在检察指导性案例中齐头并进,并行发展。

(三)检察指导性案例中规则与要旨的提炼

编研和制发检察指导性案例是构建类案应用规则的主要手段。资源丰富的指导性案例库能够让争议事实与法律适用得到更大范围和更深层次的比较,然后进行适用法律层面的逻辑推理,提炼出可以进行归类的规则并尽可能细化,帮助读者快速判断是否属于类案范畴,从而识别参照适用的具体内容。对于一些涉及问题较为复杂、范围较广的案例,提炼规则可从内容上解决同类案件法律适用的参照问题。但从可视化的视角看,规则的提炼主要在"检察机关履职过程"和"指导意义"板块体现,而两个板块往往处于案例体例的末端,在阅读案例时如果采用"从头到脚"的阅读思维,那么难以快速获取规则信息。因此,这就需要在撰写案例内容时对已经提炼出的规则进一步浓缩为要旨,从体例形式入手完善类案检索方式,再从案件事实、证据运用、政策把握、法律适用、办案效果等维度增强案例的可复制性。

1. 检察指导性案例中规则的提炼

检察指导性案例在最高人民检察院的统筹下,得到了良好的发展,也日益受到社会各界的关注。党的十八大以来,司法机关都加大了案例供给,检察指导性案例数量大幅增加,"以案释法"效果显著。① 然而,案例供给与案例适用矛盾日益加剧的现状也不容忽视。检察指导性案例不断增长的数量虽然为法律适用提供了更多的选择,但也增加了发现可适用规则的难度,特别是一些涉及的事实复杂、争议问题较多的案件,检察办案人员可能需要寻找多个案例规则才能解决问题,这无疑增加了办案负担。回归规则本身,案例规则的提炼实际上还是一个办案过程和法律适用的推理过程,也即运用法学方法解决问题的动态过程。因此,检察指导性案例中规则的提炼应当立足于案例应用,在办案过程中和编撰内容时善于运用法学方法论,准确解释法律规则,规范法律适用,创造规则适用路径,打通类案应用壁垒,拓宽案例应用渠道。②

---

① 参见卢广、陈宇航:《论案例指导制度与能动检察》,载《中国检察官》2012 年第 3 期。

② 参见王强、林瑶怡:《论检察案例指导机制的完善》,"检察指导性案例应用"研讨会会议论文,2021 年 6 月于郑州。

第一，检察指导性案例应当注重规则提炼与事实比较。规则提炼和事实比较都是检察指导性案例产生实际应用效果的决定性因素。可以说，规则提炼和事实比较如同检察指导性案例应用的“一体两翼”，规则提炼只有在查清案件事实、准确识别类案之间事实层面的联系与区别时才能有效实现，而这个提取“公因式”的过程也需要不断往返于事实和规范之间才能转化为办案规则，并应用于司法实践。实践中，在编撰指导性案例时，案件事实的对比往往被忽视，而只重视对规则的提炼。此种错误思维割裂了事实认定与法律适用之间的关联性，忽略了适用法律的前提是有与规范相匹配的案件事实，颠倒了“三段论”的推理步骤，进而案例规则与司法实践要求背离，检察指导性案例应用存在困境。因此，无论是办案的检察人员还是编撰案例的研究人员都应当把案件事实的对比融入提炼规则和适用规则之中，紧扣案件事实这一基本前提，推动类案实质性要件判断的建构，确保案例规则能用、好用。除此之外，重视案件事实的比较也是我国检察指导性案例制度区别于英美国家判例制度的显著特征，遵照既有案例不等于盲目参照、完全援引，而需要将案件事实反复比对后选择符合实践的适用规则。因此，案例的规则提炼要与案件事实紧密结合，将烦冗的事实叙述精简，升华为具有权威性的规范。①

第二，规则提炼要恪守司法规则的权威性，凝练出扩充法律规范的实践样态。提炼规则是一项程序严苛、要求严格的司法活动，面对复杂的案件事实和庞大的法律规范体系，相关规则需要经过反复研究、充分论证、斟酌推敲等流程后才可制发并运用于法治实践。从我国现有的案例研发程序看，检察指导性案例的规则提炼要始终坚守司法权威性与统一性。一方面，无论是指导性案例还是典型案例、检察公报案例，都不具有法定的拘束力，不能作为直接依据援引和代替法律、司法解释。因此，规则提炼要以法律规范为指引，不能将“提炼规则”等同于“检察官造法”或者法律和司法解释的“附庸”。具体而言，在撰写、提炼规则时应从援引者的视角，对待决问题进行说理论证，利用“要旨”为后案的检察办案人员提供索引。反观实践，检察指导性案例中所提炼的规则一经制发，司法办案人员要遵循《案例指导工作规定》的要求，在办理类案时参照具有可复制性的规则，在遵照成文法的基础上，结合案件情况适度援引已有的检察指导

① 参见陈真楠：《司法体制改革背景下的检察案例指导制度》，载《人民检察》2019年第7期。

性案例增强检察文书的合理性、合法性,展现检察办案的严肃性与公信力。从检察指导性案例库的价值导向看,提炼规则就是灵活填补法律空白和弥补司法解释不足的司法活动。检察指导性案例的规则不可追求标新立异,脱离我国的法律制度,而要以弥补现存法律和司法解释的漏洞为根本,以系列案件为载体,运用法律解释方法对成文法进行适当延伸。譬如,最高人民检察院制发的第四十八批指导性案例是关于知识产权争议的案件。该批 4 个案例分别涉及类似商品和近似商标认定、知识产权虚假诉讼、网络侵犯知识产权及视听作品侵权鉴定方法、侵犯计算机软件的知识产权犯罪等问题。面对这些问题当时的法律和司法解释都没有提供详细的规范指引,因而就需要以案例为依托,解释检例第 191 号中类似商品和近似商标的认定应当从哪些方面进行考虑和判断,并细化判断的标准;解释检例第 194 号中"通过反向工程获取芯片中二进制代码后,未经许可以复制二进制代码方式制售权利人芯片"是否属于复制发行计算机软件行为,该行为在构成要件上又如何区分侵犯商标权犯罪、侵犯著作权犯罪和侵犯商业秘密犯罪等法律适用层面的问题。

第三,提炼规则要以统一司法适用标准为要义,逐渐形成以最高人民检察院为核心的规则提炼体系。与判例法国家不同,我国检察指导性案例的提炼工作通常由最高人民检察院完成,特别是指导性案例的规则提炼只能由最高人民检察院进行。案例亲历者与规则提炼者的分离,在一定程度上会使案例的编研过程与实际结果产生偏差,此种担心不容忽视,但也不必过度质疑。

检察指导性案例库的建构不以解决个案问题为核心,而以解决类案争议问题和规范司法办案行为为目的。要实现法律适用的统一和"同案同办"的治理效果,就需要由具有权威性和领导力的主体负责案例规则提炼工作。虽然典型案例的规则提炼主体不限于最高人民检察院,但典型案例作为检察案例的要素,其所提炼的规则也要在最高人民检察院的指导之下才能更好实施。[①] 因此,立足于提炼工作的严肃性,检察指导性案例的规则提炼应以统一司法办案和法律适用为核心要义,由最高人民检察院统筹各级各类案例的提炼工作,增强解读案例的专业性。典型案例和检察公报案例的规则提炼也只有在最高人民检

① 参见天津市人民检察院课题组、宫鸣:《检察案例指导制度:运行分析与完善建议》,载《中国检察官》2020 年第 1 期。

察院的指导下才能更加高效、更具权威。如果案例提炼规则没有明确的范本，那么就会增加下级检察机关和检察人员的工作任务。本身提炼规则就要求检察人员具有丰富的办案经验、对法律条文信手拈来，这一要求就已经增加了检察人员的畏难心理，如果上级检察机关未提供一个可以参考的提炼方法或者范式，必然降低检察人员对案例规则提炼的积极性。由此可见，由最高人民检察院作为检察指导性案例的规则提炼统筹者、指导者具有必要性。同时，最高人民检察院作为我国最高法律监督机关，承担指导性案例、部分典型案例和检察公报案例的提炼规则工作，能够保证案例规则的质量。由于提炼规则是一个海量的工作，下级检察机关在"人少案多"的影响下承担重要案例的规则提炼工作可能难以保证案例规则的质量，也不利于统一各地区案例规则提炼的标准。因此，最高人民检察院作为检察指导性案例库建构的核心主体，应在提炼规则层面就统一尺度，综合考虑案件产生的环境背景和案例应用的实际成效，形成一致的价值判断，进而实现法律适用标准的统一和"同案同办"的法治追求。

第四，提炼出的规则要具有良好的价值判断，诠释检察理念和法治精神。检察指导性案例规则的提炼将法律适用方法和法律解释方法有机结合起来，为司法实务提供指导的同时具有价值引导、传播法治理念的效能。在提炼规则的过程中，规则内容要以既定的法律和司法解释为依据，又要对固有的法律规范进行提升，揭示案件背后和法律制度之外的法治精神。

首先，检察指导性案例提炼的规则应符合法律原则，言简意赅。其在形式上不必拘泥于法律条文的格式，可进行格式上的创新，便于检索与理解；在内容上要与其所阐明的法律制度相区别，因为相关法律法规和司法解释可以在"相关规定"中列举。值得注意的是，不能将提炼规则视为列明法条，而要通过案件明晰具体适用法律的方法以及案件办理所要阐释的精神理念。实践中一般将检察机关如何结合个案把握政策和释明法治理念融入法律文书，因而检察指导性案例在追求精简明了的撰写目标时，也要结合社会需求，以案例为平台彰显司法价值导向。例如，最高人民检察院第四十三批指导性案例（未成年人综合司法保护主题）通过明确未成年人滥用药物、性侵未成年人犯罪、未成年人进行违反治安管理活动犯罪、未成年人网络民事权益等问题对未成年人开展司法保护，既为办理类案明确了检察履职的方法以及刑事、行政法律的衔接规则；又向社会宣扬了未成年人保护的重要性。

其次,提炼规则时要谨慎运用“扩张解释”。对抽象的法律规定进行适度扩张是提炼规则的要点之一,也是检察指导性案例独特的功能所在。但是,检察指导性案例所提炼的规则的法律位阶较低,且个案规则无法覆盖所有需要解释的要件,因而在对较为抽象、规定过于笼统或狭窄的法律规定进行解释和补充时,提炼的规则不宜随意使用“扩充解释”方法,也不应过度扩大法律要件的范畴。否则,提炼规则就会丧失其凝练、升华的价值,也难以为司法实践中的问题提供有效的解决方法。具体来说,提炼规则既要回归案件的初始状态,又要充分考虑社会实际,对于需要细化的要件分类反复斟酌和研讨,避免过度扩大或缩限。检例第 42 号“齐某强奸、猥亵儿童案”中就涉及“公共场所”和“当众”情节的认定。该案中被告人实施强奸和猥亵的场所是教室和集体宿舍。按照一般认知,教室和集体宿舍不属于公共场所,因为其所涉及的对象特定。但根据相关司法解释,在涉及未成年人的性侵犯罪中校园属于公共场所,而教室、集体宿舍也应归属于校园。相关司法解释中未具体列明“当众”的概念,检察机关认为“当众”一个是相对性概念,只需犯罪行为有多人目睹并且能够被感知,就应当判断为“当众”。该案关键要素的认定采用了扩充解释,符合立法原意,也具有传递法治精神的作用。

再次,提炼规则的实质是通过总结、归纳等规定动作将检察工作经验上升为工作方法,最终形成工作制度。提炼案例规则的目的是指导检察工作,但如果只注重提炼而忽略提炼后的再总结,就难以形成符合客观规律和社会变化需求的检察案例工作机制,也不利于检察指导性案例库的常态化建设。因此,在把抽象的法律变为具体的适用方法后,还应当将适用方法总结上升为工作机制,拓展案例应用的范围。在实践中,当检察办案人员遇到司法难题时,会通过对检察案例库中案例的检索查找与之相关度高的案例,然后进行对比分析,参照适用案例规则,完成案件办理。在这个过程中,事实和法律适用的判断主要围绕提炼出的规则展开,在事实比对或法律规则指引不清晰的情况下,最终的规则适用有可能与案件预期效果不匹配。出现该问题的原因在于对已有规则的总结不够,提炼出的规则实际引用率低,继而也就缺乏对其的总结与“回头看”。因此,检察指导性案例的规则提炼还要注重规则理念的应用程度,通过数字化建设、拓宽案例使用渠道、加大司法者案例工作培训等辅助方式,反哺规则的提炼。

最后，检察指导性案例的规则提炼要与检察类案研究机制有效衔接。提炼规则与类案研究具有共同性，提炼规则是类案研究的基础性前提，类案研究是提炼规则的价值目标。首先，提炼规则要以个案为研究样本，通过个案所阐释的法律适用方法形成法律适用标准。这种“以点带面”的做法能够在具有相似性的个案之间形成直观对比，比较个案案件事实和适用规则的异同，然后再把事实和规则都具有同案性质的案件进行归类，最终提炼出类案规则。其次，当个案规则升级为类案规则时，司法者可通过类案规则揭示案例应用规律，将类案规则优化为司法解释或法律制度。类案研究要以个案规则为研究视角。例如，醉驾已经从危险驾驶的个案上升为频发的类案，但醉驾又可细分为小的类型，因而在开展类案研究时可对醉驾进行细化，提炼出不同类型的处理规则，经过应用后再形成更小单位的类案规则指导实践。总之，检察指导性案例的规则提炼要注重运用类案研究和类案调查，通过挖掘类案的办理经验，遴选出切实管用的案例，从而进一步提炼出可复制和可推广的规则。

2. 检察指导性案例中要旨的提炼

检察指导性案例提炼出的规则是一个集合概念，并通过不同的形式表现出来。[①] 在法院案例中，裁判规则被写入“裁判要点”体例中，借助该板块体现规则的简明扼要。在检察指导性案例中，案例所提炼的规则虽具体体现在“检察机关履职过程”部分，但其精髓是通过“要旨”表现的。“要旨”作为编撰检察指导性案例的重要组成部分，其承担着体现规则、精练规则的角色，是司法工作者和社会公众了解案例的第一窗口，因而在完善规则提炼的同时，也需要对案例要旨予以优化，巩固其重要体例地位，强化要旨的索引功能。

一方面，要旨是社会悉知案例规则的重要渠道。当案例的“标题”“关键词”未能提供有效指引时，可通过阅读要旨快速了解案例所要释明的价值和规则。因此，案例的要旨要尽可能涵盖案件的亮点与要点，通过分列条目或者分案件主体的形式对案件争议的法律事实、适用规则进行精确概括和总结。在此基础上，要旨的撰写和提炼要进行语言规范和专业化训练，既不能采用法官裁判口吻，也不能过于通俗化。要旨是检察机关作为国家法律监督机关在检察实

---

① 参见江苏省人民检察院课题组:《检察指导性案例的司法应用探讨》,载《中国检察官》2022 年第 5 期。

务中形成的,因而要旨的提炼要立足于检察机关的整体视角,从专业、严肃的角度规范话语表达。另外,由于篇幅有限,要旨无法像检察机关履职过程的内容一样详细说明案件办理的情况,也要和指导意义有所区别。因此,要旨的提炼仍然是一个高度概括和抽象化的工作,但在不同的检察指导性案例类型中可以有所区分。指导性案例的要旨主要承担释法功能,因而对于案件办理所形成的法治观念、所要宣传的法治精神可放在指导意义部分进行阐述。在典型案例和检察公报案例中,其要旨部分可承担一定的宣传教育职能,在一些具有宣传价值的规则之后简要说明其法治教育的内涵。同时,检察指导性案例的要旨应顺应司法发展趋势,体现公正司法。最高人民检察院发布的第二批行贿犯罪典型案例中涉及"家族式"腐败、"黑恶势力保护伞"、"单位行贿"、"反洗钱犯罪"等内容,该批每一个案例要旨都直接阐明了所查处的腐败领域及特征,并对这些严重的腐败犯罪行为进行了较为详细的说明,由此揭示了"受贿行贿一起查"的反腐精神与严厉打击重点领域腐败犯罪的专项斗争工作。"法不能向不法让步""切实保障'外嫁女'土地合法权益"等系列案件的发布,让法治精神和社会治理案例通过要旨得以彰显。

另一方面,要旨的提炼应突出重点,加强与其他体例要素之间的协调。虽然要旨是案例关键内容阐释的重要载体,但难免因要突出重点而存在一定的局限性。要旨对案例事实进行了编辑,对于一些不同主体存在争议的问题未能进行详细说明。案例的事实认定、政策把握、证据收集与应用、实体与程序处理、办案效果等内容无法在要旨中一一展现,需要借助其他体例要素予以论证说明。具体而言,关于案件事实的认定可放在"基本案情"中仔细说明,"政策把握"可根据案件类型在"要旨"和"指导意义"等部分调整占比。譬如,未成年人保护、妇女权益保护等相关刑事案件和行政案件具有很好的政策把握和政策宣示价值,因而在要旨中可以作为主要内容予以说明。涉及证据、强制措施、刑事执行监督等程序与实体交织的案例可在"检察机关履职过程"部分就一些争议性不大的内容进行叙述,把值得借鉴的处理规则放在"要旨"部分作概括说明。除此之外,要旨虽然具有重要的体例地位,但也不能将其和检察指导性案例的整体割裂,要旨不仅要服务于案例的规则提炼,还要服务于案例的推广与应用。因此,检察机关可利用大数据等技术手段提升要旨编撰和凝练水平,通过案例数据信息库比对已有类案的要旨撰写情况,为案例要旨的提炼提供新的视角和思路。

综上所述，检察指导性案例中的规则和要旨提炼是用好案例的重中之重，也是连接案例研究与制发的桥梁，因而在推进检察指导性案例库建构的过程中，要将规则和要旨的提炼作为案例工作的首要任务予以推进，为深化检察工作现代化发展提供高水平和高质量的司法案例保障。

二、检察案例指导的技术与方法

（一）类案检索

在司法责任制改革的背景下，类案检索机制作为最高人民检察院统一适用尺度的新举措，旨在帮助法律工作者更有效地发现可能存在的类案，从而在对待决案件作出判决之前更全面地参考判断。检索价值的发挥取决于对适用规则的关键词提炼，检察指导性案例的适用规则将办案理念上升为方法论，由形式权威性与实质权威性双重保证。形式权威性体现在其合法性和程序合规性，而实质权威性则源于适用规则的实质正确性和合理性。这两者的保障为检察指导性案例提供了较高的法律效力，从而成为类案检索的重要参考依据。

1.“类似案件”之概念界定

所谓类似案件（又称类案），是指以法律关系、核心事实、程序处理和举证情况等为识别要素，已审结的案件与待决案件就上述要素具有内生性相同或相似的司法案件。① 该概念产生于法律调整的领域内，②它是法律在调整人的行为/事件和社会关系的过程中对可重复出现的事实情况在规范意义上的同等处理。

类案是法律处理上高度相关性的参照来源，为判断决策提供了重要的信息辅助。类案的概念源于人们对法律内容的审慎思考，法律的内容具有抽象性和概括性，它针对一般意义上的主体、行为与事项产生普遍和反复适用的效力，对具有同等要点并能够被同等对待的事实情况予以一般化的安排，并赋予共同的

① 参见齐晓丹等：《类案检索方法指引》，法律出版社2020年版，第24页。

② 参见杨知文：《论类案的结构性相似特征及其运用》，载《中国法学》2023年第6期。

法律效果。[①] 在法律调整的目标与需求决定的背景下,案件之间的相似性并不需要过于苛求自然意义上的异同问题,仅需将具有相同要素并能够被同等对待的具体事实赋予普遍适用的法律效用,通过司法体系将人的重复性行为与社会的普遍性纠纷有机统一于司法调节之下。在这个过程中,判决手段的运用旨在建立类型化认知与相关性联系,为法律体系的适应性和公正性提供了坚实的基础。

因此,类案是一种法律体系的应对方式,是法律调整中的一项重要工具。[②] 通过在类案中实现事实的同等对待,司法机构能够更加高效地应对复杂的法律问题实现类案类判,以确保法律的公正适用。类案的存在和实践证明其在法律体系中的不可替代性,为司法决策提供了宝贵的参照来源,能够促进法治社会的稳健发展。

2. 检索引擎之基础思路

类案检索背后的思维逻辑主要涵盖两方面:检察人员的意识素质与检索方式的选择运用。检察人员应具备高度的法律敏感性和专业素养,以信源、检索和关键词三个意识为出发点,深刻理解案件的法律关系等关键要素,从而在检索实践中更准确地判断案件的相似性。检索方法的选择往往取决于待决案件的实质特点,采用事实类比、证据采信以及法律关系的类型检索是关键步骤,以检索类型为切入点有助于形成更具针对性的类案分析,提供更为有力的决策支持。总之,检索思路要求检察人员在意识素养与方法选择方面具备综合能力,来保障类案检索的准确性、全面性与高效性。

(1)三个意识

无论是类案检索还是狭义法律检索,培养办案人员的信源、检索与关键词意识是提升信息筛选质量和司法决策效率的重要基础。重视法律素养与意识能提高检察工作者熟练运用信息检索工具的效率,使其更准确地判断检察指导案例的相似性,并确保获取的信息是可信、全面的,为法律决策提供有力的支持。

---

① 参见王渊、劳东燕等:《检察指导性案例深度应用三人谈》,载《人民检察》2022 年第 1 期。

② 参见刘树德、胡继先:《关于类案检索制度相关问题的若干思考》,载《法律适用》2020 年第 18 期。

其一,信源意识。信源意识是指在进行类案检索时,检察人员应该关注和培养对案例信息来源的敏锐性,以确保所获取的信息具有较高的可信度和权威性。可靠的信息源意识,需要指导案例来源全面且数据真实准确。在检察领域,最高人民检察院正试点推行检察案例数据库以及智能指导性案例数据子库的使用,虽相比审判领域"裁判文书网"到"人民法院案例库"的高速转型存在一定差距,但可看出司法领域各单位重视权威的法律平台和案例数据库的建设发展,旨在确保一线办案人员获取的指导案例是经过权威认证与专业审核的,提升数据信息的可信度。此外,培养信源意识也包括对同一检察指导案例在不同来源下所呈现的多角度进行比较,针对同一主题,公报案例、典型案例或其他精品案例可能会提供略有不同的法律解释或观点,对此检察人员须在多个信源中进行识别,以获取更全面客观的类案信息。

其二,检索意识。在数据信息时代,建立检察人员与海量指导案例数据之间的联系离不开主体的行为检索。程序算法难以读懂自然语言,故检察人员需培养检索意识来引导程序算法进行类案筛选,灵活运用各种检索技巧与关键词,准确匹配类案,提升其检察指导案例中的适用精准度,确保所得到的案例符合目标案件的特征和问题。

其三,关键词意识。关键词是检索系统用来匹配和过滤信息的重要元素,[①]亦是类案检索之精华所在。培养关键词意识旨在提高检索结果的精准度,确保所得到的指导案例更符合目标案件的特征和问题。值得肯定的是,如今多数检察人员已潜移默化地将关键词检索运用至司法实践中去。通过积累沉淀,从熟悉到运用关键词将有助于法律从业人员提高专业素养与检索效率,同时减少漏掉重要信息的风险,从而更全面地为案件做准备。

信源意识、检索意识与关键词意识三者缺一不可。在检索类案过程中,检察人员的思维与意识应具备开放性和创新性,能够在不同案件之间建立横向连接,发现案件之间的内在关联,从而为检察案例的指导提供更广泛而深刻的视野。

(2)三种方法

检索方法具有工具性,依托个案,超越类案,形成具有代表性的三种类型:

---

① 参见于同志:《案例指导研究:理论与应用》,法律出版社2018年版,第136页。

事实类比型检索、证据采信型检索与法律关系型检索。当类似案件作为一个检察指导案例被应用于待处理案件时，其案件本身在司法关系以及证据事实上具有部分重合或相似性。搭建类案与待决案件之间桥梁的“砖瓦工具”则离不开类案检索的方法指导，检索方式的正确使用能够帮助检察人员高效准确地找到相关的指导性案例，为法律实践提供有力的支持。

其一，事实类比型检索。在检索某一特定事实的认定过程中，根据固定标准把存在内生联系的两件及以上的案件加以对照，了解案情、当事人诉求、争议焦点、社会环境等因素之间的差异点，[①]再将不同案例中的核心事实要素进行提取和归纳，汇总案件之间的共同点。比较是一种辨析法律事实的方法，对案件事实异同点的类比检索有助于构建搜索的关键词和主题，以更有针对性地查找相似的检察指导案例。例如，检索贷款诈骗类案件，比对贷款对象：如果贷款对象是银行或者其他金融机构，则涉嫌贷款诈骗罪；如果贷款对象为非银行或者其他金融机构的一般自然人，则涉嫌诈骗罪。事实类比型检索是在检察指导案例的类案检索中“求同存异”的典范。通过明确案件事实差异、提取共同事实要素、使用具体关键词等操作，事实类比检索不仅能够提高检索精度，更有助于深化法律理解、提高工作效率、适应司法变革。在今后的法律实践中，检察人员应当更加注重事实类比检索的运用，充分发挥其在类案检索中的积极作用，为司法决策提供更加科学、合理的支持。

其二，证据采信型检索。证据采信型检索即在查找类似法律问题与证据类型的指导案例过程中，重视案件证据的证明力和证据能力。我国独特的证据力规则为类案检索方式拓宽了新视角，“两个证据规定”强调树立以证据为中心的办案理念，明确非法证据排除的适用范围，做到侦查、审查与检索一体化。[②] 证据能力主要体现在所检索指导的案件其证据获得的手段是否合法、证据表现形式是否合规、司法调查程序是否合理等方面。证据采信型检索的优势体现在能够找到具有相似证据类型和法律问题的指导案例，使在实际案件中更有针对性地运用相关法律规则和判例，以提高法律实践的准确性和专业性。

---

① 参见王彬：《案例指导与法律方法》，人民出版社 2018 年版，第 95 页。

② 参见杨娴：《民事诉讼中电子数据真实性认定规则研究》，南昌大学 2022 年硕士学位论文，第 32 页。

其三,法律关系型检索。法律关系依照不同标准可划分为不同种类,此处关系检索范围指民事、刑事、行政、公益诉讼"四大检察职能"以及民事检察业务、经济金融犯罪检察业务、普通刑事犯罪检察业务等"十大检察业务"。以民事案件为例,案由反映案件所涉及的民事法律关系的性质,是对当事人诉争的法律关系性质进行的概括。[①] 因此,案由相同或相似是判断待决案件与检索案件法律关系和案件性质相同或相似最简单、最有效的方式。

法律关系型检索往往是由内及外、自上而下的。在本省(自治区、直辖市)高级检察院发布的生效参考案例中没有检索到适用法律关系的类案,则可以对外省(自治区、直辖市)高级检察院发布的参考案例进行检索。指导性案例中没有检索到类案的,则可以对典型案例、公报案例等权威程度低于指导性案例但匹配法律关系的案例进行检索。该检索优势在于适应检察指导案例的广泛领域和内容的不断创新,实时更新具有相似法律问题和相关法律规定的指导案例及参考案例,使在实际案件中更有时效性地运用相关法律规则和判例。

事实类比型检索、证据采信型检索以及法律关系型检索方式在检索类案过程中都发挥着一定的积极作用,三者协作共存,相辅相成,为司法实践提供更明晰的检索方法。三种检索意识与查找类案的三种方式形成对应关系,不同的检索方式或意识有时需交替、反复调整进行,最终才能检索到与待决案件相似度最高的类案。

3. 信息平台之智能选择

党的二十大提出加快建设创新型国家,建设科技强国、网络强国、数字中国、智慧社会,为人民检察院推进信息化建设指明了方向。加快推进智慧检察院建设,促进实现类案类判现代化离不开智能检索平台的应用。目前随着司法工作与大数据智能技术的融合发展,指导案例、法律观点、监督文书等检索平台与法律数据库不断涌现。可供检索的平台既有最高司法机关及地方司法机关的官方平台,也有社会共享的商业平台。官方平台主要包括最高人民检察院建设的"12309"中国检察网,与最高人民法院合作检索的类案智能推送系统等。地方司法机关推出的"类案智能专审平台(重庆)""类案指引项目(安徽)""法律资源服务系统(广西)"等也是为检察人员提供类案检索服务的官方平台。与

① 参见刘明才、李俊杰:《民事案件案由的确定》,载《人民司法》2021年第23期。

官方平台相对应的是系列商业平台,包括北大法宝、Alpha 案例库、Openlaw、威科先行法律信息库等。这些非官方平台以其独立运营和丰富的法律资源,为检察人员提供了另一种选择。北大法宝以其庞大的法律数据库和全面的检索功能而闻名,Alpha 案例库致力于提供全球范围的案例检索服务,Openlaw 注重开源法律信息的共享,威科先行法律信息库则通过先进的技术手段提供高效的法律信息检索服务。

虽上述平台为检察人员提供了广泛的选择,但部分渠道尚不具备精准检索及智能推送功能,检察案例库也尚在探索之中,检索的便捷化、智能化程度仍有待提升。因此,开展类案检索工作的首要任务在于积极推动检索平台信息化建设。为实现该目标,各级人民检察院需加强技术研发和应用培训,以提高类案推送的智能化和精准化水平。高级人民检察院应当建立规范化的指导案例数据库,为构建全国统一、权威的指导案例数据库奠定基础。与此同时,检察机关须关注类案检索情况的归纳整理,将类案检索报告或类案监督规则上传至检索平台,进一步丰富和完善检索平台的内容,力争做到提高类案检索效率的同时加强对指导性案例的监督效果。此外,在独立研发检察系统识别技术的同时,也要及时引入法院的案例数据库。最高人民检察院要与最高人民法院加强协作沟通,实现双方信息系统的互联互通,将指导性案例数据库的效益最大化发挥,打好联动"组合拳"。地方检察院也需积极与最高人民检察院沟通协调,交流学习参考性案例与代表性检察案例,完善地方与中央识别技术的同步更新,以建立纵向融合、横向一体的监督体系为终极目标。

对于一线办案人员来说,"类案"是辅助判断决策的信息,寻找识别并运用这些案例是办案必备技能。[1] 类案检索仅是检察案例指导应用的起始点,真正的类案适用仍需实践者的深入识别与判断。

(二)案例识别与区分技术

识别与判断案例是应用检察指导案例中至关重要的环节,作为检索结果应用的前提,如果无法有效解决对类案识别的问题导致检索结果混乱,会使类案

① 参见杨先德、陈禹橦:《类案检索运用场景与规则方法》,载《检察日报》2021 年 2 月 22 日,第 3 版。

参照难以为继。

当前我国案例识别技术主要以“智能检索＋人为识别”的形式呈现。[①] 检索功能日益强大，智能平台逐日增多，但类案匹配的广度和精度不够，仍需要检察工作者多次自行筛选，故通过大数据平台检索到检察指导案件，这些检索结果与待决案件是否构成类似案件，如何证明检索到的案件就是类案，离不开检察人员的主观识别判断。在判例法国家，司法人员通过对先前判例进行比较分析，区分案件之间的相似性，以决定是否适用先前判例的法律原则。这种类比推理强调案例之间的联系和相似之处，为司法人员提供了一种较为灵活的判断方式。相较之下我国司法人员固定于“三段论”式的判断识别，[②]演绎推理案件事实从“普遍到特殊”，最终得出适用结论，这种演绎推理的法律逻辑看似刚性，实则缺乏实证性的经验与智慧。在缺乏系统比较训练和相关能力的背景下，我国司法人员普遍对检察案例识别的技术与步骤相对陌生，对案件识别标准的维度、类比逻辑的步骤等问题缺乏具体认知。因此，我国司法者需要在实践中不断积累案例识别经验、不断增强类比推理能力，认真学习借鉴判例法国家的判例区别与援引技术，为类案的识别判断及参考借鉴奠定坚实基础。

《中共中央关于加强新时代检察机关法律监督工作的意见》充分立足我国司法实际背景，以列举方式明确类案相似相比较的多角度，为指导案例识别与区分提供了基本框架。类案的判断不只有一个方向、一个方法，需要通过形式比较、实质衡量、规范评价等多维度标准进行识别。基于适用检察指导案例的“三段论”类比模式，逻辑构建可遵循三个步骤，详细内容见“类比逻辑之三步骤”。

1. 识别标准之三维度

（1）形式比较

通过对检察指导案例的司法规则、演绎逻辑以及法律规范的演变趋势等进行形式化比较来探讨类案识别的相应标准，有利于检察人员更好地理解法律规范的本质，提高对类似情形的判断准确性。

形式比较揭示司法规范的通用性。考虑到法律规范的抽象性和普遍适用

---

① 参见孙海波：《类案检索在何种意义上有助于同案同判?》，载《清华法学》2021年第1期。

② 参见王璐：《指导性案例适用及完善研究——基于指导性案例十年适用的实证考察》，载《山东法官培训学院学报》2023年第4期。

性,形式比较可以帮助检察人员找到不同案例中相同法律形式的规定,进而得知法律规则的通用性。从形式比较维度为类案的识别提供参考,有利于实现类案同判的理想目标。

形式比较深化对法律逻辑结构的理解。法律逻辑结构是法规或判例中法律规则的组织和表述方式,形式比较有助于检察人员理解法律规则的组织架构和逻辑关系。以刑法为例,对于不同案例中涉及的罪行要件,形式比较能够揭示它们之间的内在联系,即不同罪名之间的相互关联或独立性。通过深度理解法律逻辑结构,检察人员能够更准确地判断类似案例中法律规则的适用范围和限制条件。[①]

形式比较预测法律规范的演变趋势。法律是一个动态变化的体系,形式比较能够帮助检察人员发现不同时间点、不同地域、不同法院之间法律规范的差异和变化;对于检察人员理解和适用法律规范也具有指导意义,有助于在案例识别过程把握类案的历史背景和演进过程。

(2)实质衡量

实质衡量在案例识别过程中关注案例的基本案情、争议焦点、法律适用等实际切入点,而非仅仅关注形式和表面的司法规定。

实质衡量有助于发现案例之间的实质性共性。通过仔细分析案例的法律本质和事实情况,检察人员能够发现不同案例之间可能存在的实质性共性。以《最高人民法院关于审理拒不执行判决、裁定刑事案件适用法律若干问题的解释》(以下简称《拒执案件解释》)为例,不同的拒执刑事案例可能涉及不同的实际情节,被执行人的拒执行为多数表现为故意毁损财产或者无偿转让财产、以明显不合理的低价转让财产以及隐藏、转移财产等。通过实质衡量来判断拒执行为的恶意程度,可以发现它们在法律认定上具有一致性,即哪些实际行为可以被认定为构成拒执罪的要件。[②] 这有助于检察人员更好地把握案例的实质特征,提高类案的辨别能力。

实质衡量有助于理解指导案例的背景与特殊情境。部分案例涉及特殊的法律背景或事实情境,这些因素对于案例的实质性理解至关重要。在《拒执案

① 参见郑通斌:《类案检索运行现状及完善路径》,载《人民司法(应用)》2018 年第 31 期。

② 参见田文军:《拒不执行判决、裁定罪追究难问题研究》,载《人民司法(应用)》2018 年第 31 期。

件解释》中如果涉及外国法院的判决、被拒执的外国法定刑的情况,需要通过实质衡量来理解这些特殊情境下的法律适用原则。只有考虑实质因素,才能更全面地识别类案和应用检察指导案例。

实质衡量有助于案例的精准识别。在检察工作中,检察人员常需要识别并引用检察指导案例作为法律依据。通过实质衡量,检察人员能够更准确地把握类案的法律本质,避免形式上引用而忽视了实际的法律意义。这有助于确保检察识别工作的法律依据的科学性和精准性。

(3)规范评价

指导案例适用评价与办案程序合法规范是识别标准中规范评价的两个切入点。理解案例与法律规范的关系,评估其在法律体系中的一致性与合理性有助于确保检察指导案例在类案中精准应用;考虑优质案件、合格案件、瑕疵案件、不合格案件等认定是否符合规范,这是辅助案例识别的前提保证。

规范评价有助于检察人员识别案例在司法体系中的一致性。检察人员可以考察案例与其他法律规范是否保持一致,以确保案例在法律适用上的稳健性和统一性。仍以《拒执案件解释》为例,通过规范评价来判断该解释与其他相关法律法规是否存在冲突,检察人员可以确保案例在法律体系中的普遍适用范围。

规范评价有助于评估案例在法律体系中的合理性。通过规范评价,检察人员可以判断案例中的法律认定和法律适用是否符合法律规范的原意和目的。在《拒执案件解释》中,检察人员评估拒执刑事案件的认定标准和法律规定是否合理,是否符合我国对于拒执罪的法定要件,进而确保案例在法律体系中的合法性和适用性。

规范评价有助于提高办案程序质量,进一步确保检察指导案例的法律质量。通过规范评价,检察人员可以深入理解案例在法律层面上的立论和依据,确保其在逻辑上的严密性和合理性。《拒执案件解释》中,检察人员可以通过规范评价来提高对于拒执刑事案件认定标准的法学解读水平,确保案例在法律质量上的高水平。

2. 类比逻辑之三步骤

类比逻辑贯穿于整个案例识别过程中,用已解决的案例中的法律解释和适用情况来区分识别类似的待决案例,可以减少法律决策的不确定性。在处理新的案例时,借鉴已解决案例的逻辑框架和法律原则,有助于决策者更好地理解和预测法律结局,降低法律风险。例如,通过在类案检索平台输入“正当防卫”“未成年”“故意伤害”等关键词,检索出相关案件。将概念化的类比理念应用于司法实践中,可以具象为三阶段步骤:首先,区别固定类案与待决案例的异同;其次,研判形式相似性,聚焦相同点与不同点;最后,预判实质发展性,赋予何者压倒性分量。

(1)步骤一:区别固定类案与待决案例的异同

识别标准为实质衡量提供了三个切入点,即从基本事实、争议焦点与法律适用要素来辨析案件之间的异同。在类案中,基本事实涉及未成年人面对他人的故意伤害进行正当防卫,待决案件中的争议焦点在于正当防卫限度是否超过必要限度。其差异内容如表1所示:

表1　差异内容

三个切入点	待决案件	类案(检例第45号)
基本事实	被告人倪某在其就读的景德镇市某中学食堂玩手机,恰逢到校办理退学手续的胡某等人进入食堂。胡某上前吼倪某,手持食堂的木方凳欲砸倪某,被他人拉住后,倪某离开。下午放学时,倪某走出校门,被候在校门口的胡某拦住,遂跑进校门口的校友经营部准备打电话给家人,胡某紧追进去动手打倪某,后双方持酒瓶对打,倪某致胡某手臂割伤。经鉴定,胡某的损伤程度为轻伤甲级,倪某的损伤程度为轻微伤丙级。案发后,倪某的家属向胡某支付人民币4000元	因陈某在甲的女朋友的网络空间留言示好,甲纠集乙等人候在陈某就读的中学门口;见陈某从大门走出,甲等人尾随一段路后拦住陈某质问,之后甲等人抓住并围殴陈某。乙的3位朋友(均为未成年人)正在附近,见状加入围殴陈某。其中,有人用膝盖顶击陈某的胸口,有人持石块击打陈某的手臂,有人持钢管击打陈某的背部,其他人对陈某或勒脖子或拳打脚踢。陈某掏出随身携带的折叠式水果刀(刀身长8.5厘米,不属于管制刀具),乱挥乱刺后逃脱。部分围殴人员继续追打并从后投掷石块,击中陈某的背部和腿部。陈某逃进学校,追打人员被学校保安拦住。陈某在反击过程中刺中了甲、乙和丙,经鉴定,该3人的损伤程度均构成重伤二级。陈某经检查,身体多处软组织损伤
争议焦点	倪某的行为是否超过防卫的必要限度,这是判定其是否属于正当防卫的前提条件	公安机关认为,陈某的行为虽有防卫性质,但已明显超过必要限度,属于防卫过当,涉嫌故意伤害罪。 检察机关则认为,陈某的防卫行为没有明显超过必要限度,不属于防卫过当,不构成犯罪
法律适用	《刑法》第二十条	《刑法》第二十条

(2)步骤二:研判形式相似性,聚焦相同点与不同点

待决案件与类案存在相似之处,主要体现在均为未成年人对于正在进行的不法侵害进行防卫。然而,两案在细节上存在不同之处。首先两案被告人防卫使他人受伤的严重程度不同。相比之下,类案中的后果更为严重,而待决案件后果相对较轻。尽管存在这些差异,由于识别出两案的相同点、争议焦点等均类似,因此可以得出两案在形式上相似。这种相似性为案例分析和决策提供有价值的参考,同时也需要考虑具体的伤害后果的差异,以进行更为精准和有针对性的法律分析。

(3)步骤三:预判实质发展性,赋予何者压倒性分量

在被检索出的类案中,判决形成的规则表明未成年人在面对正在进行的不法侵害时,采取必要限度内的正当防卫是被允许的。陈某为了保护自己的人身安全而持刀反击,就所要保护的权利性质以及与侵害方的手段强度比较看,不能认为防卫措施明显超过了必要限度,所以即使防卫结果在客观上造成了重大损害,也不属于防卫过当。这个案件中的关键要素在于判断正当防卫是否超过必要限度。

两个案件均是未成年人在面对正在发生的不法侵害时进行正当防卫,不同之处在于两者因防卫产生的后果严重程度不同。因此,可以说明两者具有一定的相似性。在识别案例过程中,法律职业的方法性是不容置疑的;人类法律领域内的问题,无论多么抽象多么复杂,最终都能够找到一定的方法来认知和把握。在选定拟适用的类似案件后,检察案例指导的应用可参考本书所提供的识别标准与类比方法进行进一步实践研究。

(三)类案适用规则与方法

从实践操作的角度看,指导性案例在司法实践中能否切实地发挥统一法律适用的作用,最终取决于其能否有效、正确地得到运用。[①] 在进行一系列对类似案件的检索、识别、判断后,案例的适用性参照成为最后关键的结尾环节,其适用流程如图 2 所示:

---

① 参见马光泽:《论指导性案例的效力类型——基于对“应当参照”误解的澄清》,载《北京社会科学》2022 年第 4 期。

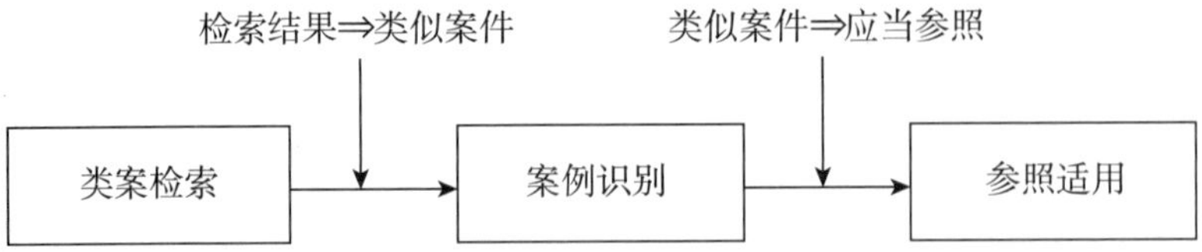

图 2　适用流程

类案适用的司法论证包括案例指导的适用规则和适用方法两个层面。检察人员通过一定的规则与方法可以筛选出与待决案件具有相似性的案件,可参照的类案不仅包括最高人民检察院发布的指导性案例,还有典型案例、公报案例等其他参考性案例。检察指导性案例是检察人员在处理案件时的主要参照适用对象,并且根据《案例指导工作规定》,检察人员应当参照适用检察指导性案例。这表明检察指导性案例虽不能直接作为法律依据,但具有事实上的拘束力,故在类案适用中指导性案例的适用规则和适用方法为本节重点研究对象。

1. 指导性案例的适用规则

检察指导案例制度制定之初是为了统一法律适用的尺度、弥补成文法的漏洞、规范司法人员的行为。但是在司法实践中,检察指导案例的适用没有达到理想的状态,一个关键原因就在于其缺乏明确配套的适用规则,检察人员不会用、不敢用。相关检索结果面临着如何适用的问题,这也是检察指导案例制度需要关注的重点课题,一套行之有效的规则体系对于检察指导案例制度的践行不可或缺。

(1)适用内容

英美法系的判例法制度中,判例是法律渊源之一,下级法院必须受到上级法院先例的拘束。这种拘束力并非来自整个判决,只有判决理由中所确立的法律规则才具有拘束力,其将判决理由中对案件事实作出判断的阐述加以抽象,与本案事实相结合形成概括性的法律规则,指导司法人员对本案作出判决,判决理由的找寻是司法人员进行法律适用的主要路径。在我国法院指导性案例的适用过程中,关于应当适用的内容有很多不同的认识,第一种观点认为是判决理由中所抽象出来的法律原则或规则,①第二种观点认为是法官判决理由中

① 参见张家源:《论指导性案例的法律漏洞填补功能及其实现路径》,载《太原学院学报(社会科学版)》2024 年第 1 期。

对相关法律问题的作出的具有指导意义的阐释或法律论证,[①]第三种观点认为整个判决内容都具有参考价值,不能脱离案件事实而孤立地对判决理由进行理解。[②] 但可以看出无论是哪种观点,判决理由作为类案的主要适用内容是毋庸置疑的。

检察指导性案例的结构为关键词、要旨、指导意义、基本案情、检察机关履职过程。关键词部分明确了部门法领域、检察机关的具体法律活动、所履行的某一方面的职能等,是案例检索过程中的重要参照系。要旨相当于法院指导性案例中的裁判要点部分,也即从裁判理由中抽象出来的规则或原则,可以普遍适用于类似案件,也是检察人员在办理案件时的首要适用对象。指导意义是对案件要旨的具体剖析,检察人员在适用指导性案例时必须将要旨与指导意义结合起来加以理解。要旨是对案件处理的抽象性解答,那么指导意义又将这种从具体案件抽象出来的规则或原则加以还原,为检察人员理解要旨提供了最好的解析材料;检察人员在适用案件要旨的同时一定离不开对指导意义的适用,指导意义是检察指导案例的创新点和拓展点。基本案情是整个司法活动的基础,无论是指导性案例哪一部分的构成都离不开案件事实,这是处理案件的出发点和终点,脱离基本案情单纯适用案件要旨和指导意义难免僵化和死板。检察机关履职过程与法院指导案例中的裁判结果类似,主要展现司法人员对案件作出了何种处理决定,而检察机关履职过程比裁判结果所传递的信息更加丰富。因为检察机关的职能更加多样,在案件处理过程中的程序复杂,并且会涉及与多个部门之间的业务交流以及对人民群众的关切,不仅体现了检察机关对其他部门的监督职能的行使,也是检察机关自我监督的证明,最重要的是为检察人员适用指导案例提供了生动的细节指引。

检察指导性案例从本质上来说仍然属于个别指引,但由于其具有典型性并能抽象出一般的案件处理规则或原则,故其具备了普遍指导意义。与基本案情和检察机关履职过程联系起来适用的要旨和指导意义会更加生动和鲜活,也能帮助检察人员并结合待决案件的案情更好地加以适用。同样地,英美法系在适

---

① 参见杨知文:《类案适用视角下指导性案例裁判理由的撰述》,载《政法论坛》2023 年第 5 期。

② 参见孙万怀、张雯:《刑事案例指导制度本土价值、立场选择与证成》,载《清华法学》2023 年第 5 期。

用先例的过程中,也不能脱离案件事实直接将案件要旨和指导意义适用于待决案件。

(2)适用形式

检察人员在适用检察指导性案例的过程中,会采取明示援引和隐性援引两种形式。根据《案例指导工作规定》第十五条的规定,检察指导性案例不能作为处理决定的直接依据,所以明示援引主要指检察人员在释法说理过程中加以说明。隐性援引是指检察人员在办理案件的过程中,实际参考了检察指导性案例,但是基于各种原因未在检察法律文书中明确标注出处案例进行释法说理,回避了论证结论的推理过程。[①] 隐性援引在类案适用中已经占有相当的比例,检察指导性案例的基础性理论争议较多、引用方式不明晰以及援引后果难以预料等因素使检察人员不愿承担诸多风险明确适用指导性案例。虽然隐性援引也是对指导性案例的适用,但是它违背了当前对司法活动透明度和公正性的要求,使指导性案例在表面上沦为虚设,不利于法律知识的传播和推广,还会阻碍检察指导性案例制度的发展;而选择隐性援引又会进一步加深现有制度与实践运用的矛盾,由此陷入恶性循环。

应当明确检察指导性案例的明示援引形式,运用指导性案例进行说理论证显然有利于增强决定作出的权威性和说服力,使案件的辩论点更加清晰和具有针对性,也提高了公众对检察机关履行职责结果的接受性和认可度。法律文书需要保持精简,必须以简练的文字叙述要点。检察机关的公诉书和建议书对检察指导案例的援引不可能全盘转述,主要集中在对要旨的适用上,再适当结合指导意见加以说明,并注明所援引的指导性案例的名称和编号即可。判例法国家的法官也并不会将其适用先例的全部思考过程放入判决中,只是在裁判文书中指出判例的名称和来源。此外,为了落实指导案例的明示援引可以将援引检察指导性案例作为衡量办案质量和文书质量的重要因素,积极开展优秀检察法律文书评选以及检察官培训讲座,鼓励引导检察官在注重检察法律文书的撰写质量、多援引指导性案例的同时,减少对隐性援引的依赖。

2. 指导性案例的适用方法

在英美法系的判例法制度中,遵循先例的做法就是寻找判决理由的过程。

---

① 参见孙海波:《指导性案例的隐性适用及其矫正》,载《环球法律评论》2018 年第 2 期。

判决理由并不总是单个出现,在不同的案件中判决理由可能是一个,也可能是多个,需要法官运用归纳推理技术在判决理由中寻找与待决案件有关的部分,再对其加以抽象,提炼出一定程式的法律规则或原则,赋予其新的内涵适用于本案。[①] 对判决理由归纳推理得出的内容是一个随微观案情事实和宏观时代背景不断变化的过程,具备非常鲜明的技术性特征。对检察指导案例的适用也需要检察人员运用一定的法律技术,通过对指导性案例与待决案件的比较选择对指导性案例加以适用或运用区别技术排除有关指导性案例的适用,处理好类似案件,实现检察指导性案例制度的建立目的。

(1)比较适用法

将具有一定相似性的检察指导性案例适用于待决案件,本身就需要对两个参照体进行比对,审查是否具有一致性,能否对案件作出相同的评价。为了最大限度实现检察指导性案例制度所追求的法律统一适用的目的,类案比较适用方法是最基础也是最重要的适用方法。

首先,在通过关键词等方法将类似案件检索出来以后,应对要旨和指导意见进行定性分析判断。要旨是从个案中抽象的法律规范,既是对案件争议的概括提炼,也是对涉案问题的处理回应,看待决案件的类型能否归入提炼出来的要旨的语义范围,如果在要旨上能够达到相当程度的符合,还可以进一步结合指导意见,为识别点扫清模糊地带,如此一来指导性案例的适用应该不存在较大的难度。其次,在法律规范的层面确定了相关指导性案例后,离不开对案件事实的比较与理解。司法人员所作出的法律决定或对法律问题作出的法律解答、法律论证都建立在具体的案件事实之上;同时指导性案例的编写人员也并不一定就是实际处理案件的检察人员,其从案件中抽象出来的法律规范具有指导性,但这是一个提取公因式的过程,具有与案情事实脱离的风险。要旨从语义构造上来看属于"描述性"而非"定义性",这就导致其具有一定的抽象程度但又没有达到司法解释那样的周延性,必须将待决案件与指导性案例的案情解构加以理解和适用。[②] 参照英美法系的做法,判断待决案件与指导性案例是否

① 参见章剑生:《论制定法体系中判例的展开》,载《南大法学》2020 年第 1 期。

② 参见谢春晖:《从"个案智慧"到"类案经验":指导案例裁判规则的发现及适用研究》,载贺荣主编:《深化司法改革与行政审判实践研究——全国法院第 28 届学术讨论会获奖论文集》(下),人民法院出版社 2017 年版。

相似应当按照如下标准:①待决案件与指导性案例的争议焦点是否在同一语义范围内;②指导性案例中对争议焦点的处理方案对处理结果来说是必要的;③指导性案例的实质事实出现在了待决案件中;④待决案件中没有其他影响处理决定的重要事实。如果待决案件与指导性案例符合了上述四个方面的要求,可以认为待决案件与指导性案例的基本案情具有相似性。这里需要注意的问题是重要事实的判断,待对比的案件事实需要具有同质性才能加以适用。法律事实的构成具有两个层次,在具体案情中,有的法律事实只要物理观察比对即可判断出其为同一法律概念所涵盖,但有的法律事实之间虽然不具有表面相似性,却并不意味着能够作出排除其作为同质事实的绝对判断,在这种情况下需要借助基本法律和法规范的目的判断两者是否为同一法律评价所论证。

类案的比较适用是一个在要旨和基本案情之间反复推敲的过程。指导性案例的适用需要检察人员运用精妙的法律技巧,具备缜密的辨识思维。虽有一定法律技术加以辅助,但在类案适用中检察人员的智慧是起主要作用的因素,这依靠检察人员的日常学习和积累,是检察指导性案例制度落实的关键所在。此外,还有一些可能没有体现在指导性案例中的非理性因素,如地域文化差异、当地民众对有关法律理念的接受程度差异以及社会舆论的影响等。在采取类似案件的比较适用方法以后,这些非理性因素也应当纳入检察人员的考虑范围,也需要检察人员深入了解当地社情、民情,与人民群众开展密切交流。

(2)排除适用法

在适用指导性案例处理案件时,检察人员不仅要对类似案件的契合性进行判断,还需要对有关指导性案例进行排除适用,这在检察人员将待决案件与指导性案例进行对照的过程中是穿插进行的,一旦发现两者在某一个部分无法契合就需要排除该指导性案例的适用。[①] 检察指导性案例虽然“应当参照”,但同时由于其不具有法源地位,在适用时更应该谨慎,否则不仅不能实现“同案同判”的司法理想,反而会越发背离指导性案例制度的初衷。排除适用的方法必须得到检察人员的重视。

从英美法系在实践中的判断方式看,排除适用检察指导性案例的情形主要包括两种,一是待决案件与检察指导性案例不相符,二是检察指导性案例本身

① 参见陈树森:《我国案例指导制度研究》,上海人民出版社2017年版,第148页。

存在某种缺陷。具体来说,检察指导性案例与待决案件需要在诸多方面具备相似性,否则就无法准确适用。一般来说,待决案件与检察指导性案例不相符的情况有以下几种:①案件争议焦点不同;②案件事实不同;③裁判要旨所蕴含的法律规范原理范围与待决案件相比过宽或过窄;④指导性案例作出时所依据的法律规定、司法政策等发生了变化;⑤其他诸如文化、地理、经济方面等因素。指导性案例本身存在的待修正情形主要包括:①该指导性案例的要旨内容被后指导性案例加以吸收改进,应当优先适用最新的指导性案例;②该指导性案例与后指导性案例发生冲突,其要旨内容实际上已被后指导性案例所改变;③该指导性案例违背了法律原则或法律精神;④该指导性案例所依据的法律规定发生了变更,变更部分的原要旨不再具有适用价值;⑤其他导致指导性案例应修正的事实。

检察指导性案例的排除适用方法实际上与"背离检察指导性案例报告制度"相衔接,当存在相关检察指导性案例而检察人员排除该指导性案例的适用时,应当向上级机关报告,如果未经报告背离检察指导性案例可能会成为当事人上诉、不予采纳检察建议等的理由。排除适用检察指导性案例的方法保证了检察人员的办案效率,深化了检察人员对案件本质的理解,也是检察指导性案例制度革新发展的有力推手。

(四)"应当参照"研究

2019年《案例指导工作规定》进行了修订,其中第十五条明确规定各级人民检察院"应当参照"指导性案例办理类似案件,即进一步强调指导性案例"应当参照"的刚性效力。对于"应当参照"的争议研究具体见指导性案例效力的比较分析,本板块不再展开论述。从实践角度看,如何构建以及怎样规范案例参照适用机制是检察履职中急需解决的问题。

1. 参照案例的嵌入价值

指导性案例在本质上呈现出"类案规范"的特征,即并不具备普遍的法律拘束力。依据《案例指导工作规定》第十五条的规定,检察指导性案例并不能取代法律或司法解释成为案件处理决定的直接依据,但具备了"应当参照"的刚性效力。这意味着在司法实践中,嵌入指导性案例虽不具备强制性,但在一定程度上被要求参照,为法律适用提供了一定的指导。指导性案例主要应对司法实践中的疑难复杂问题,充当对现行法规的一种补正性解释。在法律拘束力上,指导性案例虽不及规范性条文,但远在典型案例、公报案例之上。通过司法实践中的参照和援引,指导性案例已上升为“司法共识”或“实践理性”,成为实现个案公正的内在路径之一,对实现公正判决产生着积极的影响。当类似案件出现时,司法人员倾向于嵌入之前的指导性案例,以确保司法裁量的公平性。这种参照并不是对司法人员的强制性规定,而是一种在“同案同判”和“公平原则”的语境下被认可的司法实践,有助于保障法律的平等适用和司法公正。

相较于法条“无条件”适用的法源地位,指导性案例“嵌入”检察法律文书是确保指导性案例功能得以充分发挥的前提条件。[①] 指导性案例之所以在检察法律文书中具有“嵌入”的参照价值,主要体现在以下三方面。首先,指导性案例为司法实践提供了具体的案例解释,填补了规范性法律条文在实际应用中的模糊性和抽象性。一些法律规定在特定情境下可能存在多种解释,而检察指导性案例通过具体案例的阐释能够为这些模糊的法律规定提供更为明确的解释,使法律适用更加具体化和可操作。其次,将指导性案例融入法律文书有助于引导检察人员更深入地理解和运用法律规定,提高其办案水平和法律逻辑严密性。例如,在涉及新兴科技犯罪的案件中,相关法规出台颁布不久,而指导性案例可以为检察人员提供在类似案件中的具体应对经验,使他们更自信且严谨地应对复杂的法律问题,确保司法工作的专业性和高效性。最后,指导性案例的“嵌入”为具体案件提供直接的参照,有助于确保类似案件在司法裁量中更具一致性和公正性。以处理贪污犯罪案件为例,通过引用之前类似案例的判决结果,司法人员可以更好地把握量刑的基准,避免个别判断的差异导致不公平的监督结果。这样的参照机制有助于维护司法制度的公信力,确保法律的平等适用。

2. 明示援引的思路修正

检察指导性案例的基础性理论争议较多、引用方式不明晰以及援引后果难以预料等因素,也使指导性案例在“应当参照”过程中更倾向运用隐性援引来规避法律风险。指导性案例通常涉及基础性的法律理论和原则,而这些理论本身

① 参见王中琳:《“参照”:指导性案例适用方式研究》,辽宁师范大学2023年硕士学位论文,第26页。

可能存在不同的解释和争议。检察人员在引用这类案例时,可能会在基础性问题上面临多种合理解释的选择,从而导致引用方式的不明晰。此外,部分指导性案例的表述可能相对模糊或抽象,这使检察官必须运用自己的判断来解释案例的要旨;受个人经验、职业素质、所处地区的政策、风俗习惯等因素的影响,他们更愿意采用隐性援引的方式,避免可能出现的错误或不确定性。检察机关自身具有特殊性,不仅具有终结部分司法程序的权力还掌握着起诉权以及特殊案件的侦查权,给指导性案例在类似案件运用过程中增加了隐性难度。综上所述,指导性案例机制的应用与建设仍存在改进的空间,需要更清晰的引导和规范。

针对上述困境,指导性案例在检察实践中尤其是在处理类似案件时的破局,可以采纳明示援引为切入点。明示援引主要表现为在释法说理中合理利用抗诉书、起诉书、不批准逮捕决定书等检察机关办案载体,对结论处理的原因加以论证解释,并详细标注对应编号检例第 × 号等。隐性援引在检察文书中并未明确列明所参照的指导性案例,这种方式往往掩盖了从指导性案例到检察结案的逻辑推演过程。这不仅与提高法律文书说理透明度背道而驰,更重要的是会降低公众对检察监督结果的信任和接受程度。对此检察人员在运用法律规则处理争议时,必须综合运用多种推理方式来确认和判断案件事实,从而提高检察办案的公信力。

检察指导性案例应用转向明示援引的具体步骤可列为以下 5 条。①建立明示援引的制度:国家机关应当建立明确的制度,规定在处理类似案件时,检察官必须引用和遵循相关的指导性案例。这一制度应明确指导性案例的权威性和适用范围,以帮助检察官更好地理解其作用。②培训和教育:国家机关应提供培训和教育机会,以确保检察官充分了解明示援引制度的要求和原则。这样可以增强他们对指导性案例的理解和应用能力。③监督和评估:上级检察院应定期监督和评估下级检察院的明示援引情况。这可以通过审核案件文件、审查决策过程和听证等方式来实施。④建立报告制度:引入"检察指导性案例同类情况不适用报告"制度,以处理检察官在特定情况下类似案件不适用指导性案例或作出与指导性案例相冲突的决策。这一报告制度可以保障法律的适用一致性,同时提供机会,让检察官解释其决策。⑤法律宣传:国家机关可以通过宣传和信息共享来提高公众和法律从业者对这一改革的认识,可以通过在权威平台发布相关新闻刊物,或在线下举办研讨会等方式实施。

综上,将检察指导性案例的援引从隐性转向明示,是充分发挥指导性案例制度潜力的正确路径。当一个待决案件引用指导性案例时,有助于增强所有参与方对法律规则与待决案件之间内在联系的理解,从而加深他们对判决结果的认同和接受度。检察指导性案例只有真正通过明示的方式被引入法律工作中,才能从静态的文本转化为充满活力的司法工具。

3. 参照适用的机制建设

加强检察指导性案例参照适用机制建设是当前司法体制改革的重要方向,涉及设立强制注意义务和建立背离报告制度。

(1)“应当参照”设立强制注意义务

检察指导性案例以其本身的合法性、合理性而具有天然的权威性,能够使检察官产生内心确信与敬畏。然而,仅仅依赖检察指导性案例自身难以充分发挥其效力,必须配合强制注意义务,这是“应当参照”实现的关键方式。从检察指导性案例发布之日起,检察官在办案时除应检索相关法律或司法解释外,还必须主动将在办案件与关联指导性案例进行比对识别。若检察官认为指导性案例对在办案件具有指引、参考作用,应当参照并引用指导性案例,并将其作为释法说理的重要支撑。

通过强制注意义务,检察机关设立了一道发现、识别、比对、引用指导性案例的前置程序,在论证案件的过程中不仅关注法律条文或司法解释,还必须主动寻找与在办案件相关的指导性案例。这一前瞻性的制度设计有效确保了检察官对指导性案例的应用,进一步提升了司法实践的科学性和合法性。这种强制注意义务的引入,实质上是一种规范性的约束,要求检察官在办案中不仅要善用法律条文和司法解释,还要积极运用检察指导性案例,以更好地服务于司法决策。通过这样的规范机制,检察机关能够更好地将指导性案例融入实际办案,使其发挥更为积极的作用,从而提高司法决策的稳健性和可信度。此外,通过强制注意义务,检察机关也能够在实践中积极推动检察指导性案例的贯彻执行。检察官在强制性地注意到指导性案例的存在后,更容易将其纳入法律文书,充实释法说理的内涵。这有助于加强指导性案例的社会传播,提高司法透明度,促进司法的公正与合理。

总而言之,通过引入强制注意义务,检察机关在参照适用检察指导性案例方面建立了一种前瞻性的制度机制。这有助于确保检察官在办案过程中主动运用指导性案例,提高司法决策的科学性、合法性,同时也促使指导性案例更好地融入司法实践,更好地服务于法律实施。

(2)发展背离报告制度

检察人员在履职办案过程中,若遇到的类似案件与检察指导性案件相吻合且具有可参照共性,应当严格遵循检察案例指导制度的主旨要求,按其阐明的司法规则与法律精神来开展相关工作。倘若检察人员选择不接受检察案例指导制度或作出的决定与检察指导性案例的要旨背离,则应当向检察长或者检察委员会说明缘由;检察长或者检察委员会在审议的基础上结合在办案件的核心事实要素,若认为确需背离指导性案例,则应直接送交纸质报告至最高人民检察院,由最高人民检察院进行审核并作出答复。正式建立"检察指导性案例同类情况背离报告"制度,①不仅可以确保检察案例指导制度被严格遵守,强化指导性案例的刚性效力,还有助于上级检察院对下级检察院业务的管理与领导,从根源上规避检察工作人员对隐性援引的逻辑依赖。

《案例指导工作规定》第十九条规定了检察指导性案例失效的四种情形,而背离报告制度为发现指导性案例失效情形提供了有效的途径。及时的报告和审议可以在必要时对失效的指导性案例进行修订或撤销,使指导性案例更加符合司法实践的需要,为类似案件判决提供更为明确的指引。背离报告制度的建立是为了保障检察指导性案例的效力完整,旨在维护司法办案的合理性和法律适用的一致性。检察指导性案例虽然在法律上并不具备强制约束力,但其在事实上具有较为普遍的约束力。因此,检察官在办案中若对指导性案例随意进行否定评价,甚至完全背离其所蕴含的司法政策考量,将严重破坏其事实上的强制效力。背离报告制度的设立强调了对可能背离指导性案例的情况及时报告和审议,以确保办案的合法性和司法适用的一致性。

综合而言,背离报告制度的建立不仅有助于维护检察指导性案例的效力完整,更为检察机关提供了有效的机制来应对可能的背离情况,保障了司法办案的科学性和合法性。这一制度设计旨在使检察指导性案例在应用中保持一致性和合理性,为司法实践提供了有力的支持。

---

① 参见张元琦:《检察指导性案例的应用理解及实现保障》,载《中国检察官》2022年第5期。

（五）有关统计类及辅助的新技术、新方案

有学者认为借助人工智能的类案类判或许不应被赋予过高的地位与期望，司法解释可以并且应当肩负起统一司法判决尺度、维护司法权威公正的使命；更悲观一点，类案类判或许很难成为司法领域法律人工智能的下一个大突破口。解决上述学者顾虑的关键在于审慎引入新技术。智慧检务科技手段不能完全替代检察人员直接实现对指导性案例的参照适用，但其在节省办案时间、优化资源配置的同时释放出更多的技术红利，与检察官员额制改革有效契合。因此，应在重视司法工作者判断、伦理和法律直觉的基础上增强技术发展的信心，不断规范与创新人工智能在检察指导案例中的应用方案，明确其地位作用与限制，确保以科技驱动案例适用。

1. 人工智能赋能案例之机遇

随着人工智能和大数据技术的迅猛发展，新兴技术为指导性案例的检索和对比提供了更高效和精准的手段。在检察指导案例的应用中以人工智能为代表的数据分析、虚拟现实等科技手段发挥着举足轻重的作用。①

就司法工作者而言，运用智能技术对案例数据的检索识别，能够高效发现案件之间的关联性、规律性，从而提升工作效率并制定更为科学的检察策略。在传统的类案检索过程中，由于存在海量的法律文本和复杂的法规体系，司法实务人员通常需要耗费大量时间来查找特定的指导案例信息；而借助信息化平台检索以及机器学习技术，人工智能系统能够迅速而准确地理解司法工作者，从大量的检察案例数据库中提取并识别信息。这一技术的应用使法律从业者能够更加高效地获取所需的检察指导案例信息，从而节省时间和提高工作效率。此外，人工智能还具有深度分析并自主挖掘检察案例的功能。通过对大量案例的学习和理解，人工智能系统不断存储典型案例、公报案例等类型特点，发现案例之间的潜在关联和法律趋势。人工智能自我升级的算法不仅为司法从业者提供了更深入的法律分析，还能够帮助他们发现可能被忽视的案例，从而提供更全面的视角。这种深度分析的能力对于处理复杂的法律问题和制定合

① 参见谭紫薇：《大数据与人工智能语境下类案同判问题研究》，山东大学2022年硕士学位论文，第37页。

理的法律策略具有重要意义。人工智能为法律从业者提供了更为便捷和全面的工具,助力他们更好地应对复杂多变的法律环境。这一趋势将不断推动法律行业的数字化和智能化,为法律服务的未来发展创造崭新的可能性。

就大众而言,人工智能在检察案例查询方面为其提供了更为便捷和实用的法律指导,使案例指导更加惠及大众。首先,人工智能技术为大众提供了方便且高效的法律案例咨询工具。通过自然语言处理和机器学习算法的应用,人工智能系统能够理解口头化的语言,使不具备法律专业知识的群体也能通过简单直接的提问来查找相关案例。这为大众打破了传统法律检索的门槛,使法律知识更加贴近日常生活。其次,人工智能的语音识别技术使口头化的案例检索变得更加普及。人工智能系统能够准确识别口头语言并为大众提供相关指导案例信息,使法律知识的获取不再依赖专业术语和烦琐的检索步骤。这种口头化的检索方式消除了语言障碍,让更多人能够便捷地获取检察案例指导。更为重要的是,人工智能在法律案例检索中实现了专业名词的智能化处理。大众遇到专业术语可能望而却步,但人工智能系统通过智能问答的方式,能够直接解释和理解用户提问中的专业名词,为大众提供更为友好且易懂的法律解释。这种直接提问的方式降低了法律知识获取的门槛,使法律更加贴近大众,让普通人能够更轻松地理解和运用法律原则。通过人工智能的普及,大众在生活中遇到法律问题时可以更加迅速地获取相关案例和指导。这不仅有助于提升大众对法律的认知,也为普通人在面对复杂的法律事务时提供了可靠的支持。人工智能的应用使法律这一看似高门槛的领域变得更加亲民,促进了法治社会的建设。

然而,挑战随之而来。司法领域的智能系统往往依赖于大量的指导性案例数据进行储蓄训练,但目前高质量的检察案例远达不到智能模型所需求的数量。缺乏充足的检察指导性案例导致模型训练不充分,人工智能在面对复杂多变的法律问题时可能无法理解自然语言或给出错误回答等。人工智能中文理解能力的不足尤为突出,当模型难以准确理解司法人员所检索的问题时,这种理解偏差会导致模型产生误导性的结果,进而影响法律智能系统的可信度和实用性。由于训练数据的不足,模型可能会给出错误的回答,甚至关联到并不存在的法规。这种错误源于模型未能充分适应法规的广度和深度,进而在回答问题时缺乏准确性和可靠性。对此各级检察院以及相关法律、科技人士需要通过共同努力,增加高质量的指导案例供给,设计高质量的智能模型。

2. Law GPT-zh:中文法律大模型构想的检察案例运用

Law GPT 系列是基于中文法律知识的一组开源大语言智能模型,通过在通用中文基座模型(如 Chinese-LLaMA、Chat GLM 等)上扩展法律领域专有词表和进行大规模中文法律语料预训练,增强了大型模型在指导案例领域的基础语义理解能力。在此基础上,通过构建法律领域对话问答数据集和中国法律职业资格考试数据集进行指令精调,[①]提高了模型对类案检索内容的理解和执行能力。Law GPT 系列模型的训练过程包括两个关键阶段。首先,进行指导性案例领域词表的扩充,在大规模法律文书和法典数据上对 Chinese-LLaMA 进行第一阶段预训练。其次,通过构建指导性案例领域对话问答数据集,在预训练模型的基础上进行第二阶段指令精调。这一训练策略使 Law GPT 系列模型在类案检索中表现出卓越的性能和适用性。

Law GPT 不同于知识图谱的案件推荐模型,其构建文本分类与信息抽取技术,立足于用户提问与检索引擎,即通过法律问题的回答进行交互。用户可提供具体指导案例,并由 Law GPT 给予判决或监督建议。[②] 例如,用户可以询问关于酒驾撞人的刑事责任,以及相应的刑罚程度。此外,用户还可根据已有的判决结果提供案例描述,进行双向检索,探究类似案件的判决依据和实践经验。通过此形式的交互,用户能够更深入地理解案例中的法律概念和规定,提升法律素养。回答的设计旨在贴近实务,方便提问者检索案例,并能够通过对指导性案例的深入了解,指导他们在现实生活中面对类似问题时作出明智的决策。此类双向的信息检索和解释机制有助于用户更全面、准确地理解法律问题,为他们提供有针对性的法律指导。同时,通过深度学习和语言模型的结合,Law GPT 的回答也具备一定的灵活性和实用性,能够更好地适应用户的需求。

3. ChatLaw:法律智能助手的检察案例运用

ChatLaw 是一种基于自然语言处理和人工智能技术的法律智能助手,其运

---

① 参见林洧:《人工智能司法审判的限度审视与应用路径——基于对 ChatGPT 算法的法律批判》,载《中国矿业大学学报(社会科学版)》2023 年第 6 期。

② 参见袁曾:《生成式人工智能的责任能力研究》,载《东方法学》2023 年第 3 期。

作于检察指导性案例中的目标是为司法人员提供个性化、实时的法律咨询和指导。① ChatLaw 的运作主要包括案例分析、法律咨询和决策辅助三个关键步骤。

首先,ChatLaw 通过对检察指导案例的深度学习和案例法的分析,建立了一个庞大的案例数据库。这个数据库包含了已发布的公报案和典型案例、相关法规和判例,以及与之相关的法律原则和规定。这为 ChatLaw 提供了在案例咨询中进行匹配和推理的基础。在司法工作者与 ChatLaw 进行交互时,系统首先通过自然语言处理技术理解用户提出的问题。例如,司法工作者可能咨询关于某一特定案件中的法律问题,或者寻求法律建议。ChatLaw 会对司法人员的输入进行检索,识别关键词、语法结构等,以更好地理解用户的意图。

其次,ChatLaw 运用机器学习算法和模型对司法人员的问题进行匹配,找到与之相关的检察指导案例。通过比对司法工作者问题的语义和案例数据库中的内容,ChatLaw 能够快速定位并呈现与检察问题相关的先前案例,提供类似情境下的法律分析和类案类判的解答。这一步骤使司法工作者能够从已有的指导案例中获得参考,了解法律原则和裁判理由。

最后,ChatLaw 在检索咨询和决策辅助方面发挥作用。基于已有指导案例的分析,ChatLaw 可以为法律工作者提供相关的法律建议,辅助其理解案件的法律复杂性。例如,如果司法人员咨询关于最低价承诺的法律责任,ChatLaw 可以基于数据库中的指导案例,提供对应的法律解释,并在司法人员提出的具体问题上进行深入的法律分析。这样的交互使司法人员能够更全面地理解案件,并得到更具体、有根据的法律建议。

综合来看,ChatLaw 通过深度学习、案例分析和自然语言处理等技术,将法律智能引入检察指导案例,为法律工作者提供更为个性化、实时的检索咨询和指导服务。通过与法律人员的交互,ChatLaw 能够有效地帮助司法工作者理解案件,提供法律建议,为检察工作提供更为便捷、高效的支持。

4. 其他技术与方法

Lawyer LLaMA 作为一个在法律领域进行了定制化训练的模型,系统性地学习了中国法律知识体系。其数据库涵盖常见司法领域的法律内容,通过爬虫

① 参见陈勇、胡德锋等:《基于代码注释调优的智能合约自动生成方法》,载《计算机应用研究》2024 年第 5 期。

数据收集关于指导性案例、典型案例和公报案例的分析和对法律咨询的回答以掌握中国法律知识。例如，在刑法领域，模型通过指令微调能够学习犯罪构成的司法理论，从指导案件的刑事事实描述中准确识别犯罪主体、犯罪客体、犯罪行为、主观心理状态等构成要件。

LexiLaw 作为现今较为流行的司法技术，其受众群体更为广泛。LexiLaw 旨在为各行各业法律需求者提供有价值的指导案例咨询服务，无论用户是法律从业者、学生，还是需要法律帮助的个人。LexiLaw 适用于各种法律领域，包括但不限于刑事诉讼、刑法等领域。LexiLaw 在法律条款、案例解析、检察机关履职情况等方面，提供最具时效性的建议与指导。在专业法律知识方面，LexiLaw 通过在大规模法律数据集上进行微调，积累丰富的中文法律知识和理解能力，能够回答各类法律问题。LexiLaw 允许用户通过与其进行咨询交互，提出具体的法律问题，模型将根据用户的输入提供详细和准确的回答，从而为用户提供法律咨询和支持。

从小处看，人工智能辅助类案类判可以起到拓宽裁判思路，发散案例指导思维的作用。从大处看，人工智能技术具有一定的发展前景，未来可能成为确保司法统一适用，维护司法公正，避免司法不公的手段，或许还能成为一种新型司法判决质量控制机制。

三、检察指导性案例的评估、管理、应用和监督

（一）检察指导性案例的自身质量评估

1. 检察指导性案例的体例质量评价

习近平总书记曾指出，“一个案例胜过一打文件”。检察指导性案例的应用正是习近平总书记指示的生动实践，是法治建设的鲜明痕迹，是社会生活的真实映射。检察指导性案例的自身质量应切实符合党和国家的政治要求及人民对美好生活的向往、对公平正义的追求。中国是成文法国家，检察指导性案例的地位不同于判例法国家的判例，因此，域外评价判例质量的模式应在批判中借鉴。观察各国案件质量评价模式，各具特色且不尽相同，总体可以分成程序型、管治型、管理型和结构型四种模式。有研究表明，定量加定性的评估方法是

一种通行模式。其中,英美国家是典型的判例法国家,它们的司法体制受新公共管理理论的影响,强调定量评估和指标体系评价。但是,对应不同的司法判例需要制定特色指标体系,容易产生内容繁复、数量过多、偏重量化的结果。为化解这种弊端,设计评价体系既兼顾形式上的精简,又克服偏重量化的问题,以社会效果评估为代表的非量化性指标应运而生。英美国家将案例交给第三方机构做评估,试图以保证公正性和客观性,但评估结果对司法机关的参考性和业务的实际影响并不强,因此这种模式未必适合我国检察指导性案例的评估与监管。欧洲国家侧重于定性评估,如德国是成文法国家但并没有为检察官预设绩效指标或数量红线,对他们的检察业务也不设置奖励和惩罚措施,这些方面与我国检察工作有很大差别。因此,立足于中国检察工作的实际情况,依据《案例指导工作规定》载明检察指导性案例的体例要求和检察指导性案例文本,结合检察机关和社会公众对于检察指导性案例的高层次需求,进行评估评价方面的研究,具有实用的价值。

检察指导性案例的体例是展示其自身质量的重要维度。从体例角度观察,案例指导制度自建立至今总体经历了三次规范性文件载明体例的变革,逐渐形成了规范性、格式化特征显著的检察指导性案例体例制度。2010 年《案例指导工作规定》第十条要求检察指导性案例应当由标题(主标题和副标题)、要旨、基本案情、主要争议问题、处理理由五部分组成,其中主标题为案件核心内容的提炼,副标题为案件当事人和案由;要旨应当简要概述案件具有指导意义的要点提示;基本案情须准确精练、层次清晰地概括反映案件的基本情况,包括办案经过、有关方面意见以及最终处理结果;主要争议问题要全面介绍案件的争议焦点或者分歧意见;处理理由应在对案件进行分析评议的基础上,充分阐明案件的指导价值。2015 年修订的《案例指导工作规定》第四条规定,检察机关指导性案例的组成部分保留 2010 年规定的标题、基本案情、要旨三部分,其他部分改为关键词、诉讼过程、法理分析、相关法律规定等,并强调根据不同指导性案例的特点,组成内容可作适当调整。2019 年修订的《案例指导工作规定》第三条再次修正指导性案例的体例,保留 2015 年规定的标题、关键词、要旨、基本案情四个部分,其他部分变更为检察机关履职过程、指导意义和相关规定,并沿用至今。检察指导性案例的体例整齐划一,有提升文本规范性与庄重感、权威感的作用,而具体细节上也允许适当灵活处理。检察工作囊括“四大职能”和“十大业务”,可以依据案件的类别更加突出各类具体检察业务的工作重点及特色,即有的类别案例更突出对法律疑难的规则建立,有的类别案例更突出法律方法或程序技巧的示范指引,有的类别案例更注重宣传与教育价值传播。

回顾历年发布的各批次检察指导性案例文本发现,虽然《案例指导工作规定》对于案例的体例有具体要求,但各批次检察指导性案例的体例有差异,早期并不完全契合文件的规定,呈现出不断改进的状态。例如,第一批案例(检例第1—3号)除标题外仅载明要旨、基本案情和诉讼过程,第五批案例(检例第17—19号)除标题外还载明了关键词、基本案情、诉讼过程、抗诉理由、终审判决、要旨、相关法律规定,第十批案例(检例第39—41号)除标题外载明关键词、基本案情、要旨、指控与证明犯罪、指导意义、相关规定等。随着案例指导制度运行越发成熟,检察指导性案例发布的频率越来越高,专题性案例发布越发频繁,比如,第二十四批案例(检例第90—93号)为涉非公经济立案监督主题、第二十八批案例(检例第108—110号)为检察机关民事执行监督主题、第三十六批案例(检例第146—149号)为行政检察类案监督主题等。检察业务需要更加精准凝练的指导要义,体例便是最直观的展现,这要求发布检察指导性案例时格外关注体例形式的改进,以便编纂更加优质的检察指导性案例文本。检察指导性案例的重要意义是在专业上指导司法实务,形成共识性司法规则,从而打造相对统一的司法尺度,推动同案同办,类案类办。尤其是在检察办案遇到疑难困惑时,检察指导性案例若能提供权威且稳定的指引,将在社会公众心中形成公平正义的绳墨。

总体来看,目前的检察指导性案例的体例已经比较完善,但仍有改进空间。尤其是针对检察工作最新要求和特色检察业务指导的难点,可通过制定检察指导性案例发布与管理实施细则等方式,对有关编写的操作性疑问进行规范,促进形成高质量高标准的检察案例指导实践“度量衡”。

2. 检察指导性案例的内容质量评价

如果将检察指导性案例的体例视为衡量其自身质量的形式指标,那么其内容便是衡量其自身质量的实质指标。检察指导性案例文本内容整体在凸显案例的特异性、疑难展现的精练性、检察职能的囊括性等方面还有不足,直接影响检察指导性案例的应用,下文予以阐明。

第一,凸显案例的特异性在整体优良中尚有不足。检察指导性案例是引导类案正确适用法律的行动指南,其标题、关键词是最应展现索引功能的内容,但实际情况中检察指导性案例在这方面还有完善空间。首先,标题的特异性尚有不足。通观已发布的检察指导性案例,标题多数为“当事人 + 罪名”形式,与其他公开的普通案件裁判文书标题无异。作为最朴素、最直观的检索指标,这种标题命名方式在实践中可能难以被迅速检索并指导检察实务。随着指导性案例样本数据的扩大,罪名的重复率会越来越高,可能会增加未来可预知的检索成本,造成司法资源浪费。比如破坏计算机信息系统、诈骗、生产销售有害食品等罪名重复率很高,但每个案例的具体案情和指导重点又各不相同,以单纯的罪名为标题难以精准指向对指导性案例有适用需求的未决案件。在标题方面,需要增强检察指导性案例的疑难性和特异性导向,帮助检察官、法官、律师或当事人快速精准地检索到所需信息。其次,关键词的关键性尚有不足。关键词之“关键”应当体现在检察指导性案例之疑难与待决案件之痛点二者的连结处,这是迅速准确检索先例的重要指标。当前检察指导性案例的关键词集中于纯粹的案件性质、罪名、办理过程等措辞,精准细致度尚有不足。例如,检例第 129 号“黄某某贪污违法所得没收案”关键词为违法所得没收、利害关系人异议、善意第三方,其中“违法所得没收”与标题重叠,“善意第三方”似乎不能明确指向检察实务中的某项重点业务;又如,检例第 155 号“某小额贷款公司与某置业公司借款合同纠纷抗诉案”关键词为借款合同、依职权监督、高利放贷、抗诉,其中“借款合同”出自标题的案件事由,可能与检察实践关联性不大……诸如此类关键词相对而言偏离检察核心业务,作为重要检索指标的可操作性有待商榷。欲建立检察指导性案例和待决案件的实质性连结点,关键在于设计其与普通案件的差异性指标,即抓住疑难问题并直击痛点,如将某种特定的法律程序、某项政策的把握准则等作为必要的检索指标,可能比使用普通法律术语更为有效。

第二,疑难展现的精练性尚有不足。首先,要旨需要更好地提炼案件中最具有指导性价值的要点信息。通观检察指导性案例文本,要旨是必备元素,其必备的功能:一是为检察机关工作人员或其他参与人检索相似案例提供有效路径,二是提炼与破解案件办理过程中的争议焦点、法律适用疑难点、社会关注重点。就案例样本来看,要旨的内容精练性有所不足或者不够新颖深刻。比如,检例第 13 号“徐某某等人生产、销售有害食品案”的要旨为“在食品加工过程中,使用有毒、有害的非食品原料加工食品并出售的,应当认定为生产、销售有毒、有害食品罪”,其与2013年5月4日起施行的《最高人民法院、最高人民检察院关于办理危害食品安全刑事案件适用法律若干问题的解释》(已失效)第九条规定基本重合,是司法解释的常规性内容,换言之,将裁判依据等同于要旨,并没有展现要旨功能。其次,基本案情的陈述有的过于简单、有的比较冗杂,没有精练展现案件的基本事实。比如,检例第73号“浙江省某县图书馆及赵某、徐某某单位受贿、私分国有资产、贪污案”的基本案情简要涉及当事人基本情况、不同罪名的犯罪情节,较为简单;个别案例甚至只是寥寥百字缩略记述案情,有的案例却又非常冗长。在日常司法实务中,基本案情是展现案例的人员、事件、行为等要素的载体,直接服务于判决。能够入围检察指导性案例的司法案件必然与普通案例不同,那么放置于检察指导性案例文本中的基本案情,应当体现案件的典型性和疑难性,并由此推导出指导的必要性和先进性。这要求编撰检察指导性案例时以裁判文书认定的法律事实为依据,围绕需要指导的检察实务进行客观的精简和润饰,以便检索和适用。

第三,检察职能的囊括性尚有不足。检察指导性案例的价值在于指导,指导的生命在于应用。检察指导性案例的应用体现于推动检察机关工作人员补足业务短板和弱项,贯彻落实国家政策,及时回应社会公众关注热点,本质是对检察机关优秀办案经验、办案方法的总结和推广。早期发布的检察指导性案例中没有着重体现检察机关的履职过程,个别批次曾在内容中记载,例如,第六批案例(检例第20—23号)中单独设置“核准追诉案件办理过程”,契合核准追诉案专题的检察实践;第十四批案例(检例第53—56号)中单独设置“检察机关监督情况”,契合监督案专题的检察实践;从第二十三批检察指导性案例开始,后续多批检察指导性案例的内容都专门书写了“检察机关履职过程”,彰显其对内指导检察实务,对外区别于其他机关发布的指导性案例的价值。当前检察机关有刑事、民事、行政、公益诉讼“四大检察”,普通刑事犯罪检察业务、重大刑事犯罪检察业务、职务犯罪检察业务等“十大业务”,分类明确,职能全面,但与之对应的检察指导性案例尚不充分。可按照“四大检察”或“十大业务”分门别类,根据不同主题征集有关优质案例,专门服务于检察机关工作人员在实务中对于某类问题寻求应对策略、解决方式、量刑建议、检察监督等权威参照的需求,逐渐形成统一的司法适用尺度。

综上,目前的检察指导性案例之内容质量还有进一步提高的空间,尤其需要提升内容编纂的“说理性”与“规则性”，即要显著高于其他案例及原有的检察办案文书，树案例之威，解实务之困，打造优质的案例“楷模”。

3. 检察指导性案例的质量提升路径

首先，检察指导性案例应提升共识性，即成为统一检察裁量的“度量衡”。检察指导性案例为司法机关办理案件的统一提供了技术层面的参考尺度，以此规范检察裁量权的行使，进而维护法律的统一适用。从世界范围看，检察裁量权的扩大已经成为检察制度发展过程中的普遍现象。我国的检察制度在全面发展的进程中也呈现出了此种趋势，当然在发展的同时，也可能带来检察裁量权滥用的问题。要防止这种滥用，首先要降低检察裁量的随意性。检察案例指导制度有利于明确类案法律适用规则，统一法律适用标准，形成共识性裁判，提高办案质量效率，能在相当程度上降低检察裁量权的随意性，进而规范检察裁量权的行使。此外，无论是从繁简分流的角度，还是司法实务的角度，抑或检察制度全面发展的角度看，重大复杂疑难案件和新类型案件都是检察工作人员遇到的棘手问题。这类案件正是检察指导性案例所关注的重点，从最高人民检察院现已发布的指导性案例看，不仅包括死刑适用、超追诉期是否核准追诉、正当防卫与防卫过当的界限等重大复杂疑难案件中的问题，还包括公益诉讼、网络犯罪等新类型案件中的问题。

为了更好地体现司法公正、司法文明，在检察指导性案例中必须进一步加强重视释法说理的共识。这一方面确可提高群众对已有案件处理结果的认同度，另一方面能够使检察指导性案例成为未来检察文书释法说理的借鉴，以此增强未来案件处理结果的可预测性与可接受性。缺少说理或说理在逻辑上不严密、在依据上不充分，容易被认为是权力的粗暴与滥用，难以建立起社会公众对司法的真正认同与信仰。在缺少法治认同、法治信仰的司法环境下，司法工作的阻力不言而喻，司法机关对国家及社会治理的实际效能也难以保证。

其次，检察指导性案例应当提升时效性，即成为弥补法律漏洞或空白的“及时雨”。法律法规的释明和细化可以填补成文法固有的滞后性、模糊性、不周延性缺陷。当今社会是信息化时代、人工智能时代，社会关系日趋复杂，成文法的局限性更加明显，在检察工作中迫切需要检察指导性案例来弥补缺陷，及时满足社会需求，回应社会热点问题，这既有利于提高司法效率，也能够提高群众对司法的认可度。检察指导性案例从众多纷繁复杂的案件中精选而出，积累和承载了众多司法工作人员的经验和智慧。一线检察工作人员在办案过程中充分参考检察指导性案例,能够极大地节省摸索、思考和研究的时间,同时避免在法律相对抽象时不同检察官理解法律的见仁见智,促使法律适用更准确,量刑建议更精确。此外,检察指导性案例为相关法律的理解、案件走向的预测提供便利条件,就案件的当事人、代理律师以及普通群众而言,也是极大的便利。最大限度地发挥检察指导性案例文本的说理性和以案释法功能,更契合检察宣传工作与弘扬法治精神的时代要求。中央发布的普法文件中多次提出"谁执法谁普法"的要求,这里的"执法"不可狭义理解为行政机关的执法行为,还包括检察机关实施法律的行为。检察机关有义务结合案例将法治思想根植于人民群众内心,让人民衷心拥护和真诚信仰法律。检察指导性案例通过生动讲述检察故事,传播检察声音,展现检察理念,以案例的影响力和故事性形成法治建设的"及时雨"。

最后,检察指导性案例应提升精练性,即成为推进检察精进的"催化剂"。检察指导性案例是规范检察办案行为、积累检察业务经验以及提升法律监督能力的重要路径,能够为检察理论研究提供丰富且优质的实践素材,有利于提升检察工作人员的业务能力和职业素养。检察工作人员总结、积累、参照案例解决实际问题的意识、思维以及综合判断能力、释法说理能力,需要在检察实践中积累并提高,检察指导性案例正是司法进步的基石。作为法律与实践的高水平结晶,检察指导性案例充分展现了最高司法机关的司法政策与司法智慧。

从早期检察指导性案例的具体情况看,各地检察机关上报的案例比较重视宣传效果,比较关注对社会热点、政治热点问题的追求与响应。在检察指导性案例发展的初期,相对法院而言,社会能够理解检察院整体办案较少,且因反贪职能剥离给监察部门后业务范围拓展存在难处,这其实是检察案例指导制度发展甚至检察工作发展的必然。但2020年后检察案例指导制度实施逾10年,社会对检察案例工作有了更高的期待与要求。

最高人民检察院有必要高度重视并加大研究力度,制发检察指导性案例的长期与整体新规划,细化具体业务的特色及重难点并提炼模型;需要把握新时代与新阶段的特点,围绕党对检察工作的新要求,在充分做好前期调研的基础上,推出能够超越最高人民法院《人民法院案例库建设运行工作规程》的举措。同时,检察指导性案例的专题研究应更紧密有效地融于政法院校科研工作中,建立实效对接模式；科研人员发挥写作能力和研究特长，检察工作人员发挥法律适用和实务经验特长，共同提升检察指导性案例的内在法律质量及外在文本质量。

（二）检察指导性案例的更新与动态管理机制

基于前文构建检察指导性案例数据库的论述可知，对不同类型的案例进行整合形成数据库，是使检察指导性案例发挥作用的关键。最高人民检察院通过智能化建设，既使检察指导性案例得到充分发展，又保证了人民群众的检索、查阅与对比。其在提升检察官办案效率的同时，亦满足了人民群众不断增长的司法需求。相较而言，在大数据时代背景下，检察机关打造专属的检察案例数据库管理模式是数字检察战略不可或缺的因素。其中，优质的检察指导性案例样本和智能检索平台自然成为数字检察、智慧检务的必要组成部分。不仅如此，2023 年《最高人民检察院工作报告》中曾多次提及大数据在检察工作中应用的重要性。[①] 因此，可以借助大数据实现构建全国性的检察指导性案例管理数据库的目标，提高检察官办案适用指导性案例效率，实现前文所述的类案检索功能，为检察官检索近似案件提供便利。虽然当下检察指导性案例的数量相对有限，但依据其发布的批次及数量，可以认为其依然处于持续发展的阶段，因此建立具有汇总、分类、存储、更新以及检索功能的检察指导性案例数据库才是长久之计。[②]

确保数据库的时效性、准确性、权威性和完整性，有效地管理数据库，已成为优化与提升指导性案例发展的关键。为了不断提高检察指导性案例的数量与质量，本部分将从新增案例与维护已有案例两个方面着手研究，以期实现对指导性案例的有效管理，增加其相应的活力，为构建指导性案例的协调联动机制奠定基础。

1. 完善检察指导性案例的更新机制

当下检察指导性案例面临的最大问题便是在实践中援引率较低，部分检察

---

① 参见张军：《最高人民检察院工作报告——2023 年 3 月 7 日在第十四届全国人民代表大会第一次会议上》，载《最高人民检察院公报》2023 年第 2 期。

② 参见王渊、劳东燕等：《检察指导性案例深度应用三人谈》，载《人民检察》2022 年第 1 期。

官对于适用案例的意识较为淡薄。对此,检察官的培训固然存在不到位之处,但更为主要的原因在于缺乏相关激励措施,致使案例的供给与需求可能无法相匹配。新事物若想快速发展壮大,势必需要为其配套相应的激励措施,以便更好地推动其发展,因此,构建科学有效的案件管理机制,首要步骤便是在司法实践环节的第一线充分挖掘可能成为指导性案例的潜在资源,以优化激励措施积极推动检察官高质量承办案件,并积极推荐相关案件,使其有成为指导性案例的可能,从而丰富指导性案例数据库的资源。

检察指导性案例势必伴随社会经济的发展不断地增加与补充,从而确保在适应社会发展的情况下,更好地为检察官提供工作的指导及参照。实践中,检察指导性案例工作也确实根据司法实践情况及时遴选与补充了典型且富有指导意义的案件,为我国检察指导性案例不断地注入新鲜"血液",使其及时性与灵活性增强。自案例指导制度在我国正式确立以来,检察指导性案例截至2024年3月业已发布53批次,共计204个案例,无论是发布的案例数量还是质量,均呈现出逐年递增的向好态势。这不仅是司法实践进步和发展的重要体现,也是法治建设不断深入的重要成果,值得高度肯定。但是客观地说,在司法改革不断深入,经济社会的不断发展的背景下,仅靠200多个指导性案例依然无法全面指导检察官应对在司法实践中遇到的全部问题。为了激发各级检察官(特别是基层检察官)在案件选取、推荐方面的积极性,需要进一步创新方法,考虑检察指导性案例的供给侧激励问题。

梳理53批检察指导性案例可知,作为各级检察院的领导机构,最高人民检察院虽然在检察指导性案例的编撰与发布等工作上起到了重要作用,但绝大多数案件并非由最高人民检察院实际承办,众多基层检察院才是案件承办与推荐的核心主体。在最高人民检察院的需求与各级检察院的供给之间,除要畅通基层推荐渠道外,还需从其他方面给予相应激励,以充分调动各级检察院推荐案件的积极性与主动性,进一步丰富我国检察指导性案例的数量与质量,为管理检察指导性案例库奠定基础。

英美法系国家往往将司法工作者的个人名誉与其审判的案件挂钩,出于维护个人声誉与尊严的目的,司法工作者会在办理案件时付出全部的精力,不仅想将案件办理好,亦希望其成为后案可参照的判例。与之相关,《中共中央关于全面推进依法治国若干重大问题的决定》中亦提出了"实行办案质量终身负责制和错案责任倒查问责制”的顶层设计,这不仅极大地推进了我国司法改革,确保了案件的审理质量,也为检察指导性案例的供给提供了改革的思路——可以考虑将检察指导性案例的推荐工作与检察官的个人荣誉进一步加大联系,实行更有力度的激励措施。

为实现检察官办案与案件转化的关联运行,可进一步完善以下机制。第一,就检察官个人而言,积极检索与比对案例应成为办案的一个行为习惯,具体可在案件办理系统中予以程序性要求。第二,在省级以下检察院定期开展评选活动,选择对最高人民检察院指导性案例或典型案例生成有突出贡献的检察官,并对其进行正式表彰与奖励。第三,对于检察官职级评定、职位升迁等事项,除综合考虑其他因素外,同等条件下赋予指导性案例撰写者、承办者一定比重的加分;时机成熟时,可以成立以个别检察官为核心的办案团队,或推荐其参评省级或全国业务专家或办案能手。

最高人民法院2024年2月推出的《人民法院案例库建设运行工作规程》第十八条规定“社会推荐案例经审查审核入库的,最高人民法院应当向推荐人颁发证书”,第二十二条规定“各级人民法院应当将参考入库案例作出裁判的情况作为案件质量评查内容”。最高人民检察院可以从这些操作设计中得到启示并进一步提升完善,实现检察指导性案例及优秀案例库的供给侧结构性改革,及时开展提升检察案例指导工作。

2. 健全检察指导性案例的动态管理机制

为有效实现对检察指导性案例的管理,真正使其在办案环节发挥最大功能,需要定期对其进行科学维护。若无法对其进行定期维护,不及时根据社会发展调整案例的相关内容,则其无法有效指导检察官具体的办案流程,甚至可能成为案例指导制度推进的阻碍。因此,科学、有效的检察指导性案例维护机制是保证其发展的坚强后盾,具体将从两方面展开。

其一,检察指导性案例的修缮。虽然检察指导性案例由我国最高人民检察院制定与发布,具有一定权威性与稳定性,但是案例发布的批次与时间并不相同,经济社会的发展可能导致一些案例中涉及的法条依据、处理结果以及相应的指导意义不再适应实际情况,致使其无法更好地指导检察官办理近似的新发案件,继而导致检察指导性案例在指导检察官工作方面出现滞后性。英美法系在判例更新方面具有一定成熟的经验,其明确了判例并非永远固定不变,并承认先例的稳定性与拘束力是相对的而非绝对的,即判例可以根据社会的发展进行调整与改变。我国的指导性案例制度虽然与英美法系的判例具有本质不同,但是对其有益经验,可以考虑适当参照借鉴,并应用于我国的检察指导性案例当中,即我国的检察指导性案例亦需要伴随社会经济的发展不断进行革新,需要对检察指导性案例进行废除、修改等管理工作,以此更好地指导实践,最大化发挥其作用。

(1)对于与时代发展不相适应的检察指导性案例及时废除。若检察指导性案例无法适用于新型的社会矛盾,与规制某些新型犯罪案例的法律、司法解释条文出现明显相左的情况,抑或与《案例指导工作规定》第十九条列明的情况相符合,则这一指导性案例的指导效用在现实中已经削减。为有效应对此种情况,最高人民检察院应建立与完善相应的废除工作机制,并明确废除相应指导性案例后及时通过官方渠道发布公告,以告知各级人民检察院此案例对于检察官办案不再具有相应的指导作用,防止与现行法律法规相冲突的指导性案例误导检察官办理案件。

(2)完善相应的指导性案例修改制度。在已发布的检察指导性案例中,虽然还未曾出现与现行法律、行政法规或司法解释不一致的情况,但是确实存在社会的快速发展以及法律的滞后性致使某些指导性案例无法发挥作用的可能。因此,需要随时关注已经发布的指导性案例,对案例中引用说理的法条或法律依据随法律的修订及时更新,确保其对于现实情况依然具有指导性,与时俱进。

(3)明确具体操作的相关流程,以确保相关废除与修改工作于法有据。身处司法实践的第一线,基层检察院的检察官在日常工作时对指导性案例的接触与运用更为频繁,当其认为指导性案例存在废除或修改补充之需要时,理应向其所在检察院提出书面申请,并经所在检察院审核后层报上级检察院。相关指导性案例通过逐级审核后,最高人民检察院指导性案例工作委员会经论证认为其确有废除或修正之必要时,理应及时通过最高人民检察院官方网站、内部相关刊物以及相关官方媒体等正式渠道进行公布,并注明废除或修改某一案例的具体法律依据以及理由。除此之外,为了保证检察指导性案例的及时性与灵活性,可以一个公历年为工作周期,对已经发布的指导性案例进行重新审读,确保指导性案例中的内容依然具有实践意义与理论价值。对于已发布的指导性案例中涉及特别有典型意义与指导意义的内容,并达到应当修改法律条文地步的情况,应由最高人民检察院提出报请全国人民代表大会审核,适时对相关法律条文进行更新。

其二,注重最高人民法院、最高人民检察院指导性案例库的协调联动。检察机关在办理案件时需要与法院密切配合,检察指导性案例在指引检察官工作时,亦会对法院及公安的工作产生影响。因此,检察指导性案例不应局限于检察机关内部适用,也应注意在相关部门之间进行协调适用,具体建议从事前、事中、事后三个方面着手。

(1)事前——搭建案例共享平台。构建检察指导性案例数据库十分重要,在此基础上还可与法院建立共享平台制度,致力于信息共享。检察机关在发布新的指导性案例之前可以在共享平台上进行内部公示,先行由法院、检察院两方主体进行充分论证与协调。从理论上说,由于法院与检察院的职责分工并不相同,各自在其原有的体系内发布指导性案例并不会出现冲突和矛盾。但是,不可忽略的现实是最高人民法院、最高人民检察院所作的司法解释,特别是刑事诉讼领域的部分解释已然存在冲突之处。[①] 因此,伴随指导性案例数量日益增加,有必要建立信息共享平台,以预防未来指导性案例之间可能的冲突。自然,此共享平台的建立亦可有效促进公检法机关工作的有效衔接,继而保证法检机关对于指导性案例的有效呼应,进一步体现我国司法的公平公正。

(2)事中——以案例工作委员会为中心,构建有效解决冲突的协商办法。如果检察机关在共享平台预发布指导性案例时,发现其与法院发布的指导性案例中某些内容相互冲突甚至得出不同的结论,理应构建相应的冲突解决方案以化解矛盾。化解冲突最为适格的主体是指导性案例的发布者——最高人民检察院与最高人民法院,二者内部负责指导性案例编写与发布的工作委员会应积极协商,对于冲突问题进行统一协调,并在其中积极引入法学专家与实务工作者的意见;对冲突之处取得统一的认识后,及时进行修正,并面向社会进行公布,确保指导性案例的权威性,以便更好地指导检察官与法官的工作。

(3)事后——法检机关定期组织研讨。指导性案例虽较法律与行政法规、司法解释等具有一定的灵活性,但是由于当下经济社会处于快速发展变化阶段,指导性案例可能依然存在一定的滞后性,致使其在具体应用环节无法完全

① 参见谢绍静:《最高人民法院指导性案例制度研究》,法律出版社2022年版,第130页。

有效地解决新问题。对此,法检机关可定期进行研讨,对于各自发布的指导性案例进行分享、学习与讨论,从而更好地指导后续案例的遴选与补充。

(三)检察指导性案例的应用情况评估

1. 检察指导性案例的应用情况考察

(1)检察指导性案例应用的宏观统计

截至2024年3月1日,最高人民检察院共发布50批204件检察指导性案例。其中2023年发布33例,相比2022年发布36例、2021年发布37例、2020年发布30例,近4年来检察指导性案例发布数量较多且稳定,尤其是相较于2019年发布12例、2018年发布13例,年发布数量稳步增长。最高人民检察院截至2024年3月发布的204件检察指导性案例已全面覆盖刑事检察、民事检察、行政检察、公益诉讼检察"四大检察",并做到"十大业务"全覆盖。至2024年2月,刑事检察指导性案例有130例,总占比约63.7%;公益诉讼检察指导性案例33例,总占比约16.2%;民事检察指导性案例23例,总占比约11.3%;行政检察指导性案例18例,总占比约8.8%。

截至2024年2月,通过威科先行搜索平台以"检例第×号"关键词检索,共检索到98份裁判文书,即在司法实践中应用过检察指导性案例的案件(以下简称应用案件)至少有98例,其中,2023年新增73例。对检索到的98份裁判文书进行梳理统计,合并援引相同的检例整理出被援引的检察指导性案例共有20件。其中,被援引的民事检察指导性案例5件,对应的应用案件76件;被援引的公益诉讼检察指导性案例2件,对应的应用案件2件;被援引的刑事检察指导性案例12件,对应的应用案件19件;被援引的行政检察指导性案例1件,对应的应用案件1件。应用最为集中的是检例第125号"安某民等80人与某环境公司确认劳动关系纠纷支持起诉案",对应68份裁判文书,总占比约69.4%。

依据2019年修订的《案例指导工作规定》第十五条,在案件办理、书写判决释法说理的过程中,可以援引检察指导性案例。学界一般认为,援引方式分为明示援引和隐性援引。统计时参考的98个应用案件裁判文书样本,均属于不同类型的明示援引,不包括隐性援引。按照办理案件中援引检察指导性案例的主体差异,可以将明示援引细分为检察官明示援引、法官明示援引、诉讼参与人明示援引和检察官评析援引。在98个应用案件中,检察官明示援引1件,即检察官明示援引并参照的1例检察指导性案例，为检例第49号行政公益诉讼主题，总占比约1%；法官明示援引4件，具体包括法官主动援引2例，法官被动援引2例，其中2023年新增法官被动援引1例，总占比约4.1%；诉讼参与人明示援引93件，其中2023年新增诉讼参与人援引73例，总占比约94.9%；无检察官评析援引的案件。

从整体应用情况来看，有20件检察指导性案例已被援引，援引检例第125号的应用案件占七成以上。第十二批正当防卫主题的检察指导性案例（检例第45—48号）均已被援引，涉及应用案件9件。

（2）检察指导性案例应用的微观分析

第一，案由涉及种类。至2024年2月，应用于检察指导性案例的案件涉及五大类15个主题，分别为网络犯罪、金融犯罪、侵害未成年人犯罪、正当防卫、行政公益诉讼、虚假诉讼监督、涉农犯罪、民事检察服务民企发展、生产安全犯罪、民事执行监督、民事支持起诉、刑事附带民事公益诉讼、人格权刑事保护、民事生效裁判监督、行政检察推进社会治理。从各类主题的应用案件数量来看，民事支持起诉的检察指导性案例应用案件最多，共计56件。

诉讼参与人明示援引93件，涉及18批检察指导性案例，14个主题。98件应用案件中，诉讼参与人明示援引有93件，其中2023年新增73件，2022年有5件，2019—2021年共有15件。诉讼参与人明示援引检察指导性案例18件，集中于网络犯罪、金融犯罪、侵害未成年人犯罪、正当防卫、涉农犯罪、虚假诉讼监督、民事检察服务民企发展、生产安全犯罪、民事执行监督、民事支持起诉、刑事附带民事公益诉讼、人格权刑事保护、民事生效裁判监督、行政检察推进社会治理14个主题。

第二，来源地域分布。统计结果显示，截至2024年3月的204件检察指导性案例来源区域涉及最高人民检察院及22个省级行政区域，其中数量分布前两位分别是浙江省和江苏省。98件应用案件来源地域涉及16个省级行政区域，其中数量分布前两位分别是山东省和辽宁省。

诉讼参与人明示援引案例来自多个省级行政区域。从地域分布看，据不完全统计，诉讼参与人援引的93件案例，其中，山东省7件、辽宁省4件，广西壮族自治区和云南省分别有3件，广东省、江苏省分别有2件，北京市等10个省级行政区域分别有1件。

从法官明示援引的4件案例的审理法院所属地域看,分布在吉林省、北京市、广东省3个省级行政区域的4家法院。法官主动援引案例分布于吉林省和北京市,各有1件,法官被动援引的2件案例来自广东省。

第三,援引主体。应用案件的援引主体包括原告、被告、上诉人和再审申请人,数量占九成以上。根据检索比对结果,98件应用案件中,应用主体主要包括检察官、法官、原告、辩护人、上诉人和再审申请人,其中检察官应用案件为1件,总占比约1%;上诉人应用案件为76件,总占比约77.6%;辩护人应用案件为8件,总占比约8.2%;原告应用案件为8件,总占比约8.2%;法官应用案件为4件,总占比约4%;再审申请人应用案件为1件,总占比约1%。

第四,法院级别与审理级别。应用案件的审理法院集中在基层人民法院和中级人民法院,适用以一审和二审程序为主。98例应用案件中,从审理法院的级别看,基层人民法院审理数量占比约15.63%,中级人民法院审理数量占比约82.29%。从审理程序来看,适用一审程序数量占比约13.54%,适用二审程序数量占比约82.29%,适用再审程序的仅1例,占比约1%。

2.检察指导性案例应用中的不足

作为司法实践的重要参考,检察指导性案例对于统一法律适用标准、提高司法公正性和效率具有重要意义。司法实践中各个课题组收集的相关数据,进一步分析当下检察指导性案例在应用方面存在的问题与不足,可为后续检察机关更好地发挥指导性案例的作用奠定基础。检察指导性案例应用中的不足主要表现在以下几个方面。

(1)对检察指导性案例的适用率较低。郭叶与孙妹两位学者(2017)通过对2011年至2016年发布的最高人民法院指导性案例进行大数据分析,①认为检察指导性案例的应用效果弱于最高人民法院指导性案例,相关平台统计的检察指导性案例应用数据质量还有待进一步提高。张杰、苏金基(2018)采用问卷调查的方式,②对南宁市的检察官进行调研,结果发现不少检察官在实际办案环节未能对检察指导性案例进行援引,也没有在讨论或审批案件时引用过检察指

① 参见郭叶、孙妹:《最高人民法院指导性案例司法应用年度比较分析报告——以2011~2016年应用案例为研究对象》,载《中国案例法评论》2017年第1期。

② 参见张杰、苏金基:《检察指导案例的实践应用效果》,载《国家检察官学院学报》2018年第4期。

导性案例;上海市检察院第一分院上海市杨浦区检察院联合课题组(2020)对上海市检察机关的检察官进行问卷或访谈式调研,[①]结果同样集中反映出检察指导性案例应用率较低的问题;江苏省人民检察院课题组(2020)曾对江苏省人民检察院及省内某市级检察院的资深办案人员展开访谈式调研,[②]不少检察官表示,虽然单位会组织学习指导性案例,但是其效果仅停留在宣传层面;相关的学习主要针对司法解释,未深入解决检察指导性案例援引的可行性问题,应用案件不多。

考虑到以上调研皆于2020年之前进行,当时的检察指导性案例数量和范围有限,加之调研地区、人员结构、检察院级别等诸多因素的局限性,结果只能作为参考。从2020年之后检察系统刊物对检察案例的宣传及重视程度看,情况正在明显改变。

(2)对检察指导性案例的认识不够深入。郭叶与孙妹(2017)长期致力于最高人民法院、最高人民检察院指导性案例的比较研究,[③]其通过分析表明相较于最高人民法院发布的指导性案例及其应用研究,检察指导性案例的研究则显得薄弱。自2016年起,《中国应用法学》每年均会发布关于最高人民法院指导性案例司法应用情况分析的文章,但是与之相比,检察指导性案例相关的文章则相对偏少。相关研究的缺失亦会导致现实中对检察指导性案例的认识难以深入。张杰、苏金基(2018)对云南省的三级检察院87名员额检察官进行问卷调查,[④]结果显示,虽然大部分检察官对指导性案例有一定了解,在实践环节有一定的适用指导性案例的意识,但仅有40%左右的检察官认识到检察指导性案例的主要功能是形成同案同判、类案类判的统一司法尺度。由此可见,检察官对检察指导性案例存在学习不足、了解不够深入等问题。当然这种学习不深入,还受到其他原因的影响。

(3)类案识别难度大,检察官在实践中认定与论证类案存在困难。2020年

① 参见上海市检察院第一分院上海市杨浦区检察院联合课题组、谭滨:《指导性案例、典型案例的运用问题与方法——以提高适用率为基点》,载《上海法学研究》集刊2021年第17卷。

② 参见江苏省人民检察院课题组:《检察指导性案例的司法应用探讨》,载《中国检察官》2022年第5期。

③ 参见郭叶、孙妹:《指导性案例应用大数据分析——最高人民法院指导性案例司法应用年度报告(2016)》,载《中国应用法学》2017年第4期。

④ 参见张杰、苏金基:《检察指导案例的实践应用效果》,载《国家检察官学院学报》2018年第4期。

6 月上海市检察机关司法案例研究基地在上海市杨浦区检察院成立，其研发的司法案例智能查询系统是将检察指导性案例、典型案例与拟办结案件匹配的运行平台，旨在推动检察指导性案例在基层检察机关和一线检察官办案中落地，发挥切实的指导作用。结合此次研究基地成立的契机，上海市检察院第一分院上海市杨浦区检察院联合课题组（2020）通过问卷或访谈式调研，①发现部分检察官在适用指导性案例时，存在类案识别难度大、类案判定和论证存在一定困难、相似性指标把控难度大等问题。

此外，案管部门、指导性案例汇总部门与具体业务部门之间尚缺少密切深入的合作，缺少详尽规范的指引或模板，导致出现如前文列举的裁判文书援引检察指导性案例的乱象，包括明示援引的方式不规范，隐性援引淹没指导性作用，降低案例的指导性价值等。

以上列举的相关调研反映出检察指导性案例在适用过程中存在某些问题。当然，也要清楚地认识到，调研所选取的城市发展水平和检察实务能力可能不完全具备代表性，调研结果仅呈现某一时点局部地区的检察指导性案例的应用情况。同时，问卷调查和实地访谈的调查方法可能也存在漏洞，其未能充分考量东中西部不同地区的经济法治发展水平，以及地方各级检察院的一线工作人员的年龄结构、学历条件、审判经验等约束条件限制。因此，相关调查情况并不能完全说明检察指导性案例适用的全部情况。近年来，伴随辅助技术的提升，检察指导性案例不断优化，检察办案人员的案例意识正迈向深入。

（四）检察指导性案例的应用与监督机制

检察指导性案例的应用与监督是司法体系优化的重要环节，对于确保法律适用的统一性和司法的公正性具有举足轻重的意义。通过深入研究和应用检察指导性案例，检察官能够更准确地把握法律精神，提高办案质量。同时，监督机制的完善能够确保案例的适用过程规范、透明，防止权力滥用和司法不公。因此，在实践中必须加强检察官对检察指导性案例的培训和普及工作，提升其应用能力，同时还需要强化内外部监督机制，确保案例应用的合法性和公正性。

---

① 参见上海市检察院第一分院上海市杨浦区检察院联合课题组、谭滨：《指导性案例、典型案例的运用问题与方法——以提高适用率为基点》，载《上海法学研究》集刊 2021 年第 17 卷。

如此,才能更好地发挥检察指导性案例在司法实践中的作用。

1. 优化检察指导性案例的应用机制

在前述明确检察指导性案例数据库的管理机制后,还需完善的是相应的应用机制,即对于检察官的常态化培训。在保证政治培训的同时,业务培训尤其是案例适用的方法培训应放在更加重要的位置。为了进一步保证检察指导性案例在具体实施中的援引率,达到“同案同办”的效果,对各级检察机关一线工作者——检察官进行相应的业务培训是重中之重,有必要以此促使其形成积极适用指导性案例的意识,主动在实践中进行援引,将案例的价值发挥到实处。因此,作为检察指导性案例的配套机制中最为重要的一环,通过培训提高检察官运用案件的能力势在必行,应将其作为一种常态化的机制。①

(1)加强检察官案例思维的训练。为保证检察指导性案例的有效落实,需要在检察官办理案件的过程中注重培养其运用案例的能力,并使之逐步形成适用案例的思维。虽然我国有众多的检察官,但不同检察官的业务能力与职业素质存在不同。可以说,一起案件能够得到妥善的解决,高水平的检察官一定是其中的关键因素。但我国的法学教育一直以“三段论”为分析框架,检察官分析案情的固有思维便是“三段论”思维。需要指出的是,指导性案例的运用与传统的“三段论”分析方法存在较大差异。前者的有效应用更注重类比推理、个案比较、经验理论,检察官应在此基础上行使法律所赋予的自由裁量权。

因此,在司法实践中培养适用案例思维的前提便是提升与完善检察官的办案思维,明确检察官办案过程中以适用指导性案例为前提条件,②有必要改变原有的、单一的以成文法条为核心的观念,加强各类法律解释方法与法律论证方法的训练,最终形成“法”与“例”互相融合、互相支撑的办案习惯。

(2)培养检察官运用案例的方法技能。参照适用检察指导性案例是发挥其效力最为有效的方法。将其作为检察官业务能力水平的考核内容之一,可以有效促进其在司法实践中发挥应有效力。检察官通过多样化的方式进行类案检索、案例识别与区分技术的学习,除能够增强对案例的认知能力,建立以案析

---

① 参见万春:《最高检指导性案例的发展历程和创新完善》,载《国家检察官学院学报》2019 年第 5 期。

② 参见杨建锋:《民事检察类案监督实践问题与建议》,载《检察日报》2020 年 7 月 27 日,第 3 版。

法、以法释例的相关思维外，还可以切实提高检察官适用案例的觉悟，从侧面提升适用案件的能力，以改变既往指导性案例援引率不高的情况。因此，在日常的工作中，检察官应注重对指导性案例的学习与研究，积极响应定期抽查、日常考核等方式，在微观处提升自身适用案例的技能，以培养自身适用案例的意识。

世界上应用广泛的图尔敏法律论证模型，由数据、理据、支撑、限定词、反驳条件、主张 6 个要素组成，相对于传统的推理的三段论逻辑，更加丰富与细致，确定从前提到形成最优结论，并非简单的涵摄关系，而是将对前提的支持和例外情况都考虑在内，比较契合疑难案件中复杂结论的形成。

(3)实现“以案办案”。检察官应依托案例的重要性与指导性，对其进行研究与分析，准确找到新案件的争议焦点，快速实现“以案办案”。将检察指导性案例引入检察法律文书作为释法说理的依据，不仅可以有效指导办案的检察官精准理解案例的深刻内涵，亦有利于当事人接触并了解检察机关的办案所依据的法律条文及案例中所包含的法律精神。这在加强人民群众对于法律条文及指导性案例的熟知程度，增强司法公信力的同时，有助于推动我国司法体制的深化改革。

最高人民检察院人民检察案例库的建设已经到了必须高度重视的时候。该案例库建设可参照以下思路。(1)全面收集检察指导案例、检察典型案例、公报案例、各省发布的典型案例或参考性案例、最高人民法院案例库中的案例，再进行深入比较权衡；入库案例在经过必要科学的前置程序后，最终由最高人民检察院检察委员会决定。(2)入库案例应当具有权威性、指导性、典型性、检察专业性。每个案例应当事实清楚、证据确凿、适用法律正确，对检察办案具有明确的指导价值或参考意义。(3)可依托检察内网先行建设与试运行案例库，在 6～12 个月运行通畅，案例经特邀专家学者评验无误后，可以正式在互联网上公开，同时建立安全实用的应用程序以方便公众了解。

在权威检察案例库建成后，应借助人工智能技术评查下级检察部门的具体运用。上级检察院在案件评查中发现应当参照指导性案例而未进行参照或滥用的，最终导致案件判决畸轻畸重时，应严格对承办案件的检察官予以惩戒。其中，人工智能与大数据模型可以帮助提高比对与评查效率，并提供无人情干扰选择的证据。自然，检察官亦可通过背离报告制度进行“抗辩”，此时需要对其提出的报告之适当性进行复审，若与实际情况相符，则其无须承担责任，否则其还需承担相应的惩罚。只有如此,同等发挥奖励与惩罚措施的作用,才能督促检察官在日常办案环节主动适用案例,以此推动我国检察指导性案例的持续发展。

综上,为实现指导性案例的有效运转,除科学、合理的案例数据库及其管理机制外,还需要高效的案例应用机制加以配合。高效的应用机制——检察官的常态化培训,与整个检察案例指导制度犹如齿轮与机器的关系,只有注重齿轮之间的吻合,在日常细微之处做好养护工作,才能使其发力,为机器的高速运转贡献力量,推动检察案例指导制度进一步优化。

2. 细化检察指导性案例的监督机制

监督机制是案例指导制度有效运行的保障,应成为我国司法案例指导制度的一个重要组成部分。对于由谁来监督这个问题有三种观点:第一种观点认为应该由全国人民代表大会及其常务委员会对指导性案例进行合法性审查;第二种观点认为应该由最高人民检察院来进行法律监督;第三种观点认为应由检察机关及外部社会联合监督。笔者认为,指导性案例属于司法过程中具体问题的管理、指导,没有正式的法源地位,不需要全国人大审查。从监督的原理、目的及实效看,第三种观点更为可取。以下就检察机关内部监督与检察机关外部监督分述。

(1)内部监督,健全检察机关内部监督评价机制。需要明确的是,为确保指导性案例在检察官日常工作中得到运用并发挥效用,有效促进各级检察机关在推荐案例、适用案例方面取得突破,培训机制与激励机制固然是首要前提,但必要的内部监督机制亦不可缺少。多种机制相辅相成,可共同推进各级检察官增强案例意识,提升其在日常工作中运用案例的能力。

我国的检察体系以最高人民检察院为核心,上下级检察院之间为领导与被领导关系,因此相关内部监督的对象便是各级基层检察院。监督的主要内容是在办理案件过程中,检察官对指导性案例的适用情况。针对监督的方式,考虑到我国上下级检察机关之间存在领导与被领导关系,下级检察院的检察官可以采用建立流程台账的方式,[①]及时记录每日案件工作情况,通过定期汇总分析以及向上级检察院进行汇报的方式,接受内部监督。此举旨在促进检察官掌握并

---

① 参见申国军:《案件管理事务精要十二讲》,中国检察出版社2023年版,第196页。

熟练运用指导性案例,确保其在承办案件时,可以及时梳理与此案近似的指导性案例,以便在分析案由及关键事实时,与指导性案例中的要旨及指导意义进行匹配,从而保证案件得到有效审理。

自然,结合前述应用机制的构建,如果最高人民检察院在对检察官适用指导性案例情况进行监督时发现应按指导性案例处理而未遵循处理,或违背指导性案例中的要旨等情况,应及时对相应承办案件的检察官进行纠正,并对其施以惩戒。只有将监督切实落到检察官的身上,才可能发挥出案例的指导性作用,维护我国司法实践的公平正义。

(2)外部监督,注重社会监督的力量。有效的监督机制不局限于内部的监督,更为重要的是来自社会的外部监督。这不仅包含党和人民的监督,还包括法律职业共同体的有效监督。广泛的社会监督能促使我国司法体制日渐完善,推进其不断改革与发展。

第一,党的监督。实现有效的社会监督,首先应坚持接受党的监督。中国共产党是我国的执政党,把党的领导贯彻到检察工作全过程和各方面,能够确保检察机关不断提升自身的法律监督能力,确保法律得到正确、统一、公正的实施。检察指导性案例的运用必须在党的领导监督之下进行,对检察机关在司法实践中适用检察指导性案例的情况进行有效监督是确保案例工作有序发展的首要前提。

第二,人民的监督,包括人大代表与政协委员的监督。这是社会主义法治国家中公民参与司法监督的重要体现。宪法和法律赋予了公民对国家机关及其工作人员进行监督的权利,包括对检察机关和检察指导性案例的适用进行监督的权利。人民群众发现检察机关存在应适用指导性案例而未按规定适用或滥用等情况,可以向上级检察机关进行反映,以维护自身的合法权益,防止乱用、滥用指导性案例。同样,针对检察官适用案例的情况,检察机关应公开依法可以公开的法律文书,将此作为适用案例情况的证明,并供人民群众进行监督,以便及时发现适用问题,在保证人民群众参与司法监督的同时,促进检察指导性案例的有序发展。

第三,法律职业共同体的监督。律师、法学家等置身于检察工作之外,往往可以从第三方的视角对案例的适用情况进行监督,且其具备一定专业知识,可以从更为专业的层面进行监督,以完善社会的监督体系。因此,建议为律师、法学家监督检察指导性案例的适用提供专门途径,可以由有关研究部门联合,形成案例监督合力。外部性监督的重点主要是检察指导性案例及其适用情况的相关分析,并根据分析所得结论,提出适用的意见和建议,以此形成相关学术报告并反馈给有关部门,为我国检察指导性案例的发展贡献力量。

第四,新闻媒体与舆论监督。大数据时代,新闻媒体与社会舆论的监督是促进检察指导性案例发展与完善的重要利器。检察机关除发布指导性案例外,还可以定期在官网上对所发布的指导性案例进行解读,并依法及时公示案例的推荐与适用情况。检察机关主动拥抱信息时代与人工智能时代,接受大众与媒体监督、主动向社会大众进行普法宣传,可以使检察案例指导制度更加公开透明,更好地践行全过程人民民主,使社会监督的效果、公众认同的效果最大化。